Friedrich Diez, Karl Bartsch

Die Poesie der Troubadours

nach gedruckten und handschriftlichen Werken derselben dargestellt

Friedrich Diez, Karl Bartsch

Die Poesie der Troubadours
nach gedruckten und handschriftlichen Werken derselben dargestellt

ISBN/EAN: 9783743660205

Hergestellt in Europa, USA, Kanada, Australien, Japan

Cover: Foto ©ninafisch / pixelio.de

Weitere Bücher finden Sie auf **www.hansebooks.com**

DIE POESIE

DER

TROUBADOURS.

NACH GEDRUCKTEN UND HANDSCHRIFTLICHEN
WERKEN DERSELBEN DARGESTELLT

VON

FRIEDRICH DIEZ.

ZWEITE VERMEHRTE AUFLAGE

VON

KARL BARTSCH.

LEIPZIG 1883.
VERLAG VON JOHANN AMBROSIUS BARTH.

DEM HERRN

AUGUST WILHELM von SCHLEGEL,

DEM GELEHRTEN UND GEISTVOLLEN BEURTHEILER DER
SPRACHE UND LITTERATUR DER PROVENZALEN,

HOCHACHTUNGSVOLL GEWIDMET.

Vorwort.

In einer Zeit, wie der unsrigen, welche durch die Vielseitigkeit wissenschaftlicher Bestrebungen Epoche macht, konnte es nicht fehlen, nachdem die Kenntniss der Nationallitteratur und der Sprachen des Mittelalters sich bereits zu einem eignen Fach gestaltet hatte, dass auch die Poesie der Troubadours, welche vielen als die Quelle der späteren Lyrik galt, in den Kreis jenes Studiums eingeführt wurde, in dem sie bis dahin fast nur dem Rufe nach bekannt gewesen.

Nicht etwa, als wäre der Gedanke, die Litteratur der Troubadours ans Licht zu ziehen, erst in unsern Tagen entstanden. Schon vor dreihundert Jahren schrieb der Cardinal P. Bembo das Leben derselben; er hatte, wie seine *Prose* beweisen, ihre Litteratur eifrig studirt; allein sein Buch blieb ungedruckt. Zunächst gab Johann Nostradamus, Procurator am Parlament zu Aix in Provence, eine Art Litteraturgeschichte jener Dichter heraus, unter dem Titel: Les vies des plus celebres et anciens poetes provensaux, qui ont floury du temps des contes de Provence. Recueillies des oeuvres de divers autheurs nommez en la page suyvante, qui les ont escrites et redigees premierement en langue provensale, et depuis mises en langue françoyse par Jehan de nostre Dame, Procureur en la cour de Parlement de Provence. Par lesquelles est monstrée l'ancienneté de plusieurs nobles maisons tant de Provence, Languedoc, France, que d'Italie et d'ailleurs. A Lyon, pour Alexandre Marsilij. M. D. LXXV. kl. 8. Allein diess

Buch ist, wiewohl der Verfasser der classischen Zeit der Provenzalen bedeutend näher stand als wir, und manche seitdem verlorene Hülfsmittel benutzen konnte, von geringem Werth, da es so viele Widersprüche und Verstösse gegen die Geschichte enthält, dass man ihm fast alle Glaubwürdigkeit abzusprechen genöthigt ist. Zwar hat Nostradamus einige uns unbekannte Quellen vor Augen gehabt; theils aber sind diese selbst minder zuverlässig, als die uns erhaltenen älteren Lebensnachrichten, theils ist nicht zu erwarten, dass der Verfasser sie treu genug wiedergegeben habe. Um seine Aussagen benutzen zu können, muss man sie jedesmal einer Prüfung unterwerfen, man muss sie mit den Werken der Dichter, mit den ältern handschriftlichen Lebensnachrichten und mit der Geschichte in Einklang zu bringen suchen. Nichts destoweniger blieb Nostradamus Schrift zweihundert Jahre lang die Hauptquelle der provenzalischen Litteraturgeschichte.

Zu Anfang des achtzehnten Jahrhunderts gab Crescimbeni eine Uebersetzung dieses Werks heraus; er fügte einige Noten so wie einen Nachtrag der von Nostradamus ausgelassenen Dichter hinzu, und als Anhang zu diesem Buch erschien nun zum erstenmal eine kleine Sammlung von Liedern in der Ursprache, welche Salvini mit einer Uebersetzung begleitete, doch war der Text unrein und die Uebersetzung falsch. S. Commentarj del canonico G. M. Crescimbeni intorno alla sua istoria della volgar poesia, vol. II. parte I. etc. In Roma 1710. 4.

Mit besserem Beruf unternahm der Spanier Bastero, Canonicus zu Girona, seine Arbeiten in diesem Fach. Eine Geschäftsreise nach Rom gab ihm Gelegenheit, die provenzalischen Handschriften der Vaticana zu studiren; später begab er sich nach Florenz, um auch die Laurenziana zu benutzen. Bastero fasste die Sache von einer andern Seite als seine Vorgänger; seine Absicht war zunächst, ein provenzalisches Wörterbuch zur Erläuterung und Bereicherung des Italiänischen aufzustellen; der Plan der Crusca sollte zu Grunde liegen, und die Wörter mit Stellen belegt werden; er kündigte mehrere Bände an, und es ist zu vermuthen, dass er dem Wörterbuch eine Auswahl von Liedern hätte folgen lassen. Allein es blieb bei dem ersten Band, der eigentlich nur eine Vorbereitung zu dem Werke ausmachte; er erschien unter dem Titel: La crusca provenzale, ovvero le voci, frasi, forme e maniere di dire, che la gentilissima e celebre lingua toscana ha preso della provenzale; arrichite e illustrate e difese con motivi, con autorità e con esempj. Aggiuntevi alcune memorie e notizie istoriche intorno agli antichi poeti provenzalj, padri della poesia volgare etc. Opera di Don Antonio Bastero. Vol. I. In Roma 1724. fol. Das Buch enthält fünf Abschnitte, wovon der erste, die Vorrede, der wichtigste ist, hierauf folgt eine Uebersetzung der handschriftlichen Lebensnachrichten der Troubadours, ein Verzeichniss der vorkommenden Abkürzungen, Bemerkungen über die Aussprache, und endlich ein Verzeichniss der von den Italiänern gebrauchten provenzalischen Wörter. Der Verfasser verräth überall eine ausgebildete Kenntniss der Sprache, welche bedauern lässt, dass er nicht zum Ziele gekommen; das an sich schätzbare Buch hat durch die neuesten Arbeiten in diesem Fach seine Wichtigkeit verloren.

Noch umfassender waren in der Mitte des vorigen Jahrhunderts die Bestrebungen des bekannten Akademikers La Curne de Sainte-Palaye. Nachdem er die pariser Handschriften benutzt hatte, begab er sich nach Italien; in Rom verweigerten ihm die Bibliothekare den Gebrauch der gewünschten Manuscripte und es bedurfte eines päpstlichen Breve's, um ihm die freie Benutzung derselben zu verschaffen. Endlich im Besitz aller uns erhaltenen Werke der Troubadours begab er sich an die Bearbeitung seiner Materialien, allein auch er kam nicht zum Ziele. Nachdem er seinem Plane Gesundheit und Vermögen geopfert und grosse Erwartungen rege gemacht hatte, erlag er recht eigentlich unter der Bürde seiner Papiere, ohne noch über die Vorarbeiten hinausgerückt zu seyn; letztere, welche eine Reihe von Folianten ausmachen, werden in einer öffentlichen Bibliothek aufbewahrt.

Auf Veranlassung gemeinschaftlicher Freunde unternahm es der Abbé Millot, eine Litteraturgeschichte der Troubadours aus den Papieren La Curne de Sainte-Palaye's, dessen vorgeschrittenes Alter ihm die Ausführung seines Unternehmens unmöglich machte, zusammenzusetzen. Glücklicherweise hatte letzterer Uebersetzungen der Originale geliefert, denn Millot verstand kein Wort Provenzalisch. Diese erhielten nun einen modernen Zuschnitt und wurden mit den vorhandenen Bemerkungen, die dem Bearbeiter 'das Langweilige eigner Untersuchungen ersparten', begleitet; dazu fügte Millot seine Betrachtungen, wie denn auch der Plan und die Auswahl der Gegenstände sein Werk ist; und so entstand die allbekannte Histoire littéraire des Troubadours, contenant leurs vies, les extraits de leurs pièces etc., à Paris 1774. III. 8. Dieses Buch ist sehr mangelhaft, und doch ist ihm das Verdienst nicht abzusprechen, dass es durch die Mittheilungen aus den Werken der Dichter zuerst ein Bild von ihrer Poesie aufstellte; freilich ist diess nichts mehr als ein Schattenriss, da der Verfasser bei der Einseitigkeit seiner Gesichtspunkte und der Unkenntniss der Originale die eigenthümliche Farbe und den Kunstcharakter jener Poesie nicht erkannte. Die litterärischen und historischen Bemerkungen, die von S. Palaye und dessen ersten Mitarbeitern herrühren, übertreffen die der früheren Litteratoren bei weitem, wiewohl sie einer ferneren Untersuchung vieles zu berichtigen lassen. So war S. Palaye's Unternehmen doch nicht gänzlich gescheitert.

Allein Millot's Arbeit hatte sich nur auf den litterärischen Theil des Studiums beschränkt; der philologische blieb fortwährend mit Dunkel bedeckt, ja viele meinten, es sey der Sache schon ihr Genüge geschehen, ohne zu bedenken, dass der Besitz einer Litteraturgeschichte ohne den einer Litteratur ein ärmliches Ding ist. Die Aufgabe, eine

Grammatik und ein Wörterbuch der provenzalischen Sprache aufzustellen und die Werke der Troubadours in reinem Originaltext zu liefern, ist endlich in unsern Tagen bis auf einen gewissen Punkt gelöst worden. Herr Raynouard, Mitglied des Instituts zu Paris, hat sich diess schöne Verdienst erworben und seinen Namen in der Gelehrtengeschichte unvergesslich gemacht. Die Früchte seines Fleisses und seines Talentes sind niedergelegt in seiner noch nicht beendigten Choix des poésies originales des Troubadours, à Paris 1816 — 1821, VI Bände. Der erste Band liefert Untersuchungen über den Ursprung und die Fortbildung der Sprache und eine Grammatik derselben in ihrer classischen Gestalt*); der zweite enthält litterärische Abhandlungen, die eine richtige Ansicht der Poesie vorbereiten sollen; der dritte und vierte umfassen eine zweckmässige Auswahl von Originalstellen, zuerst die Minnelieder, nach den Verfassern geordnet, alsdann die Tenzonen und historischen Lieder, letztere nach der Zeitfolge der Begebenheiten, welche sie betreffen, zusammengestellt; zum Schlusse einige religiöse und moralische Stücke; der fünfte Band liefert die Lebensnachrichten aus den Handschriften, nebst Bruchstücken solcher Gedichte, die nicht vollständig aufgenommen werden konnten; der sechste endlich ist wieder grammatischen Inhalts und stellt ein vergleichendes Gemälde der verschiedenen romanischen Mundarten auf, um die in dem ersten Bande behauptete ursprüngliche Einerleiheit derselben zu beweisen. Die noch fehlenden Bände wird das Wörterbuch einnehmen, von dem wir das Beste erwarten können. Der Verfasser hat seine Arbeit nicht leicht genommen; es sind nicht die Abschriften S. Palaye's, die er uns mittheilt, er hat es für gut befunden, nochmals auf die Quellen zurückzugehen, und sämmt-

---

*) Eine zweckmässige Bearbeitung dieser Grammatik mit eignen Bemerkungen und einer kleinen Gedichtsammlung hat Herr Adrian, (Professor zu Giessen) geliefert, unter dem Titel: Grundzüge zu einer provenzalischen Grammatik. gr. 8. 1825. 16 ggr. oder 1 fl. 12 kr. bei J. D. Sauerländer in Frankfurt a. M. Dieses kleine Buch ist für die, welche die Sprache lernen wollen, als erstes Hülfsmittel zu empfehlen.

liche hiehergehörige Handschriften der europäischen Bibliotheken entweder selbst zu vergleichen oder vergleichen zu lassen. — Zwei Punkte möchte ich bei diesem Werke erinnern. Erstlich wäre es zu wünschen gewesen, dass der Verfasser die wichtigsten Lesarten, nicht eben jede nichtssagende Variante, seinem Texte untergelegt und so den Leser an der Critik hätte Theil nehmen lassen, ein Punkt, der für die gelehrte Benutzung der Werke von entschiedener Wichtigkeit ist. Sodann erlaube ich mir gegen die Auswahl, als solche, eine Einwendung. Die zweckmässigste Anthologie ist doch nicht viel mehr als ein Behelf: sie wird stets auf das Fehlende zurückweisen, diess steht aber im gegenwärtigen Fall in den Handschriften, deren Einsicht nur wenigen vergönnt ist. Die Herausgabe des gesammten Liedervorraths ist daher das einzige Mittel, die gerechten Ansprüche der Freunde der Poesie zu erfüllen, und bis dahin ist die Arbeit nur halb gethan. Die Poesie der Troubadours ist geselliger Natur, die Dichter stehen in sichtlicher Berührung unter sich im Leben wie in der Kunst, beziehungsvolle Fäden schlingen sich durch ihre Werke, und so ist es einleuchtend, dass nur durch die Zusammenstellung aller Ueberreste ihrer Litteratur gewisse Beziehungen und Anspielungen sich aufklären und das Ganze wie das Einzelne sein rechtes Verständniss gewinnt, ein Umstand, der für die innere Geschichte dieser Poesie und die Lebensverhältnisse der Dichter von dem grössten Gewicht ist. Freilich ist es nicht möglich, das Ganze in so classischem Texte zu liefern, wie es Hr. Raynouard bei einer sparsamen Auswahl vermochte, allein es steht noch eine bedeutende Menge von Originalen zurück, von welchen sich entweder unmittelbar aus guten Handschriften oder durch Vergleichung der Varianten ein reiner Text aufstellen lässt, ja selbst die fehlerhaften oder verderbten Stücke haben für den Sachkenner einen zu hohen Werth, als dass er sie in den Handschriften einer ungewissen Zukunft preis geben möchte. Die provenzalische Litteratur hat durch das Werk des Hrn.

Raynouard schon manchen Anhänger erworben; es ist zu wünschen, dass einer derselben das Fehlende ersetze: unsre Zeit ist berechtigt, diese Forderung zu machen.

Die Observations sur la langue et la littérature provençales des Hrn. A. W. von Schlegel, welche bei Gelegenheit des Raynouardischen Werkes (1818) erschienen, sind in der gelehrten Welt zu rühmlich bekannt, als dass es hier einer neuen Anerkennung ihres Werthes bedürfte. Nur zu sehr müssen die Freunde der Poesie des Mittelalters bedauern, dass der berühmte Verfasser, mit Studien anderer Art beschäftigt, seine Hand von einer Litteratur abgezogen, die durch seine Bearbeitung ein ganz besonderes Interesse gewonnen haben würde.

Endlich ist noch einer zweiten provenzalischen Anthologie zu gedenken, welche wir Hrn. von Rochegude, ehemaligem Contreadmiral, wohnhaft zu Albi, verdanken. Sie führt den Titel: Parnasse occitanien, ou choix des poésies originales des Troubadours. A Toulouse 1819, und enthält die provenzalischen Lebensnotizen und gegen 200 Lieder, die zur Hälfte schon bei Raynouard stehen; es wäre zu wünschen gewesen, die beiden Herausgeber hätten diess Zusammentreffen vermieden. Die Texte sind blos nach den pariser Handschriften bearbeitet und ziemlich gut. Daran schliesst sich ein Essai d'un glossaire occitanien, welches freilich sehr mangelhaft ist, als der erste Versuch in seiner Art jedoch Dank verdient.

Ueber das gegenwärtige Buch, welches sich den erwähnten Schriften anschliessen soll, habe ich wenig zu sagen; es mag für sich selbst reden. So viel aber glaube ich erklären zu müssen, dass ich bei einer Darstellung der Poesie hier nicht die Absicht hatte, ästhetische Betrachtungen anzustellen; selbst der dritte Abschnitt soll weniger eine beurtheilende als eine erklärende Ausstellung der Liederpoesie liefern. Mein Bestreben ging vornehmlich dahin, die eigenthümlichen Züge und Verhältnisse, welche die Kunst und das Leben der Dichter bezeichnen, aufzufassen, und xiv durch die wichtigsten Zeugnisse bewahrheitet hervorzustellen. Um diesen Zweck zu erreichen, waren vor Allem zwei Dinge erforderlich. Erstlich ein sorgfältiges Studium der Sprache. Raynouards Grammatik befriedigte mich, allein das Wörterbuch musste ich mir selbst entwerfen; das ohnehin nicht ausreichende Glossar von Rochegude lernte ich erst später kennen, wo es mir von geringem Nutzen war. Diese Arbeiten gaben Veranlassung zu einer Abhandlung über die Sprache, die ich, als dem Gegenstande des Buches verwandt, am Schlusse beigefügt habe. Sodann Studium der Handschriften: das Gedruckte genügte hier bei weitem nicht, wo es auf Kenntniss der gesammten Litteratur ankam; diese musste mit Sorgfalt geprüft, jede Zeile erwogen werden, um Aufklärung über Angeregtes und neue Bemerkungen zu gewinnen. Verhältnisse erlaubten mir nicht, die italiänischen Bibliotheken zu besuchen; allein die Handschriften der königlichen Bibliothek zu Paris, deren Benutzung mir im Sommer 1824 vergönnt wurde, boten eine Menge neuer Materialien, die zugleich für eine künftige Bearbeitung der Lebensgeschichten der Troubadours berechnet wurden. Acht Handschriften, worunter einige von vorzüglichem Werth, umfassen mit ziemlicher Vollständigkeit die lyrischen Dichtungen, man findet sie bey Raynouard (Bd. II. S. CLV) beschrieben; die übrigen enthalten Romane und belehrende Poesie. Die zahlreichen handschriftlichen Stellen und Gedichte, die in dem Buche vorkommen, sind über mehrere Manuscripte verglichen und die bei dem Abdruck vorgefallenen Fehler genau angezeigt worden.

xv Was die Uebersetzungen im dritten Abschnitt betrifft, so ist zu bemerken, dass die Originalform wiedergegeben worden ist, mit der Einschränkung jedoch, dass der in der Strophe gebundene Reim den Bezirk derselben nicht überschreitet, während der Dichter die in der ersten Strophe angeschlagenen Reimformen gewöhnlich auch in den folgenden wiederhohlt; allein die Anordnung der Reime im Gebiet der Strophe ist in der Nachbildung nicht verletzt worden, das Geschlecht des Reimes hat jedoch einigemal vertauscht werden müssen.

Bei der Behandlung der provenzalischen Namen fanden sich Bedenklichkeiten. Ich habe mir indessen zur Regel gemacht, die Gestalt der Vornamen beizubehalten; sie zu verdeutschen, schien im Allgemeinen nicht rathsam, da es Fälle giebt, wo sich die Uebersetzung so sehr vom Originale entfernt, dass man diess nicht leicht wieder erkennt, andre, wo sie ohnehin nicht möglich ist. Das *s* oder *z* als Nominativzeichen *(Rambaut-z)* habe ich für gut befunden zu unterdrücken, da wir bereits zu sehr an die französische Form gewöhnt sind; allein ich habe diese Regel gegen den schwankenden Gebrauch der Franzosen, welche neben *Rambaut* doch *Peirol-s*, *Marcabru-s* sagen, durchgängig angewandt. Die geographischen Namen, welche die Vornamen begleiten, habe ich nach dem heutigen Sprachgebrauch geschrieben und also *Aurengua* in *Orange* verwandelt; eben so sagt man Konrad von Würzburg und nicht von Wiurzeburc.

Noch ist anzumerken, dass einige Gegenstände vorsätzlich übergangen worden sind. Das Institut der Blumenspiele zu Toulouse, welches allerdings mit der Poesie der Troubadours in Verbindung steht, wiewohl es ausser ihren Schranken liegt, habe ich desswegen nicht behandelt, weil ich jetzt, wo wir neue Aufklärungen über diese Anstalt erwarten, nicht geneigt war, bekannte Dinge zu wiederhohlen. Die Streitfrage über den Ursprung der provenzalischen Poesie aus der arabischen könnte nur genügend abhandeln, wer mit der beiderseitigen Litteratur vertraut wäre; so viel springt indessen in die Augen, dass die Partheigänger der arabischen Poesie ihre Sache verkehrt und einseitig verfochten haben.

Vorwort zur zweiten Auflage.

Für die neue Ausgabe des vorliegenden Werkes lag ein Handexemplar des Verfassers vor: ein 'einfacher sehr vergriffener Pappband, in welchem, meist mit Bleistift und oft schwer leserlich, eine Anzahl Verbesserungen und Zusätze eingetragen sind; wenige jüngere, mit Tinte geschrieben, beziehen sich auf Raynouards Lex. Rom. (1838 ff.) und auf F. Wolfs Buch über die Lais (1841), das jüngste Citat ist aus meiner 'Chrestomathie provençale', also 1868 oder später.

Alle diese handschriftlichen Bemerkungen sind sorgfältig von mir benutzt worden, mit Ausnahme von ein paar unleserlichen, gänzlich verblassten Bleistiftnotizen; überall habe ich die Abweichung von der früheren Fassung erwähnt. Auch die am Rande stehenden N^a oder NB sind von mir verzeichnet, weil sie andeuten, an welchen Punkten Diez inzwischen entweder seine Meinung geändert hatte oder doch schwankend geworden war.

Mehrmals findet sich die Randbemerkung 's. Ende', die sich vielleicht auf ein am Schlusse des Bandes vorhanden gewesenes Blatt bezieht, welches aber bis auf einen geringen Rest mit der Schere herausgeschnitten worden ist. Dass es beschrieben gewesen, zeigen noch einige Spuren, welche literarische Nachweisungen zu enthalten scheinen.

Die 'Zusätze und Berichtigungen' am Schlusse der Leben und Werke' (S. 613 ff.) sind aufgenommen, die von Diez verzeichneten Druckfehler (Poesie S. 361, Leben und Werke S. 615) berichtigt worden.

Von den Zusätzen der französischen Uebersetzung durch
F. de Roisin (Paris 1845) sind ein paar benutzt. Eine Vermehrung von Beispielen, die den Inhalt der Lyrik illustriren, wäre nicht schwer gewesen; allein Diez selbst hat offenbar nicht alle Beispiele verwerthen wollen, sondern nur eine Auswahl von solchen, die ihm besonders charakteristisch erschienen. Eine wirkliche Umarbeitung einzelner Abschnitte, wie desjenigen über die altfranzösische, altdeutsche, altitalienische Liederpoesie, so sehr auch die Randbemerkungen darauf hindeuten, dass der Verfasser hier bei einer neuen Ausgabe umgestaltend verfahren wäre, konnte nicht in meinem Plane liegen. Am allerwenigsten bei dem letzten sprachlichen Kapitel; das wenige, was Diez bessernd in seinem Handexemplare bemerkt hat, deutet das allmähliche Fortschreiten im sprachlichen Erkennen des Verfassers der 'Grammatik der romanischen Sprachen' an, in dessen Werden wir hier einen freilich nur unvollkommenen Blick thun.

Auch die angehängten Texte habe ich, selbst wo offenbare Fehler vorliegen, unverändert gelassen; der Hinweis auf andre Abdrücke genügte hier ebenso wie bei den andern Quellencitaten.

Weggelassen habe ich auf dem Titel nach Diez' Namen die Worte 'ausserordentl. Professor an der königl. preussischen Rheinuniversität.'

Meine Nachträge sind durch eckige Klammern bezeichnet, was eine Verwechslung mit den von Diez angewendeten Klammern kaum hervorrufen wird. Zunächst ist auch hier auf meinen Grundriss [Gr.] verwiesen. In den besonders zahlreichen Ergänzungen zum vierten Abschnitt ist bei den Literaturangaben in der Regel nicht wiederholt, was der Grundriss schon enthält, da ich dies Buch in den Händen der Fachgenossen befindlich voraussetzen darf; hinzugefügt ist was seit dem Erscheinen desselben veröffentlicht worden, sowohl von neuen Denkmälern der provenzalischen Dichtung als von Literatur über die schon früher bekannten. Da Diez seine Darstellung mit dem Ende des 13. Jahrhunderts abschliesst, so sind alle späteren Dichtungen fast ausnahmslos von mir bei Seite gelassen worden.

Das Inhaltsverzeichniss ist mit Rücksicht auf meine Zusätze erweitert, diese aber darin nicht besonders bezeichnet. Beigefügt habe ich ein Register, welches den Benutzern hoffentlich nicht unwillkommen sein wird.

Heidelberg, Juni 1883.

K. B.

Inhaltsanzeige.

Poesie der Troubadours. XVII

Seite.

Vorbemerkung. (Umfang des provenzalischen Sprachgebietes — Ursprung und Bedeutung der Ausdrücke Provence und provenzalisch — Benennung der provenzalischen Sprache im Mittelalter) 3

Erster Abschnitt. Geist und Schicksale der Poesie . . 11

Ursprung. (Mangel an Zeugnissen darüber — Entwicklung der Kunstpoesie aus dem Rittergeist — Alter derselben — Entwicklung der Hofpoesie — Zeugnisse der Troubadours) 11
Kunstschule 18
Poetische Gesellschaften 21
Begriff von Troubadour und Jongleur 25
Kunstbereich der Troubadours 30
Kunstbereich der Jongleurs 35
Poetische Unterhaltungen 40
Lohn und Ehre der Sänger 43
Gönner der Poesie 48
Verfall und Untergang der Poesie 52
Zeiträume der Poesie. (Eintheilung — Charakterzüge verschiedener Zeitabschnitte: der schwere Reim, die dunkle Rede, das erhabene und gelehrte Dichten) 58
Guiraut Riquier über die Hofpoesie 63

		Seite.
XVIII	Zweiter Abschnitt. Form	70

    Vers. (Bau desselben — Versarten) 71
    Strophe. (Bau derselben — Zahl der Verse darin) . . . 74
    Lied. (Zahl der Strophen darin — strophenlose Lieder — Refrän — Geleit — entlehnte Verse) 77
    Reim. (Geschlecht desselben — Regeln über den Gebrauch des Reimes — Mannichfaltige Verschränkung desselben — Reim- und Wortspiele) 81
    Gattungsnamen der Gedichte. (Unterschied von Vers und Canzone — Canzonette — Halbcanzone — Cobla's — Sirventes — Sirventes-Canzone, gemischte Canzone — Klagelied — Tenzone — Schäferlied und Kuhhirtenlied — Tag- und Abendlied — Descort — Breu doble — Retroensa — Ballade und Tanzlied — Runde — Sextine — Sonett — Entschuldigung, Abschied, Räthsel, Turnierlied, Carrussel, Sermon, Predigt — Auslegung — Benennung des Romans, der Erzählung und des Sendschreibens) 88

Dritter Abschnitt. Inhalt 107

    Allgemeine Bemerkungen. (Geist der Liederpoesie — Ursprünglichkeit und Nationalität derselben) 107
    Bemerkungen über die lyrischen Gattungen 119
        1. Das Minnelied (Auseinandersetzung seiner Charakterzüge, nebst besonderen Bemerkungen über die allegorischen Namen, den Liederbotendienst, das Taglied, das Klagelied, die Romanze, das religiöse Lied und den Liebesbrief) 119
        2. Das Sirventes. (Seine Wichtigkeit für den Dichter — Wirkung, Charakter desselben — Gattungen, a) das politische, wohin das Kriegslied (Turnierlied), der Aufruf (Kreuzlied), der Lobgesang (Klagelied) und das Rügelied gehört — b) das persönliche — c) das moralische) 150
        3. Die Tenzone. (Eigenthümlichkeit und Entstehung derselben — Abfassung — Art der Entscheidung) . . 164

Seite.

Vierter Abschnitt. Erzählende und belehrende Poesie 172 XIX

Erzählende Poesie 174

1. Romane. (Girart von Roussillon — Jaufre — Philomena — Fierabras — Aigar und Maurin — Daurel und Beton — Tersin — Flamenca — Blandin de Cornoalha — Merlin — Bruchstück eines Romans — Verlorene: Maguelona — heil. Gral — Lancelot und Rinald von A. Daniel — Andrieus von Frankreich u. a.) . . 176

2. Novellen (von P. Vidal (P. Guillem), R. Vidal, L. Cigala, Arnaut von Carcasses) 190

3. Legenden (vom heil. Amandus — von der heil. Fides — vom heil. Honorat — von der heil. Enimia — von der heil. Margareta — vom heil. Alexius) 191

4. Reimchroniken (von Guillem von Tudela — von Guillem Anelier) 193

Belehrende Poesie 195

1. Wissenschaftliche Gedichte (Brevier der Liebe von M. Ermenguau — Der Schatz von Peire von Corbian — Bekehrung des Ketzers von Izarn — Ueber die Jagdvögel von Daude von Prades — Unterricht für die Spielleute von Guiraut von Cabreira — Dessgleichen von Guiraut von Calanson — Dessgleichen von Bertran von Paris — Computus von Ramon Feraut — Des Sünders Reue — Diätetik — Chirurgie) 195

2. Moralische Gedichte (Boethius Leben — Verschiedenes von Arn. von Marueil, B. Carbonel, G. del Olivier, R. Vidal, Nat von Mons, Folquet von Lunel, Arnaut von Marsan, Amanieu des Escas, G. Riquier — Fabel von Peire Cardinal — Unterweisung von Garin dem Braunen — Ensenhamen von Sordel — Lehrgedicht von Serveri von Girona — Die vier Cardinaltugenden von Daude de Prades — Sprüche Salomonis von Guillem de Cerveira — Arlabecca — Castel d'amors — Doctrinal des Raimon von Castelnou) 200

3. Geistliche Gedichte (Mysterium — Todtenfeier des heil. Stephan — Gedichte der Waldenser — Augustinus *de passione Christi* übersetzt — Passion Christi — Sammlungen geistlicher Dichtungen — Glaubens- und Beichtbekenntniss — Sieben Freuden und sieben Schmerzen Maria's — Busspsalmen — Lo gardacors de S. Maria — Evangelium Nicodemi — Sibyllen Weissagung) . . 207

4. Geistliches Schauspiel (Mysterium — Christi Passion — S. Eustachius — S. Agnes — Verlobung Maria's — als Anhang: Prosa) 211

Fünfter Abschnitt. Verhältniss zu auswärtiger Litteratur 213

Vorläufige Bemerkungen. (Hofpoesie in Europa — Zusammenstellung der provenzalischen, französischen, deutschen und italiänischen — Grundsätze der Vergleichung) . . 213

1. Altfranzösische Liederpoesie 219
2. Altdeutsche Liederpoesie 233
3. Altitaliänische Liederpoesie 248

xx **Ueber die provenzalische Sprache.**

Herleitung des romanischen Sprachzweiges 259
Princip der provenzalischen Mundart 264
Ansicht der Grammatik 266
Wohlklang und Aussprache 281
Geschichtliches 286

Anhang.

1. Suplicatio de G. Riquier 297
2. Aimerics de Peguilhan 305
3. Guillems de San Desdier 307
4. Guiraut de Calanson 309

Register 311

Abkürzungen.

R. II. III. IV. V. oder ohne R. bedeutet Choix etc. von Raynouard tom. II. etc. — PO. Parnasse occitanien. — Hist. litt. d. Tr. Histoire littéraire des Troubadours v. Millot. — Ms. Handschrift der königl. Bibliothek zu Paris. — ( ) schliesst die verworfene Lesart der Handschrift ein. — [ ] schlägt ein in der Handschrift fehlendes Wort vor. — Die mit '—' bezeichneten Worte unter den romanischen Stellen weisen auf den Anfang der Gedichte hin.

POESIE
DER
TROUBADOURS.

Vorbemerkung.

Unter Troubadours pflegt man diejenigen Dichter des zwölften und dreizehnten Jahrhunderts zu verstehen, welche sich der provenzalischen Sprache bedient haben.

Es ist hier nicht der Ort, den Ursprung und Charakter dieser Mundart, die dem lateinischen Sprachgebiet angehört, zu entwickeln; nur so viel darf bemerkt werden, dass sie unter sämmtlichen romanischen Schriftsprachen[1] als die älteste und in mehrfacher Hinsicht vorzüglichste betrachtet werden muss.

Allein um die ächte und eigentliche Heimath der Poesie der Troubadours zu kennen, ein Punkt, der für die Geschichte derselben wesentlich ist, muss man über den Umfang des provenzalischen Sprachgebietes im Klaren sein.

Die Mundart der Troubadours war und ist[2] in dem Süden von Frankreich, so wie in dem Osten von Spanien einheimisch; doch nur in dem ersteren Lande empfing sie ihre schriftmässige Ausbildung. Es ist nicht ganz leicht, ihre nördliche Gränze zu bestimmen, wiewohl es gewiss ist, dass die romanische Sprache in Frankreich in zwei Hauptmundarten zerfiel, eine südliche und eine nördliche. Aus manchen Umständen erhellt indessen, dass man die Gränzen beider Mundarten mit ziemlicher Sicherheit durch eine von der Mündung der Sevre[3] bis zur Spitze des Genfersees gezogene Linie bezeichnen kann, so dass also Frankreich in

---

[1] [N^a am Rande.]

[2] ['und ist' Zusatz.]

[3] [Zusatz, Leben und Werke 613:] Unter der Sevre ist natürlich die Sèvre niortoise zu verstehen. [Am Rande hier: N^a.]

dieser Hinsicht zwei ungleiche Theile darstellt.[1] Diese Annahme wird durch die Bestimmung eines Troubadours selbst bestätigt. Albert von Sisteron theilt die Völker Frankreichs nach ihren Sprachen in Catalanen und Franzosen, und rechnet zu jenen die von Gascogne, Provence, Limousin, Auvergne und Viennois, zu diesen, wie er sich ausdrückt, das Gebiet der beiden Könige, des französischen und englischen, d. h. Altfrankreich und Poitou.[2] Wiewohl letztere Provinz einen berühmten Troubadour hervorgebracht hat, so liegt sie gleichwohl ausser den Gränzen der südlichen Mundart. Ein anderer Dichter sagt daher, er rede weder friesisch noch bretonisch, weder normannisch noch poitevinisch.[3] In Spanien war diese Mundart vorzüglich durch Aragon, Catalonien, Valencia, Murcia, so wie über die balearischen Inseln verbreitet, und gerade in diesen Landstrichen soll sie nach Bastero's Behauptung bis auf die Zeiten dieses Schriftstellers (1724) sich in einer gewissen Reinheit erhalten haben[4], während sie in

---

[1] [Vgl. hierzu Bartsch, Grundriss der Geschichte der provenzalischen Literatur, Elberfeld 1872, S. 1; Roisin p. 1, Note 1, und besonders: Tourtoulon et Bringuier, Étude sur la limite de langue d'oc et langue d'oïl. Paris 1876.]

[2] Albert richtet an einen andern Dichter folgende Frage, R. IV, 38 [Gr. 16, 17]:

Monges, digatz, segon vostra sciensa,
Qual valon mais Catalan o Frances,
E met de sai Guascuenha e Proensa
E Limozin, Alvernh'e Vianes,
E de lai met la terra dels dos reis.

Vgl. La Curne de S. Palaye in den Mémoires de l'Académie des inscriptions. Tom. XXIV, p. 681.

[3] Peire Cardinal, R. V, 304 [Gr. 335, 30]:

Mas ieu non ai lengua friza ni breta
Ni non parli norman ni peitavi.

Er erklärt damit, dass er weder deutsch noch bretonisch, noch französisch, noch die gemischte Mundart von Poitou, sondern provenzalisch rede.

[4] Sie lebt daselbst fort, sagt Bastero, '*poco meno che nel suo intero essere.*' Crusca provenzale, p. 21. Dass sie in Südfrankreich völlig gesunken sei, das sagt schon Nostradamus, Vies p. 18, und neuerlich Raynouard im Journal des Savans. 1824, p. 175: *C'est une*

Südfrankreich gänzlich ausartete — eine Erscheinung, welche auf der einen Seite durch die grössere Abgeschlossenheit von Catalonien und Aragon auch nach ihrer Vereinigung mit Castilien, auf der andern durch die zunehmende Herrschaft der französischen Sprache im Süden seit der politischen Verschmelzung füglich zu erklären ist.

Ueber den Ursprung und die Bedeutung der Ausdrücke Provence und provenzalisch ist folgendes zu erinnern.

Sie gründen sich auf eine römische Benennung des südöstlichen Frankreichs. Die Römer wurden kurz vor dem zweiten punischen Kriege mit der südlichen Küste von Frankreich bekannt, und hatten sich bald nach Beendigung desselben jenes Länderstriches bis an die Pyrenäen hin bemächtigt. Sie nannten dieses römische Gallien jenseits der Alpen vorzugsweise die Provinz, ein Namen, den es fortwährend behauptete, selbst nachdem Cäsar auch das übrige Gallien erobert hatte. Unter Augustus wurden die bis dahin noch schwankenden Gränzen der Provinz festgesetzt, als er Cäsar's Eroberungen in vier Bezirke theilen liess, unter welchen provincia romana oder Gallia narbonensis, von der Hauptstadt Narbonne so genannt, ausser Provence auch noch Dauphiné, Savoyen, Roussillon mit Foix und endlich ganz Languedoc, mit Ausschluss von Velay und Gevaudan, umfasste. Die westliche Hälfte von Südfrankreich empfing den Namen Aquitanien. Mehrere Jahrhunderte nachher, wahrscheinlich unter Constantin dem Grossen, wurde Gallien eine neue Eintheilung gegeben, wo denn die Provinz in vier Theile zerfiel; doch erst zu Anfang des fünften Jahrhunderts verlor der Name Provincia seine Bedeutung, als nach dem Einfalle der Westgothen (419) das Land von diesen und den Burgundern getheilt ward. Allein seit dem Jahr 855 gewann der Ausdruck Provincia oder Provence von neuem politische Bedeutung, als der Karolinger Lothar, Sprössling Ludwigs des Frommen, für seinen Sohn ein Königreich dieses Namens errichtete, welches ausser der

---

sorte de phénomène littéraire, que cet idiome, qui jusqu'au XIVe siècle n'avoit éprouvé aucune altération importante, soit devenu presque méconnoissable dans les patois actuels.

eigentlichen Provence das Herzogthum Lyon und einen Theil von Viennois, Vivarais und Uzès umfasste. Nach seinem früh erfolgten Tode verschwand dieses Königreich, um wenige Jahre nachher auf andre Weise und in andrer Gestalt wieder zum Vorschein zu kommen. Karl der Kahle nämlich ernannte 876 den Grafen Boson von Autun, mit welchem er verschwägert war, zum Statthalter von Provence und Lombardei, mit dem Titel eines Königes von Provence; allein 879 nach Karls Tode machte der Lehnkönig seine Krone unabhängig, indem er sich zum selbständigen Könige aufwarf. Dieses neue Reich, welches man später von der Hauptstadt Arles das arelatensische genannt hat, umfasste den Länderstrich zwischen Rhone und Alpen nebst Savoyen, und andrerseits von der Küste bis nach Lyon, selbst die Franche-Comté gehörte dazu. Im Jahre 933 wurde dieses Reich mit Burgund vereinigt, und ging, das Schicksal dieses Staates theilend, 1032 in die Hände Konrads des Saliers über, Erben des letzten schwachen Königs Rudolfs III. Von nun an war diese wichtige Ländermasse der Lehnherrschaft der römischen [1] Kaiser unterthänig. Dass dieses Verhältniss für die Vasallen nicht drückend war, lässt sich bei der Entfernung ihrer ohnehin vielbeschäftigten Gebieter leicht absehen; auch wussten sich die Grafen von Provence zu Anfang des elften Jahrhunderts trotz dem Lehnsverhältniss zu Erbherren ihrer Grafschaft zu erheben. Hier erscheint der Ausdruck Provence in seiner engeren und eigentlichen Bedeutung, in welcher auch wir ihn nehmen wollen.

Es verdient bemerkt zu werden, dass weder das Königreich Provence, noch die Grafschaft dieses Namens auf das rechte Rhone-Ufer hinüberreichte, wogegen die römische Provincia das ganze Küstenland zwischen Varo und Pyrenäen umfasst hatte. Wenn man nun erwägt, dass Südfrankreich politisch den Namen Provence niemals geführt hat, — denn selbst die Römer hatten dem westlichen Theile desselben den Namen Aquitanien beigelegt — so scheint es um so auffallender, dass man in den Zeiten der Kreuzzüge

---

[1] [ursprünglich: deutschen.]

sämmtliche Südfranzosen unter dem Namen Provenzalen zu begreifen pflegte. Dieser Gebrauch findet sich bei verschiedenen Geschichtschreibern jener Zeit [1] — er findet sich eben sowohl bei den Troubadours. So behauptet Raimon von Miraval in einem Streitgedicht, die Provenzalen seien tapferer als die Lombarden; sie hätten ihr Vaterland der Gewalt Simons von Montfort wieder entrissen, und es ihrem rechtmässigen Grafen zurückgegeben. Hier sind also unter dem Ausdrucke Provenzalen nicht die Bewohner der Grafschaft Provence zwischen Rhone und Varo, sondern das gesammte Volk, welches den Grafen von Toulouse unterthänig war, zu verstehen. [2] Eine politische Gränzlinie zwischen den provenzalisch und französisch redenden Völkern fand zwar nicht statt, allein die Sprache setzte einen Unterschied fest, und nach dem Gefühl der Völker ist es eben die Sprache, welche die Nationen bestimmt. Dass sich hierzu auch eine Verschiedenheit des Charakters gesellte, diess lehrt uns die Poesie beider Völker; selbst gleichzeitige Schriftsteller wissen es scharf genug herauszustellen, und wenn sie vielleicht den Unterschied nicht ganz richtig angeben, so haben sie ihn wenigstens gefühlt. [3] Dass man die Südfranzosen nun gerade

---

[1] Die Geschichtschreiber unterscheiden Francigenae und Provinciales. *Omnes de Burgundia et Alvernia et Vasconia et Gothia Provinciales appellabantur, ceteri vero Francigenae.* Raym. de Agiles hist. hierosol. p. 144. — *Habebat juxta se positum Aquitanicum quendam, quem nos Provincialem vocamus.* Roberti hist. hierosol. lib. VII, p. 63. — Vgl. Hist. de Languedoc tom. II, p. 246.

[2] Von dieser Tenzone stehen Bruchstücke bei Rayn. V, 71 [Gr. 406, 16].

[3] Eine merkwürdige Charakteristik beider Völker entwirft Radulphus Cadomensis (um 1110): *Gentis hujus (Francorum) sublimis est oculus, spiritus ferox, promtae ad arma dextrae, caeterum ad spargendum prodigae, ad congregandum ignavae. His, quantum anati gallina, Provinciales moribus, animis, cultu, victu adversabantur, parce vivendo, sollicite perscrutando, laboriferi: sed ne verum taceam, minus bellicosi. Muliebre quiddam esse, ajunt, et tanquam vile rejiciunt corporis ornatum, equorum ornatui invigilant et mulorum. Sedulitas illorum tempore famis multo plus juvit, quam gentes plurimae bellare promtiores: ii, ubi deerat panis, contenti radicibus durabant, siliquas non aspernantes, eorum dextrae longi gerulae ferri, cum quo intra*

Provenzalen nannte, diess mag durch das Andenken der römischen Benennung Provincia, welche früher für die Hälfte von Südfrankreich galt, oder wahrscheinlicher durch den Gegensatz veranlasst worden seyn, den die Provence politisch mit Frankreich bildete, dessen Königen sie keineswegs unterworfen war, indem man dergestalt etwas dem Französischen Fremdes am passendsten auszudrücken glaubte. Durchherrschend scheint indessen diese Benennung der Südfranzosen nicht geworden zu seyn. Nicht allein, dass die Troubadours unter Provenzalen oft nur die Bewohner der Grafschaft Provence verstehen, einer derselben, der oben erwähnte Albert von Sisteron, theilt die Völker Frankreichs, mit Rücksicht auf ihre Mundarten, sogar in Catalanen und Franzosen. Eine andere Bezeichnung der beiden Sprachgebiete mit Langue d'oc und Langue d'oïl, von den Wörtern der Bejahung (*oc* im Süden, *oïl* im Norden) entlehnt, kam erst später in Gebrauch, wiewohl schon ein Troubadour bei Gelegenheit eines kriegerischen Zuges der Franzosen nach Catalonien jene Wörtchen feindlich gegenüberstellt. 'Bald werden die Catalanen — sagt er — die Lilien schauen, Sprossen herrlicher Saat, und hören wird man in Aragon *oïl* und *nenil* anstatt *oc* und *no*.' [1]

10   Hieran knüpft sich die Frage, wie man im Mittelalter die Sprache der Troubadours nannte? Nannte man sie wirklich, wie heut zu Tage, provenzalisch?

Die Troubadours nannten sie niemals [2] anders, als die romanische *(lengua romana,* kürzer *romans)*, ein Namen,

---

viscera terrae annonam fascinabantur, inde est, quod adhuc puerorum decantat naenia: Franci ad bella, Provinciales ad victualia. Gesta Tancredi cap. 61. Vgl. Hist. de Languedoc t. II, p. 247. Eichhorns Geschichte der Cultur II, Erläuterungen, S. 73.

[1] Bernart von Auriac, R. IV, 241 [Gr. 57, 3]:
Et auziran dire per Arago
Oïl e nenil en luec d'oc e de no.
Dass die Provinz Languedoc von der Sprache ihren Namen führte, ist bekannt; weniger, dass man früher mit Recht *la* Languedoc sagte. Catel, Mém. hist. de Languedoc lib. I, c. 1. — Bastero, p. 15.

[2] ['niemals' unterstrichen; am Rande Nª. Belegstellen bei Diez, Grammatik 1³, 102 f.]

der für alle neulateinischen Sprachen galt. Römer wurden von den germanischen Eroberern sämmtliche Bewohner der weströmischen Provinzen genannt, und hiernach hiess ihre Sprache die romanische. Anfangs konnte dieser Ausdruck genügen: denn er bedeutete überall fast eine und dieselbe Sache; später, als sich die verschiedenen romanischen Mundarten schärfer trennten, fühlte man das Bedürfniss besonderer Benennungen. Allein man scheint in Bezug auf die Mundart des südlichen Frankreichs nicht ganz einverstanden gewesen zu seyn: denn es finden sich verschiedene von einzelnen Provinzen dieses grossen Sprachgebietes entlehnte Ausdrücke. Wichtig ist das Zeugniss des Grammatikers und Dichters Ramon Vidal, der sie in seiner Grammatik die limosinische nennt. Er sagt daselbst: 'Wer die Dichtkunst lernen will, der muss zuvörderst wissen, dass keine andre Mundart die ächte und richtige unsrer Sprache ist, als die von Limousin, Provence, Auvergne und Quercy; wenn ich also von limosinisch rede, so muss man darunter alle jene Länder begreifen, nebst allen benachbarten und dazwischen liegenden, und jedermann, der darin geboren und erzogen ist, redet die ächte und richtige Mundart.' [1] Zu bemerken ist, dass hier weder Catalonien noch Aragon erwähnt wird, wiewohl dort dieselbe romanische Mundart, wie in Limousin, herrschte; man muss daraus schliessen, dass man sie daselbst nicht rein genug geredet habe. [2] Auch der älteste Geschichtschreiber der spanischen Poesie, der Markgraf von Santillana (geb. 1398) nennt sie limo-

---

[1] *Totz hom qe vol trobar ni entendre, deu primierament saber qe neguna parladura non es naturals ni dreta del nostre lengatge, mas aquela de Lemozi* [richtiger, nach Guessard und Stengel: *mas acella de Franza e de Lemosi*], *e de Proenza e d'Alvergna e de Caersin. Perque eu vos dic, que quant ren parlarai de lemosin, que totas estas terras entendats e totas lor vezinas e totas cellas que son entre ellas, e tot l'ome que en aquellas terras son nat ni norit, an la parladura natural e dreta.* Bastero p. 5.

[2] [Darauf scheint auch der Ausdruck *de Franza* an obiger Stelle zu deuten, die demnach zu erklären ist: nur auf französischem Boden, und zwar in Limousin, Provence, Auvergne und Quercy wird die richtige Sprache gesprochen.]

sinisch, und nach ihm viele der Spätern.[1] Schicklich ist dieser Ausdruck nun freilich nicht: denn wir können nicht einmal annehmen, was Ramon Vidal selbst nicht behauptet, dass die Sprache in Limousin am reinsten geredet worden sei. Ohne Zweifel aber nannte man sie auch **provenzalisch**[2]; so thut Dante, er, noch ein Zeitgenosse der Troubadours, wiewohl, als sein Stern aufstieg, der ihrige sich dem Untergange entgegenneigte.[3] Eine alte Grammatik dieser Sprache ist Donatus provincialis betitelt[4], und in einer alten Lebensgeschichte des Dichters Ferrari, welche sicherlich aus Dante's Zeit herrührt, heisst es, jener Troubadour, ein Italiäner von Geburt, habe sich vortrefflich auf die provenzalische Sprache verstanden.[5] Erwägt man nun, dass diesem letzteren Ausdruck, abgeleitet von Provence in der Bedeutung Südfrankreich, ein umfassenderer Begriff zu Grunde liegt, so fühlt man sich bewogen, ihm den Vorrang einzuräumen, indem man zugleich dem allgemeineren Gebrauche treu bleibt. Neuere haben endlich das Wort **occitanisch** vorgeschlagen, welches aus dem mittellateinischen Occitania (Land der Ocsprache, von oc und citare) gebildet, und, wie man sieht, bezeichnend ist, wiewohl ihm die historische Grundlage mangelt.

---

[1] Sanchez, coleccion de poesias castellanas, T. I, p. LV. LVI. [Diez, Grammatik 1³, 103.]

[2] [Am Rande: Nᵃ. Vgl. Grammatik 1³, 103.]

[3] Convito. Venez. Zatta. p. 78. S. auch cento novelle antiche, nov. 79.

[4] [Grundriss § 41. Ausgaben von Guessard und Stengel.]

[5] *E meill entendet la lenga proensal.* R. V, 147.

Erster Abschnitt.

Geist und Schicksale der Poesie.

Ursprung.

Die älteste Geschichte der Troubadours liegt noch hinter jenem Schleier, der den Anfang jeder Geschichte verhüllt, und wiewohl einige Umrisse durch die Dämmerung hervorblicken, so sind diese doch viel zu unbestimmt, um den Zusammenhang des Ganzen deutlich erkennen zu lassen.

Einerseits hat die lateinische Litteratur auf die Nationalpoesie, als eine ihrer unwürdige, kaum einen Blick geworfen, und selbst wo sie ihrer erwähnt hat, ist diess auf eine so allgemeine Weise geschehen, dass wenig erspriessliche Belehrung daraus zu schöpfen ist; andrerseits hat sich die Kunstpoesie während ihres Jugendalters, wie diess zu gehen pflegt, ihres Ursprungs nicht erinnert, und später, in dem Zeitraume ihrer Schwermuth, als sie zur Selbstbetrachtung gelangte, hatte sie ihre Entstehung, so wie die Schicksale ihrer Kindheit vergessen. Hat schon die Geschichte des deutschen Meistergesanges, wiewohl dieser in Verbindung mit den übrigen zahlreichen mitteldeutschen Schriften weit mehr des Historischen bewahrt, zu widersprechenden Auslegungen Anlass gegeben, so muss diess in gegenwärtigem Falle noch weit mehr statt finden, wo es fast gänzlich an Zeugnissen und Winken fehlt. Selbst die Vergleichung der Geschichte unsrer deutschen Hofpoesie, so weit diese im Klaren ist, dürfte hier nicht zu Hülfe genommen werden: denn wiewohl beide Erscheinungen, fast eins in ihrem Charakter, auch, so weit wir es absehen können, denselben Weg eingeschlagen und dasselbe Schicksal getheilt haben, so folgt hieraus noch nicht, dass sie auch von demselben Punkte ausgegangen sein müssen.

Es wäre also das Sicherste, die Sache da anzufangen, wo sie vor unsern Augen anfängt, das heisst, die Lebensverhältnisse der Troubadours, ihre Kunstübung, so wie die Schicksale ihrer Poesie von der Blüthe bis zu dem Untergang derselben darzulegen. Zu diesem Behufe liefern die Werke der Dichter selbst die wünschenswerthesten Nachrichten, besonders schätzbar sind die wissenschaftlichen Anweisungen, welche sie für diejenigen Kunstverwandten entwarfen, die sich mit dem blossen Vortrage der Gedichte beschäftigten.

Allein die Urgeschichte dieser Poesie ist im Ganzen zu wichtig, die einzelnen Winke und Umstände, welche in Bezug auf dieselbe, wiewohl spärlich, vorliegen, sind zu bedeutend, als dass nicht eine Darlegung der ersteren versucht werden sollte.

Die Volkspoesie ist überall die älteste. Ihr Charakter ist Einfachheit der Darstellung, wie der metrischen Form; sie ist unter allen Völkern einheimisch; am mächtigsten aber wirkt sie in jenen Zeiten, wo der Glaube an das Wunderbare, die Neigung zum Abentheuerlichen sich mit Sinnlichkeit und Fröhlichkeit verbindet. Alsdann wird sie mit Eifer, ja mit Leidenschaft gepflegt; es erhebt sich eine eigne Classe der Gesellschaft, fahrende Sänger, welche mit musikalischer Begleitung alte und neue Lieder und Erzählungen vortragen. So war es im Mittelalter vor und nach der Zeit der Troubadours, so wie während derselben. Die Volkspoesie war aber der ganzen Nation ohne Unterschied des Standes gleich verständlich und genehm; die Spielleute und Bänkelsänger sangen vor den Grossen, wie vor den Geringen. Die Geschichtschreiber schelten seit dem achten Jahrhundert viel auf jene leichtfertigen Landstreicher, die sie mit den Namen *joculatores*, *ministrales* oder *ministelli*, *scurrae*, *mimi* und andern belegen, und ereifern sich über die Freigebigkeit der

Fürsten und Edlen gegen solche Unwürdige.[1] Allerdings waren diese nicht allein Sänger und Musiker, sie trieben zugleich das niedrige Gewerbe des Possenreissers. Nirgends fanden sie eine bessere Aufnahme, als unter dem aufgeweckten Volke, welches den südlichen Küstenstrich von Frankreich bewohnte; dort zogen sie schaarenweise von Stadt zu Stadt, von Schloss zu Schloss, und nahmen für ihre lustigen Künste reiche Geschenke. In dieser Beziehung sagt ein französischer Dichter des dreizehnten Jahrhunderts mit Bitterkeit: ʻAls König Karl der Grosse alle Länder unter seine Botmässigkeit gebracht hatte, da schenkte und vertheilte er ganz Provence, welches reich ist an Wein, Waldung und Wasser, an die üppigen Spielleute und Menestrels.ʼ [2] Im Ganzen war es also der Bänkelgesang [3], welcher die

---

[1] Man sehe [am Rande: Na] Du Fresne unter Jocista, Jocularis, Joculator, Ministelli; besonders aber eine Abhandlung von Muratori in den Antiquitates italicae, t. II, p. 832: De spectaculis et ludis publicis medii aevi. Unter den von Muratori zusammengestellten Zeugnissen sind folgende zu bemerken. Vom Jahr 791: *Nescit homo, qui histriones et mimos et saltatores introducit in domum suam, quam magna eos immundorum sequitur turba spirituum.* Alcuinus Albinus, ep. 107—836: *Inebriat histriones, mimos, turpissimosque et vanissimos joculatores.* Agobardus, Lugd. episcop. — 1039 vermählte sich Bonifaz, Markgraf von Toscana, mit Beatrix von Lothringen; bei dieser Gelegenheit singt der Mönch Donizo (vita Mathildis I, 9):

Timpana cum citharis, stivisque lyrisque sonant heic,
Ac dedit insignis dux praemia maxima mimis.

Ueber die Vermählung Kaiser Heinrichs III mit Agnes von Poitou 1045, bemerkt der Annalist Saxo: *Infinitam multitudinem histrionum et joculatorum sine cibo et muneribus vacuam et moerentem abire permisit.*

[2] Philipp Mouskes. S. Du Fresne u. d. W. Ministelli:

Quar quant li buens rois Carlemaine
Ot toute mise a son demaine,
Provence qui mult est plentive
De vins, de bois, d'aigue de rive,
As leceours, as menestreux,
Qui sont auques luxurieux,
Le douna toute e departi.

[3] [Am Rande Na.]

Nationalpoesie des früheren Mittelalters ausmachte, und dergestalt den roheren Geist jener Jahrhunderte beurkundete.

Allein in dem Wandel der Zeit hatte sich unbemerkt eine Erscheinung entwickelt, die in der Geschichte des Mittelalters eine Periode begründet. Die Rohheit, die den Adelstand bis in das elfte Jahrhundert hinein charakterisirt hatte, milderte sich allmählich, und wich einer feineren und geistigeren Lebensweise, welche nunmehr in den Schlössern der Fürsten und Edlen zu herrschen begann. Die Geschichte behauptet, dass diese Verfeinerung, bekannt unter dem Namen Rittergeist, um die Mitte des elften Jahrhunderts durch den förmlichen Orden der Ritterschaft vorbereitet, und alsdann durch die Wirkungen der ersten Kreuzfahrten vollends ausgebildet worden sei.

Eine Erscheinung, wie diese, welche ein neues Zeitalter herbeiführte, konnte nicht vorübergehen, ohne auch in der Poesie einen neuen Geist zu erwecken. Der Bänkelgesang war nicht ferner geeignet, die Forderungen der Edlen zu befriedigen, welche sich nach feineren poetischen Genüssen sehnten, und nun entstand eine kunstreichere, gebildetere Poesie, die, aus dem Geiste des Ritterthumes entsprungen, mit Macht auf denselben zurückgewirkt hat.

Südfrankreich war es, wo sie zuerst zum Vorschein kam. Allein diess herrliche, mit allen Reizen eines sonnigen Himmels ausgestattete Land, welches fast sämmtliche europäische Provinzen an Bildung, Wohlstand und innerer Befriedigung übertraf, war die Wiege des Rittergeistes, der sich daselbst mehr und früher als anderwärts mit Lebensgenuss, Glanzsucht und Frauendienst verband, und so die Bedingungen der Kunstpoesie vereinigte. Bald nach dem Anfange der Kreuzfahrten war der Rittergeist daselbst zur vollen Reife gediehen, und um dieselbe Zeit sehen wir den Charakter jener Poesie in den Gedichten Peire Rogier's und seiner Zeitgenossen bereits ausgeprägt; das Jahr 1140 kann die Epoche ihrer eigenthümlichen Ausbildung bezeichnen.

Allein wir können die Geschichte derselben noch mehrere Jahrzehende zurück verfolgen. Die Lieder des bekannten Grafen Guillem von Poitiers, welcher unter den ersten das

Kreuz nahm, stellen diese Kunst in ihrer Entstehung dar, insoferne dieselben bei bewusstem Streben nach Künstlichkeit doch das Gepräge hoher Einfachheit tragen. Der Dichter kennt nur einige wenige Versarten, sein Strophenbau ist äusserst beschränkt, und wiederholt sich in mehreren Liedern; gleichwohl rühmt er sich seiner Kunstfertigkeit und redet von der Werkstätte, aus welcher seine Poesieen hervorgingen.[1] Ohne Zweifel hatten sich diese von dem schlichten Volksgesange noch nicht völlig getrennt, und da sie dennoch von dem Geiste zeugen, der die Kunstpoesie geschaffen hat, so können sie dienen, den Uebergang der einen Gattung in die andere zu lehren.

Ein höheres Alter der Kunstpoesie können wir nicht annehmen, da kein anderer Umstand darauf hinweist, und die Troubadours selbst, sie, welche sich so oft auf ihre Vorgänger beziehen, keiner älteren, als der uns bekannten Dichter gedenken.

Zwar ist es nicht zu läugnen, dass lange vor Guillem, ja seit undenklichen Zeiten neben dem Volksgesange, dessen Dasein wir annehmen müssen, eine gewisse gebildetere Dichtkunst in Südfrankreich bestanden habe, welche indessen mit jener der Troubadours nicht die geringste Gemeinschaft hatte, und nur als Sprachübung von Wichtigkeit sein mochte. Wir wollen die Spuren derselben rückwärts verfolgen, bis sie in der Dämmerung der Zeit verschwinden. Rambaut von Orange, der um die Mitte des zwölften Jahrhunderts blühte, und um d. J. 1173 starb, sagt in Bezug auf eins seiner eignen Werke: 'Niemals sah man etwas dieser Art von Männern noch Frauen verfasst, weder in diesem Jahrhundert noch in dem vergangenen.[2] Zu diesem Zeugniss in Betreff des elften Jahrhunderts kommen noch einige geist-

---

[1]   *Ben vuelh que sapchon li plusor*
D'est vers si's de bona color,
Qu'ieu ai trag de mon obrador,
Qu'ieu port d'ayselh mestier la flor. V, 116 [Gr. 183, 2].

[2] *Que ja hom mais no vis fach aital per home ni per femna, en est segle ni en l'autre, qu'es passatz.* Angeführt bei Rayn. II, p. LXXXIV [Gr. 389, 28].

liche Gedichte, welche sich aus diesem Zeitraume erhalten
haben. Die Denkmäler der provenzalischen Poesie reichen
selbst bis in die Mitte des zehnten Jahrhunderts hinauf.
Das moralische Gedicht über Boethius ist, wiewohl unvollständig, doch noch als ein bedeutender Ueberrest der Dichtkunst so entfernter Zeiten zu betrachten. Eine merkwürdige
Stelle zeugt sogar für die poetische Anwendung der romanischen Sprache seit dem neunten Jahrhundert. In einer
lateinischen Ecloge, welche Paschasius Ratbert (gest. 865)
anführt, werden die lateinischen und romanischen Dichter
zur Todesfeier des heiligen Adaldard, Abtes von Corbie
(gest. 826) aufgefordert:

> *Rustica concelebret romana latinaque lingua*
> *Saxo, qui pariter plangens pro carmine dicat:*
> *Vertite huc cuncti cecinit quam maximus ille,*
> *Et tumulum facite, et tumulo super addite carmen.*[1]

So liesse sich also die Anwendung der romanischen[2]
Sprache zur gebildeteren Dichtkunst bis in die Zeiten Karls
des Grossen hinauf nachweisen; allein das goldne Alter dieser
Sprache und Poesie wurde mehr als dreihundert Jahre nachher durch die sogenannten Troubadours herbeigeführt. Kaum
darf erinnert werden, dass diese, als sie auftraten, ihre
Mundart durch die Einwirkung jener dichterischen Versuche
vorbereitet, und für den höheren Ausdruck, den sie ihr verleihen sollten, geeignet fanden.

Weiter tritt die Frage ein, von welchem Stande die
Kunstpoesie ausgegangen sey? Offenbar gaben die Edlen
den Anlass zu derselben, nicht allein mittelbar, insofern es
der Geist der höheren Gesellschaft war, der diese Poesie
hervorgebracht hat, sondern auch unmittelbar durch das Anschlagen der ersten Accorde. Diess wird durch die Geschichte
bestätigt: denn die beiden ältesten Kunstdichter, der Graf
von Poitiers und sein Zeitgenosse und Freund der Vizgraf
Ebles von Ventadour gehören in diese Reihe. Allein die

---

[1] S. Act. s. ord. S. Bened. saec. IV, pars I, p. 840. Angeführt
bei Raynouard t. II, p. CXXXV.

[2] [ursprünglich: occitanischen.]

Dienstleute der Edlen, welche an den Höfen derselben lebten, bemächtigten sich bald dieser neuen Art des Dichtens, und sangen das Lob ihrer Gebieter und Gebieterinnen, indem sie so ein Mittel gefunden hatten, in der Gunst derselben zu steigen — und diese sind es, welche diese Poesie zu einer Kunst, so wie zu einem Mittel des Erwerbes ausgebildet haben. Der Zeit nach erscheinen sie unmittelbar auf Guillem; theils bestanden sie aus dienenden Rittern, theils gehörten sie einer niedern Ordnung der Gesellschaft an, wie Bernart von Ventadour, der wichtigste der älteren Hofdichter.

Eine Aeusserung dieses letzteren kann den Vorgang der Edlen in der Kunst weiter bestätigen. Er sagt in einem Minneliede: nicht ferner habe er Lust Sänger zu seyn, noch von der Schule seines Herrn, Ebles von Ventadour, da seine Gesänge ihm nichts frommten — und erklärt also [1], dass sein Gebieter ihn in der Dichtkunst unterwiesen habe. [2]

. Die Classe der volksmässigen Sänger wurde durch die höhere Dichtkunst keineswegs verdrängt, vielmehr ihr Kunstbereich mit letzterer in Verbindung gebracht. Die Hofdichter, welche ohne Zweifel zum Theil aus jenen Sängern hervorgingen, behaupteten zwar eine vornehmere Stellung, näherten sich diesen aber doch durch ihre Lebensweise und Kunstübung. Die Grossen und Unabhängigen dichteten ihrerseits in dem Geiste einer Poesie, welche, von einer eignen Classe der Gesellschaft gepflegt, zur höchsten Kunstmässigkeit hinaufgebildet wurde.

Die Troubadours selbst schweigen von dem Ursprunge ihrer Poesie, den einzigen Guiraut Riquier ausgenommen. In einem Gedichte vom Jahr 1275, das sich in Form eines Gesuches an König Alfons X von Castilien über gewisse

---

[1] [Am Rande: Nᵃ.]
[2]   *Jamais no serai chantaire*
   Ni de l'escola 'N Eblon:
   Que mos chantars no val gaire
   Ni mas voutas ni miei son.
   '*Lo temps vai e ven e vire.*'
   [vgl. Leben u. Werke² S. 16.] Ms. 2701. 7225. [Gr. 70, 30.]

Verhältnisse der Dichter verbreitet, kommt er gelegentlich auf die Entstehung ihrer Kunst zu reden. Leider behandelt er den Gegenstand zu kurz, allein die Stimme eines Meisters der Kunst bleibt stets von grossem Gewicht, und wirklich giebt er in wenigen Worten schätzbare Winke. ʻWahrhaftig — sagt er — von weisen und unterrichteten Männern wurde von Anfang die Jonglerie aufgebracht, um durch geschickt gespielte Instrumente den Edlen Ehre und Freude zu verschaffen. Diese hielten von Anfang Jongleurs und noch heut zu Tage halten deren die Grossen des Landes. Hierauf kamen Troubadours, um hohe Thaten zu singen, und um die Edlen zu preisen, und sie zu ähnlichen aufzumuntern: denn wer sie auch nicht verrichtet, der weiss sie doch zu würdigen. Also begann nach meinem Urtheile die Jonglerie, und jeder lebte vergnügt unter den Edlen.ʼ [1]

22 Aus dieser Stelle ergiebt sich: 1) dass die Jongleurs, d. h. Spielleute, älter sind als die Troubadours, und wie diese an den Höfen lebten; 2) dass die Hofpoesie nach ihrem eigentlichen Begriffe von besondern Meistern, nicht aber von den Grossen selbst ausging: denn letztere dienten zum Gegenstande des Gesanges. Diese Sätze bestätigen die obige Darstellung der Sache vollkommen.

Kunstschule.

Es kommt ferner die Frage in Erwägung, ob sich die Dichter zu einer Verbindung bekannten, worin gewisse Regeln

---

[1] *Car per homes senatz*
Sertz de calque saber
Fo trobada per ver
De primier joglaria
Per metr'els bos en ria
D'alegrier e d'onor.
L'estrumen an sabor
D'auzir d'aquel que sap
Tocan issir a cap,
E donan alegrier.
Perqu'el pros de primier
Volgron joglar aver,
Et enquar per dever

N'an tug li gran senhor.
Pueis foron trobador
Per bos faitz recontar
Chantan e per lauzar
Los pros et enardir
En bos faitz, car chauzir
Los sap tal, que no'ls fa . . . .
Aisi a mon albir
Comenset joglaria,
E cadaus vivia
Ab plazer entr'els pros.
*ʻPus dieu m'a dat saber.*ʼ

Ms. 2701. [Gr. § 32, 17. MW. 4, 176, v. 586—605. 610—613.]

hinsichtlich der Form galten, und welche mehr oder weniger dem Begriff einer Schule entsprach?

Diese Frage muss bei näherer Betrachtung der Sache verneint werden. Der enge Geist der Schulpoesie, wie er sich in den Werken unserer späteren Meistersänger[1] kund giebt, steht mit dem freien Schwunge, der die Poesie der Troubadours im Ganzen auszeichnet, in offenem Widerspruch. In der Voraussetzung, dass der Schulpoesie die Form Hauptsache ist, sind folgende Gründe entscheidend: 1) die Kunstausdrücke für manche Liedergattungen sind schwankend; diese Unbestimmtheit widerspricht dem Begriff der Schulpoesie; 2) in den kritischen Liedern, deren es mehrere giebt, wird niemals auf anerkannte Vorschriften der Poetik hingewiesen, niemals die Form, stets der Gedanke angegriffen. Dazu kommt 3) der bemerkenswerthe Umstand, dass nirgends einer Kunstschule erwähnt wird, selbst nicht in denjenigen Gedichten, welche die Kunstverhältnisse der Troubadours zum Gegenstand haben. Zwar bedienen sich einige des Ausdruckes *escola,* Schule. Schon Bernart von Ventadour sagt in der oben bemerkten Stelle, er wolle nicht ferner von der Schule seines Herrn seyn; und Arnaut Daniel erwähnt der Künste der Schule.[2] In dem Leben Guiraut's von Borneil wird angeführt, er habe sich den Winter hindurch in der Schule befunden und gelernt, und im Sommer sei er an den Höfen umhergewandert.[3] — *Escola* kann allerdings Schule bedeuten[4], und in diesem Sinne steht es in der letzteren Stelle; allein auch hier ist an keine Dichterschule, sondern an eine gelehrte zu denken.

---

[1] [Meistersänger unterstrichen: am Rande 'franz.?']

[2] *Quar gen m'adutz de las artz de l'escola.* V, 32. [Zusatz, Leben u. Werke S. 613:] Unter der von A. Daniel erwähnten *escola* ist, wie bei G. v. Borneil, eine gelehrte zu verstehen, worauf schon die Verbindung mit *artz* (artes liberales) hinweist, und der Sinn des Verses ist: Schön zieht es mich von den Künsten der Schule zum Gesang.

[3] *Tot l'ivern estava a scola et aprendia, e tota la estatz anava per cortz.* V, 166 [MW. 1, 184].

[4] *Scola a Monpeslier.* V, 222.

24 Guiraut besass wissenschaftliche Kenntnisse, er erwähnt derselben im Gegensatze zur Dichtkunst, indem er sagt, er sey entschlossen, falls es ihm mit dem Dichten nicht glücklicher ginge, zu dem Beruf des Gelehrten zurückzukehren und das Singen zu vergessen.[1] Die vorherrschende Bedeutung von *escola* ist indessen Lehre, Unterweisung[2], und so ist das Wort in den beiden ersten Stellen zu verstehen. Und allerdings musste die Dichtkunst erlernt und eingeübt werden; diess geschah theils durch mündliche und schriftliche Unterweisung, die man von angesehenen Dichtern empfing, theils durch das Beispiel, welches sie gaben. Das erstere bestätigen die Lebensgeschichten der Troubadours. Marcabrun soll sich so lange bei einem Dichter aufgehalten haben, bis er selbst anfing zu dichten. Am bündigsten ist diess in dem Leben Uc's von Saint-Cyr ausgedrückt, welcher 'viel von fremdem Wissen lernte, und andern gern mittheilte'.[3] Auch Aeusserungen der Dichter selbst deuten auf diess Verhältniss; so sagt Guillem Figueiras: 'Um ein neues Sirventes zu dichten, brauche ich keinen Lehrmeister', und Jaufre
25 Rudel: 'Ich habe genug Lehrer und Lehrerinnen des Gesanges um mich: Wiesen und Gärten, Bäume und Blumen, dazu den Gesang der Vögel.'[4] Von schriftlichen Unter-

---

[1] *Anz me sui totz acordaz,*
  Que viatz
 Torn al mestier dels letratz,
 E'l cantars sia oblidatz.'
   'Quan branca'l brondels.' Ms. [Gr. 242, 57.]

[2] Z. B. bei Jaufre Rudel:
  Qu'ieu sai e cre mon essien,
   Que cel, que Jhesus ensenha,
  Segur' escola pot tener.
   'Quand lo rossignols el foillos.'
      Ms. [Gr. 262, 6.]

[3] *Marcabrus .... estet tan ab un trobador .... q'el comenset a trobar.* V, 251. [MW. 1, 47.] — *Uc de San Circ .... gran ren amparet de l'autrui saber, e voluntiers l'enseingnet a autrui.* 223. [MW. 2, 148.]

[4] Guillem, IV, 202 [Gr. 217, 4. Levy 3]:
  Ja de far un nou sirventes
  No quier autre ensenhador.

weisungen hat sich die Anleitung zur Dichtkunst von Raimon Vidal[1] erhalten, die indessen nicht viel mehr als eine Grammatik ist, allein gerade diese scheint den Hauptgegenstand des Unterrichts ausgemacht zu haben. Die Nachahmung endlich liegt in dieser ganzen Litteratur zu sehr am Tage, als dass es nöthig wäre, sie nachzuweisen.[2]

Poetische Gesellschaften.

An diese Frage schliesst sich eine andere, die man genau von der vorigen unterscheiden muss: Waren bei den Troubadours förmliche poetische Gesellschaften üblich, die zu einer bestimmten Zeit oder gelegentlich Wettkämpfe anstellten und Preise ertheilten? Hier ist nicht die Rede von gewissen poetischen Unterhaltungen, die an den Höfen der Edlen in grösseren oder kleineren Kreisen als eine Würze des geselligen Lebens galten, vor denen die Troubadours ihre Lieder vortrugen und wohl auch um die Wette dichteten, sondern einzig und allein von förmlichen stehenden Vereinen, welche, wie gewisse Academieen, die Pflege der Dichtkunst zum Zwecke hatten.

Diese lassen sich aus der Litteratur nicht nachweisen. Man hat zwar aus einigen Versen Folquet's von Marseille auf das Daseyn dichterischer Spiele schliessen wollen, bei welchen eine künstliche Blume zum Siegespreis gedient haben sollte. Folquet sagt: 'Nicht um der Blume willen würde man mich singen hören, nur die Bitten meines Herrn,

---

Jaufre, III, 94 [Gr. 262, 4]:
> Pro ai del chan ensenhadors
> Entorn mi et ensenhairitz etc.

[1] [Gr. § 41. Ausgaben von Guessard und Stengel.]

[2] Nur einige wörtliche Nachahmungen mögen angeführt werden, sämmtlich von Stellen Bernart's von Ventadour. 1) Qu'om chant quan plorar deuria. III, 82 [Gr. 331, 1]. Vgl. Que chant al temps, en que plorar deuria. Rambaut V, 400 [Gr. 390, 1]. — 2) Qui vi ancmais penedensa Faire denan lo pechat. Ms. Vgl. Qui fant per folla entendensa Anz del pechat penedenssa. Folquet v. Marseille. Ms. [Gr. 155, 10]. — 3) Qu'eissamen trembli de paor, Cum fa la fuelha contra'l ven. III, 45 [Gr. 70, 31]. Vgl. Mi fan en aissi tremolar Cum fai la fuelha lo fortz vens. Pons von Ortafas. V, 363 [Gr. 379, 1].

des edlen Königs von Aragon, können mich dazu vermögen.' [1]
Allein Blume steht hier collectiv für Blumen, und unter
diesen sind keine andern als natürliche zu verstehen: der
Dichter singt nicht um der Natur oder des Frühlings willen.
Man vergleiche denselben Ausdruck bei Rambaut von Orange:
'Ich singe nicht um Vögleins noch Blume, nicht um Schnees
noch Frostes, sondern um meiner Geliebten willen.' [2] Eben
so wenig lässt sich der Ausdruck Guillem's von Poitiers:
'Ich trage die Blume der Dichtkunst davon' [3] auf dich-
terische Wettkämpfe beziehen, da diese Redensart überall
tropisch, und Blume, wie in andern Sprachen, für Preis,
Vorzug steht, und so wenig wörtlich zu nehmen ist, als
die Stelle Peire Cardinal's in Bezug auf zwei Kämpfer: 'Der
Sieger trägt die Blume davon, und der Besiegte wird ins
Grab gelegt.' [4]

Indessen hat sich eine wiewohl unbestimmte Nachricht
von einer Art poetischer Gesellschaft erhalten. In dem Leben
des Mönchs von Montaudon heisst es: er sey zum Herrn des
Hofes von Puy Sainte-Marie gemacht worden, und habe
den Sperber gegeben; lange Zeit habe er dem Hofe vor-
gestanden, bis dieser aufgelöst worden. [5] Hieraus erfahren

[1]   *E ja ongan per flor*
      No-m viras chantador,
      Mas prec de mon seingnor
      Del bon rei, cui dieus guit,
      D'Arragon m'an partit
      D'ir' e de marrimen:
   Pero chan tot forsadamen.
      'Ben an mort mi e lor.' Ms. 7225. 7614. [Gr 155, 5.]
So, und nicht, wie Cazeneuve (origine des jeux fleuraux) sie angeführt
hat, muss die Stelle gelesen werden.

[2]   *Non chant per auzel ni per flor*
      Ni per neu ni per gelada . . . .
   Mas per mi dons en cui m'enten. V, 401 [Gr. 389, 32].

[3]   *Qu'ieu port d'ayselh mestier la flor.* V, 116 [Gr. 183, 2].

[4]   *Quar lo vencens porta la flor*
      E'l vencut vay hom sebelir. III, 489 [Gr. 335, 7].

[5] *E fo faich seigner de la cort del Puoi Sainta Maria, e de dar
l'esparvier. Lonc temps ac la seignoria de la cort del Puoi, tro que
la cortz se perdet.* V, 264 [MW. 2, 57].

wir noch nichts über die Bestimmung desselben. Allein in den cento novelle antiche wird seiner umständlich gedacht. 'An dem Hofe von Pui Notre-Dame in Provence — heisst es daselbst — wurde ein edles Fest angeordnet, als der Sohn des Grafen Raimon zum Ritter geschlagen ward, und alle Edlen einlud. An einem Tage wurde das Fest angeordnet, und ein Sperber auf eine Stange gesetzt. Wer nun Habe und Herz genug zu besitzen glaubte, und den erwähnten Sperber auf die Faust nahm, der war verbunden, den Hof jenes ganze Jahr hindurch zu unterhalten. Die Ritter und Junker, welche lustig und aufgelegt waren, dichteten schöne Canzonen, sowohl die Weise wie den Vers, und vier Richter waren eingesetzt, welche die gelungenen auszeichneten, und die übrigen den Dichtern zur Verbesserung empfahlen.'[1] Diese Novelle bezieht sich auf ein Abentheuer, das der Troubadour Richart von Barbezieux erlebte. Wir können nicht annehmen, dass alle Umstände richtig angeführt sind, indessen ist die Stelle im Ganzen glaubwürdig, da sie offenbar aus einer älteren provenzalischen Quelle herrührt, und auch Richart selbst des Hofes von Puy und seiner grossen Pracht gedenkt.[2] Diess ist die einzige Spur, die sich in Bezug auf förmliche Vereine vorfindet. Allein hier kommt ein Umstand in Betracht, der dieser Gesellschaft ihre Bedeutung für die Poesie entzieht. Es fehlt ihr der Charakter einer zur Pflege der letzteren gegründeten Anstalt. Hauptzweck derselben waren, wie man aus dem Verfolg der Novelle sieht, ritterliche Uebungen, worauf schon der Sperber hindeutet; ein goldner Sperber war auch der Sieges-

---

[1] *Alla corte del Po di nostra donna in Proenza s'ordinò una nobile corte, quando il figliuolo del conte Raimondo si fece cavaliere, ed invitò tutta buona gente.... In quello giorno ordinaro la festa e poneasi uno sparviere di muda in su un' asta. Or venia, chi si sentia si poderoso d'avere e di coraggio e levavasi il detto sparviere in pugno, convenia che quel cotale fornisse la corte in quello anno. I cavalieri e donzelli che erano giulivi e gai, si faceano di belle canzoni e'l suono e'l motto, e quattro approvatori erano stabiliti, che quelle, che areano valore, faceano mettere in conto, e l'altre a chi l'avea fatte, diceano che le migliorasse.* Nov. 61.

[2] *E si la cortz del Puei e'l ric bobans.* V, 434 [Gr. 421, 2].

preis in dem französischen Fest *de l'espinette*, und diess war gleichfalls ritterlicher oder kriegerischer Art. Dass man zur Verschönerung solcher Spiele auch dichterische Uebungen anstellte, brachte die Gelegenheit mit sich. Die Poesie bedarf in ihrer Blüthezeit keiner Treibhäuser; diese, die aufmunternden Academieen, bezeichnen, wie die zu Toulouse, ihren Verfall.

Unter die förmlichen poetischen Gesellschaften würden auch jene eingebildeten Frauenvereine gehören, die sich mit Beurtheilung gewisser in den Tenzonen erörterter Streitsätze über Liebesgegenstände beschäftigt haben sollen, gewöhnlich Minnehöfe genannt. Die ganze Behauptung stützt sich auf Nostradamus Geschichte der Troubadours. Allein die Gründe, welche man für das Daseyn dieser Vereine angeführt hat, sind nicht triftig genug, um die Sache ausser Zweifel zu setzen, oder auch nur glaublich zu machen. Des leichtgläubigen Nostradamus Zeugniss ist an und für sich von keinem Werthe; diess fühlten die Vertheidiger der Minnehöfe und suchten es durch eine Stelle aus der Litteratur der provenzalischen Dichter, worin eines Gerichtes *(cort)* zur Entscheidung einer Tenzone gedacht wird, zu unterstützen. Allein dieser Ausdruck ist wiederum so zweideutig, dass man nicht weiss, ob überhaupt eine Gesellschaft, und in diesem Falle, ob eine ständige und eigentlich zu poetischen Zwecken bestimmte, gemeint sey — oder vielmehr, ob die streitenden Dichter ein einer einzelnen Person anvertrautes Schiedsgericht darunter verstehen. Für die letztere Auslegung spricht aber die ganze Litteratur der Tenzonen, worin sich die Dichter, nach verhandelter Streitfrage, niemals auf einen bekannten poetischen Gerichtshof, sondern in allen Fällen auf einen einzelnen Schiedsrichter, oder ein kleines zu diesem Zwecke ernanntes Tribunal von zwei bis drei Personen berufen.

Diesen eingebildeten Minnehöfen wird noch eine zweite Wirksamkeit eingeräumt, Schlichtung von Liebeshändeln; allein auch in diesem Sinne sind sie den Provenzalen unbekannt geblieben. Ihre Litteratur bietet mehrere Beispiele dar, welche zeigen, dass sie sowohl Liebeshändel wie Liebesfragen nicht durch stehende Collegien, sondern durch eigens ernannte Schiedsrichter aburtheilen liessen.¹

Der stärkste Grund gegen das Daseyn der poetischen Academieen und Minnehöfe liegt immer darin, dass derselben nirgends erwähnt wird; Anstalten aber, wie diese, die auf den Geist, ja auf die Schicksale der Dichtkunst einwirken mussten, konnten nicht bestehen, ohne dass jene Dichter, deren Theilnahme durch jeden Gegenstand so leicht gereizt wurde, preisend oder tadelnd, oder auf irgend eine Weise ihrer gedachten. Nordfrankreich besass dergleichen Anstalten, und die Poesie hat sie nicht mit Stillschweigen übergangen.

Begriff von Troubadour und Jongleur.

Eine andere nicht minder gangbare Ansicht, welche die Troubadours als vornehme Dichter, die Jongleurs als ihre Diener betrachtet, bedarf hier gleichfalls einer Berichtigung.

Es ist nichts selteneres, dass die vorzüglichsten und geehrtesten Dichter Jongleurs genannt werden. Rambaut von Vaqueiras, ein Mann von adliger Herkunft, Günstling des Markgrafen Bonifaz von Montferrat, und von diesem zum Ritter geschlagen, giebt sich selbst jenen Beinamen.² Nicht minder gewöhnlich werden die Ausdrücke Troubadour und Jongleur als gleichbedeutend gebraucht. Peire von Auvergne erklärt in dem Eingang eines satyrischen Gedichtes, es sey gegen gewisse Troubadours gerichtet, und gleichwohl nennt er einige derselben ausdrücklich Jongleurs.³ Dasselbe thut der Mönch von Montaudon in einer Nachahmung dieses Liedes.⁴ Man hat diesen Widerspruch zu beseitigen

---

¹ Ich habe meine Ansicht der Minnehöfe in einer eigenen Abhandlung umständlich ausgesprochen, worauf ich hiermit verweise.

² *Et es razos, qu'en mi podetz trobar*
Testimoni, cavalier e joglar. II, 262 [MW. 1, 384].

³ *Chantarai d'aquetz trobadors.*
Später sagt der Dichter:
E'l quartz de Briva'l Lemozis
Us joglaretz pus prezentis ....
E'l seizes N-Elias Gausmars,
Qu'es cavayers e-s fai joglars. IV, 297 [Gr. 323, 11].

⁴ Siehe das Gedicht IV, 368 [Gr. 305, 16].

gesucht, indem man einräumte, dass sich die Jongleurs zuweilen mit der Dichtkunst beschäftigt hätten.[1] Allein wir bedürfen dieser vermittelnden Erklärung nicht, da sich die Sache mit Leichtigkeit auf eine Regel zurückführen lässt.

Jongleurs hiessen alle diejenigen, welche aus der Poesie oder Musik ein Gewerbe machten. Diess lässt sich aus dem oben erwähnten Gesuche Guiraut Riquier's darthun. Der Gegenstand desselben ist kein anderer, als der unstatthafte doch allgemeine Gebrauch in Südfrankreich, sämmtliche Dichter, Sänger und Musiker, die ihre Kunst um Lohn übten, ohne Rücksicht auf ihre Talente unter dem einzigen Ausdruck Jongleur zu begreifen. 'Alle diese — sagt Guiraut — werden in Provence Jongleurs genannt, und das scheint uns ein grosser Fehler der Sprache.'[2] Mit Bezug auf jenen Gebrauch, wonach alle Lohndichter Jongleurs hiessen, sagt daher Sordel in einem Gedichte gegen einen Ungenannten: 'Er hat grosses Unrecht, mich Jongleur zu nennen: denn er folgt andern, aber andere schliessen sich an mich; ich gebe ohne zu nehmen, und er nimmt ohne zu geben; alles was er an sich hat, verdankt er der Gnade andrer; ich nehme nichts, was mir zur Unehre gereicht, vielmehr spende ich das meinige, ohne Geschenke zu verlangen.'[3]

---

[1] *La principale fonction de ceux-ci (des jongleurs) étoit de chanter les pièces des troubadours. Mais ils se méloient quelquefois de poésie.* H. l. d. T. II, 490. — Raynouard's Ansicht ist folgende: *Les jongleurs étaient le plus ordinairement attachés aux troubadours; ils les suivaient dans les châteaux, et participaient aux succès de leurs maîtres . . . . Les jongleurs ne se bornaient pas toujours à chanter ou à déclamer les poésies des plus célèbres troubadours; ils composaient eux-mêmes des pièces, de la musique, et méritaient ainsi de prendre rang parmi ces poëtes.* II, 159. 160.

[2]   Pero tug son joglar
  Apelat en Proensa,
  E sembla nos falhensa
  Grans de tot lo lenguatje.
  'Pus dieu m'a dat saber.' Ms. [MW. 4, 186, v. 188—191.]

[3]   Ben a gran tort car m'apella joglar,
  C'ab autre vai et autre ven ab me,
  E don ses penre et el pren ses donar,

Troubadours nannte man dagegen alle, die sich mit der Kunstpoesie beschäftigten, wess Standes sie immer seyn mochten, gleichgültig, ob sie zu eigner Lust, oder um Lohn dichteten.[1]

> *Qu'e son cors met tot quant pren per merce.*
> *Mas ieu non pren ren, don anta m'eschaia,*
> *Anz met ma renda e non voill guierdon.*
> '*Lo reproviers vai averan.*' Ms. [Gr. 437, 20.]

[1] [Zusatz, Leben u. Werke S. 615 f.:] In einer Recension (s. Hall. L. Z. 1828. E. Bl. 54) finde ich meine Erklärung von Troubadour und Jongleur bestritten. Um der Sache willen erlaube ich mir eine Gegenbemerkung. Ich behauptete, Troub. sei der generelle Ausdruck für Kunstdichter gewesen, Jongl. der specielle für solche Kunstdichter, die um Lohn sangen, wie auch für Musiker. Der Rec. meint nun aber, man habe alle Dichter Jongleurs genannt; allein die Probe meiner Behauptung lässt sich leicht machen: man zeige mir einen unabhängigen Troub., wie Blacatz oder Savaric, den man *joglar* genannt hätte. Einen entscheidenden Beleg brachte ich aus der H. S. 7225 bei. Sordel war von einem andern Sänger Jongleur genannt worden, diesen Titel aber weist er von sich, indem er als Grund angiebt, dass er 'gebe ohne zu nehmen', d. h. dass er als unabhängiger Dichter lebe. Wie hätte er sich zu Gunsten meiner Behauptung deutlicher ausdrücken können? Weiter unten fügt er hinzu, er nehme nichts, was ihm zum Schimpf gereiche. Nun meint der Rec., es sei nicht die Rede vom Nehmen überhaupt, sondern vom entehrenden Nehmen. Er würde diesen ohnehin nichtssagenden Einwurf nicht gemacht haben, wenn er das ganze Lied vor sich gehabt hätte. Sordel will durch den Zusatz 'was mir zum Schimpf gereicht' eine Ausnahme von seinem Grundsatz, gar nichts zu nehmen, motiviren, denn er erklärt sogleich, dass er nur den Lohn der Liebe annehme *(e non voill guierdon Mas sol d'amor)*, gegen welchen ihm jeder andre Lohn schimpflich vorkam. Der Rec. würde diesen Einwurf eben so wenig gemacht haben, wenn er eine grössere Uebersicht der prov. Litteratur besessen hätte. Das Lied ist, wie ich S. 479 des gegenwärtigen Buchs gezeigt habe, gegen Bremon gerichtet; dieser, der doch wohl wissen musste, worauf es ankam, beweist in seiner Antwort, um den auf Sordel angewandten Titel Jongleur zu rechtfertigen, dass dieser überall Geschenke angenommen, d. h. um Lohn gedichtet habe. Der Rec. sucht ferner ein von mir angeführtes Gedicht Riquiers gegen mich anzuwenden, indem er diesem Sänger die Meinung unterschiebt, man habe alle Troubadours Jongleurs genannt. Allein Riquier spricht nur von solchen Troub., die als Jongleurs lebten, was schon daraus hervorgeht, dass er im Eingang diese als eine eigne Classe der Gesellschaft, als einen siebenten Stand betrachtet,

Hiernach ist es klar, warum man die von fremder Milde lebenden Dichter mit dem einen wie mit dem andern Beinamen belegte. Troubadours hiessen sie, weil sie kunstmässig dichteten, Jongleurs, weil sie diese Kunst als ein Gewerbe trieben. Einen leicht zu lösenden Widerspruch

wozu er doch die unabhängigen Troubadours, wie Fürsten und Grafen, unmöglich rechnen konnte. Wie kommt aber der Rec. dazu, mir eine offenbare Abgeschmacktheit zuzuschieben, indem er fragt: welcher Unterschied ist wohl zwischen einem armen Teufel, der sich um Lohn mit der Kunstpoesie beschäftigt, und einem andern, der aus der Poesie ein Gewerbe macht? Mein Satz war: Troub. hiessen alle, die sich mit der Kunstpoesie beschäftigten, gleichgültig zu welchem Zwecke, Jongleurs, die aus der Poesie (natürlich der Kunstpoesie, von einer andern ist keine Rede) oder Musik ein Gewerbe machten. Es ergeben sich also mit Nothwendigkeit drei Classen: 1) Troub., die nicht Jongleurs waren: unabhängige Dichter. 2) Troubadours und Jongleurs in einer Person: Hofdichter. 3) Jongleurs, die nicht Troub. waren: Musiker u. dgl. Wo in aller Welt liegt nun jener von dem Rec. herausgebrachte Pseudo-Unterschied?

Uebrigens verräth die Recension einen Verfasser, der ernstliche Studien gemacht hat. Seine fleissigen Bemerkungen über die Sprache erregen den Wunsch, dass er eine neue Bearbeitung der Grammatik unternehmen möge. Einzelne Uebereilungen, wie sie in seiner Abhandlung vorkommen, würde er gewiss vermeiden; wenigstens dürften die Sprachkenner gegen die Entdeckung, dass man im Dativ Föm. statt *a la* auch *al* gesagt habe, z. B. '*al dia clar*' ernstlich protestiren, da *dia* bekanntlich ein Masculin ist; eben so wenig würden sie ihm zugeben, dass das *s* jemals als Accusativzeichen gebraucht worden, denn in dem Gedicht v. Peirol (R. III, 278), auf das er sich bezieht, ist *cors* freilich Accus., aber nicht von *cors* Herz, sondern v. dem indeclinablen *cors* Körper u. dgl. Eine gründliche Grammatik wäre eine immer noch wünschenswerthe, nicht eben leichte Arbeit. Es käme drauf an, mehrere ganz übergangene ihrer Natur nach schwierige Lehren zu entwickeln, z. B. die von der Aussprache mit Rücksicht auf Orthographie und Mundarten, so wie die von dem Accent. Auf die Wichtigkeit und Schwierigkeit dieser Gegenstände habe ich in meiner Abhandlung über die prov. Sprache bereits hingewiesen: die Accentlehre bildet gewissermassen die Grundlage dieser Grammatik, und welch ein feines und sicheres Mittel sie ist, gewisse scheinbare Widersprüche der Flexion zu erklären und verfehlte Etymologieen zu berichtigen, habe ich daselbst in einer Reihe von Beispielen gezeigt. Man würde es dem Rec. sehr gedankt haben, wenn er, so weit diess ohne Kenntniss der Handschriften möglich ist, über den einen oder den andern dieser Punkte seine Ansichten mitgetheilt hätte.

gegen diese Darstellung der Sache liefern die Handschriften, wenn sie von Pistoleta und Aimeric von Sarlat versichern, diese seyen aus Jongleurs Troubadours geworden, und so einen Gegensatz zwischen beiden anzunehmen scheinen.[1] Hier wird Jongleur in seiner alten und eigentlichen Bedeutung als Spielmann gebraucht, woraus nichts anders folgt, als dass beide ihr Gewerbe änderten und eine höhere Stufe der Sängergesellschaft behaupteten, ohne indessen ihre Beinamen zu ändern.

Es ist übrigens nicht zu verkennen, dass sich die Dichter im Allgemeinen wegen des Fleckens, der von jeher auf den Jongleurs gehaftet hatte, für sich selbst den ehrenvolleren Titel Troubadour in Anspruch nahmen, wiewohl dieser Unterschied von der Welt nicht anerkannt wurde. Wir wollen, diesen Ansprüchen nachgebend, unter Jongleurs oder Spielleuten im Allgemeinen jene alte Zunft der Sänger und Musiker verstehen, die mit der Kunstpoesie nur in so ferne zu schaffen hatten, als sie ihren Zwecken dienten.

In derjenigen Classe der Troubadours, die an den Höfen der Herren lebte, und die man darum nicht unschicklich Hofdichter nennen könnte, liegt eigentlich der Kern der Kunstpoesie; ein Theil derselben war aus dem niedern Adel entsprungen, wie Guillem von Cabestaing, Pons von Capdueil, Peyrol, Rambaut von Vaqueiras, Peire Cardinal u. a., gewöhnlich dürftige Rittersöhne, die das Gewerbe des dienenden Dichters um ihres Unterhaltes willen ergriffen. So lesen wir von Peyrol, er habe sich nicht halten können als Ritter, und sei darum Jongleur geworden; von Guillem Ademar: er habe die Ritterschaft nicht bestreiten können, und das Gewerbe des Jongleurs ergriffen.[2] Ein anderer Theil

---

[1] *Pistoleta si fo cantaire d'En Arnaut de Maruoill . . . . e pois venc trobaire e fez cansos com avinens sons.* V, 349 [MBiogr.[2] 114]. — *Aimerics de Sarlat fez se joglars . . . . e venc trobaire, mas no fetz mas una canson.* V, 13 [MBiogr.[2] 74].

[2] *Peirols si fo us paubres cavalier . . . . e quan Peirols vi que non se poc mantener per cavalier, el se fe joglar et anet per cortz.* V, 281 [MBiogr.[2] 33]. — *Guillem Azemar . . . . gentils hom . . . . non poc mantener cavalairia e fes se joglars.* 178 [MBiogr.[2] 69].

der Hofdichter gehörte dem in Südfrankreich damals schon sehr geachteten Bürgerstande an, wie Folquet von Marseille, Arnaut von Marueil, Gaucelm Faidit, Peire Vidal, Aimeric von Peguilain; andre wie Guiraut von Borneil waren von ganz geringer Herkunft, Bernart von Ventadour, der zärtlichste aller provenzalischen Minnesänger, war der Sohn eines armen Schlossknechtes. Merkwürdig ist es, dass selbst Pfaffen den Dichtern der Liebe sich beigesellten; zwar suchte die Kirchengewalt diese Missbräuche abzustellen: einer derselben, Gui von Uisel, musste dem päpstlichen Legaten eidlich geloben, dass er nimmer wieder dichten wollte; allein andre, wie Peire Rogier, vertauschten lieber ihr geistliches Amt mit dem Sängerberuf, und durchzogen die Welt, Gaubert von Puicibot entsprang desswegen aus dem Kloster — so gross war der Reiz des freien Dichterlebens. Wenn wir den Handschriften glauben dürfen, so wurde es dem Mönch von Montaudon sogar von seinen Obern gestattet, die Lebensart eines wandernden Sängers zu führen, wogegen er, was ohne Zweifel bedungen war, den Gewinn seiner Kunst dem Kloster widmete.

Kunstbereich der Troubadours.

35   Troubadour, d. i. Erfinder, (provenzalisch *trobaire*, acc. *trobador*) bedeutet recht eigentlich einen Kunstdichter, im Gegensatz, wie es scheint, zum Volksdichter. Der Ausdruck findet sich zuerst bei Rambaut von Orange [1], muss aber früher im Gange gewesen seyn, da schon Guillem von Poitiers *trobar* in der Bedeutung dichten gebraucht. [2] Er bezieht sich lediglich auf die Form, insofern sie kunstmässig ausgebildet ist, d. h. auf die Form des strophischen oder musikalischen Gedichtes. Es ist mehr als wahrscheinlich, dass man unter Troubadour keinen andern als den lyrischen

---

    [1]   *E ja trobaire no-s laisse.* V, 408 [Gr. 389, 15. Im Texte hierbei ein: Nª].

    [2]   *Farai un vers de dreit nien* ....
        Qu'enans fo trobatz en durmen. Ms. 7698 [Gr. 183, 7].
Der PO. liest *fui* statt *fo*, so dass *trobatz* in einer andern Bedeutung stünde, allein der Sinn der Strophe spricht für die erste Lesart.

Dichter verstand. Dem Roman und der Novelle fehlte der vornehme Charakter des Liedes; ihr einfacherer Styl, so wie die kunstlose Form derselben erinnerten zu sehr an die Volkspoesie, als dass diese Gattung für eine ebenbürtige Schwester der lyrischen hätte gelten können. Daher erklärt es sich, warum die Handschriften über Elias Fonsalada bemerken, er sey kein guter Troubadour, sondern ein Novellendichter gewesen.[1] Der Gegensatz zwischen diesen beiden Dichterclassen wird besonders fühlbar, wenn man hört, wie Guiraut von Borneil sich über die günstige Aufnahme erzürnt, welche die Romane und Novellen an den Höfen fanden. 'Ich bin verwundert — sagt er — dass ich mir nicht zu rathen weiss: statt fröhlicher Unterhaltung höre ich an den Höfen ein Geschrei, da dort eine Erzählung so viel und noch mehr gilt, als ein edler Gesang von erhabenen Dingen, von den Zeiten und den Jahren.'[2] Die Troubadours suchten überhaupt ihre Form des Dichtens als eine höhere geltend zu machen; sie nannten sie eine Kunst zu dichten *(art de trobar)*, welches der gewöhnliche Ausdruck gewesen zu sein scheint[3], nie aber, wie man behauptet hat, lustige Wissenschaft *(gai saber)*, ein Ausdruck, der erst in der Academie zu Toulouse aufkam. Sie erwähnen gerne, dass diese Kunst mit Geist, Verstand und Wissenschaft geübt werden müsse, und rühmen

---

[1] *No bon trobaire, mas noellaire fo.* V. 142 [MBiogr.² 97].

[2]   *Estauc tant esbaitz*
   Que no-m sai cosselhar,
   Qu'en luec de solassar,
   Aug en las cortz los critz
   Qu'aitan leu s'es grazitz
   De lans e de bramar
 Lo comtes entre lor, cum us bos chans
 Dels ricx afars e dels temps e dels ans. IV, 292 [Gr. 242, 55].

[3] Sordel [vielmehr: Bertolomeu Zorgi]:
   Quant vaill en l'art de trobar primamen.
   '*Mal aia cel que m'apres.*' Ms. [Gr. 74, 8.]
Guiraut Riquier braucht dafür *saber de trobar*, welches dasselbe bedeutet:
   Tant petit vei prezar
   Bel saber de trobar. Ms. [MW. 4, 191.]

sich des Fleisses, den sie auf ihre Lieder verwenden.[1] Sie reden von der Feile, die sie brauchen, und die Ausdrücke: ein Gedicht aufbauen, schmieden, arbeiten, läutern, verfeinen, deuten gleichfalls auf sorgfältige Behandlung.[2] Sie drücken zuweilen die Besorgniss aus, dass ihre Lieder verfälscht werden möchten, was allerdings aus Nachlässigkeit oder Uebelwollen geschehen konnte. Jaufre Rudel sagt: ʻGut ist mein Lied gelungen, falls ich nicht gefehlt habe, und alles steht, wie es stehen muss, und wer es von mir lernt, der hüte sich ja, mir daran zu ändern.ʼ Marcabrun: ʻHört mein Lied, wie trefflich es gedichtet ist; Marcabrun weiss nach seiner lauteren Einsicht den Gegenstand und das Gedicht so zu verketten und einzurichten, dass kein Mensch ihm einen Vers herausziehen kann.ʼ[3] Durch den Vortrag der

---

[1] Arnaut von Marueil:
Me donon genh de chantar e siensa.
ʻLa grans beutatz.ʼ Ms. [Gr. 30, 16.]
Folquet von Marseille:
Non s'eschai qu'al sieu mandamen
Sia mos sabers flacs ni lens,
Anz taing que i-s doble mos engeins.
ʻTant mou de corteza razo.ʼ Ms. [Gr. 155, 23.]

[2] Arnaut Daniel, PO. 256 [Gr. 29, 10]:
Quan n'aurai passat la lima.
Gaucelm Faidit, II, 206 [Gr. 167, 3]:
Vuelh un nou sirventes bastir.
Bernart von Auriac, V, 64 [Gr. 57, 2]:
En Guillem Fabre sap fargar.
Guillem Figuciras, IV, 307 [Gr. 217, 5]:
C'un sirventes non labor.
Marcabrun, III, 373 [Gr. 293, 15]:
Qu'eras vuelh mos chans esmerar.
Bartolome Zorgi:
Saber un chant primamens afinar.
ʻPuois ieu mi feing.ʼ Ms. [Gr. 74, 13.]

[3] Jaufre Rudel, III, 99 [Gr. 262, 3]:
E selh que de mi l'apenra
Guart si, que res no mi cambi.
Marcabrun, IV, 303 [Gr. 293, 9]:
Sap la razo e'l vers lassar e faire,
Si que autr'om no l'en pot un mot traire.

Jongleurs konnte der Text nur zu leicht entstellt werden, da ihn diese gewöhnlich mündlich empfingen, und im Gedächtniss bewahrten. Perdigon schärft daher seinem dienenden Sänger ein, er möge vorsichtig verfahren und ihm das Werk nicht verderben.[1] Diess kunstmässige Dichten wird allgemein als ein ehrenvoller Beruf betrachtet; Kaiser und Könige verschmähten den Ruhm nicht, der es begleitete, und manchmal hat sich das Selbstgefühl des Dichters unumwunden ausgesprochen. So sagt Peyrol: 'Wohl muss ich singen, da Liebe mich es lehrt, und mir Talent giebt, schöne Verse zu dichten: denn ohne sie wäre ich kein Sänger und nicht gekannt von so vielen edlen Leuten.'[2] Deutlicher äussert sich Raimon Gaucelm: 'Kaum zeige ich mich, so fragt man: Raimon Gaucelm, habt ihr was Neues gedichtet? Und alsdann antworte ich jedem freundlich, denn es behagt mir, wenn ich von mir sagen höre: das ist der, welcher Cobla's und Sirventese zu machen versteht.'[3] Gern erzählen sie daher, dass man sich über ihr Schweigen betrübe, und sie zum Singen auffodre.

Die meisten Troubadours, besonders die Hofdichter, verstanden sich zugleich auf das Singen und Spielen[4], bei wem diess nicht der Fall war, der pflegte einen dienenden Jongleur

---

[1]   *Fillol si faitz vostra tor,*
        Az onor
     Ben gardatz,
     Si yen l'obratz,
     Que compliscatz
  L'obra e no la desfasatz.
           '*Contr'amor e pensamen.*' Ms. [Gr. 370, 5.]

[2] *Ni conogutz per tanta bona gen.* III, 273 [Gr. 366, 3].

[3] *A penas vau en loc qu'om no-m deman:*
     Raimon Gaucelm avetz fag re novelh?
     Et ieu a totz respon ab bon talan,
     Quar totas vetz m'es per ver bon e belh,
     E-m play, quand aug dir de mi: Aquest es
     Tals que sap far coblas e sirventes. V, 375 [Gr. 401, 3].

[4] Z. B. *Pons de Capduelh e trobava e viulava e cantava be.* V, 352 [MBiogr.² 29. 30]. — *Perdigos fo joglar e sab trop ben violar e trobar e cantar.* 278 [MBiogr.² 57. 58]. — *Bartolome Zorgi .... saup ben trobar e cantar.* 57 [MBiogr.² 50].

mit sich zu führen.[1] Viele waren auch des Componirens kundig, und setzten ihre Lieder in Musik, wie sie selbst am Eingange oder Schluss derselben bemerken.[2] Auch die Fertigkeit, poetische Erzählungen vorzulesen, war zu einer Zeit, wo es mehr Ohren gab, die auf Wunder und Abentheuer gespannt waren, als Augen, dieselben zu lesen, eine sehr willkommene Gabe.[3] Die Schreibkunst besassen ohne Zweifel nur wenige; von Elias Cairel wird es in den Lebensnachrichten ausdrücklich bemerkt.[4] Arnaut von Cotignac dagegen gesteht, dass ihm diese Kenntniss abgehe, indem er am Schlusse eines Liedes einen Schreiber ersucht, es ihm aufzuschreiben.[5] Guiraut von Calanson führt das Werk eines andern Dichters an[6], das dieser, wie er sagt, habe schreiben lassen.[7] Der Dichter war also in diesem Falle genöthigt, sich des Dictirens zu bedienen, und daher wird Dictiren gleichbedeutend mit Dichten, so wie Dictat mit Gedicht

---

[1] *Peire Cardinal . . . . menan ab si son joglar, que cantava sos sirventes.* V, 302 [MBiogr.² 48]. — *Pistoleta si fo cantaire d'En Arnaut de Maruoill.* 349 [MBiogr.² 114]. — *Guirautz de Borneill . . . . menava ab se dos cantadors, que cantavan las soas cansos.* 166 [MBiogr.² 20. — vgl. Gr. 242, 1 *e m'acompaing ab chantadors*, aus welcher Stelle vielleicht die Notiz der Biographie entnommen ist].

[2] So Folquet von Marseille:
    Mas quecs demanda chanso . . . .
    C'atressi m'es ops la fassa
    De nuou, cum los motz e'l so.
    '*Chantars me torn.*' Ms. [Gr. 155, 7.]
Auch die Lebensnachrichten reden davon. *Peire d'Alvernhe . . . . fes li melhors sons.* V, 291 [MBiogr.² 8. MW. 1, 89]. — *Richartz de Berbesieu . . . . trobava avinenmen motz e sons.* 433 [MBiogr.² 52].

[3] *Arnautz de Maruelh . . . . legia be romans*, V, 45 [MW. 1, 148].

[4] *Ben escrivia motz e sons.* V, 141 [MBiogr.² 62].

[5]   *Ben es lo vers e'l chantador,*
    E volgra bon entendedor,
    Per dieu bellis clercx tu lo m'escriu. V, 30 [Gr. 34, 2].

[6] [Am Rande: Nᵃ.]

[7] *De sels, qu'En Guiraut fes escrir.*
    '*Fadet joglar.*' Ms. [Denkm. 94, 13. Der Dichter bezieht sich hier auf das Werk seines Vorgängers, Guiraut de Cabreira.]
    S. hierüber weiter die Observations par A. W. de Schlegel p. 65.

gebraucht.¹ Ohne Zweifel wurde der Text sogleich mit Musiknoten begleitet, wenn der Dichter eine neue Melodie angeben wollte. Marcabrun bemerkt, er wolle sein Gedicht sammt dem Ton übers Meer senden.²

Kunstbereich der Jongleurs.

Das Wort Jongleur (prov. *joglar*) kommt von *jocus*, mittellateinisch Spiel, d. h. Musik, und bedeutet also einen Spielmann oder Musiker.

Ueber das Gewerbe dieser Classe seit dem Aufkommen der Troubadours fehlt es nicht an Nachrichten. Mehrere der letztern haben eigne Unterweisungen für die Spielleute geliefert, unter denen die von Guiraut von Cabreira und Guiraut von Calanson die vollständigsten sind.³ Da das Gewerbe der Spielleute mit der Kunstpoesie in enger Beziehung stand, so muss es hier gleichfalls erörtert werden.

Wirklich bestand das Hauptgeschäft der Jongleurs in der Ausübung der Tonkunst, an die man indessen damals weit geringere Forderungen machte, als zu unsrer Zeit. Die Zahl der Instrumente, deren sie sich bedienten, war bedeutend. Als das wichtigste galt die Viole, die unsrer Geige sehr nahe kam, und wie diese mit dem Fiedelbogen gespielt

---

¹ Guiraut Riquier sagt:
    Yeu trobera plazer
    E delieg en dictar,
    E-m volgra esforsar
    De far bels dictamens ....
    Troban los bels dictatz.
      '*Tant petit vei pvezar.*'
        Ms. [MW. 4, 192, v. 56—59. 196, v. 240.]
[Zusatz, Leben und Werke S. 613:] Wenn einige Spätere *dictar* für dichten brauchten, so dachten sie nicht an die alte Bedeutung: in die Feder sagen, sondern an die von *dictum*, Spruch, abgeleitete: belehren, und hielten diess für einen vornehmeren ihrer Poesie würdigeren Ausdruck als *trobar*.

²   *Lo vers e'l so vuelh enviar*
    A'N Jaufre Rudel oltra mar.   III, 374 [Gr. 293, 15].

³ [Gr. § 33.]

wurde¹; auch Harfe und Cither waren beliebt. Um einen
Begriff von der Gestalt dieser Instrumente, so wie von dem
Aufzug eines Jongleurs überhaupt zu geben, mögen hier die
Umrisse dreier Vignetten aus der Handschrift 7225 stehen.

42 Guiraut von Calanson nennt noch andere Instrumente,
deren Bedeutung sich zum Theil nicht genau bestimmen lassen
möchte, nämlich Trommel, Castagnetten, Symphonie, Mandore, Monocord, Rote mit siebzehn Saiten, Geige, Psalterion, Sackpfeife, Leier, Pauke; er macht zugleich dem
Jongleur zur Pflicht, sich mindestens auf neun Instrumente
zu verstehen.² Bertran von Born gedenkt der Trompeten,

---

¹ Guiraut von Cabreira sagt zu dem Jongleur, V, 167 [Denkm. 88, 17. 23—25]:
  Mal saps viular ....
  Mal t'enseignet
  Cel que-t mostret
 Los detz a menar ni l'arson (Fiedelbogen).

² Guiraut verlangt, ein tüchtiger Spielmann müsse verstehen:
Taboreiar	*Sonetz nota,*
E tauleiar	*E faitz la rota*
E far la semfonia brugir	*A XVII cordas garnir.*
E sitolar	*Sapchas arpar*
E mandurcar	*E ben temprar*
Manicorda	*La gigua e'l sons esclarzir.**
Una corda	*Joglar leri*
E sedra, c'om vol ben auzir,	*Del salteri*

* Statt dessen liest die Handschrift 2701: *L'arguimela per esclarzir.*

Hörner und Posaunen der Spielleute.¹ Diess Verzeichniss könnte leicht vermehrt werden; indessen reicht es hin, um, wenn auch nicht die Kunsthöhe, doch gewiss die Kunstliebe der Zeit zu bezeugen.

Ein wichtiges Geschäft der Jongleurs bestand darin, die des Vortrags unkundigen Hofdichter auf ihren Fahrten zu begleiten, um sie mit Gesang und Spiel zu unterstützen, oder die Lieder vornehmer Dichter, die aus ihrer Kunst keinen Gewinn ziehen mochten, an den Höfen vorzutragen. Dieses merkwürdige Verhältniss zwischen Dichter und Musiker gehört zu den Charakterzügen der provenzalischen Kunstpoesie, indem es nirgends anderwärts in dieser Ausdehnung gefunden wird. Jeder Dichter, dessen Lage es erlaubte oder gebot, hatte einen oder mehrere Spielleute in seinem Dienste. In den Geleiten am Schlusse der Lieder wird diess Verhältniss häufig berührt, indem der Dichter daselbst seinem dienenden Jongleur irgend eine Weisung in Bezug auf den Vortrag des Gedichtes ertheilt. Dieser pflegte, wie oben bemerkt wurde, das Lied mündlich zu empfangen, und aus dem Gedächtniss vorzutragen, wiewohl der Verfasser es aufzeichnete oder aufzeichnen liess. 'Ohne Pergamentbrief — sagt drum Jaufre Rudel — sende ich mein Lied mit Gesang, in deutlicher romanischer Sprache, an Uc Brun durch Filhol.'² Mehrmals haben die Dichter das untergeordnete Verhältniss der Spielleute, die von den höheren Gaben der

---

Faras X cordas estrangir.
   IX esturmens
   Si be'ls aprens
Ben poiras fol esferezir;
   Et estivas
   Ab votz pivas

E las lyras fai retentir,
   E del temple
   Per issemple
Fai totz los cascavels ordir.
      '*Fadet joglar.*'

Ms. [Denkm. 94, 20—22. 29—30. 95, 1—21.]

¹   *E il sonet que fan li joglar,*
     Que viulan de trap en tenta
   Trompas e corns e grailles clar. IV, 167 [Gr. 80, 35].

²   *Senes breu de parguamina*
   Tramet mon vers en chantan,
   En plana lengua romana,
   A'N Ugo Brun per Filhol. III, 100 [Gr. 262, 5].

ersteren zum Theil ihren Unterhalt zogen, erwähnt. Garin von Apchier äussert sich über seinen Jongleur: 'Ich könnte ihn leicht zu Grunde richten: ich dürfte ihm nur meine Gedichte versagen, dann fände sich kein Mensch, der ihn speiste, oder nur eine Nacht herbergte.' ¹ Uc von Saint-Cyr sagt zu dem seinigen: 'Du hast ein Sirventes von mir verlangt, und du sollst eins haben, so schnell es mir möglich ist.' ² Raimon von Miraval redet in noch höherem Ton: 'Ich weiss, Bayona, dass du um ein Sirventes zu mir gekommen bist; dieses ist das dritte; zwei hast du bereits empfangen, mit welchen du Gold und Silber, und manches getragene Rüstzeug, und schlechte und gute Kleider erworben hast.' ³ 'Um Gottes willen, Bayona — sagt derselbe Dichter anderswo — wie unsäglich arm und elend gekleidet bist du; doch ich will dich mit einem Sirventes aus der Noth ziehen.' ⁴

45 Ausser den Liedern der Troubadours pflegten die Spielleute auch die poetischen Erzählungen vorzutragen, deren eine unglaubliche Menge in dem Lande verbreitet war. In den Anweisungen für die Jongleurs wird diesen gewöhnlich

---

¹ *E s'ieu lo vuelh ben dechazer,*
Qu'el vuelha tolre mon chantar,
Ja non er qu'ilh don' a manjar,
Ni'l vuelha albergar un ser. IV, 251 [Gr. 162, 5].

² *Messonget un sirventes*
M'as quist e donar l'o t'ay
Al pus tost que ieu poyrai. IV, 288 [Gr. 557, 21].

³ *Bayona per sirventes*
Sai be, qu'iest vengutz mest nos,
Et ab aquest seran tres,
Qu'ieu non avia faitz dos,
Dont mant aur e mant argen
Avetz guazanhat, Bayona,
E maint uzat garnimen
E d'avol raub' e de bona. Ms. [Gr. 406, 11.]

⁴ *A dieu me coman, Baiona,*
Tans paupre-t (paupretz) vei a sobrier
Mal vestitz ab avol gona,
Mas ie-t trairai de pauprier
Ab un sirventesc quant profier. Ms. [Gr. 406, 1.]

ein grosses Verzeichniss von solchen Erzählungen vorgerechnet, die sie inne haben müssten. 'Ihr kennt nicht — sagt Bertran von Paris von Rouergue zu dem Spielmann, den er unterrichtet — die Novelle von Tristan, noch vom König Marc, noch von Absalon dem schönen; ihr wisst nicht, warum Polamides an dem Schlosse beim ersten Anruf seinen Namen verheimlichte; ihr wisst nichts von dem Sturm auf Tyrus, noch von Argilen, dem guten Zauberer, wie er, um den König zu verrathen, einen Palast und Thurm vor Laon erbaute; nichts von dem Beherrscher von Paris, mit welcher Macht er Hispanien schlug und eroberte; nichts, wie ich glaube, wisst ihr von Ivan, der zuerst Vögel abrichtete; nichts vom Kaiser Konstantin, wie er in seinem Palaste durch sein Weib den grossen Schimpf erlebte, daher er Rom verliess und das prächtige Constantinopel baute, woran hundert und zwanzig Jahre gearbeitet wurde' u. s. f.[1] Wer sich auf die Kunst des Erzählens verstand, dem gab man wohl den besondern Beinamen Erzähler, *Comtaire*.[2] — Der Name Nachmacher, *Contrafazeire*[3], den man ihnen gleichfalls beilegte, lässt vermuthen, dass auch mimische und Possenspiele in ihren Kunstbereich gehörten; schon bei den lateinischen Schriftstellern der Zeit heissen sie *mimi*.

Endlich musste ein vollkommener Spielmann auch die Künste des Seiltänzers und Gauklers verstehen. Er tanzte, überschlug sich, sprang durch Reife, fing kleine Aepfel mit zwei Messern auf, ahmte den Gesang der Vögel nach, liess Hunde und Affen ihre Kunststücke machen, lief und sprang auf einem hoch gespannten Seil, und spielte überhaupt den Lustigmacher.[4]

---

[1] V, 102. [Denkm. 86, 5—6. 9—16. 19—20. 87, 25—31.]

[2]   *Cantaire fo meravilhos,*
    E Comtaires azautz e ricx. V, 345. [Denkm. 149, 36 f.]

[3]   *So son tragitador*
    E contrafazedor.
      '*Pus dieus m'a dat.*' Ms. [MW. 4, 185, v. 155 f. —
    Im Texte urspr. *contrafazedor*.]

[4] Guiraut von Calanson:
    E paucx pomels   *Sapchas gitar e retenir,*
    Ab II cotels   *E chans d'auzels,*

Poetische Unterhaltungen.

Zum Sammelplatze der Hofdichter und Spielleute, auf welchem sie ihre Talente zeigten, dienten die Schlösser der Könige und Fürsten, so wie die Burgen der Edlen. Der ritterliche Sinn hatte es sich zur Pflicht gemacht, keinem Wanderer die Schwelle des Hauses zu versagen, besonders mit fahrenden Kriegern und Sängern aller Classen Hab' und Gut zu theilen. Diesen Hang der Machthaber suchten die Hofdichter zu unterhalten durch Preis und Mahnung. Den Spruch: 'Geben ist edler als nehmen' hallen ihre Poesieen wieder. Daude von Prades sagt von sich: 'Meine Sache ist, den Wackeren Gutes zu thun, Jongleurs zu ehren, Geselligkeit zu lieben, und eher zu geben, als man mich anspricht.' [1] Arnaut von Marsan räth einem jungen Edlen, in einem schönen Schlosse ohne Thüre und Riegel zu hausen, und den Verläumdern kein Gehör zu schenken, die ihm rathen würden, Pförtner anzustellen, um Schildknappen und Knechte, Landfahrer und Spielleute mit dem Stock von seiner Schwelle zu treiben. [2] Einzelne kostete diese unmässige

    E bavastels
E fay los castels assalhir ....
E per IV. selcles salhir.
   Tom de gosso
   Sobr' un basto
E fay l'en II pes sostenir;
    Apren mestier
    De simier,

E fay los avols escarnir;
   De tor en tor
   Sauta e cor,
E garda que la corda tir.
    Ta rudela
    Sia bela
Mas fay la camba tortezir.
    '*Fadet joglar.*'

Ms. [Denkm. 94, 23—28. 31. 95, 31—96, 9.]

[1]   *Joios soi eu et ai mestier,*
   De far plazer a bona gen,
   D'onrar joglars, d'amar joven,
   De dar enans qu'om no mi quier. PO. 86 [Gr. 124, 10].

[2]   *Larcs siatz en despendre,*
   Et aiatz gent ostau
   Ses porta e ses clau.
   Non crezatz lauzengiers,
   Que ja metatz portiers,
   Que feira de basto
   Escudiers ni garso
   Ni arlot ni joglar,
   Que lay vuelha intrar. V, 43 [LB. 137, 50—58].

Gastfreiheit in kurzem ihre ganze Habe: der Delphin von Auvergne soll nach dem Zeugnisse der Handschriften seine halbe Grafschaft aufgeopfert haben [1]; andre suchten sich durch Erpressungen und Gewaltthätigkeiten zu helfen. Ganz unbefangen erklärt sich Albert Markgraf von Malaspina gegen Rambaut von Vaqueiras, der ihn des Raubes bezüchtigt: 'das läugne ich nicht, allein ich habe nicht um Schätze zu sammeln, sondern um Freigebigkeit zu üben, nach fremdem Gute gegriffen.' [2]

Worin jene poetischen Vergnügungen nun eigentlich bestanden, das lehrt zum Theil schon das Gesagte über den Kunstbereich der Dichter und Spielleute; selbst die Namen gewisser Dichtungsarten weisen darauf hin. Die Stunden und Tage, welche die Jagd und andere ritterliche Uebungen nicht ausfüllten, pflegten die Edlen gerne der Geselligkeit zu widmen. Bei den Gastmählern liebten sie Musik mit Stimmenbegleitung, und gewöhnlich geschah es alsdann oder nach der Tafel, dass ein Spielmann oder auch ein Hofdichter auftrat und Lieder oder Erzählungen vortrug, wie denn überhaupt jeder der Gesellschaft, der des Gesanges kundig war, sich zu zeigen pflegte.[3] Auch poetische

---

[1] *E per larguesa soa perdet la meitat e plus de tot lo sieu comtat.* V, 124 [MW. 1, 180].

[2] — *Mantas vetz per talen de donar*
Ai aver tol e non per manentia
Ni per thesaur, qu'ieu volgues amassar. IV, 9 [Gr. 15, 1].

[3] Bertran von Born, IV, 49 [Gr. 80, 26]:
Manjar ab mazan
De viul' e de chan.
Roman von Jaufre in Bezug auf den Hof des Königs Artus:
Q'el rei en so palais estava
Ab sos baros apres manjar,
On se deporta us joglar
E'ls cavalers parlon d'amor. Ms.
Raimon Montaner in seiner Chronik von Aragon p. 298: *Et com foren tuyt asseguts, En Romaset jutglar canta alt veux un serventech davant lo senyor rey novell, qu'el senyor infant En Pere hach feyt a honor del dit senyor rey.* Du Cange s. v. ministelli. — Roman von Girart von Roussillon:

49 Wettstreite mögen zuweilen statt gefunden haben: in dem Leben Arnaut Daniel's wird eines solchen gedacht. Der Gegenstand des Liedes war bestimmt, und zehn Tage Frist gegeben; Richard Löwenherz hatte zu entscheiden.[1] Dass dergleichen Uebungen unvorbereitet gehalten wurden, lässt sich mit keiner Stelle belegen, und überhaupt muss der Wettgesang ungewöhnlicher gewesen sein, als man voraussetzen möchte, da sich bei den Dichtern nicht eine einzige Anspielung findet. Selbst die Tenzonen wurden schriftlich behandelt.

Zu dem Ernst und Scherz der Dichtkunst gesellten sich bei diesen Hoffesten wohl auch die abentheuerlichen Berichte vielgereister Ritter von fremden Völkern und Ländern, nebst anderm geselligen Zeitvertreib. Dass die Frauen thätigen Antheil nahmen, selbst an dem Poetischen, ist nicht zu verkennen; den Hofdichter zierte daher ein feines und gefälliges Benehmen (*cortesia* und *mesura*, Höflichkeit und Mass) und eine gewisse Gabe der Geselligkeit, ohne welche sich auch das entschiedenste Talent wenig Eingang verschafft hätte.

Zur weiteren Erläuterung jener Hoffeste können u. a. noch folgende Stellen dienen. Raimon Vidal sagt in einer Novelle: 'Herr Uc von Mataplana befand sich behaglich in seinem Hause, von mächtigen Freiherrn umgeben, man 50 speiste und erlustigte sich, und hier und da in dem Saale wurde Brett und Schach gespielt auf grünen, rothen und blauen Teppichen. Holde Frauen waren zugegen, und fein und höflich war die Unterhaltung. Siehe, da trat ein Spielmann herein von einnehmendem Wesen und wohlgekleidet; an der Art, wie er dem Herrn des Hauses entgegentrat, merkte man, dass er sich zu benehmen wusste. Hierauf trug er Gesänge vor und erheiterte die Gesellschaft auf

---

    Quan an manjat, s'enprendon a issir,
    El plan devan la sala s'en van burdir;
    Qui sap chanso ni fabla, enquel (?) la dir.

angeführt von La Curne de S. Palaye in den Mémoires sur l'ancienne chevalerie, t. I, p. 49 [Hofmann's Ausgabe 3570—72; l. *enquet l'a dir*].

[1.] S. die Stelle V, 31 [MW. 2, 69].

mannichfache Weise.'¹ Arnaut von Marsan sagt in der Schilderung eines Hoffestes: 'Wir begaben uns in das Gemach, um Schach und Brett zu spielen, und Gesänge und Erzählungen zu hören, deren tausend vorgetragen wurden, die man aufmerksam vernahm. So verharrten wir bis zum Sonnenuntergang, worauf man uns zum Essen in dem grossen Saale abrief.'²

Lohn und Ehre der Sänger.

Die Gaben, welche die Hofdichter empfingen, bestanden gewöhnlich in Pferden und Geschirr, Kleidern und zuweilen auch Geld. Aimeric von Peguilain preist vom Markgrafen von Malaspina: 'er hat edle Sänger, die ihn besuchten, geehrt und geschätzt, mehr als ein Fürst diesseits und jenseits des Meeres; Pferde von verschiedenen Farben und Geschirr hat er öfter gespendet, als irgend ein Baron der Welt.'³ Von Peyrol berichten die Lebensnachrichten, er sei von den Freiherrn mit Kleidern, Geld und Pferden belohnt worden.⁴ Der Mönch von Montaudon sagt spottend von Ademar, er habe gar manches alte Kleidungsstück genommen.⁵ Der erwähnte Aimeric von Peguilain begab sich nach Catalonien zu Guillem von Berguedan, und in der ersten Canzone, die er dichtete, pries er diesen und dessen Gesänge, wogegen

---

¹ Das Original steht in der erwähnten Abhandlung über die Minnehöfe. [MG. II, 34.]

² *Ara nos en intrem*
Abdos, si co-ns volguem,
Als escacx et a taulas,
A chansos et a faulas;
M n'i avia tals:
Que non pessaro d'als.
E estem y aitan
Tro al solelh colcan,
Desse que per manjar
Nos manda hom levar
En la sala maior,
On eran li pluzor.
'Qui comte vol aprendre.'
Ms. [Prov. LB. 133, 79 ff.]

³ *Ni'l ric joglar qu'el venian vezer,*
Qu'elh sabia honrar e car tener,
Plus que princeps de sai mar ni de lai . . . .
Que manh caval ferran e brun et bai
Donava plus soven et autr'arnes
De nulh baron, qu'ieu anc vis ni saubes. IV, 62 [Gr. 10, 10].

⁴ *Recep dels baros e draps e deniers e cavals.* V, 281 [MW. 2, 1].

⁵ *Et a pres manh vielh vestimen.* IV, 370 [Gr. 305, 16].

ihm Guillem sein Reitpferd und seinen Anzug schenkte.[1] Besonders rühmt Raimon Vidal die Freigebigkeit mehrerer Herren seiner Zeit, welche die Troubadours aller Länder mit wollenen Pferdedecken, kostbarem Reitzeug, vergoldeten Zäumen, so wie mit Pferden versorgten.[2]

Die Spielleute nahmen Theil an dem Gewinn der Troubadours. Raimon von Miraval räth dem seinigen, verschiedene Freunde des Gesangs zu besuchen, die ihn mit Kleidern, Tüchern und einem Pferde beschenken würden.[3]

Die Hofdichter wurden nach dem Grad ihrer Gaben und persönlichen Eigenschaften von den Edlen in Ehren gehalten; davon zeugt die freie Stellung einzelner derselben zu ihren Gönnern, so wie das trauliche, nicht selten zärtliche Verhältniss, das zwischen ihnen und den vornehmsten Frauen statt fand. Wir verweisen deshalb auf die Lebensgeschichten. Die Achtung, welche einzelne genossen, erstreckte sich indessen nicht auf den ganzen Stand. Nicht war es die mit dem Beruf des Hofdichters verbundene Abhängigkeit, die ihm zur Unehre hätte gereichen können: dieses Loos theilte er mit dem dienenden Ritter; allein ein grosser

---

[1] *Tan qu'el li donet son palafre e son vestir.* V, 9 [MW. 2, 159].

[2]   *E viras lur selas ab flocx*
    E tans autres valens arnes,
      E fres dauratz e palafres. V, 346 [Denkm. 165, 14—16].
[Zusatz LW. 613:] Die [Leben u. Werke² S. 322 angeführte] Stelle Gottfrieds von Vigeois, wonach ein Spielmann zum König *super histriones minores* gekrönt werden sollte, ist für die Geschichte dieser Classe nicht unwichtig. Ob diese Ehrenbezeugung auch sonst vorgekommen, bleibt unentschieden, die Dichter wissen nichts davon.

[3] *Passaras a Carcassona,*   *Qu'el no-t fara cara morna,*
   Iras a'N Peire Rotgier,   *C'om plus alegre no vieu,*
   E s'il be e gent no-t dona   ·   *Ans te dara caval braidieu*
   Ye-t doblarai ton loguier;   *Tal que ben cor e biorna,*
 E pueis iras a'N Olivier   *E vestimenta (sic) d'estieu*
   Que-t dara rauba gordona   *Ben estan e adorna.*
 De sava vairet leugier
   O dels draps de Narbona.   *A Bertran de Saissac chanta*
                                     Sirventes e mais chansos etc.
 Baiona pauc te sojorna,   *'A dieu me coman.'*
 E vai t'en a'N Gentesquieu: Ms. [Gr. 406, 1.]

Nachtheil für das Ansehen seiner Classe entsprang aus dem üblen Rufe der Spielleute, mit welchen die Dichter denselben Namen führten, und dergestalt mit ihnen auf eine Linie gestellt wurden. Als nun gar die Spielleute, welches später eingetreten zu seyn scheint, das Dichten mit ihren niedrigen Künsten zu verbinden suchten [1], und so die Gränzen zwischen beiden Classen verwirrten, da wurde es dem edlern Hofdichter schwer, sein Ansehen zu behaupten. Indessen konnte es nicht fehlen, dass der Ehrliebende, der die Kunst, trotz seiner beschränkten Lage, mit Würde trieb, wie ein Guiraut Riquier noch am Abende der Hofpoesie that, von demjenigen unterschieden wurde, der am Gewerbe der niedrigsten Spielleute Theil nahm.

Nicht einmal lässt sich behaupten, dass der Stand des Hofdichters mit dem des Ritters in einer Person unverträglich gewesen sey, wobei es indessen ausgemacht bleibt, dass der selbständige Ritter eine höhere Stufe, als der abhängige Dichter behauptete. In Betreff dieses Verhältnisses sind mehrere Aussagen der Troubadours, verbunden mit Stellen aus den Lebensnachrichten, zu erwähnen. Peire von Auvergne sagt tadelnd von einem Dichter, Gausmar, er sey Ritter und mache den Jongleur.[2] Bernart von Rovenac wirft einem gewissen Rainier vor: 'Als ihr die Ritterschaft gegen die Jonglerie vertauschtet, da handeltet ihr, wie es euch geziemte.'[3] In diesen beiden Fällen ist es mehr als wahrscheinlich, dass die Angegriffenen das Gewerbe des niedern Jongleurs oder Spielmannes trieben; als Dichter

---

[1] Auch Guiraut von Calanson verlangt von dem Jongleur, dem er ausser musikalischen Kenntnissen auch gymnastische Fertigkeiten und Gaukeleien zur Pflicht macht, dass er sich auf die Dichtkunst verstehen müsse:
Sapchas trobar
E gen tombar
E ben parlar e jocx partir. V, 168 [Denkm. 94, 17—19].

[2] Originalstelle S. 25, Note 3.

[3] *Quan per joglaria*
Detz cavallairia
Fetz sen natural. V, 67 [Gr. 66, 4. MG. 1609 f.].

müssen sie sehr tief gestanden haben, da sie uns als solche
unbekannt geblieben sind. Wenn ein gewisser Cavaire dem
Troubadour Bertran Falco den Vorwurf macht: 'ein Ritter,
der sich von einem Jongleur kleiden lässt, der entkleidet
sich seiner Ritterwürde, euch hat ein Jongleur des Markgrafen
von Este gekleidet' [1] — so wirft diess keinen Flecken
auf den Stand des Hofdichters, wenn jener Jongleur wirklich
zu diesem Stande gehört haben sollte, da es sich allerdings
nicht mit ritterlicher Ehre vertrug, von Leuten Gaben
anzunehmen, welche selbst von fremder Milde lebten. Ferner
erzählen die handschriftlichen Lebensnachrichten von Peirol
und Ademar, beide seyen Edelleute gewesen, hätten sich
aber als Ritter nicht halten können, und seyen drum Jonleurs
geworden. [2] Hier erscheint zwar 'Jongleur' in seiner
höheren Bedeutung, allein gleichwohl deuten die Stellen
auf keinen Abstand des Ranges: vielmehr konnten die Dichter
den Aufwand selbstständiger Ritter nicht bestreiten, und
wurden um des Erwerbes willen Hofdichter.

55 Dass der Stand des dienenden Ritters mit dem des
dienenden Dichters allerdings in einer Person verträglich
war, das zeigt sich in dem Leben des Rambaut von Vaqueiras,
von welchem es heisst: 'Er wurde Jongleur, und
begab sich nach Montferrat zum Markgrafen Bonifacius,
und dieser schlug ihn zum Ritter.' [3] Allein darum hörte
er nicht auf, als Jongleur oder Hofdichter zu dienen und
Jongleur zu heissen: denn er selbst nennt sich den Vertrauten,
Ritter und Jongleur des Markgrafen. Noch ein
anderes Beispiel ist uns angemerkt. 'Perdigon — sagen die
Handschriften — war Jongleur, und spielte, dichtete und
sang vortrefflich, und durch seine Dichtkunst und seine Klug-

---

[1] *Cavalliers, cui joglars vest,*
De cavalaria-s devest;
C'us joglaretz del marques d'Est,
Falco, ros a vesti ab si. V, 112 [Gr. 151, 1].

[2] Originalstellen S. 29, Note 2.

[3] *Si se fetz joglar .... e venc s'en a Monferrat a meser lo*
marques Bonifaci .... et el lo menet ab si e fets lo cavallier, e donet
li gran terra e gran renda. II, 161 [MBiogr.² 31].

heit kam er zu Ehren, so dass der Delphin von Auvergne ihn als Ritter in Dienste nahm, und ihm Land und Einkünfte verlieh.'¹ Da der Delphin in ihm den Sänger schätzte, so ist zu erwarten, dass Perdigon seinem Gönner in doppelter Eigenschaft, als Hofdichter und Ritter, gedient habe.

Die Verachtung, welche im Ganzen auf den niedern Jongleurs ruhte, lag in der Natur der Umstände. Nicht genug, dass der Dürftige, der den Drolligen macht, sich fremder Laune zum Spielwerk hingiebt, und so manches, was Ehrliebe verschmäht, geduldig ertragen muss² — die Aermlichkeit seiner Lage verführte auch diess leichtfertige, heimathlose, bettelhafte Gesindel nicht selten zu den ehrlosesten Streichen. Ueber diesen Jongleur-Unfug, der mit der Zeit zunahm, haben sich die Dichter oft scharf genug ausgesprochen. Peire von Mula hat ein eignes Sirventes gegen sie gerichtet, worin er die Edlen auffordert, jene Menschen nicht ferner zu hegen, da sie an Schlechtigkeit und Zahl von Tag zu Tag zunähmen; ihn dünkte es thöricht, dass man ihnen an den Höfen noch mische (d. h. Wein einschenke) und vorschneide.³ Matfre Ermenguau in

---

¹ *Perdigons si fo joglars e sap trop ben violar e trobar .... e'l dalfins d'Alverne lo tenc per son cavallier .... e ill det terra e renda.* V, 278 [MBiogr.² 57].

² In einer Tenzone wird einem Jongleur der Vorwurf gemacht: 'Euch darf man hundert Streiche geben, wenn man euch nur den Bauch füllt.'
*C'a vos pot dar colps sen,
Qui be us umplis la pansa.*
'*Bertran, vos c'anar.*' Ms. [Gr. 205, 1.]

³ *Dels joglars servir mi laisse,
Senhor, aviatz per que ni cum:
Quar lurs enueitz creis e poia ....*

*Lor afar cuit que abaisse,
Car ilh son pus pezan que plom,
Et es en mai que de ploia,
Perqu'ieu non pretz una raba
Lor mal dir, anz cre que m'aiut,
E vuelh c'als baros sovenha,*

einem Ausfall gegen sie stellt sie dar als Schmeichler, Verläumder, Unzüchtige, Spieler, Trunkenbolde, Kuppler u. dgl.[1] Allein diess war in die Wüste gepredigt: noch lange blieben sie die Bringer der Lust, und was ihre Unsittlichkeit betrifft, so konnte ihnen diese seit der Ausartung des Rittergeistes auf den Burgen der Edlen mehr zur Empfehlung als zum Hinderniss gereichen.

Gönner der Poesie.

Die wichtigsten Gönner der Troubadours verdienen, wegen ihres bedeutenden Einflusses auf die Poesie, hier angeführt zu werden.

Unter den ersten glänzen mehrere Grafen von Provence aus dem Hause Barcelona, **Raimon Berengar III** (1167—1181) Bruder Alfons II von Aragon; **Alfons II**, Sohn des letzteren (1196—1209), und **Raimon Berengar IV**, sein Sohn und Nachfolger (1209—1245). Die Grafschaft gehörte seit 879 zu dem von Boso errichteten Königreich Provence und hing, wie dieses, seit 933 von Burgund ab. Als nun aber dieses Königreich durch Erbschaft an Konrad den Salier überging (1032), so wurde auch die Grafschaft Provence von den deutschen Kaisern abhängig. Am mäch-

C'aissi tenh yeu lor pretz cregut,
Si son d'avol gen mal volgut.

E mi par nessiatjes,
C'om lor mesca ni talh
En cort de pros vassalh.
Ms. [Gr. 352, 1. Jahrbuch 14, 151.]

[1] *Atressi peccan li jogglar,*   *Digon lagot ad escien*
Que sabo cantar e ballar,   *Per decebre la folha gen ....*
E sabo tocar esturmens,   *Li jogglar son mal dizen*
E sabo encantar las gens,   *Et avar e desconoychen*
E far autra jogglaria;   *E deslial e messongier*
Car entendo nueg e dia   *E lag parlan e putanier*
A la mondana vanetat   *E continuamen jogador*
Et a folhor et a peccat,   *E tavernier e bevedor,*
E fan las gens en se muzar,   *E portan messaggaria*
Quan deurion qualque be far,   *Mantas vetz de putanaria.*
E per so, quez om volontiers   Breviari d'amor.
Lor done raubas e deniers,   Ms. 7227, fol. 132.

tigsten war sie unter Boso I, der bis 948 regierte; damals umfasste sie ausser der später so genannten Provence noch die Landschaften Gapençois, Embrunois, Comtat Venaissin und Nizza. Mit Bertran II starb die Linie der erblichen Grafen aus; seine Schwester Gerberge brachte den Staat (1100) ihrem Gatten Gilbert, Vizgrafen von Gevaudan zu; dieser starb 1108 und 1112 folgte ihre Tochter Douce, vermählt mit Raimon Berengar III, Grafen von Barcelona. Das Land war durch Theilungen bedeutend geschmälert worden; nicht allein war der ganze Strich zwischen Isere, Alpen, Durance und Rhone, oder Hochprovence, späterhin das Marquisat Provence genannt, an die Grafen von Toulouse übergegangen, es hatte sich auch die Grafschaft Forcalquier davon getrennt, welche erst 1209 wieder zurückfiel, so dass sich das Gebiet der Grafen nur auf Niederprovence oder das linke Ufer der Durance beschränkte. Indessen wurde dieser Abgang an Gebiet durch die Verbindung mit dem mächtigen Hause Barcelona, das auch den Thron von Aragon inne hatte, wieder aufgewogen, eine Verbindung, die den Dichtern aus Provence grosse Vortheile gewährte. Im Jahr 1245 erlosch das Haus Barcelona, und die Grafschaft kam durch Beatrix, Tochter von Raimon Berengar V, an ihren Gatten Karl von Anjou, und hiermit gewissermassen unter französische Herrschaft, die bei der Eifersucht, welche stammverwandten Völkern eigen ist, den Provenzalen an und für sich, in den Händen des strengen und herrschsüchtigen Karl aber doppelt verhasst war. Auch hat er, wiewohl selbst Dichter in französischer Mundart, den Troubadours keinen Vorschub gethan, wie er denn auch meist in seinem bald nachher erworbenen Königreich Sicilien zubrachte, und Provence als Nebenland behandelte. Das verletzte Nationalgefühl der Provenzalen hat sich auch in der Poesie mehrfach und bitter ausgesprochen.

Neben den Grafen von Provence müssen die von Toulouse als Beförderer der Poesie genannt werden. Diese waren weit mächtiger als die ersteren; am höchsten stieg ihre Macht unter dem berühmten Raimon IV von S. Gilles, der 1096 das Kreuz nahm, und die Grafschaft Tripolis erwarb. Seine europäischen Besitzungen bestanden aus der Grafschaft Toulouse nebst den Provinzen Quercy, Rouergue, Albigeois, dem Herzogthum Narbonne und dem Marquisat Provence, so dass er mehr als den dritten Theil des provenzalischen Sprachgebietes in Frankreich beherrschte. Der Enkel desselben, Raimon V (1148—1194) war ein besonderer Freund der Troubadours, an seinem Hofe lebten u. a. Peire Rogier, Bernart von Ventadour und Peire Raimon von Toulouse. Sein Sohn Raimon VI führte ein zu stürmisches Leben, um der Dichter gedenken zu können; der Kreuzzug gegen die Albigenser, deren Parthei er endlich selbst ergriff, verwüstete einen grossen Theil seiner Länder, und liess ihm nirgends einen festen Sitz. Er hinterliess den verderblichen Krieg seinem Sohne Raimon VII (1222—1249) der in Gefolge desselben den grössten Theil seiner Besitzungen verlor, und in seine Hauptstadt Toulouse die Inquisition aufnehmen musste. Dieser war den Dichtern hold; u. a. hielt sich Raimon von Miraval bei ihm auf. Nach seinem Tode gerieth auch dieser Staat in die Hände eines Franzosen, des Alfons, Bruder Ludewigs IX, vermählt mit Raimons Tochter Johanna. Er lebte gewöhnlich in Frankreich, und so hatten die Troubadours wiederum den Verlust eines Hofes zu beklagen. Nach Alfons und Johanna's Tode (1271) fiel die Grafschaft an die französische Krone, allein um diese Zeit war auch die provenzalische Dichtkunst bereits ihrem Untergange nah.

Unter andern südfranzösischen Fürsten und Herrn thaten sich als Dichterfreunde hervor Richard Löwenherz, Graf von Poitou (1169—1199) nachmals König von England; Wilhelm VIII, Herr von Montpellier (1172—1204); Barral, Vizgraf von Marseille aus dem erlauchten Hause Baux (um 1180) und Wilhelm IV von Baux, Graf von Orange (1182—1219); Robert, Delphin von Auvergne (1169 bis 1234); so wie unter den Frauen besonders Eleonore, zuerst Gattin Ludwigs VII von Frankreich, dann seit 1152 von Heinrich, Herzog von Normandie, in der Folge König von England, und Ermengarde, Vizgräfin von Narbonne (1143—1192).

Auch ausser Frankreich fand diese Poesie Schutz und Ehre, vorzüglich in Aragon. Hier, wie in Provence, regierte das Haus Barcelona, und verknüpfte beide sprachverwandte Staaten; Alfons II von Aragon (1162—1196) beherrschte sogar, nach dem Tode seines Verwandten, des Grafen Raimon Berengar II von Provence, dieses Land wenigstens mittelbar. Sein Aufenthalt daselbst war den Dichtern von grossem Segen; wenige Fürsten hatten sich so freigebig und gütig gegen sie bewiesen, allein wenige wurden auch mit so gränzenlosem Lobe überschüttet. Sein Nachfolger Peire II (1196—1213) trat in seine Fusstapfen; auch Peire III, der Grosse (1276—1285) begünstigte die Sänger, so wie unter den Königen von Castilien und Leon Alfons VIII (1158—1214), Alfons IX (1188—1229) und besonders Alfons X (1252—1284), welcher, nachdem die Höfe von Provence und Toulouse verschwunden waren, den letzten umherirrenden Dichtern eine Freistätte gewährte.

Unter den italiänischen Fürsten sind zu nennen Bonifaz, Markgraf von Montferrat, seit 1204 König von Thessalonich; und Azzo VI (1196—1212) [1] und VII von Este (1215—1265). Dass Kaiser Friedrich II, übrigens Freund der Poesie und selbst Dichter, die provenzalischen Sänger besonders gehegt habe, lässt sich nicht behaupten; Elias Cairel und Folquet von Romans, die einzigen, welche eine Zeitlang an seinem Hofe zubrachten, wissen nichts von seiner Freigebigkeit zu rühmen. [2]

Es konnte nicht fehlen, dass die Dichter das grossmüthige Benehmen ihrer Gönner erhoben und anpriesen. Ungemessenes Lob wurde der Preis, den sie auf freundliche Unterstützung und Freigebigkeit mit Erdengütern setzten. Dieser poetische Tribut, welchen sie ihren Beschützern entrichteten, kann ihnen nicht schlechthin zum Vorwurf angerechnet werden. Diejenigen Grossen selbst, von denen

---

[1] ['VI — und' Zusatz.]

[2] Wiewohl in den cento novelle antiche gesagt wird: *A lui veniano trovatori, sonatori e belli parlatori, uomini d'arti, giostratori, schernitori etc.* nov. 20.

die Geschichte nicht viel Rühmliches erzählt, zeigten sich in ihren häuslichen Zirkeln nicht selten hochherzig und edel, und dann war ja die Kunstliebe der Mächtigen an und für sich lobenswerth. Den letzteren konnte bei diesem Austausch nicht entgehen, wie sehr sie dadurch gewannen: denn der Ruhm wurde als die Palme des Lebens betrachtet. Den Dichtern ihrerseits verschaffte diess Verhältniss ein sorgenfreies Daseyn, welches die freie Uebung der Poesie zu bedingen scheint. Die Loblieder auf die Helden der Zeit, die Klaggesänge auf ihren Tod heben daher keinen Zug der Gepriesenen mehr hervor, als eben ihre Milde gegen Dichter und Sänger, und diess war zu einem so wesentlichen Stücke eines ächten Lobgedichtes geworden, dass man auch auswärtige Helden und Fürsten, deren Gesinnung man wenig kannte, damit beehren zu müssen glaubte. Auch in solchen Liedern, die den Gönnern nicht geradezu gewidmet waren, wurde ihrer häufig in Ehren gedacht, zu welchem Behufe der Dichter gewöhnlich ein eigenes Geleite von einigen Zeilen beifügte.

Verfall und Untergang der Poesie.

Man kann die Epoche des Verfalls um der runden Zahl willen auf das Jahr 1250 festsetzen; den Untergang dieser Poesie, in ihrer Eigenthümlichkeit betrachtet, kann das Jahr 1290 schicklich bezeichnen: das letzte Gedicht Johann Esteve's ist vom Jahr 1289, Guiraut Riquier's von 1294 datirt; ein Lied Friedrichs III von Sicilien ist noch einige Jahre später.[1] Die Toulouser Schulpoeten, sowie die späteren Reimer, mit denen Nostradamus prahlt, sind in der Nachahmung der Troubadours und Italiäner untergegangen; der Charakter ihrer Poesie, selbst ihre äussere Stellung ziehen eine merkliche Gränze zwischen ihnen und den alten Hofdichtern. So würde denn die Dauer der ganzen Erscheinung den beträchtlichen Zeitraum von zweihundert Jahren (1090—1290) einnehmen.

Die Ursachen des Verfalles und endlichen Unterganges sind nicht in jenen Ereignissen zu suchen, welche die Ge-

---

[1] [Geändert nach Leben u. Werke S. 613.]

schichtschreiber der Poesie in dieser Hinsicht angeführt haben. Es lohnt sich nicht der Mühe, ihre Behauptungen zu wiederholen und zu bestreiten, da sie weder Sachkenntniss noch Urtheil verrathen, sondern offenbar ins Blaue hinein gewagt sind.[1] Es ist z. B. nicht zu begreifen — um nur eine derselben zu berühren — wie das Aufblühen der übrigen romanischen Litteraturen den Untergang der occitanischen nach sich ziehen konnte, es müsste denn ein späteres Ereigniss auf ein früheres zurückwirken können. Als Dante auftrat, war die Poesie der Troubadours bereits zum Alterthume geworden, wie dieser Dichter denn auch wirklich von gleichzeitigen Troubadours nichts weiss, sondern nur die alten Meister anführt. Die Ueberlegenheit einer neuen und kühnen Poesie, die sich nunmehr in Italien geltend machte, trat nicht der provenzalischen Dichtkunst, sondern dem Studium derselben in den Weg, und schlug ihren letzten Nachhall, den man in Italien noch immer vernahm, aus dem Lande. Man hat in dieser Sache die ungleichartigsten Dinge vermengt, indem man die alte provenzalische Kunst- und Hofpoesie, deren Geist sich in jedem einzelnen Liede ausspricht, mit jeder Art des Dichtens in provenzalischer Sprache verwechselt hat. Dieses musste sich allerdings vor den glänzenden Erscheinungen einer neuen Epoche in die Dunkelheit zurückziehen, gleichwohl ist es niemals ganz unterblieben, weder in Südfrankreich, noch in Ostspanien, vor allem in Valencia, das noch im fünfzehnten Jahrhundert namhafte Dichter aufzuweisen hat.

Die Hofpoesie war eine Wirkung des alten und ächten Rittergeistes, der sich durch jene ideale und poetische Richtung auszeichnet, wie sie das zwölfte Jahrhundert darstellt. Der Verfall und Untergang dieser Poesie war eine Folge der prosaischen Wendung desselben, indem der Geist der Aufopferung, der die glänzendste Periode der Ritterzeit begleitet hatte, von dem einreissenden Egoismus allmählich verdrängt wurde. Diess geschah im Ganzen ungefähr um die Mitte des dreizehnten Jahrhunderts. Der Grund dieses

---

[1] Besonders Ginguené histoire litt. d'Italie, t. I, p. 281.

Umschwungs lag ohne Zweifel in der Verarmung des Adels, die theils durch den Aufwand zur Bestreitung der Kreuzfahrten und anderer kriegerischer Unternehmungen, theils durch das Emporkommen der Bürgerschaft, theils durch die erhöhten Steuern, besonders in Provence und Languedoc, seit sie dem Namen oder der That nach unter französischer Herrschaft standen, vorzüglich aber durch Glanzsucht und Verschwendung veranlasst worden war, und Geiz, Raubgier und Rauhigkeit zur Folge hatte. Es trat daher eine neue Lebensweise an den Höfen der Edlen ein, die sich mit der Pflege der höheren Poesie nicht ferner vertrug. Allein diese war, als Hofpoesie, abhängig von der Gunst der Grossen, in deren Sonnenschein sie aufgewachsen war, und konnte ohne dieses Element nicht bestehen. Zwar wurden Dichter und Sänger noch immer beherbergt, allein im Ganzen waren diess die gemeinsten ihrer Classe, die sich missbrauchen liessen und wenig kosteten, es waren die zahllosen Verderber der Kunst, deren man endlich müde wurde, und sie verbannte. Noch gab es einzelne edle Meister des Dichtens, welche die Würde ihres Berufes fühlten, und auf der bessern Bahn fortwandelten, allein diese fanden bei den veränderten Neigungen der Höfe keine Aufnahme mehr, und mussten endlich verstummen. Guiraut Riquier's Gedichte können den Geist der letzten Meister, so wie sein Leben ihre Schicksale darstellen.

Eine andere Erklärungsart, die sich etwa darbieten möchte: dass die Edlen der Poesie desswegen überdrüssig geworden seyen, weil der Ideenkreis der letzteren sich erschöpft habe, hat das Mangelhafte, dass sie sich höchstens[1] auf das Minnelied bezieht, ohne zu erwägen, welch unerschöpflichen Stoff das Sirventes und die Erzählung darbot. Die obige Erklärung dagegen, nach welcher das Ende der Hofpoesie als nothwendige Folge des veränderten Gesellschaftsgeistes der höheren Stände dargestellt wird, hat die Aeusserungen der Troubadours für sich, und wird durch die Geschichte nicht widerlegt. Jene, wohl fühlend, woher ihnen

---

[1] [ursprünglich: 'nur'.]

der tödtliche Streich kommen musste, klagen über nichts so sehr, als über den Eigennutz und die Rohheit der Mächtigen, und über den Kunstverderb durch elende Sänger, und nichts erheben sie mehr, als die gute alte Zeit, wo nur der wahre Dichter geehrt und belohnt wurde. Einige Stellen aus ihren Werken mögen diess zeigen.

Die Klage beginnt gegen die Mitte des dreizehnten Jahrhunderts. Schon Guiraut von Borneil rügt in einigen diesem Gegenstand gewidmeten Liedern, die aus seinem Alter herrühren, den Sittenverfall des Adels. 'Sonst sah ich Turniere veranstalten, und Bewaffnete erscheinen, und lange unterhielt man sich noch von den Streichen, die daselbst gefallen waren; heut zu Tage ist es eine Ehre, Ochsen, Hämmel und Schaafe zu rauben. Schande dem Ritter, der den Artigen macht, und doch mit seinen Händen blökende Hämmel anrührt, und Kirche und Wanderer beraubt. Sonst sah ich Sänger in zierlicher Tracht von Hof zu Hof wandern, blos, um die Frauen zu preisen. Jetzt wagen sie nicht mehr zu reden; so ist die wahre Ehre verfallen.' [1]

Raimon Vidal behandelt den Gegenstand in einer eignen Erzählung, worin er sich selbst von einem Spielmann dessen Schicksale berichten lässt. [2] Dieser hatte sich an den glänzenden Hof des Delphins von Auvergne begeben, wo, wie er sagt, Frauen und Jungfrauen, Ritter und Edelknechte noch so zutraulich seyen, wie ein Vöglein, das aus der Hand picke. Nach dem Nachtessen, als die Gesellschaft sich verloren hatte, redete der Spielmann den Hausherrn also an: 'Edler Herr, ihr wisst, dass weit und breit kein Mensch ohne Vater zur Welt kommt, und so hatte auch ich einen von wackrem Ansehen, der sich in edler Gesellschaft zu zeigen wusste, er war ein Sänger ohne Gleichen und ein trefflicher Erzähler. Durch diesen erfuhr ich, wie

---

[1] S. die beiden Sirventese: *Per solatz revelhar* IV, 290 [Gr. 242, 55], und das handschriftliche *Si per mon Sobretotz no-m fos*. [Gr. 242, 73.] .

[2] Mehrere Stellen aus dieser noch ungedruckten Novelle stehen V, 342 [vollständig gedruckt Denkm. 144 ff.].

Heinrich, König von England, freigebig war mit Pferden und Maulthieren; er erzählte mir seine Reise nach Lombardei zu dem glorreichen Markgrafen, und ich hörte viele Catalanen, Provenzalen und Gascogner ihrer Höflichkeit wegen erwähnen; das bewog mich, Spielmann zu werden; und so habe ich Länder und Meere gesehen, und Städte und Schlösser besucht. Allein bei den meisten Freiherrn habe ich nichts gefunden, das an die Lebensart der Alten erinnert. Sie leben abgeschlossen in ihren Häusern und mit den Ihrigen.' In der Antwort des Delphins, welche der Spielmann anführt, heisst es u. a.: 'Die Freiherrn haben
67 ihr Benehmen geändert; sie unterdrücken die Würdigen; Ritter und Frauen gehen mit gesenktem Haupte an ihren Höfen; das Wissen wird nicht mehr beachtet, und die sich hervorzuthun suchen, werden entmuthigt und erniedrigt.' — 'Freund — antwortet Raimon dem Spielmann — ihr beklagt euch über eine grosse Aenderung, indem ihr euch der guten alten Zeit erinnert, wie sie euer Vater geschildert hat. Auch ich meines Theils habe den Hof des Königs Alfons kennen gelernt; er war Vater des jetzigen Königs, der aller Welt so viel Ehre und Gutes erzeigt (Alfons II von Aragon, Vater Peire's II). Hättet ihr damals gelebt, so hättet auch ihr das glückliche Zeitalter gesehen, das euer Vater euch rühmte, ihr hättet aus dem Munde der Hofdichter gehört, wie sie lebten, um zu wandern, und Länder und Städte zu besuchen; ihr hättet ihre weichen Sättel, ihr prächtiges Geschirr, ihre vergoldeten Zäume und ihre Zelter gesehen; da hättet ihr euch verwundert. Manche von ihnen kamen 'vom Passe' *(outra'l port)* [1], andre von Spanien nach Catalonien; hier hatten sie an dem König Alfons (II) einen gefälligen und freigebigen Gönner, so auch an dem wackeren Diego, und dem liebreichen Grafen Fernando, und seinem verständigen Bruder. In Lombardei fand man den trefflichen Markgrafen (Bonifaz von Montferrat);

---

[1] *port* bedeutet vorzugsweise, wie das mittellateinische *portus*, Pyrenäenpass und Vidal will sagen, manche seien von Frankreich, andre von Spanien (d. i. Castilien und Leon) nach Catalonien gekommen [geändert nach Leben u. Werke S. 613].

auch in Provence gab es freigebige Herren, als Herr Blacatz und Guillem, der Blonde, von Baux, und der edle Delphin und Herr Gaston, der vorzüglicher ist, als man glaubt; die nach Foix kamen, fanden in ihm einen milden Beschützer. Eben so edel und aufrichtig würdet ihr allezeit den Herrn Arnaut von Castelnou gefunden haben. Zu Castelvielh aber wohnte ein Herr Albert, ein hochherziger Ritter, und in der Gegend manche Barone, stets bereit, sich edel zu zeigen. Um kurz zu seyn, will ich noch des Herrn Miquel in Aragon gedenken, und Garcia's, und des Grafen Pons von Castillon, und seines Sohnes Ugo, denen Ruhm und Ehre am Herzen lag, und Jaufre's, den man in vielen Städten und Reichen hochschätzte. — Gebe Gott, dass wieder ein Kaiser Friedrich (I) nach Deutschland komme, und ein König Heinrich (II) nach England, und ein andrer Heinrich, ein Richard und Gottfried (seine drei Söhne); und nach Toulouse ein so milder Graf wie Raimon (V), den man so sehr verehrte. Zu ihren Zeiten blühten Hofdichter, Söldner und Erzähler: sie waren es, welche dürftigen Sängern und Rittern aufhalfen, und jeden Rechtschaffenen unterstützten.'

Bitterer und ernster wird die Rüge bei den Späteren. Die Edlen sind es, welchen Peire Cardinal die ganze Schuld des untergegangenen fröhlichen Lebens beimisst. 'Verflucht, wer das Gute verlässt und das Böse ergreift; die Mächtigen aber haben Trug und Verrath ergriffen, und der Geselligkeit und Freigebigkeit entsagt; sie haben ergriffen Verwüstung und Zerstörung, und entsagt den Lai's, Versen und Canzonen.' [1]

Die Edlen sind auch nach Sordel die Verderber der Sitten: nur mit Schmerz könne man die herrliche Vergangenheit und die elende Gegenwart betrachten. Wie könne doch ein Edler so schamlos seyn, dass er für Gold und Silber seinen Stamm entehre! Von ihnen aber verbreite sich die Schlechtigkeit bis unter die Geringsten, so dass Freude und Ehre ganz und gar verschwinde.' [2]

---
[1] S. das Lied *Ricx hom.* IV, 341 [Gr. 335, 41].
[2] S. das Lied *Qui se membra* IV, 329 [Gr. 437, 29].

69   Die Edlen werden auch von Bonifaci Calvo als Verderber von Zucht und Sitte dargestellt. Kein guter Dienstmann könne mit ihnen hausen, ohne den Brauch der Herren anzunehmen, und so gehe die Verderbtheit von ihnen aus. Zu verwundern sey es, warum sie sich nicht an ritterliche Tugenden hielten, da nur sie das Mittel gewährten, zu Macht und Ansehn zu gelangen. Vor allem müssten sie freigebig seyn, davon käme Ruhm und Ehre: denn der wackre Mann, der eine Gabe empfangen, wisse sie auf eine feine Weise zu vergelten.[1]

Aimar von Rocaficha sagt: 'Jetzt freuen sich die Schlechten ihrer Schlechtigkeit, sie hassen das schöne Dichten, und keinem behagt es ferner; jeder spottet und lächelt, wenn man die Troubadours sagen hört, dass ohne Edelmuth kein Adel statt finde.'[2]

Diese Beispiele sind hinreichend, um zu zeigen, wem die Troubadours selbst den Verfall der Geselligkeit und der Kunst des Gesanges beimassen.

Zeiträume der Poesie.

Entwicklung, Blüthe, Verfall begründen drei merkliche Zeitabschnitte: der erste und letzte sind, so genau dies möglich ist, bereits bestimmt worden, (von 1090 bis 1140 und von 1250 bis 1290); was in der Mitte liegt, macht den zweiten aus. Die Geschichte des ersten Zeitraumes lässt sich nicht mit Sicherheit ausmitteln; der Charakter desselben, bewusstes Streben aus dem Einfachen zum Künstlichen,
70   ist bei Guillem von Poitiers nicht zu verkennen. Der zweite ist geschichtlich klar; nach innen bezeichnet ihn der schwärmerische Geist der Poesie und die Höhe der Kunstform, nach aussen die glückliche und ehrenvolle Lage des Dichters. Die erste Hälfte dieses Zeitraums ist eigentlich das goldne Alter der Troubadours: Bernart von Ventadour, Bertran von Born und Arnaut Daniel, in welchen sich der Geist derselben ausspricht, können zugleich die verschiede-

---

[1] S. das Lied *Ab gran dreg.* IV, 376 [Gr. 101, 1].
[2] Dieses Bruchstück steht V, 3 [Gr. 5, 2].

nen Richtungen dieses Geistes darstellen. — In Guiraut von Borneil, der schon der zweiten Hälfte angehört, hat die Kunstpoesie ihre Höhe erreicht, insofern sie in ihm zur Selbstbetrachtung gelangt ist; nicht mit Unrecht nannten ihn die Späteren den Meister der Troubadours. Allein zugleich deutet er auf den Untergang der Kunst in jenen Klagetönen, in welche gegen das Ende des zweiten Zeitraumes auch andre einstimmten. Die Geschichte der dritten Periode ist oben angedeutet worden; was den Geist derselben betrifft, so ist ihr die Neigung zum Elegischen und Belehrenden eigenthümlich; das Sirventes, wie überhaupt das Ernste, herrscht vor; in dem Formellen hat sich wenig geändert. Guiraut Riquier kann als Repräsentant dieser Periode betrachtet werden.

Bemerkenswerth sind gewisse Züge der Poesie, die ihren Geist zu verschiedenen Zeiten ins Licht setzen können. Metrische Schwierigkeiten hat sie seit ihrem Erscheinen geliebt; sie lagen ihrem Begriff zu nahe, um nicht versucht zu werden. Unter diesen hat der schwere Reim Epoche gemacht.[1] Schon der Graf Rambaut von Orange bedient sich seiner mit sichtlichem Vorsatz, und es giebt wenige, welche sich nicht in einigen Liedern als Meister desselben hätten zeigen wollen. Arnaut Daniel hat diese Künstlichkeit auf die Spitze getrieben, und rühmt sich deren geradezu. Merkwürdig ist der Eingang eines schwer gereimten Liedes von Elias Cairel: 'Kälte und Schnee können mir nicht wehren zu singen und mich zu erlustigen. Zwar weiss ich wohl, dass eine Canzonette in leichten Reimen jenen Unwissenden besser gefallen würde, die das Gemeine hochschätzen. Sie wollen die Tüchtigen verstossen und verfolgen, und wahrlich, es wäre mir nicht unlieb, wenn mit der Wurzel ausgerissen würde jene hochweise Uebereinkunft (coven), durch die jedes wackre und fröhliche Beginnen zu Grunde geht.'[2] Hiernach scheint es, als seyen mehrere

---

[1] [vgl. hierzu Jahrbuch f. roman. Litteratur 1, 195 ff.]

[2]   *Freg ni neu no-m pot destrenher,*
      Qu'eu no chant e no m'alegre,

Dichter übereingekommen, dem Unfug der schweren Reimerei
entgegen zu arbeiten; auch rühmen sich manche ausdrücklich ihrer leichten Reime, ein Umstand, welcher diese der
Kunstpoesie sehr charakteristische Sache noch wahrscheinlicher macht.

Allein vor der Mitte des dreizehnten Jahrhunderts gesellte sich zu dem schweren Reim noch die dunkle Rede,
welche mehrere Troubadours ohne Zweifel desswegen ergriffen, um sich von dem gemeinen Dichterhaufen zu unterscheiden. Dunkler Rede hatte sich schon Arnaut Daniel
beflissen, und vielleicht das Beispiel gegeben; bei den Späteren aber wurde sie Gebrauch, und war unter dem Namen
verdecktes, dunkles oder spitzfindiges Dichten bekannt. Indessen erklärten sich mehrere, u. a. der berühmte Guiraut
von Borneil dagegen; dieser sagt in den Eingangsstrophen
eines Gedichtes: 'Kaum weiss ich, wie ich ein Lied von
leichter Art beginnen soll, und wohl habe ich seit gestern
nachgedacht, wie ich es jedem verständlich und bequem zum
Gesange einrichten könne: denn ich dichte es zu reiner Lust.
Leicht könnte ich es räthselhafter machen, allein ein Gesang, an dem nicht alle Theil nehmen können, scheint mir
nicht vollkommen.' [1] Darüber gerieth er mit einem uns

> *Pero ben sai, que mais plagra*
> *Chansoneta de leu rima*
>   *A la gen*
> *Desconoisen,*
> *Que fan valer so que non es valen.*
>
> *Los valens volon enpenher*
> *Et encausar et absegre,*
> *E dic vos, que no-m desplagra,*
> *Si la raitz tornes cima*
>   *Del coren*
>   *Sobresaben,*
> *Per cui valors e joi torn' en nien.* Ms. [Gr. 133, 4.]

[1] *A penas sai comensar*
Un vers que ruoill far leugier,
E si n'ai pensat des hier,
Qu'el fezes de tal razo,
Que l'entenda tota gens,

kaum bekannten Troubadour Lignaure[1] in Streit. Dieser
fragt ihn, warum er die dunkle Poesie tadle, und die erhebe,
welche allen gemein sey, und keinen Unterschied zwischen
den Dichtern begründe? Guiraut erwiederte sehr gelassen,
jeder müsse seinem Genius folgen; er seinerseits halte die
verständliche Poesie für die beliebtere und geschätztere, und
werde sie sich nicht nehmen lassen.[2] Unter den Spätern
spricht sich Lanfranc Cigala am kräftigsten gegen diese
Unart aus: 'Dunkle, feine und spitzfindige Gesänge ver-
stünde ich recht wohl zu dichten, wenn ich wollte; allein
es gebührt sich nicht, die Lieder so einzurichten, dass sie
nicht klärer sind als der Tag: denn eine Wissenschaft ist
wenig werth, wenn Klarheit sie nicht erleuchtet. Die Dunkelheit vergleichen wir dem Tod, und in dem Tageslicht finden
wir Leben. Wer mich darum für gemein oder thöricht
hält, der wird unter tausend Menschen nicht viere finden,
die ihm beistimmen; alsdann muss er die Beschämung seiner
Thorheit zuschreiben; denn es ist der grösste Unsinn, wenn
man aus der klaren Quelle kein Wasser schöpfen kann, sich
auf dunkle Verse zu legen.'[3]

Endlich lässt sich bemerken, dass einige Dichter des
letzten Zeitraumes nach dem erhabenen und gelehrten
Dichten strebten. Wenn schon Guiraut von Borneil, der

E qu'el fassa leu chantar,
Qu'ieu'l fauc per plan deportar.

Be'l saubra plus cubert far,
Mas non a chans pretz entier,
Quan tuich non son parsonier. Ms. [Gr. 242, 11.]

[1] [vgl. Leben u. Werke² 123 f.]

[2] *Era-m platz, Guiraut de Borneill,*   *Senher Lignaure no coreill,*
Que sapcha, que anatz blasman   *Si quecx se trob a son talan,*
Trobar clus ni per cal semblan?   *Mas me eis vueill jutgar d'aitan,*
  Aiso-m digatz   *Qu'es mais amatz*
  Si tan prezatz   *Chans e prezatz,*
So que vas totz es cominal,   *Qu'il fai levet e renansal,*
Car adoncx tug seraun egal.   *E ros no m'o tornetz en mal* etc.
                                           Ms. [Gr. 287, 1.]

[3] S. das Lied *Escur prim chantar e sotil.* PO. 157. [Gr. 282, 5.]

74 auch hier genannt werden muss, von grossen Angelegenheiten, von den Zeiten und Jahren als Gegenständen des Gesanges redet, so ist diess als ein nicht unbedeutender Fingerzeig zu nehmen. Allein Guiraut Riquier offenbart diess Streben am sichtbarsten, indem er an mehreren Stellen jene höhere Dichtkunst erwähnt. In einer Betrachtung über die Schicksale der Hofpoesie beklagt er sich, dass gerade diejenigen Dichter, welche mit Meisterschaft die schönen Dictate erfänden, worin sie mit Geist und Wissenschaft die Wahrheit erklärten, weder Lohn, noch Dank und Ehre davon trügen.[1] Für die Dichter dieser Classe verlangt er daher an einem andern Orte den Ehrennamen Doctoren der Poesie. Auch Folquet von Lunel, sein Zeitgenosse, bei dem man dasselbe Streben bemerkt, nennt die Troubadours Doctoren, und schon früher that diess Guiraut von Borneil.[2] Offenbar lag dieser Neigung, die Poesie als eine höhere Wissenschaft zu behandeln, oder als solche darzustellen, die Absicht zu Grunde, einer schon vernachlässigten und gering geschätzten Kunst, und mit ihr dem Künstler, ein neues Ansehn zu verschaffen.

---

[1] *Mas selh c'ap maistria*
Troban los bels dictatz,
Declaran las vertatz
Ab sen et ab saber,
Non podon grat aver
Gazardon ni honor.
 '*Tant petit rei prezar.*'
   Ms. [MW. 4, 196, v. 239—244.]

[2] Ersterer in dem Lied *Per amor e per solatz* PO. p. 155 [Gr. 154, 4]; letzterer in *Aras si-m fos en grat tengut*. Ms. [Gr. 242, 16.]

Guiraut Riquier über die Hofpoesie.

Dieses Werk, welches die Ueberschrift führt: 'Bittschreiben Guiraut Riquier's an den König von Castilien (Alfons X, des Dichters Gönner) in Betreff des Namens Jongleur, vom Jahr 1275', liefert so schätzbare Beiträge zur Geschichte des Sängerwesens, vorzüglich des späteren, dass ihm eine ganz besondere Rücksicht gebührt. Die Schrift ist in poetischer Form, überaus weitschweifig, und enthält um der scholastischen Beweisführung willen viel Unwesentliches; doch wird ein zweckmässiger Auszug, der sich auf die Handschrift selbst gründet, diesem Abschnitt zur Erläuterung und Ergänzung dienen.[1]

Im Eingange rühmt sich der Verfasser seiner Wissenschaft, insofern ihm diese die Gunst Alfonso's verschafft habe. Lob des Königs, Vorsatz, ihm fortwährend zu dienen, und seinen Namen zu feiern. Anfang des Vortrags. Aufzählung der sechs verschiedenen Stände, d. h. der Geistlichen, Ritter, Bürger, Kaufleute, Handwerker und Bauern; umständlicher Beweis, dass jeder derselben in verschiedene Unterabtheilungen zerfalle; welche alle besonders benannt seyen.

'Nicht minder schicklich wäre es daher, auch die Jongleurs durch besondere Namen zu unterscheiden: es ziemt sich nicht, dass die Bessern unter ihnen die Ehre eines Namens entbehren, auf welche sie durch die That Anspruch machen können. Es heisst sie misshandeln, wenn man sie mit Menschen ohne Kenntnisse verwechselt, die ein Instrument spielen und ihr Brot auf den Strassen betteln, um des Erwerbes willen die Schenken besuchen, und in keiner guten Gesellschaft sich zeigen dürfen; oder mit jenen, die sich überschlagen, Affen tanzen lassen und nichts von guten Sitten wissen. Denn wahrhaftig, von weisen und unterrichteten Männern wurde von Anfang die Jonglerie aufgebracht, um durch geschickt gespielte Instrumente den

---
[1] [vollständig gedruckt MW. 4, 163 ff.]

Edlen Ehre und Freude zu verschaffen. Diese hielten von Anfang Jongleurs und noch heut zu Tage halten deren die Grossen des Landes. Hierauf kamen Troubadours, um hohe Thaten zu singen, und um die Edlen zu preisen, und sie zu ähnlichen aufzumuntern: denn wer sie auch nicht verrichtet, der weiss sie doch zu würdigen, und darum kann ich, geschehe was da wolle, nicht umhin, sie zu besingen. Also begann nach meinem Urtheile die Jonglerie, und jeder lebte vergnügt unter den Edlen.'

'Allein in unsern Tagen, und schon seit langer Zeit, haben sich Menschen ohne Verstand und Wissenschaft erhoben, die sich unberufen und den Geschickten zum Nachtheil mit Gesang, Dichtkunst, Musik u. dgl. befassen, und noch dazu eifersüchtig sind und schimpfen, wenn sie fähige Leute von den Mächtigen geehrt sehen. Wahrlich, dahin hätte es nicht kommen sollen! Ich sehe, dass man ihnen mehr schmeichelt, und sie mehr fürchtet als die Verständigen. Da nun der Name Jonglerie durch jenes ehrlose Volk herabgewürdigt ist, so thut es mir leid, dass die geschickten Troubadours der vergangenen Zeiten sich nicht darüber beschwert haben; und so fühle ich mich genöthigt, diess an ihrer Statt zu thun. Jeder muss den Namen mit der That führen, und mit Recht wäre der Name Jongleur allgemein, wenn alle Jongleurs gleich wären, wie diess bei den Bürgern der Fall ist, die alle dieselbe Bildung haben. Allein unter ersteren giebt es Leute von sehr verschiedenem Gehalt, zum Theil so niedriger Art, dass die guten nicht ohne Schimpf und Schaden in ihrer Gesellschaft zubringen können, da sie leicht mit ihnen vermengt werden.'

'Meine Meinung ist daher diese: Ihr, edler Herr König, steht so hoch an Ehre und Macht, Verstand und Wissenschaft, um diesen Missbrauch abstellen zu können, und euch kommt diess vor jedem andern König zu: denn die Sängerkunst und die Wissenschaft haben in Castilien mehr Unterstützung, Lohn und Vorschub gefunden, als an irgend einem königlichen oder andern Hofe der Welt; und ihr schützt sie in unsern Tagen, was euch zum Ruhme gereicht, hoher Herr, wie alle eure Tugenden, die euch jenen schönen

Beinamen (der weise) erwarben. Gross würde der Vortheil seyn, wenn ihr eine Eintheilung anordnen wolltet, wodurch man die Kenntnisse eines jeden unterschiede. Denn gegenwärtig kann man aus den Namen Jongleurs, schlechtweg ausgesprochen, nicht auf die Kenntnisse des Einzelnen schliessen, da alle denselben Namen führen. Ich bitte euch also, gebt nicht zu, dass die, welche die ächte Kunst des Dichtens besitzen, und Verse und Canzonen und andre unsterbliche Poesieen zum Nutzen und zur Belehrung aller hervorzubringen wissen, Jongleurs genannt werden. — Verleiht ihnen einen passenden Namen, ganz nach eurer Einsicht: denn ihr wisset wohl, edler König von Castilien, dass ihre Kunst dauernder ist, als die nichtswürdige der andern. Bedenkt, die Künste der Spielleute und Possenspieler bestehen nur so lange, als man sie sieht und hört; aber die Gesänge der klugen und unterrichteten Leute, welche die schönen Gedichte verfassen, bleiben im Andenken, und jene wirken selbst nach ihrem Tode fort, als ob sie noch lebten. Drum geschieht ihnen Unrecht, dass sie keinen besondern Namen führen, noch bei den Edlen vor den Jongleurs ausgezeichnet werden: denn Gott will sie auf dieser Welt mit einer Wissenschaft ehren, die nur von ihm ausgehen kann: wer aber die Einsicht besitzt, der vermag durch seine Lehren die Welt zu bessern. In Betracht der grossen Vorzüge also, welche die Dichtkunst auszeichnen, sollte man die ächten Dichter, wenn sie sich auch an den Höfen zu benehmen wissen, hoch ehren: denn allerdings giebt es welche von grossen Kenntnissen, die sich schlecht benehmen; andre sind bei geringen Kenntnissen verständig, und ob ihres guten Benehmens willkommen. Allein die, welche Kenntnisse und gutes Benehmen in sich vereinen, und dabei ehrliches Herzens sind, die sollte man höher ehren. Aber davon kann ich nichts bemerken; vielmehr sehe ich die Unverschämten und Habsüchtigen an den Höfen gehegt; nicht gegen sie, sondern gegen die Schüchternen zeigt man sich kalt.'

'Ich bitte euch daher, edler König, richtet es so ein, dass das Wissen nach Gebühr geehrt werde, besonders in

denen, die es gut anzuwenden verstehen. Möge es euch
gefallen, einen gegründeten Namen für sie zu wählen: denn
manche Troubadours beschäftigen sich mit einer Poesie,
welcher keine Ehre gebührt, da sie ohne Gehalt ist; theils
wenden sie ihre Kunst zu Schmähungen an, theils dichten
sie schlechtweg Strophen, Sirventese und Tanzlieder, womit
sie Ehre einzulegen meinen. Denkt nicht, glorreicher König,
dass ich für diese mich bemühe. Ich meine keine andern
als die geschickten und verständigen, welche gehaltvolle
Verse und Canzonen dichten, und reimend schöne Lehren
geben; nur in Bezug auf diese, welche Kenntnisse besitzen,
und ihre trefflichen Gedichte mit Zeugnissen versehen [1], bitte
ich, mächtiger König, um das, warum ich gebeten.'

'Sollte euch mein weitläuftiger Vortrag gelangweilt
haben, so vergebt mir in Betracht meiner Beweggründe;
und wenn ihr mein Gesuch gewähren wollt, so halte ich
diess für die grösste Ehre, welche jemals meines Gleichen
von einem Mächtigen zu Theil geworden, und Gott verleihe
euch Ehre und vergnügtes Leben, mehre eure Macht und
eure Weisheit, und gebe euch Neigung, mir zu willfahren.
Geschieht diess nicht, so werde ich dem Berufe des Jongleurs
entsagen, und eine andere Lebensweise ergreifen; denn es
ist mir unerträglich, zum Nachtheil meiner Ehre mit Unwissenden zusammengestellt zu werden.'

Hierauf folgt eine 'Erklärung des Königs Alfons von
Castilien auf das Gesuch Guiraut Riquier's in Bezug auf
den Namen Jongleur, vom Jahr 1275' — welche allem
Anschein nach von Guiraut selbst herrührt, da sie die Sache
ganz in dem Sinne und in der Sprache des Bittstellers entscheidet. [2]

'Wiewohl es Bedrängten zur grossen Last gereicht, von
fremden Angelegenheiten zu reden, so muss doch, wer Ehr-

---

[1] So möchten wohl die Worte *E fan d'acturitat Lurs trobars* zu
verstehen seyn. Gewiss ist, dass die spätern Troubadours etwas darin
suchten, ihre Gedichte mit Zeugnissen und Sprüchen früherer Troubadours u. a. Schriftsteller zu zieren. [Diese Deutung ist wohl nicht
die richtige; vgl. MW. 4, 188, v. 265 u. 252.]

[2] [Gedruckt MW. 4, 182 ff.]

liebe, Verstand und Kenntnisse besitzt, die Seinigen auf jede Weise zu fördern suchen, und die Verhältnisse anderer zuweilen in Erwägung ziehen. Wer aber einen erhabenen Platz einnimmt, ist, wenn er auf Ehre Anspruch machen will, noch mehr dazu verpflichtet, und darf bei wichtigen Fragen nicht die Besonnenheit verlieren. Wir, mit vielerlei Gegenständen beschäftigt, sind Willens unsre Gewalt nach unsrer Pflicht anzuwenden.'

'Im Namen des wahren Gottes, des Vaters und des Sohnes, der von der jungfräulichen Mutter geboren ward, und des heiligen Geistes, der wahrhaftig ist in Einheit, im jetzt laufenden Jahre Christi 1275, zu Ende des Monats Junius, erklären Wir Alfons von Gottes Gnaden und nach seinem Willen regierender König von Castilien, Toledo, Leon, Gallicien, des guten Reiches Sevilla, Cordova, Murcia, Algarbien und Jaen, auf die ehrerbietige Vorstellung, die Guiraut Riquier in Betreff des Namens Jongleur uns vorgestern überliefert hat.' — Nun folgt eine umständliche Wiederholung des Gesuchs, nebst den Gründen; alsdann werden die verschiedenen Namen erwogen: 'Wir finden, dass die Instrumente auf Lateinisch, wer es versteht, *instrumenta* heissen; daher kommt der Name Instrumentenspieler, und diess sind eigentlich die römischen *histriones;* die Troubadours heissen dagegen auf Lateinisch *inventores;* aber alle die Springer und Seiltänzer *joculatores,* und daher stammt der ungebührliche Name Jongleur, den alle diejenigen führen, welche die Höfe besuchen und die Welt durchwandern, ohne dass man sie weiter unterscheidet. Diess ist, die Wahrheit zu sagen, ein Missbrauch. Andre Namen giebt es offenbar nicht im Romanischen, und so heissen alle, selbst die Seiltänzer und Possenspieler, Jongleurs, ein Gebrauch, der zu tief eingerissen ist, um ihn leicht abschaffen zu können. In Spanien ist die Sache besser eingerichtet, und wir wollen nichts daran geändert wissen: hier werden die Gewerbe durch den Namen unterschieden. Die Musiker heissen *Joglars,* die Possenspieler *Remendadors,* die Troubadours an allen Höfen *Segriers,* diejenigen Menschen aber, die fern von gutem Benehmen ihre niedrigen Künste auf Strassen und Plätzen sehen lassen, und ein unehrbares Leben führen, die nennt man ihrer Schlechtigkeit wegen *Cazuros*. So ist der Brauch in Spanien, und leicht kann man am Namen die Künste erkennen. Allein in Provence[1] heissen alle Jongleurs, und das scheint uns ein grosser Fehler jener Sprache, worin doch gut erfundene Gedichte mit dem meisten Beifall aufgenommen werden; es ist ein Missstand, dass man schlechte und rohe Menschen nicht durch den Namen bezeichnet und sie mit den besseren vermengt.'

'Wir rathen und erklären daher von Rechtswegen, dass alle diejenigen, mögen sie nun Kenntnisse haben oder keine, die eine niedrige Lebensart führen, und in keiner guten Gesellschaft erscheinen dürfen, so wie diejenigen, welche Affen, Böcke und Hunde tanzen lassen, den Gesang der Vögel nachmachen, Instrumente spielen, oder für geringe Gaben vor dem Pöbel singen, dass alle diese unter dem Namen Jongleurs nicht begriffen werden sollen; eben so wenig diejenigen, die den Höfen nachgehend ohne Scham jede Erniedrigung sich gefallen lassen, und gefällige und edle Beschäftigungen verschmähen. Man nenne sie Bouffon's, wie diess in der Lombardei der Fall ist.'

'Diejenigen, die sich mit Höflichkeit und angenehmen Künsten unter den Edlen zu benehmen wissen, indem sie Instrumente spielen, Novellen erzählen, Verse und Canzonen andrer vortragen, und durch dergleichen einnehmende Fertigkeiten unterhalten, dürfen allein den Namen **Jongleurs** führen. Sie müssen an den Höfen erscheinen und belohnt werden, da sie Lust und Zeitvertreib mitbringen.'

'Diejenigen, welche die Geschicklichkeit besitzen, Verse und Liedweisen zu erfinden, von diesen zeigt die Vernunft, wie man sie nennen muss. Denn wer Tanzlieder, Cobla's und Baladen, Alba's und Sirventes meisterhaft zu dichten versteht, dem gebührt der Name Troubadour, und von Rechtswegen grössere Ehre, als dem Jongleur, der durch die Werke des ersteren besteht.'

---

[1] D. h. Südfrankreich. Ein urkundliches Zeugniss, dass man unter Provence im weitern Sinne das occitanische Sprachgebiet in Frankreich verstand.

'Eben so müssen die vorzüglichsten Troubadours, wenn man auf das Recht sehen will, eine besondere Ehre geniessen. Denn wer Canzonen und Verse mit Zeugnissen, und angenehme Erzählungen mit schönen Lehren zu schmücken versteht, worin er weltlich und geistlich kund giebt, wie der Mensch das Gute vom Bösen unterscheiden könne, dem muss man Ehre auf der Welt erzeigen, mehr als jedem andern Troubadour, wenn sein Benehmen mit seinen Kenntnissen im Einklange steht. Denn er zeigt uns vermittelst seiner schönen Weisheit den Weg der Ehre, der Güte und der Pflicht, indem er das Dunkle lieblich aufklärt; und wer ihm Glauben schenkte, der würde spät zu Schaden kommen. Diejenigen also, welche die Meisterschaft des erhabenen Dichtens besitzen, und diese mit gutem Benehmen verbinden, sind die vollkommensten Troubadours, und wir sehen kein Hinderniss, warum ihnen dem Namen und der That nach nicht Ehre widerfahren sollte. Wir erklären daher, dass die vorzüglichsten Troubadours, die in Versen, Canzonen und andern oben genannten Gedichten uns lehren, wie edle Höfe und hohe Thaten beschaffen seyn müssen, den Namen Doctoren der Poesie verdienen, denn sie belehren jeden, der sie versteht. Wer selbst Lebensart besitzt, wird sie forthin so nennen, auch glauben wir diess von allen, die Kenntnisse haben, und sollte es ihnen auch nur in Betracht der Sprache gefallen, die am meisten zur Dichtkunst geeignet ist. Und so sind alle, die man dort zu Lande Jongleurs nennt, abgetheilt, und durch besondere Namen unterschieden.' Was nun folgt, ist nichts, als eine Wiederholung dieser Anordnung.

Zweiter Abschnitt.

Form.

Wenn die Poesie von einer gebildeten Classe der Gesellschaft als ein Gewerbe getrieben wird, so kann eine sorgfältige Behandlung der Form nicht ausbleiben. Diejenigen, welche sich zu diesem Gewerbe bekennen, und ihm die beste Kraft ihres Lebens widmen, werden suchen, es als ein Fach vor dem Ungeweihten zu schliessen, und das lässt sich am sichersten durch eine kunstmässige Darstellung der Form, verbunden mit einer eigenen Terminologie, erreichen. Hierzu gesellte sich bei den Troubadours noch ein eigner Beweggrund, der sie auf diesen Pfad leitete. Ihre Kunst, wenn auch aus dem einfachen Volksgesange hervorgegangen, trat bald mit diesem in den vollsten Gegensatz, indem sie sich selbst als eine adelige, oder hofmässige *(cortesa)* ankündigte; sie suchte sich daher durch ein glänzendes Aeussere auf den ersten Blick von jenem zu unterscheiden. Es gereicht ihrer Litteratur zur Empfehlung, wenn man sagen kann, dass sie die poetische Kunstform, das Höchste, dessen die Sprache fähig ist, im Allgemeinen mit Geist und Gefühl dargestellt haben; ein für die Gesetze der Harmonie empfänglicher und ausgebildeter Sinn ist bei ihnen nicht zu verkennen, und gewisse verfehlte Nebenzüge lassen sich, von dem Standpunkte ihrer Zeit betrachtet, leicht entschuldigen. Eine Darlegung der Verse und Strophen, so wie gewisser formeller Eigenheiten der Dichtkunst, eine Erörterung der Namen, die den verschiedenen Dichtarten in Betracht ihrer Form oder ihres Inhaltes beigelegt wurden, ist zu einer genaueren Beurtheilung dieser Poesie, an und für sich so wohl, wie in ihren Beziehungen zu auswärtiger Litteratur, unerlässlich.

Vers.

Die Troubadours nennen ihn *mot*, d. h. Wort [1], wahrscheinlich aus der Volkspoesie entlehnt, weil hier jeder Vers etwas Ganzes sagt; der Ausdruck Vers hat bei ihnen eine andere Bedeutung. Der provenzalische, so wie überhaupt der Vers der romanischen Sprachen unterscheidet sich wesentlich von dem lateinischen der höhern Poesie. Wenn der lateinische Versbau sich auf das Gesetz der Quantität oder Sylbenmessung gründet, so bestimmt dagegen den romanischen der Accent, der an der romanischen Sprachbildung einen merkwürdigen Antheil nimmt; von einer Messung der Sylben und von Versfüssen kann die Rede nicht mehr seyn. Die Grundlage des Verses bildet das Schema der Sylbenzahl, der Accent bezeichnet die Hebungen der Sylben, und giebt dem Schema seinen rhythmischen Charakter; der Vers ist [2] entweder steigend oder fallend, welches man, wiewohl

---

[1] Diess lässt sich aus mehreren Stellen ableiten. Jaufre Rudel sagt, III, 97 [Gr. 262, 3]:
No sap chantar qui'l so non di,
Ni vers trobar qui'ls motz non fa.
Besonders aus Guillem's von Poitiers:
Qu'els motz son faitz tug per egau.
'*Pus vezem.*' Ms. [Gr. 183, 11. — *mot* bedeutet nicht 'Vers', sondern den Text des Gedichtes im Gegensatz zur Melodie; daher die Gegenüberstellung von *mot e so*, wie mhd. *wort und wise*. Beispiele: MW. 1, 69 *ab leus motz et ab leu so*. MG. 232 *per ben entendre sos e motz*. R. 3, 231 *chanso cunhdeta de motz e de so*. R. 3, 431 *gais motz ab son plazen*. R. 3, 443 *ab motz leugiers et ab guay so*. MW. 1, 143 *motz ab so*. PO. 304 *de far bos motz e son gai*. MW. 1, 45 *bos motz assire en est so qu'ai aperit*. MG. 22 *motz e so*. MBiogr. 7 *e fetz mout bons sos e bons motz*; 23 *trobava avinens motz e sons*; 43 *avinens cansos de sons e de motz*; 52 *que aguen bons sons e motz de pauca valensa*. MG. 350 *adreitz motz e gays sos*.]
Verse machen hiess kunstmässig *lassar motz* (verknüpfen) V, 32 [MW. 2, 69. — Vgl. P. Vidal 7, 1 *Ajostar e lassar sai tan gen motz ab so*. Raimon von Castelnou, Doctrinal 193 *sai lassar mos ab son*. Serveri, Lehrgedicht 361 *lassar mots ab so*.]
[Zusatz:] Statt *mot* brauchte man später, in den Leys d'amors, den Ausdruck *bordo* (Stab).

[2] [Die Zeilen von hier bis: 'doch fast auf' sind am Rande mit Klammern versehen; ausserdem steht am Rande: 's. Ende'.]

uneigentlich, jambisch oder trochäisch zu nennen pflegt. Wiewohl es im Ganzen durch den Accent bemerkt wird, ob der Vers steigend oder fallend ist, so darf ersterer doch fast auf jeder Sylbenstelle haften, und eben von dem Wechsel des Accentes auf dem Schema des Verses hängt der Wohllaut und Werth desselben ab.

Dieses neue System der Verskunst, welches gleich weit von dem lateinischen wie dem deutschen entfernt ist, findet sich auch im Italiänischen, Spanischen und Portugiesischen [1] wieder, und bedarf keiner besondern Erörterung; indessen stimmt es mit den in diesen Sprachen angenommenen in dem Punkte des Apostrophs und des Hiatus nicht ganz überein. Treffen nämlich die Vocale zweier Wörter zusammen, so kann ein dreifaches Verfahren statt finden: entweder werden beide ausgesprochen und zählen dabei für eine Sylbe, oder einer der Vocale wird apostrophirt, oder beide werden gesprochen und zählen für zwei Sylben (Hiatus). Das erste, eine falsche Elision, weil sie nur in Bezug auf die prosodische Sylbenzählung, nicht phonetisch, statt findet, ist der provenzalischen mit jenen genannten Sprachen gemein. Das *a* wird z. B. nicht verschluckt in dem achtsylbigen Verse:

Qu'elh a es tan ensenhada e pros —

weil es die Handschriften ausdrücken. Allein weit gewöhnlicher ist der Apostroph, den das Spanische und Portugiesische fast gar nicht, das Italiänische nicht so allgemein anwendet. Die Handschriften, welche das Zeichen des Apostrophes nicht kennen, schreiben das Wort, das seinen Endvocal verliert, mit dem folgenden in eins zusammen, also *flors blanque vermeille groia*, welches wir auflösen in

Flors blanqu'e vermeill' e groia.

Diese Vorliebe für den Apostroph ist dem provenzalischen Verse charakteristisch und giebt ihm einen gleichförmigern und ernstern Gang. Was endlich den Hiatus betrifft, den keiner der neueren Südsprachen billigt, so haben sich ihn

---

[1] [und Französischen, kurz in sämmtlichen romanischen Sprachen.]

die besten Troubadours hin und wieder [1] erlaubt, am liebsten bei einsylbigen Wörtern, die selten ganz tonlos sind, wie in folgendem achtsylbigen Vers:

Veus me al vostre mandamen.

Die Zahl der Versarten beläuft sich nur auf neun; zählt man aber die weiblichen besonders, und rechnet den einsylbigen dazu, so steigt diese Zahl auf neunzehn. Der jambische Vers, wenn man ihn so nennen darf, ist der vorherrschende [2], durch den Bau der Sprache selbst begünstigte; er findet sich von einem bis zu sechs Füssen, um auch diesen Ausdruck, wenn auch in einem andern Sinne, anzuwenden; der trochäische kommt selten vor, und erscheint auch nur von zwei bis vier Füssen. [3] Am gewöhnlichsten

---

[1] [vielmehr, wenige Dichter ausgenommen, sehr häufig.]

[2] [Die veränderte Fassung dieses Satzes nach dem Handexemplar; die Ausdrücke 'steigend' und 'fallend' sind vermieden, ebenso 'Hebungen'; die Anwendung von 'jambisch' und 'trochäisch' wird entschuldigt.]

[3] In folgender Tabelle sind alle Versarten zusammengestellt; die Zahl bezeichnet die Füsse. Zuerst die jambischen Versarten:

1. *Pensan.*
   Servida.
2. *Murir puesc be.*
   Ar dic folia.
3. *Son guay e cantador.*
   En cui ai mes m'ententa.
4. *De joy sas alas contra'l ray.*
   Nulh hom que mal y puesca metre.
5. *Ancmais nulhs hom non trac tan greu afan.*
   Qu'anc sobre fre no-m volc menar un dia.
6. *E viu deseretatz malgratz de sos Ties.*
   E pus alhors non aus mon fin cor esdemetre.

Die trochäischen sind:

2. *Ni honor.*
   Tota via.
3. *Ni mon cor mover.*
   Lanquan vey la fuelha.
4. *No vuelh esser conoissens.*
   Que fara la vostr' amia.

Ginguené, der sich in seiner Hist. litt. d'Italie, t. I, auch über die Metrik der Troubadours verbreitet hat, vermisst S. 288 den neun-

88 sind die jambischen von sechs bis zehn Sylben, nicht nur im Liede, sondern auch in dem erzählenden und belehrenden Gedicht; der sechssylbige beherrscht vorzüglich dieses letztere; der achtsylbige ist vorzugsweise der Erzählung und dem Roman gewidmet; der zehnsylbige wurde gleichfalls im Roman gebraucht.[1] Ausserdem erscheint der Alexandriner, den die lyrische Poesie kaum kennt, in einigen erzählenden[2] Werken.

Diese vier Versarten waren in Frankreich lange vor den Troubadours einheimisch. Welche die ältere und nationalere gewesen, diess ist eine anziehende, aber schwerlich zu lösende Frage.

Strophe.

Diese heisst *cobla*, d. i. Verknüpfung.[3] In dem Bau der Strophe zeigt sich die Kunstpoesie in ihrer wahren Be-
89 deutung und in ihrem vollsten Glanze. Die formellen Charakterzeichen der Volkspoesie bestehen darin, dass sie stets zwei oder mehr gleichartige Verse ununterbrochen zusammenreimt, und dann, dass sie mit dem Verse den Gedanken oder ein Glied desselben schliesst. Die Kunstdichter ver-

---

sylbigen Vers. Der trochäische kommt gar nicht vor, [über vereinzeltes Vorkommen vgl. Zeitschrift für roman. Philologie III, 177 f.] und der jambische ist wenigstens in der lyrischen Poesie höchst selten ['höchst selten' unterstrichen; ? am Rande]; ein Beispiel R. III, 416 [Gr. 124, 1]; in der erzählenden dagegen ganz gemein. Von einsylbigen giebt es nur wenige Beispiele, als bei dem Verskünstler Arnaut Daniel V, 39 [Gr. 29, 13; doch sind hier die einsilbigen Verse nur Verstheile mit innerem Reim]; bei Marcabrun V, 256 [Gr. 293, 31] u. a. [Ueber den elfsilbigen Vers vgl. Zeitschrift II, 195 ff. III, 366 ff.]

[1] [ursprünglich folgte: doch wahrscheinlich seltner.]
[2] [ursprünglich: wissenschaftlichen Werken späterer Zeit.]
[3] Gui von Cavaillon IV, 207 [Gr. 192, 2]:
    Doas coblas farai en aqest son.
  Guillem von S. Didier III, 300 [Gr. 234, 3]:
    Vuelh mas coblas moron totas en belh.
  [Duran de Carpentras (Gr. 125, 1):
    e sieul lauzei en mas coblas menten.
  Guiraut Riquier (MW. 4, 215):
    veus la cobla premieira.]

warfen diese in dem Geiste hoher Einfachheit gegründete
Regel, indem sie auch ungleiche Verse und Reime ineinander ketteten, und erstere nach Wohlgefallen durch den Sinn
verbanden. Diess ist überall der gebildeteren Poesie eigenthümlich, und wie naheliegend uns diess Verfahren auch
scheinen mag, so ist es doch als eine bedeutende Neuerung
zu betrachten. Die Formen der Strophen sind aber nicht,
wie in Petrarca's Liederbuch oder dem spanischen Cancionero, vorgeschrieben, vielmehr herrscht in ihrem Bau
eine unbegrenzte Mannichfaltigkeit; es blieb dem Dichter
überlassen, sich nach Belieben eigne Formen zu schaffen,
und so auch in diesem Stück sein Talent an den Tag zu
legen. Hier erscheint die provenzalische Poesie von einer
höchst eigenthümlichen Seite, und was sie in diesem Felde
geleistet hat, verdankt sie sich selber, da ihr die classische
Litteratur nicht viel mehr als unbekannt war, und das
Kirchenlied sich nur auf einfachere[1] Weisen beschränkte.
Indessen zeigt nicht jedes Lied eine neue Strophenbildung,
gewisse Weisen waren beliebt, und wurden von verschiedenen Dichtern nachgebildet, zumal wenn es einem verwandten Gegenstand galt; auch wird diese Nachahmung
nirgends getadelt. Guillem von Berguedan sagt ganz frei:
'Eine Canzone habe ich angefangen, die weit gesungen
werden wird, in jener uralten Weise, die Not von Moncada
erfand.' So kündigt Uc von Saint-Cyr ein Gedicht an in
dem Tone eines andern Troubadours, Arnaut Plagues.[2] 90
[Derselbe Uc von Saint-Cyr sagt, dass er ein Sirventes

---

[1] [ursprünglich: auf einige ganz einfache.]
[2] G. von Berguedan II, 167 [Gr. 210, 7]:
    Chanson ai comensada,
    Que sera loing chantada
    En est son veill antic,
    Que fetz Not [l. *NOt* = Herr Otto] *de Moncada.*
Uc von S. Cyr IV, 288 [Gr. 457, 21]:
    Messonget, un sirventes
    M'as quist e donar lo t'ay
    Al pus tost que yeu poyrai
    El son d'En Arnaut Plagues. [Das Lied Arnauts,
    das hier nachgeahmt ist, s. Gr. 32, 1.]

dichten wolle in dem Tone des Herrn Gui [1], und das gleiche Vorbild hatte Peire Bremon in einem *vers* [2] vor Augen. Bertran von Born dichtete ein Lied in dem Tone von Frau Alamanda d. h. eines Liedes von Guiraut von Bornelh. [3] Rambaut von Vaqueiras hebt sein als *garlambei* bezeichnetes Lied [4] mit den Worten an: 'In dem Tone von Mon-Rabei, der mir am meisten gefällt, will ich euch sagen, wie das *Garlambei* beginnt.' [5] Ein Gedicht des Mönchs von Montaudon [6] trägt in einer Handschrift die Ueberschrift 'im Tone von *la Rassa*', was sich auf ein in der gleichen Form verfasstes Lied von Bertran de Born bezieht. [7] Namentlich im Sirventes war es üblich, dass man die Töne anderer Dichter benutzte. [8]] Manchmal wurden selbst die Reimwörter des Vorbildes beibehalten [9], wie diess in mehreren Nachbildungen einer Sextine des Arnaut Daniel geschah. [10]

Die Zahl der Verse in den Strophen ist willkürlich, wie die Länge derselben, man findet deren von drei bis zu zwei und vierzig. [11]

---

[1] [Gr. 457, 42.]

[2] [Gr. 330, 20.]

[3] [Gr. 80, 13, vgl. mit 242, 69.]

[4] [Gr. 392, 14.]

[5] [Ich vermuthe, dass diess eine Anspielung auf das Epos von Girart de Rossilho ist, in welchem Peire von Monrabei eine Rolle spielt. Je zwei kurze Verse des Liedes von R. entsprechen einem Verse des Epos.]

[6] [Gr. 305, 10.]

[7] [vgl. Gr. 80, 37.]

[8] [Beispiele aus Bertran von Born habe ich in der Zeitschrift für romanische Philologie III, 409 f. gegeben; in Bezug auf Peire Cardinal vgl. Maus, Peire Cardinals Strophenbau in seinem Verhältniss zu dem anderer Trobadors, Marburg 1882; über Guillem Figueira s. Levys Ausgabe, Berlin 1880, S. 22 ff.]

[9] [Die Reimklänge des Vorbildes beizubehalten war allgemeine Regel.]

[10] R. V. 58, 210 [Gr. 74, 4. 233, 2].

[11] Die längste Strophe in Rayn. Sammlung zählt nur 22 Verse, ein handschriftliches Lied von Aimeric von Peguilain, welches im Anhang geliefert werden soll, besteht aus Strophen von 42 Versen.

Lied.

Gedicht überhaupt heisst *trobar*, Erfindung, oder *obra*, Werk; sofern es zum Gesang bestimmt war, *chantar, chantaret, chan*, d. h. Sang [1], oder *sonet*, Weise. Letzteres bedeutet also keineswegs eine besondere Dichtform, wie bei den Italiänern; und am gewöhnlichsten erscheint es in seiner eigentlichen Bedeutung, als die das Lied begleitende Weise, wofür noch öfters *so* gebraucht wird. [2] Die Zahl der Strophen ist beliebig, in dem Liebeslied und Sirventes

---

[1] Aimar von Rocaficha V, 3 [Gr. 5, 2]:
  Et an belhs trobars aziratz.
 Guiraut Riquier:
  E fan vers e cansos
  E d'autres trobars bos. Ms. [MW. 4, 190, V. 371 f.]
 Perdigon:
  Que compliscatz
  L'obra e no la desfasatz. Ms. [Gr. 370, 5.]
Bernart von Ventadour III, 62 [Gr. 70, 11]:
  Aquest cantar poira ben esser bos.
Bertran von Born IV, 157 [Gr. 80, 21]:
  Papiol mon chantar
  Vai a mi dons contar.
Peire Raimon von Toulouse III, 124 [Gr. 355, 9]:
  Farai derenan
  Un nou chantaret prezan.
[Guiraut de Bornelh (Gr. 242, 70):
  un chantaret sotil.
Derselbe (Gr. 242, 79):
  vauc un chantaret planan
  de ditz escurs.]
Gaucelm Faidit III, 287 [Gr. 167, 2]:
  E tu messatgier
  Porta'l chant leugier.

[2] Die ursprüngliche Bedeutung ist Klang und Sang, dann Sangweise; Bernart von Ventadour:
  Leu chansonet' ad entendre
  Ab leu sonet volgra far. Ms. [Gr. 62, 1.]
Daude von Prades, PO. 86 [Gr. 124, 10]:
  En un sonet gai e leugier
  Comens canso.
[Peire Guillem (Gr. 344, 3):
  En aquest gai sonet leugier
  me vuelh en cantar esbaudir.

meist zwischen fünf und sieben. Auch giebt es Lieder ohne strophische Abtheilung, andre aus ungleichen Strophen bestehend; doch sind beide Arten sehr selten.[1] In manchen Liedern findet sich der Refrän; ja gewissen Liedergattungen ist er unentbehrlich; in der Regel steht er am Schlusse jeder Strophe, selten in der Mitte derselben, oder an der Spitze des Liedes.[2] Die Provenzalen scheinen ihn *refrim*, d. h. Wiederhall genannt zu haben, wiewohl diess nirgends ausdrücklich gesagt wird.[3] Erfindung der Troubadours ist er,

 Guillem von Poitou (Gr. 183, 2):
  quel mot son fag tug per egau
  cominalmens
  ab sonetz qu'ieu mezeis m'en lau
  bos e valens.]
 Jaufre Rudel III, 97 [Gr. 262, 3]:
  No sap chantar qui'l so non di.
Endlich durch einen leichten Uebergang Singgedicht wie das nordische *visa*. Peire Rogier III, 34 [Gr. 356, 6]:
  Bastart, tu vai
  E porta-m lai
  Mon sonet a mon Tort-n'avetz.
[Guiraut von Borneil (Gr. 242, 18):
  Ben deu en bona cort dir
  bon sonet quil fai.]
Am deutlichsten springt bei Guiraut von Borneil:
  Un sonet fatz malvatz e bo
  E re non sai de cal razo. Ms. [Gr. 242, 80]
die Bedeutung Lied in die Augen, das zeigt *razo*, Gegenstand, worauf es sich beziehen soll. *So* kommt in diesem Sinne nicht vor.

[1] Von den ersteren, den Descorts später. Zu der letztern Form gehört eine Canzone von Guillem von Saint-Didier; hier stimmen die erste, dritte, fünfte Strophe dem Mass nach überein; so wie auf der andern Seite die zweite, vierte, sechste; dabei werden die weiblichen Reimwörter der gleichen Strophen in den ungleichen mit grosser Künstlichkeit in männliche verwandelt. Das Gedicht folgt in dem Anhange.

[2] In einem Gedichte von Marcabrun bildet ihn das einzige Wort *escoutatz*, welches in der Mitte jeder Strophe vorkommt. V, 252 [Gr. 293, 18]. Bei Sordel erscheint er zu Anfang eines Liedes, und beschliesst jede der folgenden Strophen. III, 441 [Gr. 437, 1].

[3] [In den Leys d'amors heisst er *refranh*, auch *respost* wurde in diesem Sinne gebraucht.]

versteht sich, nicht; sie fanden ihn in dem Kirchenliede, ohne Zweifel auch in dem Volksgesange vor[1], und benutzten in ihm ein vortreffliches Mittel, durch wiederholtes Anschlagen eines gewissen Accordes, in dem der Mittelpunkt des ganzen Gedichtes liegen muss, auf das Gefühl zu wirken.

Neu ist dagegen das Geleit, *tornada* genannt, d. h. Wiederkehr, weil, wie Raynouard will (II, 163) der Dichter einen im Liede schon ausgedrückten Gedanken, oder gewisse Verse desselben wiederholt. Indessen ist dieser Fall selten, und der Ausdruck lässt sich vielleicht schicklicher durch Wendung, d. h. Apostrophe oder Anrede erklären.[2] Es ist ein kleiner Epilog, gewöhnlich persönlichen Beziehungen gewidmet, die in dem Gedichte nicht schicklich anzubringen waren, und meist an den Gegenstand des letzteren, zuweilen auch an eine dritte Person, z. B. den Boten des Gesanges oder einen Freund, häufig auch an das Lied selbst gerichtet. Der Zweck des Geleites war mehrfach, vorzüglich aber der, auf die Dame, welcher das Gedicht im Stillen gewidmet war, hinzudeuten, und ihr eine Ehre zu erzeigen: denn gewöhnlich ist in dem Geleite der wirkliche oder allegorische Name derselben niedergelegt; oft enthält es auch den Lobspruch eines Gönners oder den Namen des Dichters selbst. Es ist nichts seltnes, dass mehrere dieser Geleite auf einander folgen. Hier stehen einige Beispiele, sämmtlich aus Liebesliedern:

Herr Delphin, so rühmlich handelt ihr, dass alle eure Thaten den Edlen gefallen. — Seyd mir gnädig, ihr an-

---

[1] [Er findet sich daher vorzugsweise in Dichtungsgattungen von volksthümlichem Charakter: vgl. Gr. § 26.]

[2] Der Ausdruck kommt vor V, 209 [MW. 2, 38]: *et en la tornada el dis*. [Andere Belege: *not daria tornada e rerella* Guiraut Riquier 27, 69; *aissi no cap tornada* am Schluss der Rundcanzone Nr. 35; ebenso *noy hac tornada* Nr. 61; *esta tornada* 84, 854; *l'autra tornada* 84, 926. Wortspielend bei Serveri (Chrest.⁴ 289, 32) *ab tal cobla que sia ses tornada*.]

[Zusatz:] Auch die spätern catalanischen Dichter brauchten diesen Ausdruck. Unrichtig übersetzt Raynouard im Lexique roman *tornada* mit ritournelle, refrain.

Vielleicht brauchte man auch *fenida* (Schluss); vgl. III, 41 [Gr. 43, 1].

muthige, schöne, edle Frau: denn für euch stirbt Giraudet
der Rothe.' (III, 14.)

'Peire Rogier sendet der Herrin das Lied in Treue,
und bittet sie, es noch vor Weihnacht zu lernen, wenn sie
in Frieden mit ihm leben will.' (31.)

'Zu Herrn Guillem von Espia begieb dich, mein Lied,
dass er dich singe und meiner Herrin zum Trost sende.' (83.)

94 'Ugonet, höflicher Bote, singet mein Lied vor der
Königin der Normannen.' (88.)

'Ich bitte meine Herrin, indem ich das Gedicht endige,
sie, der ich eigen bin zum Verkaufen und Verschenken,
dass sie gedenke Guillem Ademar's.' (195.)

'Heil euch, ihr Verläumder, denn ihr fördert mich
recht schön, sofern ihr mich ehrt mit euren Lügen, und
die Wahrheit nicht an den Tag kömmt.' (249.)

'Ich bitte Gott und die heilige Maria, er mehre den
Ruhm und das Glück meiner Beatritz von Narbonne, wo
sie auch wandle.' (255.)

'Reizender Diamant, Schatz und hohe Wonne, euch zu
loben und zu gehorchen bin ich von Herzen bereit.' (390.)

Bemerkenswerth ist die Form des Geleites. Sehr selten
bildet es eine ganze Strophe, sondern stellt nur den letzten
Theil oder Schluss derselben dar, und zwar so, dass seine
Verse von unten hinauf gezählt mit denen der letzten
Strophe des Liedes zusammen reimen, und sie gleichsam
nachhallen. [1]

---

[1] Z. B. bei Arnaut von Marueil [Gr. 30, 22]:

letzte Str. *issernida*
estai
aizir
sai
languir
solatz   1tes Geleit *solatz*
vos   *vos*   2tes Gel. *chansos.*
oblidos.   *oblidos.*   *pros.*

[Zusatz:] In den Leys d'amors wird dies als Gesetz aufgestellt:
*Cascuna tornada deu esser del compas de la meytat de la cobla
derriera vas la fi.* S. Lex. rom. s. v. *tornada.*

Hier ist noch eines aus der italiänischen Poesie bekannten nicht unangenehmen Spieles zu gedenken, der entlehnten Verse, mit welchen man jede Strophe des Liedes beschloss; man wählte hierzu die Anfangsverse berühmter Canzonen.[1]

Reim.

Er heisst *rima*, auch *rim*, ein Wort, welches manche von *rhythmus*, andere mit besserem Grunde aus dem Deutschen *rîm* (numerus) herleiten.[2] Die Eintheilung des Reimes in zwei Geschlechter war schon den Troubadours bekannt, und ist wahrscheinlich von ihnen ausgegangen. Man nannte den zweisylbigen Reim weiblich, und den einsylbigen männlich, vielleicht mit Rücksicht auf die Geschlechtsform des Adjectivs oder Particips *(bos, bona; amatz, amada)*.

Ueber den Gebrauch des Reimes lassen sich folgende Regeln erkennen.[3] Sämmtliche Strophen eines Liedes müssen an gleicher Versstelle in dem Geschlecht des Reimes zusammentreffen, wie diess auch in der lyrischen Poesie andrer Völker, die spanische ausgenommen, der Fall ist.[4] Die Reime müssen nicht in derselben Strophe gebunden werden; diess kann in der folgenden geschehen; ungebundene aber

---

[1] Mir ist nur der Fall bei dem Mönch von Foissan bekannt: PO. 167 [Gr. 304, 1]. Erste Strophe:
    Be m'a lonc temps menat a guiza d'aura
    Ma bon' amors, quo fai naus sobrevens;
    Mas lo perils m'assuav' e me daura
    Lo bon esper, qu'ai en vos fermamens,
    En cui amar es ferms totz mos talens:
    Qu'aissi m'an pres de vos, qu'es blond' e saura,
    Las grans beutats e'ls fis ensenhamens.
Dieser letzte Vers ist der erste einer Canzone Arnaut's von Marueil.

[2] ['auch *rim*' und '*rîm* (numerus)' Zusatz. — Auch *rimeta* kommt vor: Raimbaut d'Aurenga 389, 26.]

[3] [Vgl. zu dem folgenden meine Abhandlung 'die Reimkunst der Troubadours' im Jahrbuch für romanische Litteratur 1, 171—197.]

[4] Eine Ausnahme macht der Mönch von Montaudon III, 451 [Gr. 305, 15], wo einige Strophen weiblich, andre männlich gereimt sind. Vielleicht aber wollte er eine eigne Liederart, Descort, liefern. [Vielmehr war hier, in einreimiger Strophe, wohl die Analogie der einreimigen Tirade massgebend, in der männlicher und weiblicher Reim wechselt.]

sind nicht erlaubt.¹ Die Reimwörter dürfen sich wiederholen, sogar in denselben Strophen, ohne dass sie, wie in der italiänischen Verslehre, alsdann eine verschiedene Bedeutung haben müssen; diese Freiheit findet sich auf allen Blättern; auch kann der Reim aus zwei Wörtern gebildet werden.²

Nur eine buchstäbliche Uebereinstimmung der Reimsylben macht den Reim, unreine Reime kommen zwar zuweilen in den Handschriften vor, allein sie beruhen gewiss in den meisten Fällen auf verschiedener Orthographie oder falscher Lesart, wo nicht, so sind sie Versehen des Dichters, nicht Vorsatz. Die Anwendung des Reimes erstreckt sich auf jede Dichtungsart, er ist Bedingung der dichterischen Darstellung, die Sextine ist die einzige Form, die streng betrachtet eine Ausnahme macht. In längeren poetischen Werken, welche im zehn- oder zwölfsylbigen Vers abgefasst sind, pflegt ein und derselbe Reim durch eine grosse Anzahl von Versen, zuweilen durch das ganze Gedicht zu herrschen. Letzteres findet u. a. statt in dem *Thesaur* von Peire von Corbiac, wo der Reim *ens* sich ununterbrochen durch 840 Alexandriner behauptet. Für das Lied ist die einreimige Strophe zu bemerken, die indessen nicht leicht über acht Verse enthält.³

Ueberhaupt ist die Bestimmung des Reimes sehr ausgedehnt. Er dient nicht allein, einzelne Verse zu verketten,

---

¹ Eine einzelne Ausnahme findet sich in einem Liede Rambaut's von Vaqueiras, worin der letzte Vers jeder Strophe reimlos steht (PO. 75 = Gr. 392, 7), sodann einer Romanze [ursprünglich: Eine einzige Ausnahme findet sich in einer Romanze] Guillem's von Poitiers (V, 118 = Gr. 183, 12), wo der fünfte Vers weder in derselben, noch der folgenden Strophe gebunden wird. Doch kann diess die Schuld fehlerhafter Abschriften seyn, denn der Reim kommt an einigen Stellen wieder zum Vorschein. [Theilweise reimlos ist das Gedicht des Peire Basc (Gr. 327, 1), während dessen Vorbild, ein Lied Guillems von Cabestanh (Gr. 213, 5) durchaus gereimt ist. Reimlose Zeilen in einer volksmässigen Pastourelle: Diez, Sprachdenkm. S. 119.]

² Z. B. *calonja: non ja*, III, 278 [Gr. 366, 19]; *prim: aissi-m*, IV, 212 [Gr. 225, 3].

³ S. III, 51 [Gr. 70, 28]. 425 [Gr. 10, 23]. IV, 67—72 [Gr. 76, 12. 437, 24]. V, 28 [Gr. 27, 3].

wobei er auch in der Mitte des Verses erscheinen darf [1] — sondern selbst die Strophen unter sich zu verbinden, so dass die Reime der ersten Strophe in allen übrigen wieder erscheinen, und das ganze Lied also ein System von Reimen darstellt; diess letztere ist einer jener Charakterzüge, deren die Poesie der Troubadours so viele aufzuweisen hat.

Es treten hierbei manche Fälle ein. Selten ist der, dass die Reime nicht in derselben, sondern erst in der folgenden Strophe gebunden werden [2]; gewöhnlich umschlingen sie sich alle oder zum Theil schon in derselben Strophe [3], endlich

---

[1] Mir ist nur ein einziges Beispiel der aus der italiänischen Poesie bekannten gebrochenen Verse vorgekommen; es ist von Peire Milon, PO. 379 [Gr. 236, 6]; die erste Strophe lautet:

Quant hom reigna vas cellui falsamen,
Qui l'onr' e'l serv' e l'ama finamen
Ses traimen === per piegz deu hom tener
De lui que d'autre, qui vol dir lo ver.
Perqe? Car cel, en cui hom plus se fia
Sens fadia === pot meils l'om enganar,
Qe cel, de qui hom sap qe-s deu gardar.

[Es gibt zahlreiche andere Beispiele gebrochener Verse, nur dass die Herausgeber häufig unrichtig abgetheilt haben. Beispiele aus Guiraut Riquier habe ich gegeben in Herrigs Archiv 16, 142. Besonders gehäufte Anwendung in einem Liede von Arnaut Daniel (Gr. 29, 13) und bei Serveri de Girona (Gr. 434, 14).]

[2] Bertran von Born IV, 177 [Gr. 80, 29]. Die Ziffer bezeichnet die Strophe, zu welcher alle untereinander stehenden Reimwörter gehören.

1. *esparja*	2. *tarja*	3. *barja*
sanc	blanc	estanc
larc	parc	parc
bomba	plomba	comba
pon	ranson	colon
jazer	aver	parer
cens	conoissens	parens
gesta.	testa.	conquesta. u. s. f.

[3] Alle III, 3 [Gr. 183, 8]:

1. *amar*	2. *gabar*	3. *faissonar*
aizir	formir	dezir
revertir	florir	cossir
anar	granar	trobar
cuiar	esmerar	lauzar
auzir.	esclarzir.	venir. u. s. w.

98 wechselt zuweilen die Ordnung derselben in den Strophen nach einer gewissen Regel.¹ Das System der durchgreifenden Reime ist indessen nicht unbedingt herrschender Grundsatz. Es giebt Lieder, worin mit jeder Strophe andre Reime erscheinen, wie diess in der neueren Poesie statt findet; allein diese Form ist wenig gebraucht worden, und erscheint entweder in der einreimigen Strophe² oder in Verbindung mit dem Refrän, der die Strophen doch wieder verknüpft³, selten unter andern Umständen.⁴ Manche Lieder befolgen ein ganz eignes Gesetz des Reims: in jeder Strophe, die erste ausgenommen, wird ein Theil der Reime durch neue abgelöst; dieses Spiel muss mit Geschick behandelt werden, wenn die Ordnung der Reime in den Strophen, so wie das Geschlecht derselben in den Versen nicht verkehrt werden 99 soll.⁵ Nicht ungewöhnlich ist der Fall, dass je zwei Strophen

---

Zum Theil III, 56 [Gr. 70, 15]:

1. *valer*	2. *poder*	3. *saber*
chans	*talans*	*dans*
mover	*aver*	*decazer*
coraus	*maus*	*cominaus*
cabaus	*sivaus*	*aitaus*
enten	*jauzimen*	*parven*
sen.	*aten.*	*pren.* u. s. f.

¹ Z. B. III, 44 [Gr. 70, 31]:

1. *chan*	2. *sen*	3. *engan*	4. *parven*
chantador	*sabor*	*melhor*	*color*
amor	*amor*	*plor*	*paor*
coman	*gen*	*dan*	*ven*
sen	*tan*	*pren*	*efan*
mes	*mes*	*mes*	*pres*
fres	*repres*	*merces*	*conques*
aten.	*talan.*	*nien.*	*gran.*

² III, 163 [Gr. 16, 10]. 302 [Gr. 234, 16]. 425 [Gr. 10, 23]. 451 [Gr. 305, 15].

³ III, 441 [Gr. 417, 1].

⁴ III, 260 [Gr. 392, 32]. 462 [Gr. 248, 49]. IV, 153 [Gr. 80, 21]. 218 [Gr. 76, 4].

⁵ Vgl. III, 177 [Gr. 375, 4]:

1. *renha*	2. *lanha*	3. *falsia.*
senhor	*nesciamen*	*servir*
venha	*estranha*	*sabia*

durch ihre Reime verbunden werden, doch schlingen sich auch zuweilen hier einzelne Reime durch sämmtliche Strophen und knüpfen sie zusammen.[1] Eine andere Verknüpfung der Strophen wird dadurch erreicht, dass man entweder das letzte Wort oder gar den letzten Vers jeder Strophe am Anfang der folgenden wiederholt.[2] Eine andere Verknüpfung der Strophen findet sich in einem Liede des Peire Raimon von Toulouse.[3]

Man wird die reiche Anwendung des Reims nicht als eine geistfesselnde Künstelei betrachten wollen; das hiesse die Sache von dem Standpunkt einer fremden Sprache beurtheilen. Das Provenzalische besitzt eine Menge von solchen Reimformen, die eine überschwängliche Fülle von Reimwörtern beherrschen; am reichsten sind die männlichen, denn durch die Methode der Verkürzung mussten sich lateinische Wörter mit verschiedenen Endsylben in dieselbe Endung fügen: so gingen also *amatis*, *amate*, *amatus* in *amatz* über. Der Reim, wenn er alle Strophen des Gedichtes bindet, gewährt den besondern Vortheil, dass er bei dem mündlichen Vortrag das Gedächtniss unterstützt; überdiess führt er eine reizende Harmonie herbei. Mag er auch die Kunst erschweren: eine schwierige Form, soferne sie nicht bedeutungsloses Spiel ist, reizt den poetisch gewandten Geist, sich ihrer ganz zu bemächtigen, und fodert ihn zu einem Wettstreit auf, durch welchen, wenn der Dichter siegt, der Adel des Ausdrucks zu gewinnen pflegt. Hier ist nicht die Rede von jenen überkünstlichen, mithin geistlosen Formen,

dolor;	*malamen;*	*obezir;*
pren	*azir*	*enjan*
sofranha	*avia*	*amistansa*
remanha	*bauzia*	*benanansa*
veramen	*enriquir*	*dan*
planha.	*aucia.*	*esperansa* u. s. f.

[Randbemerkung: 'gehört nicht hierher.' — Zahlreiche Beispiele s. Jahrbuch 1, 182 ff.]

[1] Wie III, 39 [Gr. 43, 1].

[2] III, 302 [Gr. 234, 16]. IV, 258 [Gr. 119, 9]. V, 288 [Gr. 366, 4]. — II, 170 [Gr. 248, 23]. 247 [Gr. 248, 66].

[3] Leben und Werke der Troubadours S. 118 [2. Aufl. S. 102].

die in dem Verfall der Dichtkunst zu erscheinen pflegen;
sie können das Urtheil selbst einer ungebildeten Zeit nicht
lange täuschen, die zuletzt auch den Kern unter der
Schale sucht.

Noch muss der Reim- und Wortspiele gedacht werden.
Sie sind selten, wiewohl sie selbst bei guten Dichtern vorkommen. Die lateinische Klosterpoesie brauchte sie häufig
und hat sie auf die Spitze getrieben; die provenzalische
Kunstpoesie enthält nur einen leisen Nachklang derselben;
das Acrostich z. B. fehlt ihr gänzlich.

Schwere Reime mit Vorsatz und durch ganze Lieder gebraucht, finden sich, wie schon bemerkt wurde, bei mehrern
Dichtern, vorzüglich bei Arnaut Daniel, der sie *caras rimas,*
d. h. theure oder seltne nannte; Rambaut von Vaqueiras
erklärt, er brauche schwere Reime und Wörter, um seine
trübe Stimmung auszudrücken.[1] Bei Elias Cairel findet sich
in einer schwergereimten Canzone selbst der Fall eines
gebrochenen Reims.[2] Formen[3] nach dem Reim gebildet,
kommen vor, aber sehr selten. Hieher gehören ferner
gewisse Tändeleien mit dem Reime; entweder wird dasselbe
Wort einigemal hintereinander nach verschiedenen Reimformen flectirt, oder die Composita eines Wortes werden

---

[1] *Ar vei bru escur trebol sel,*
Don per l'aire vent'e giscle
E plou e chai neus e gibres
E'l soleils, qu'era cautz e secx,
Es sa calors teims e flaca ...
Perqu'ieu chantarai alques grams. Ms. [Gr. 392, 5.]

[2] *Ses aten-*
Dre guarimen.
'*Freg ni neu.*' Ms. [Gr. 133, 4. Doch handelt
es sich hier um inneren Reim. Andere Fälle des gebrochenen Reimes
sind: bei Guiraut von Borneil (Chrest.⁴ 105, 39) *S'om agra-men nom*
acuillis; derselbe (Chrest.⁴ 106, 7) *per sagra-men c'om me plevis.*
Aimeric von Pegulhan (Gr. 10, 45, Diez, Poesie 352) *mon cor de lieis*
chan-tan; derselbe (Diez 354) *ser-tan ni quem baizes.*]

[3] [Der Satz hiess ursprünglich: 'Worte nach dem Reim gebildet,
sind nicht ungewöhnlich'; und in der Anm. das dann gestrichene:
'z. B. III, 17 *grazia (grazida),* s. den Anhang zu Raynouard's
Grammatik.']

durch denselben Reim gebunden aufgeführt.[1] Einmal und zwar selbst bei Bernart von Ventadour findet sich der Fall, dass in den Reimen jeder Strophe alle fünf Vocale nach der Reihe zum Vorschein kommen.[2] Auch jene bedeutungslose Art der Allitteration, nach welcher wo möglich sämmtliche Worte eines Verses mit demselben Buchstaben anfangen, eine bekannte Tändelei der Klosterpoesie, ist einigemal gebraucht worden.[3] Ein ähnliches Getändel ist es

---

[1] Beispiel III, 23. 302 [Gr. 46, 1. 234, 16].

   1ter Fall: *apais*   2ter Fall: *faita*
              apaia   *afaita*
              guais   *dezafaita*
              guaia;   *desfaita*
              veraia   *forfaita*
              verais   *refaita.*
              estrais
              estraia.

[2] Hier steht die erste und letzte Strophe:

Ab cor leial, fin e certA,
Franc, verai e de bona fE
Ser lai mi dons e pro no-m te,
Mala ser sel que grat non ha.
Amada l'ai pos anc la vI
E no m'aten nuill guazardO,
Mas que ill plagues et agra-n pro;
Azaut me pres, gent me traï,
Ab semblan cueg et ab cor crU,
Gratar me fai lai on no-m pru.

Doussa dona ab dous esgAr
Non adouses vostre dur fEr
Don soi nafratz, a morir m'er,
Mas merce deg ab vos trobar:
Que nuilla re tan no dezIr,
Com vos sola endreg amOr,
Chauzida us ai per la gensor,
Si per aiso-m voletz ausir,
Re no sai, a cui m'en rancUr,
Si a vos oc, en cui m'atur. Ms. 7698, p. 109. [Gr. 65, 1.]

[3] Das stärkste Beispiel bei Peire Cardinal III, 440 [Gr. 335, 7], dessen Vers   *Leu l'es lo larcx laus lagz lunhatz*
der Aussprache einige Hindernisse entgegensetzt. Aimeric von Bellinoi bedient sich ihrer als Onomatopöie:

endlich, wenn ein Wort zweimal in einem Vers, doch in verschiedenen Formen, oder einmal in jedem Vers der Strophe oder gar des ganzen Liedes vorkommt, oder wenn jedes Reimwort zu Anfang des folgenden Verses wiederhohlt wird [1] und ähnliche Spitzfindigkeiten, welche zu brauchen die einsichtsvollsten Dichter durch die herrschende Neigung ihrer Zeit bewogen wurden, so dass sich Peire Rogier's Sprüchlein füglich auf sie anwenden lässt:

> Wollt ihr auf dieser Welt gedeihn [2],
> So seyd bei Narren nur verrückt,
> Doch wisst auch, wenn sich's eben schickt,
> Bei Klugen wieder klug zu seyn.

Arnaut Daniel, der von sich sagt, dass er gegen den Strom schwimme, hat sich von diesem Strome mehr als einer fortreissen lassen.

Gattungsnamen der Gedichte.

Sowohl in den Werken der Dichter, als in den Lebensgeschichten derselben, stösst man häufig auf gewisse Kunstwörter, die eine Verschiedenheit der Gedichte dem Inhalt oder der Form nach bezeichnen. Indessen sind wir nicht immer im Stande, die Bedeutung jener den Dichtern geläufigen Kunstausdrücke in so weit auszumitteln, dass kein Zweifel zurückbleiben sollte. Zwar mochten die Dichter zuweilen selbst nicht über jede Ungewissheit hinaus seyn, theils darum, weil sich einige Gattungen so sehr berührten,

---

Al prim pres dels breus jorn braus
Quan brand' al brueils l'aura brava,
E ill branc e ill brondel son nut
Pel brun tems sec, qu'els desnuda etc. Ms. [Gr. 9, 5.]
So auch Arnaut Daniel:
En breu brizara'l tems braus etc. Ms. [Gr. 29, 9.]

[1] *Fortz guerra fai tot lo mon guerreiar*
E destruir, per que tot er destrutz etc. IV, 389 [Gr. 248, 30].
En est son faz chansoneta novelha,
Novelha es quar ieu chant de novelh. V, 219 [Gr. 450, 5].
Beispiele zu den übrigen Fällen s. III, 15. 19 [Gr. 389, 1. 14].

[2] [Am Rande: NB.]

dass sie leicht ineinander übergehen konnten, wie denn die Sucht, durch neue Erfindungen sich einen Ruf zu machen, gewisse Gattungen hervorgebracht hat, die sich von andern fast nur dem Namen nach unterscheiden — theils auch, weil die ursprüngliche Bedeutung mancher Ausdrücke durch die Zeit verdunkelt worden war; und gerade diese Missbräuche machen die Untersuchung schwierig. Leider findet sich unter den verschiedenen Lehrgedichten kein einziges über die Verskunst, und doch ist kaum zu zweifeln, dass es dergleichen gegeben, da es an Anweisungen für dienende Spielleute nicht fehlt; dann wurden aber auch die Gedichte nicht, wie bei den Italiänern, mit ihren Gattungsnamen 104 überschrieben, sondern diese finden sich nur in einzelnen Fällen entweder am Anfang oder am Schluss eingewebt, so dass es der Untersuchung selbst an Gegenständen der Vergleichung fehlt.[1]

Am schwierigsten ist der Unterschied zwischen Vers, *vers*, und Canzone, *cansos* oder *chansos*, zu bestimmen. Die Dichter reden häufig von beiden, als verschiedenen Dingen, und doch ist diese Verschiedenheit nicht wohl zu erkennen. In Bezug auf den Inhalt findet nur in sofern ein Unterschied statt, als dem Vers ein weiteres Feld eingeräumt wird. Die Canzone war ausschliesslich der Liebe und Gottesverehrung gewidmet, und steht in vollkommenstem Gegensatz zum Sirventes; das zeigt die Vergleichung beider Dichtungsarten, und die Troubadours selbst heben diesen Unterschied öfters hervor. Rambaut von Vaqueiras klagt, dass ihm in seiner trüben Stimmung die Canzonen zu Sirventesen geriethen. Bertran von Allamanon sagt, er habe keine Lust, Canzonen zu dichten, er ziehe das Sirventes vor.[2]

---

[1] Schon Raynouard hat schätzbare 'Untersuchungen über die vorzüglichsten Dichtungsarten der Troubadours' II, 156—319 geliefert, schätzbar besonders wegen des Stoffes, den er mittheilt; in der Darstellung der Sache weicht gegenwärtige Abhandlung beträchtlich von der seinigen ab.

[2] Rambaut V, 419. 420 [Gr. 392, 10. 17]:
    E mas cansos me semblo sirventes . . . .
    E mos ostals seran bosc e semdier,
    E mas cansos sirventes e descorts.

Wenn daher einige den Ausdruck *cansos* auch auf das Sirventes anwenden, so haben sie ihn in dem allgemeinen Sinne von Gesang nehmen wollen.¹ Der Vers dagegen beschränkt sich nicht auf Gegenstände der Liebe, er ist ebensowohl der ernsteren Poesie bestimmt, wovon sich viele Beispiele vorfinden. In materieller Hinsicht können beide demnach zusammentreffen; beide gelten für das Minnelied, wenn auch der Vers nicht ausschliesslich: der Unterschied ist also in der Form zu suchen. Allein die Dichter selbst scheinen auf den formellen Unterschied nicht gehalten zu haben. Aimeric von Peguilain äussert sich darüber auf folgende merkwürdige Weise: 'Manchmal werde ich in Gesellschaft gefragt, warum ich keine 'Verse' mache. Nenne man doch gegenwärtiges Gedicht, wie man will, Canzone oder Vers: denn ich behaupte, dass man zwischen Canzone und Vers keinen andern Unterschied weiss noch findet, als den des Namens. Oft habe ich in Canzonetten männliche Reime, und in den besten Versen weibliche gehört; auch habe ich in manchen Versen kurze und flüchtige Sangweisen vernommen, so wie in Canzonen gedehnte Melodieen, eben so waren hier und dort die Zeilen von gleicher Länge und der Gesang von gleichem Ton.'²

Bertran V, 74 [Gr. 76, 15]:
> Pueis chanson far no m'agensa,
> Farai un nou sirventes.

¹ Bertran von Born IV, 150 [Gr. 80, 23]:
> Qu'ieu fassa per lui tal canso,
> Que sion traucat mil escut.

Folquet von Marseille:
> Mas quecx demanda chanso,
> E no il cal de la razo,
> Atressi m'es ops la fassa.
>   'Chantars me torn.' Ms. [Gr. 155, 7.]

Beide Gedichte aber sind Sirventese.

² Diese zwar schon von Raynouard (II, 178) angeführte Stelle darf nicht fehlen.
> Mantas vetz sui enqueritz
> En cort, cossi vers no fatz,
> Perqu'ieu vuelh si' apelatz,

Diese Aeusserung verschafft uns den vollkommensten Aufschluss, indem sie uns zeigt, dass der Unterschied nicht allgemein beachtet wurde, dass aber eine Regel statt fand.

Der Vers sollte hiernach nur männliche [1] Reime dulden, und in der Länge der Zeilen, so wie in dem musikalischen Vortrag von der Canzone sich unterscheiden. [2] Es lässt sich aber an denjenigen Gedichten, welche von den Verfassern selbst Verse genannt werden, bemerken, dass sie sämmtlich aus kürzeren Zeilen von vier Hebungen bestehen [3], wiewohl zuweilen halbe Zeilen eingeflochten und Hendacasyllaben angehängt sind. Das vorherrschende Metrum ist das jambische, das trochäische ist seltner, und zuweilen mischen sich beide Versarten. Der Reim ist gewöhnlich männlich durch das ganze Gedicht, mitunter aber kommen weibliche vor.

Aus dieser Uebersicht ergiebt sich wenigstens die Regel mit Gewissheit, dass jene Dichtungsform aus Versen von

E sia lurs lo chauzitz,
Chanso o vers aquest chans;
E respon als demandans,
Qu'om non troba ni sap devezio
Mas sol lo nom entre vers e chanso.

Qu'ieu ai motz mascles auzitz
En chansonetas assatz,
E motz femenis pauzatz
En verses bos e grazitz;
E cortz sonetz e cochans
Ai ieu auzit en verses mans,
E chansos ai auzidas ab lonc so,
E'ls motz d'amdos d'un gran e'l chan d'un to. [Gr. 10, 84.]

Raynouard irrt hier gewaltig, wenn er *mot*, welches, wie oben gezeigt wurde, Vers (Reimzeile) bedeutet, mit dem französischen *mot* gleich stellt. Worte von gleicher Länge, das wäre doch überkünstlich!

[1] ['männliche' unterstrichen.]

[2] [Peire Cardinal sagt in einem als *vers* bezeichneten Gedichte (Gr. 335, 8) *e noi aura mas motz mascles, e par me sia lo premier*, womit er nicht sagen will, dass er der erste sei, der bloss männliche Reime im *vers* anwende, sondern der dem männlichen Reim zu Liebe einen weiblichen Ausgang *(máscles)* als männlich braucht. Ebenso reimt er *métré* auf *re*.]

[3] [Am Rande: NB.]

acht oder neun Sylben[1] bestehen musste. Unter 55 Liedern, die den Namen Vers tragen, finden sich nicht mehr als fünf mit Versen von zehn oder elf Sylben[2], eine Ausnahme, welche die Regel nicht umstossen noch schwächen kann.[3] Und so wird die von Aimeric angedeutete Regel durch die Beispiele, die sich erhalten haben, im Ganzen bestätigt.

Diese einfache Dichtform scheint die Kindheit der Kunstpoesie zu bezeichnen, wo sie sich kaum von der Poesie der fahrenden Volkssänger getrennt hatte[4]; selbst der allgemeine

---

[1] [ursprünglich: Versen mit vier Hebungen.]

[2] [ursprünglich: fünf mit fünf Hebungen; 'mit Versen' von mir ergänzt.]

[3] Man vergleiche z. B. die bis jetzt gedruckten Lieder, die sich selbst Verse nennen: III, 15 [Gr. 389, 1]. 36 [356, 3]. 44. 56. 91 [70, 31. 15. 23]. 97. 99 [262, 3. 5]. 109 [213, 3]. 193 [202, 12]. 210 [30, 9]. 312 [242, 51]. 373 [293, 15]. IV, 83 [183, 10]. 295. 297 [323, 5. 11]. 301 [293, 40]. 368 [305, 16]. 436 [163, 1]. V, 30 [34, 1]. 70 [293, 12]. 116. 118 [183, 2. 12]. 408. 414 [389, 5. 41]. PO. 49 [389, 18]. 136 [323, 15]. 268 [172, 1], wozu noch viele handschriftliche Beispiele kommen. Die Ausnahmen machen drei Lieder von Peirol: III, 273 [Gr. 366, 3], die beiden andern handschriftlich *(Si be-m sui loing,* und *Mout m'entremis* [Gr. 366, 21. 31]*)* eins von Peire Rogier, handschr. *(Non sai don chan* [Gr. 356, 5]*)*, das fünfte von Alegret PO. 354 [Gr. 17, 2]. — Lieder aus Versen unter vier Hebungen bestehend, gehören in das Fach der Canzone (z. B. III, 51 [70, 28]. 120 [355, 10]. V, 62 [47, 1]). Raynouard führt zwar (II, 165.) Verse an mit drei Hebungen als hieher gehörig, indem er sagt, auch das Sendschreiben konnte *vers* heissen, z. B. bei G. Riquier [MW. 4, 163 f.]:

> *Car de grans falsetatz*
> *Pot hom far semblar ver,*
> *Mas dieus m'a dat saber*
> *Que segon mon semblan*
> *Trac lo vers adenan.*

Wer sieht aber hier nicht, dass *vers* nicht die Dichtart, sondern im Gegensatz zu *falsetatz* Wahrheit bedeutet? Auch liest die Handschrift 2701 *lo ver*. Es ist eigen, dass dieser gründliche Kenner der Sprache sich nicht immer in die Bedeutung der Homonyme finden kann.

[4] [Die hier folgenden Worte: 'denn höchst wahrscheinlich lag dieser jene aus vier Hebungen bestehende jambische Versart zu Grunde, die sich in dem Mährchen oder Fabliau erhalten hat' sind im Handexemplar gestrichen.]

Ausdruck Vers für jede Art der poetischen Darstellung ist durchaus volksmässig, auch die nach Aimeric dem 'Vers' zukommende gedehnte Melodie ist in dem Charakter des Volksliedes gegründet. Der älteste Troubadour, Guillem von Poitiers, kennt kaum eine andere Form, und noch bei Rambaut von Orange ist sie die vornehmste; es ist nicht zu übersehen, dass sich der erstere in den Gedichten, die er Verse nennt, ausschliesslich des männlichen Reimes und fast nur des jambischen Metrums bedient, welches späterhin zuweilen mit dem trochäischen wechselt. Diese Vermuthung wird durch eine Stelle in Marcabrun's Biographie fast zur Gewissheit erhoben. Marcabrun wird daselbst für den ältesten Troubadour erklärt, und bemerkt, dass zu seiner Zeit der Ausdruck Canzone noch nicht gebraucht, sondern alle Gesänge Verse genannt worden seyen. Diess ist nun freilich ein arges Missverständniss: denn Marcabrun ist keineswegs der älteste der Troubadours [1], und selbst die alten, wie Rambaut von Orange und Bernart von Ventadour kannten schon einen Unterschied zwischen Vers und Canzone. Gleichwohl scheint dem Biographen eine Ueberlieferung vorgeschwebt zu haben, nach welcher die ältesten Dichter, unter die er fälschlich [2] Marcabrun rechnet, ihre Poesieen nicht anders als Verse genannt haben sollten. [3] An einer andern Stelle wird ausdrücklich versichert, vor den Zeiten Guiraut's von Borneil sey die Canzone unbekannt, und nur der Vers gebräuchlich gewesen. [4] Wenn Peire Cardinal im 109

---

[1] [Am Rande N^a.]

[2] [fälschlich, unterstrichen.]

[3] [Hierzu macht Diez, Leben und Werke S. 613, folgende berichtigende Bemerkung:] Willkommen für die Behauptung, dass der *vers* in der frühern Periode der Kunstpoesie vorherrschend gewesen, ist die S. 42 des vorliegenden Buches [2. Aufl. S. 37] ausgeführte Bemerkung, dass Marcabrun, der sich fast ausschliesslich dieser Form bedient, allerdings einer der ältesten Troubadours gewesen. Raynouard's Vermuthung, es habe mehr als einen Dichter dieses Namens gegeben (Michaud, hist. d. croisades IV, 544) hat gar nichts für sich.

[4] *Et en aquel temps non apellava hom cansos, mas tot quant hom cantava, eron vers .... Trobaire fo (Marcabrus) dels premiers, q'om se recort.* V, 251 [MW. 1, 48]. — *En aquel temps (de Peire d'Alvernhe)*

klaren Widerspruch mit der Geschichte [1] sich als den ersten rühmt, der einen Vers (als Dichtungsart verstanden) mit männlichen Reimen gedichtet habe, so ist diess nichts anders, als ein auffallender Beweis, dass manche Troubadours wenig Litteraturkenntniss besitzen mussten. [2]

Die Canzone lässt alle Versarten zu, doch liebt sie, wenn sie sich nicht auf den zehnsylbigen Vers beschränkt, eine Mischung längerer und kürzerer Verse; alsdann bemerkt man an ihr einen kunstvolleren Strophenbau; das Geschlecht der Reime ist freigestellt. Wenn sich einige Canzonen in Form des Verses gedichtet finden, so mögen sie sich etwa in der Art der Melodie von diesem getrennt haben. [3]

Sowohl der Vers, wie die Canzone sind in Strophen getheilt, ihre Zahl ist bei dem ersten willkürlich; bei der letztern hält sie sich auf fünf bis sechs; sieben sind selten, acht kommen fast niemals vor [4], beide Dichtungsarten sind durchaus zum Gesang bestimmt. [5]

---

negus cantars no s'apellava cansos, mas vers: mas pueis En Guirautz de Borneill fetz la primiera canson. V, 291 [MW. 1, 89].

[1] [Hier am Rande 's. Ende' und eine Klammer, die diesen ganzen Satz zu umfassen scheint.]

[2] *Pos tan pot valer castier
Ben voill, qu'en mo vers sia mes,
E no i aura mas motz mascles,
E par me sia lo primier.* II, 180 [Gr. 335, 3].

[3] Vgl. III, 39 [Gr. 43, 1]. 47. 82. 86 [70, 4. 331, 1. 70, 33]. 225 [30, 2]. 231 [47, 10]. 277 [366, 19]. 321. 324 [364, 16. 37]. 332 [457, 34]. 416 [124, 1].

[4] s. III, 51 [70, 28]. — [Zusatz:] In den Leys d'amors heisst es: *cansos es us dictatz que conta de V a VII coblas.* Lex. rom. s. v. *canso*. *Vers es us dictatz que compren de V coblas a X amb una o am doas tornadas.* Das. s. v. *vers*.

[5] Beispiele:
*Peirol violatz e chantatz cointamen
De ma chanson los mots e'l so leugier.* V, 17 [Gr. 16, 8].
 *De far chanso m'es pres talens
Ab motz plazens et ab so guay.* III, 122 [Gr. 355, 13].
 *Joglar vai e prec te no-t tricx,
E chanta'l vers a mos amicx.* III, 111 [Gr. 213, 3].

Canzonette, *chansoneta,* ist gleichbedeutend mit Can- 110
zone; denn zuweilen trägt ein und dasselbe Lied beide
Namen[1], doch wird dieser Ausdruck meist für eine leichtere,
dem Vers sich nähernde Form derselben gebraucht.[2]

Mit der Halbcanzone, *mieia chanso,* war offenbar
eine Canzone von geringerer Strophenzahl gemeint. In
einem Liede dieser Art von drei Strophen und einem Geleit
äussert sich Peire Bremon also: 'Da alle wissen wollen,

> *Ben fora oimais sazos e locs,*
> *Que m'aizines d'un vers pensan,*
> *Cum lo retraisses en chantan.*
> G. Ademars. Ms. [Gr. 202, 1].
>
> [*tramet lo vers en chantan.* Jaufre Rudel (Gr. 262, 5.)
>
> *bos es lo vers e faran i*
> *qualsque motz que hom chantara.* Derselbe (Gr. 262, 3).
>
> *de mon nou vers vuelh totz preguar*
> *quel m'anon de novelh chantar.*
> Rambaut von Orange (Gr. 389, 1).
>
> *Bel m'es ab motz leugiers de far*
> *chanson plazen et ab guay so.* Sordel (Gr. 437, 7).
>
> *cantatz ma canson voluntiers.*
> Bernart von Ventadour (Gr. 70, 33).
>
> *tramet sil platz ma canso,*
> *e s'es ben per lui grazida,*
> *meils n'er cantad ' et auzida.* Elias von Barjols (Gr.132,2).]

Der rednerische Vortrag strophischer Gedichte war nicht gebräuchlich;
selbst der Ausdruck *dir,* sagen, z. B. III, 83 [Gr. 331, 1]:

> *A'N Guillelme de l'Espia,*
> *Chansos, vai que-t chant e-t dia*

geht auf den Gesang: man sagte *dir el so* die Weise hersingen.
Dunkel bleibt mir die II, 164 [Gr. 366, 20] angeführte Stelle von
Peyrol.

[1] Elias Cairel III, 433 [Gr. 133, 6]:
> *Chansoneta vai me tost e viatz....*
> *Don' Isabel, ma chanso vos prezen.*

[2] Vgl. III, 1 [Gr. 183, 6]. 79 [70, 16]. 130 [355, 7]. V, 285
[366, 15] u. s. f. [Gern werden die Beiwörter *leu* und *plan* von der
chansoneta gebraucht: Guiraut von Bornelh (242, 45) *leu chansonet'*
e vil; derselbe (242, 4) *cansoneta plana;* Guillem von Berguedan
(210, 8) *chansoneta leu e plana.*]

warum ich eine Halbcauzone dichte, so will ich ihnen erklären, dass ich nur einen halben Gegenstand dazu habe, und darum mein Lied theilen muss.' [1]

111 Halbe Canzonen wurden zuweilen schlechtweg **Strophen**, *coblas*, genannt. Es scheint, als habe man durch diese halbvollendeten Minnelieder ein Uebermass des Schmerzes oder der Sehnsucht andeuten wollen, insofern dieses die Mittheilung der Gedanken plötzlich zu unterbrechen vermag. [2]

---

[1]   *Pus que tug volon saber*
Per que fas mieia chanso,
Ieu lur en dirai lo ver,
Quar l'ai de mieia razo;
Perque dey mon chant meytadar. II, 171 [Gr. 330, 15].
Raynouard führt daselbst, um zu zeigen, dass die Halbcanzone auch die volle Strophenzahl haben könne, ein Gedicht von sechs Strophen an, worin es heisst:
Mieia chanso semnarai e mieg vers [Gr. 434, 11].
Der Dichter drückt hiernach die seltsame Absicht aus, die Halbcanzone mit dem Halbvers zu verbinden. Da ich indessen nicht das ganze Gedicht vor Augen habe, so kann ich mich nicht weiter darüber erklären; dass aber *mieia chanso* auf die Abkürzung der Canzone geht, das zeigt auch die Vergleichung von *miegz sirventes*. [Der Dichter spricht in den Strophen des Liedes abwechselnd von minniglichen und nicht minniglichen Dingen; darauf bezieht sich die Doppelbenennung.]

[2] Von dieser Art ist das Gedicht der Clara von Anduse III, 335 [Gr. 115, 1], man sehe das Geleit; ferner ein sehr schmachtendes von Gaucelm Faidit, mit dem Schluss:
Coblas anas dreit a mon Dezirier
E digas li, que per liei vau languen etc.
'*Trop malamen m'anet*.' Ms. [Gr. 167, 63.]
Raynouard stellt hier (II, 175) die Vermuthung auf, man habe unter *coblas* mitunter Lieder nach bekannten Sangweisen verstanden, eine Vermuthung, mit welcher ich seine Beweisstellen nicht in Verbindung bringen kann. Wenn auch wirklich *coblas* im Gegensatze zu *chanso* gebraucht würde, so wissen wir ja noch nicht, ob letztere ein Lied nach nicht bekannter oder neuer Sangweise bedeutet habe. Gegen die Uebersetzung einer der Beweisstellen muss ich mir ohnehin eine Einwendung erlauben. *Cansos fez de fort bonas e de bons sons e de bonas coblas* heisst nicht: er machte sehr gute Canzonen und gute Weisen, und gute Coblas; die grammatische Interpretation ist: Canzonen machte er von den besten, und von guten Weisen und von guten Strophen. [Zu den Worten: '*Cansos fez* — guten Strophen' bemerkt eine Randnote: kann wegbleiben.]

Den vollsten Gegensatz zur Canzone bildet das Sirventes, *(sirventes,* auch *sirventesc, sirventesca)*, worunter man ein Lob- oder Rügelied in öffentlichen oder eignen Sachen, jedoch mit Ausschluss der Liebesangelegenheiten, verstand.[1] Die Ableitung von *servire* leidet keinen Zweifel, 112 und schon die Troubadours spielen darauf an.[2] Es bedeutet also Dienstgedicht, d. h. ein Gedicht in dem Dienste eines Herrn von seinem Hofdichter verfasst. Das Sirventes fügt sich in alle Formen, ist in Strophen getheilt, und zum Gesang geeignet und bestimmt.[3] Es ist ein besonderer Fall, wenn Guiraut von Calanson seine strophenlose Anweisung für Jongleurs so benennt.[4] Sirventese von geringerer

---

[1] Die Ausdrücke *sirventesc* und *sirventesca* sind selten; Beispiele wird man finden IV, 263. V, 67 [Gr. 80, 7. 66, 4. — *sirventesc* noch R. IV, 241. Denkm. 88, 29.] Das *sirventes joglaresc* ist ganz gleichbedeutend mit *sirventes;* der Ausdruck ist nicht einmal classisch, da er nur in den Lebensgeschichten vorkommt.

[2] Wenigstens Guillem Figueiras, ironisch, IV, 307 [Gr. 217, 5]:
No-m laissarai per paor,
C'un sirventes non labor
En servizi dels fals clergatz.
[Zusatz:] So auch Peire Cardinal, Lex. rom. I, 455: *De sirventes vuelh servir.* [Ueber die verschiedenen Herleitungen und Erklärungen von *sirventes* vgl. Levy, Guillem Figueira S. 15 ff. Giornale di filol. romanza II, 73 ff.]

[3] Gaucelm Faidit II, 206 [G. 167, 3]:
Ab nou cor et ab novel son
Vuelh un nou sirventes bastir.
Peire Cardinal IV, 349 [Gr. 335, 57]:
Faidit vai t'en chantar lo sirventes.
[*chantal noel sirventes* (Gr. 461, 247).
digatz mel sirventes
en chantans. Raimon Gaucelm (Gr. 401, 8).
ara faray, nom puesc tener,
un sirventes en est son gay
ab bos motz leus per retener,
sitot chantar cum sol nom play.
  Guillem Anelier (Gr. 204, 1).]

[4] *Fadet joglar . . .*
C'ades te do
Sirventes bo. Ms. [Denkm. 94.]

Strophenzahl, als gewöhnlich, heissen halbe, *mieg sirventes*, wie diess bei der Canzone der Fall ist.[1] Folquet von Romans nennt eins seiner Lieder Sirventes-Canzone, und Perdigon gemischte Canzone, weil sich Liebe und Politik in ihren Inhalt theilen, wiewohl überhaupt manche dieser ernsteren Lieder eine verliebte Wendung nehmen.[2] Hatte man ein Sirventes zu beantworten, so that man diess in den Versen und Reimen desselben, von welcher Regel nur selten abgewichen wurde.[3]

Das Klagelied[4], *planh*, trauert um den Tod eines Freundes, eines Helden, oder der Geliebten, zuweilen auch mehrerer Personen. Es bindet sich, wie das Sirventes, an keine Form, doch liebt es den feierlichen Hendecasyllabus, und ist als Singgedicht in Strophen getheilt. Politischen Gegenständen gewidmet, kann es auch Sirventes heissen.[5]

Eine wichtige Stelle nimmt die Tenzone[6] ein, prov. *tensos* d. i. Streit. Ausserdem nannte man sie auch *contencios*, welches dasselbe bedeutet, oder *jocx partitz* d. h.

---

[1] Bertran von Born IV, 176 [Gr. 80, 25]:
  Miez sirventes vuelh far dels reis amdos.
 Dalfinet V, 124 [Gr. 120, 1]:
  Del mieg sirventes ai legor.
Jedes derselben hat drei Strophen und ein Geleit. [Ein drittes Beispiel gewährt Raimon de Tors (410, 3), welcher drei Strophen und drei Geleite hat.]

[2]   *Una chanson sirventes*
   A ma dona trametrai. Ms. [Gr. 156, 14.]

    Vai e cor
    Chans mesclatz.
     '*Contr' amor.*' Ms. [Gr. 370, 5.]

[3] z. B. IV, 3 [Gr. 389, 34].

[4] [später auch *complancha*: Gr. § 25, 19.]

[5] Den Ausdruck *planh* oder *planch* s. III, 169. IV, 76 [Gr. 174, 3. 248, 63. — Vgl. noch MG. 153, 1. MW. 1, 262. *so es us planhs que fes Pos Santhol* R. V, 364. Leys d'amors 1, 346]. In einem Klaglied von Aimeric von Peguilain heisst es, V, 13 [das Gedicht ist nicht von ihm: vgl. Gr. 461, 234]:
  Part totz los monz voill qu'an mon sirventes.

[6] [Vgl. Gr. § 25, 24—31.]

getheiltes Spiel, weil die Streitenden sich in die Fragen theilten, daher auch *partimens* oder *partia* (statt *partida*) Theilung. Insofern sie sich auf Liebe bezog, hiess sie auch *jocs d'amor* oder *jocs enamoratz* Liebesspiel; stritten mehr als zwei Personen, so hiess sie *torneiamens* Turnier.[1] Ueber Inhalt und Einrichtung des Streitgedichtes ist folgendes zu bemerken. In der ersten Strophe legt ein Dichter einem andern, den er mit Namen anführt, zwei Sätze vor, gewöhnlich von widerstreitendem Inhalt, und fodert ihn auf, einen derselben, welchen er wolle, zu vertheidigen. In der zweiten wählt der Gegner und sucht seine Wahl sogleich zu rechtfertigen; für welchen Satz er sich auch entscheiden mag, der Fragende bemüht sich in der dritten Strophe zu zeigen, dass der andre unklug gewählt habe, und so zieht sich der Wortwechsel noch durch einige Strophen. In manchen Fällen bestimmen die Partheien am Schlusse des Gedichtes einen oder mehrere Schiedsrichter, deren Urtheile sie sich zu fügen geloben. Die Form hat das Besondere, dass der Gefragte die von dem Frager angegebenen Reime beibehalten muss, so dass entweder durch das ganze Gedicht oder wenigstens je zwei Strophen dieselben Reime herrschen. Noch muss erwähnt werden, dass auch erdichtete Streitverhandlungen zwischen dem Troubadour und einem nicht menschlichen Wesen, oder eben sowohl blosse Zwiegespräche über Liebe und persönliche Verhältnisse, ohne aufgestellte Streitfrage, unter der Tenzone begriffen werden.

Das Schäferlied, *pastoreta* oder *pastorella*[2], stellt ein Gespräch dar zwischen dem Dichter und einem Schäfer oder einer Schäferin, mit einer kurzen Einleitung begleitet. Es erscheint erst bei den Spätern, und bei diesen sehr häufig.[3]

---

[1] Diese verschiedenen Ausdrücke kommen vor IV, 13 [Gr. 16, 16]. 32 [449, 1]. 25 [97, 4]. II, 198 [225, 14]. V, 116 [183, 2]. II, 199 [432, 2]. [Ueber den Unterschied der Benennungen *tensos* und *partimens* s. Leys d'amors 1, 344.]

[2] [Vgl. Gr. § 26, 17—25.]

[3] [Zusatz, Leben und Werke S. 613:] Da schon Cercamon, Marcabruns Lehrer, Schäferlieder dichtete (V, 112), so ist diese Gattung sehr alt.

Seine Form betreffend, so liebt es lange Strophen mit kurzen Versen. Wird eine Kuhhirtin redend eingeführt, so führt das Gedicht den besondern Namen Kuhhirtenlied, *vaqueyra*.[1]

115 Das Taglied, *alba* d. i. Morgenroth[2] feiert das Glück zweier Liebenden, indem es den Tagesanbruch verwünscht; in dem Abendlied, *serena* (von *ser* Abend) sehnt sich der Liebende nach der Ankunft des Abends. Beide Gattungen entbehren selten des Refräns, welcher dort das Wort *alba* und hier das Wort *ser* zu enthalten pflegt. Das Tagelied kann auch religiöse Gegenstände umfassen[3]; es kommt häufiger vor, als das Abendlied, und stammt aus der besten Zeit der Poesie.[4]

Ein Lied, dessen Strophen in Versart und Verszahl nicht übereinstimmen, nennen die Troubadours Descort d. i. Zwiespalt.[5] Descorts[6], ohne eine strophenartige Abtheilung, giebt es nicht; es lässt sich auch an denen, welche die Handschriften und ihnen gemäss die Drucke ohne Absatz darstellen, eine Scheidung in mehrere durch den Reim

---

[1] Die Form *pastoreta* s. V, 112 [MBiogr.² 81]; *pastorella* V, 171 [MW. 4, 1]. Beispiele s. III, 165. 381 [Gr. 174, 6. 194, 13]. V, 179. 198. 241 [Gr. 194, 15. 270, 1]. PO. 43 [Gr. 174, 4]. 127 [242, 44]. 175 [293, 30]. 260. 262 [194, 14. 13]. 329—344 [248, 49. 51. 32. 50. 22. 15]. 344. 349 [266, 7. 5]. Daselbst 351 [Gr. 266, 9] steht auch eine *raqueira* von Joan Esteve. [Andere Abarten s. Gr. § 26, 28—30.]

[2] Das Wort s. III, 342 [Gr. 449, 3. — Andere Belege MBiogr. 46. R. IV, 476]. Beispiele von Albas s. III, 251 [106, 14]. 313 [242, 64]. 461 [248, 3]. V, 68 [409, 2]. 74 [76, 23]. Eine *serena* steht III, 466 [248, 4].

[3] IV, 399 [Gr. 155, 26]. 373 [206, 1].

[4] [Vgl. Gr. § 26, 11—14 und meine dort erwähnte Abhandlung, jetzt wieder gedruckt in meinen Gesammelten Vorträgen und Aufsätzen, Freiburg 1883, S. 250—317. — Die älteste Alba (lateinisch-provenzalisch) in einer römischen Handschrift: Zeitschrift für deutsche Philologie 12, 333—341; vgl. dazu Laistner in Germania 26, 415 ff.]

[5] [Zusatz:] Cantilena habes sonos diversos. Gloss. prov. Ms. s. Lex. rom. II, 484.

[6] [ursprünglich: Descorts, gleich den deutschen Leichen.]

bestimmte Massen bemerken, die man als Strophen betrachten kann.[1] Nach allen Proben zu schliessen, musste der Inhalt mit der Form übereinkommen; diese Gattung eignete sich daher zum Ausdruck unerwiederter Liebe, und Guiraut von Salignac erklärt, er würde kein Descort dichten, wenn seine Freundin ihm hold wäre.[2] Es giebt ein Gedicht in 116 dieser Form von einem Ungenannten, der es, um etwas Neues aufzubieten, Acort d. h. Einklang nennt, indem er erklärt, dass, da er mit Liebe in Einklang stehe, der Ausdruck Descort zu seiner Lage nicht passe.[3] Seltsam hat Rambaut von Vaqueiras, ausser in dem Vers und in der Weise, auch in der Sprache den Zwiespalt dargestellt, indem er provenzalisch anhebt, und sofort in jeder der vier folgenden Strophen eine besondere Volksmundart eintreten lässt.[4] Nach den Handschriften hat Garin von Apchier

---

[1] Beispiele dieser Art Descorts stehen III, 133 [Gr. 205, 3] und 396 [249, 4]. Ersteres zerfällt in drei Strophen: 1) Vers 1—8. 2) V. 9—24. 3) V. 25—33; das zweite in fünf: 1) Vers 1—12. 2) 13—20. 3) 21—28. 4) 29—40. 5) 41—52. Ein drittes handschriftliches von 94 zum Theil einsylbigen Versen wird der Anhang liefern, um ein Beispiel der überkünstlichen Poesie zu geben.

[2]
E ja no feira descort,
  S'ieu acort
  E bon' acordansa
Trobes ab lieys, qu'am plus fort. III, 396 [Gr. 249, 4].

[3]
Pos am fin'amor m'acort,
  Que am fort
  Plazent domna gaia,
Ben dei far plazent acort,
  Que descort
Non tanh qu'ieu retraia. PO. 388 [Gr. 392, 4].

[4] Dieses häufig auch in deutschen Schriften abgedruckte Gedicht ist nicht einmal für den Sprachforscher von Werth, da es ältere und reinere Denkmäler der darin aufgeführten Mundarten giebt. Uebrigens ist es nicht leicht zu erkennen, welche Sprachen der Dichter gemeint hat; Crescimbeni, der sie zu bezeichnen suchte, mag nicht überall Recht haben: so ist die dritte Strophe offenbar nicht rein französisch, die fünfte ist schlecht castilianisch; der letzte Vers derselben
  Mais que falhir non cuideyo
muss gelesen werden:
  Mais que fallir non cuide yo.

diese Form zuerst angegeben, doch ist sie nicht häufig nachgebildet worden.[1]

117 Noch sind einige seltnere, meist der späteren Zeit angehörige, Formen zu erwähnen.

Breu doble heisst eine Liederform, die bei Guiraut Riquier vorkommt[2]; sie besteht aus drei fünfzeiligen Strophen; die Bedeutung des Namens ist dunkel, und lässt sich um so weniger ausmachen, als es an Beispielen mangelt.

Von der Retroensa lässt sich nichts anders sagen, als dass sie mit einigen andern Formen den Refrän gemein hat, woher vielleicht auch ihr Name gekommen.[3]

Die Ballade, *balada,* und das Tanzlied, *dansa,* waren, wie es scheint, bestimmt, die Tänze zu begleiten. Es sind flüchtige, mitunter leichtfertige Lieder, bei welchen mehr die Melodie, als der Inhalt in Betracht kommt. Sie haben keine stehende Form, doch nehmen sie im Ganzen den Refrän, der bei der Ballade zuweilen mehrmals in jeder Strophe wiederhohlt die Bestimmung des Gedichtes durchfühlen lässt.[4]

Die Runde, *canson redonda*[5], hat das Eigenthümliche, dass der letzte Vers jeder Strophe zu Anfang des folgenden wiederhohlt wird; verkettet *(encadenada)* ist sie, wenn die Reime der ersten Strophe in der folgenden sich von unten herauf entwickeln, so dass der erste Reim der ersten Strophe

---

[1] [Von einzelnen Dichtern wird besonders hervorgehoben, dass sie Descorts gedichtet: MBiogr. 55. 77. 78. 87.]

[2] II, 233 [Gr. 248, 9. — Vgl. Gr. § 28, 10].

[3] Den Namen *retroensa* und *retroencha* s. V, 40 [Gr. 254, 1]. 171 [MW. 4, 1]; Beispiele II, 238 [Gr. 248, 65]. PO. 347 [266, 11]. Nach Raynouard müssen die Strophen ungleiche Reime haben, allein es kommt zu der von ihm selbst angeführten Ausnahme noch eine zweite im PO. a. a. O., wo sich die Reime durch alle Strophen entsprechen, so dass die Regel nicht haltbar ist.

[4] Beispiele II, 242. 244 [Gr. 461, 69. 198]. V, 41 [Gr. 254, 1], wo auch die Namen *balada* und *dansa* vorkommen. [Zusatz:] Die Leys d'amors suchen zu unterscheiden: *bals es divers de dansa . . . bals a X coplas o mays,* s. Lex. rom. s. v. *bals.* [Auch der Name *dans* begegnet: vgl. Gr. § 26, Anm. 4. *balaresc* Denkm. 88, 30.]

[5] [Vgl. Gr. § 28, 7—9.]

mit dem letzten der zweiten zusammentrifft, woher der Name dieser Form gekommen seyn mag.[1]

Die Gestalt der Sextine, einer bizarren Erfindung wahrscheinlich Arnaut Daniel's, ist aus den Italiänern bekannt; hier tritt der geringe Unterschied ein, dass jede Strophe mit einem kürzern Vers anhebt.[2] Ein Mittelding zwischen Sextine und Runde hat Guillem Peire von Cazals geliefert; die Strophen sind sechszeilig; die Reime der ersten Strophe wiederhohlt die zweite in aufsteigender Ordnung, u. s. f. alle folgenden.[3]

Das Sonett war den Troubadours nicht bekannt. Das älteste Beispiel in provenzalischer Sprache hat einen Italiäner, Dante da Majano, zum Verfasser.[4]

Ausserdem giebt es mehrere Benennungen, die sich blos auf den Inhalt beziehen und selten gebraucht werden.

---

[1] Ein Gedicht dieser Art von Guiraut Riquier [Gr. 248, 85] ist in der Handschrift 7226 Blatt 300 mit einem Vorwort begleitet: *Canson redonda et encadenada de motz e de son*. Die Reimordnung darin ist folgende:

1te Str.	*clamans*	2te Str.	*jauzens*
	estraire		*cossire*
	dans		*valens*
	camjaire		*suspire*
	chans		*mens*
	sabens		*afans*
	contradire		*aire*
	vens		*enans*
	dezire		*gaire*
	jauzens.		*lans.*

[2] II, 222 [Gr. 29, 14]. V, 58 [74, 4]. 210 [233, 2].

[3] S. PO. 237 [Gr. 227, 3]. Einrichtung:

1. *astruc*	2. *aluc*	3. *astruc*
vol	*col*	*vol*
amistat	*grat*	*amistat*
grat	*amistat*	*grat*
col	*vol*	*col*
aluc.	*astruc.*	*aluc* u. s. f.

[4] Abgedruckt Lex. rom. I, 504. [Dieser Absatz und die Anmerk. handschriftlicher Zusatz. — Vgl. Gr. § 28, 4.]

119   Ein Minnelied, worin man sich vor der Geliebten rechtfertigt, heisst Entschuldigung, *escondigz* [1]; ein solches, worin man ihr entsagt, Abschied, *comjatz* [2]; ein Gedicht aus Wortspielen bestehend, die einen steten Widerspruch darbieten, Räthsel, *devinalhs* [3]; das Turnierlied, *torneys, garlambeys*, war zur Feier der Turniere bestimmt; das Carussel, *carros*, schildert die Dame des Herzens, von andern Frauen in einer Feste bestürmt und siegend [4]; das moralische Gedicht, namentlich die Fabel, heisst Sermon, *sermos;* der Aufruf zu einer kriegerischen Unternehmung Predigt, *prezicansa.* [5]

Zuweilen wurden dunkle Gedichte glossirt; eine solche Auslegung, *expositios,* war gleichfalls in Versen. So hat Guiraut Riquier eine schwere Canzone Guirauts von Calanson erläutert. [6] Merkwürdiger ist ein Gedicht, in welchem jedesmal nach dem sechsten Verse ein Stück Prosa eingeflochten ist. Rambaut von Orange rühmt sich den Erfinder dieser Gattung, worin er glücklicherweise keine Nachfolger gefunden hat; sie empfing in der Taufe, wie er selbst sagt, den Namen Namenlos. [7]

Die occitanische Sprache, welche ohne Zweifel reich war an Romanen, besass dennoch keine bestimmte Benennung für diese Gattung. *Romans* bedeutete jedes grössere nicht in Strophen getheilte poetische Werk, mit Ausschluss,
120 wie es scheint, des Briefes und der Novelle. So hiess

---

[1] [Gr. § 28, 14.]

[2] [Gr. § 28, 12—13.]

[3] [Gr. § 28, 15.]

[4] [Gr. § 28, 16—17.]

[5] Beispiele. *Escondigz* III, 142 [Gr. 80, 15]; *comjatz* III, 154 [Gr. 155, 21]. 242 [326, 1]. 245 [276, 1]; *devinalhs* Ms. 7226 Bl. 384 [Gr. 461, 226]; *garlambeys* von R. von Vaqueiras Ms. 2701 [Gr. 293, 14]; *carros* III, 260 [Gr. 293, 32]; *sermos* V, 306 [Gr. 335, 42]. PO. 321 [Gr. § 32, 3]; *prezicansa* V, 150 [MW. 1, 316. — Andere auf den Inhalt bezügliche Gattungsnamen s. Gr. § 28, 23—24.]

[6] Ueberschrift: *So es la expositio de la canso del menre ters d'amor, que fes en Gr. de Calanso, la qual expositio fes En Gr. Riquier de Narbona.* Ms. [MW. 4, 215.]

[7] II, 248 [Gr. 389, 28].

allerdings auch der Roman [1], allein Folquet von Lunel giebt einem Gedicht von etwa 500 Versen, das gegen die Missbräuche der Welt gerichtet ist, Raimon Feraut seiner Legende vom heil. Honorat, so wie Daude von Prades seiner Anweisung Vögel abzurichten, denselben Namen. [2] Für Erzählung ist *novas* (Novelle) üblich, doch erstreckt sich dieser Kunstausdruck auch auf moralische oder Lehrgedichte. [3] Eben so heisst *comtes* (Erzählung) sowohl erzählendes wie unterweisendes Gedicht [4]; für letztere Gattung findet sich noch der Ausdruck *ensenhamens*, d. i. Belehrung. [5] Der allgemeine Ausdruck für Sendschreiben ist *breus* oder *letras;* hebt es mit einem Gruss an, so heisst es *salutz;* *donaire* dagegen, wenn es mit dem Wort *dona* anhebt und schliesst. [6]

---

[1] Im Romane Jaufre heisst es am Schluss:
   Que, si'l platz, el deing perdonar
   A cel qu'el romantz comenset. Ms. [Lex. rom. 1, 173.]

[2] Folquet von Lunel endigt sein Werk mit folgenden Worten:
   En l'encarnassio fon fatz
   De M. CC. LXXX
   E catr' el romans e retratz. Ms. 2701. [Gr. § 32, 15.]
R. Feraut sagt am Schluss:
   Mais ben vuelh, que sapchan las gens,
   Que l'an de dieu mil e tres cens
   Compli lo prior son romans. II, 284.
Daude von Prades schliesst:
   Segon so c'avia promes
   Mos romans del tot complitz es. V, 136 [Chrest.[4] 182, 15 f.].

[3] Ramon Vidal fängt eine ächte Novelle so an, III, 398 [Gr. § 19, 1]:
   Unas novas vos vuelh contar.
Ein moralisches Gedicht von G. Riquier (Anf. *Si-m fos saber grazitz* [= MW. 4, 131]) ist Handschrift 2701 *novas* überschrieben; so auch ein religiöses Lehrgedicht von Izarn: *Aiso son las novas del heretje.* Ms. 2701 [Gr. § 16, 12]. Das Wort ist pl. num. und bedeutet Neuigkeit.

[4] Der Roman Jaufre nennt sich selbst zu Anfang ein *comte,* 7988 [Lex. rom. 1, 48]. Arnaut's von Marsan unterweisendes Gedicht fängt an, II, 262 [Gr. § 33, 10]:
   Qui comte vol aprendre.

[5] Handschr. 2701: *Ensenhamen d'En Ar. de Marsan.*

[6] *Breu* s. III, 199 [Chrest.[4] 94, 27]; *letras* Handschr. 2701 [MW. 4, 100]: *Aiso so letras, que trames Gr. Riquier a'N Amalric* etc.

Es finden sich noch einige Ausdrücke, welche gewisse poetische Gattungen zu bezeichnen scheinen; allein diese werden hier übergangen, theils weil sie sich als Kunstausdrücke nicht rechtfertigen lassen, theils weil ihre Bedeutung im Dunkeln liegt.[1]

Pistola, Epistel ist ungewöhnlich, doch kommt es vor Handschr. 7227: *Ayso es la pistola que trames fraires Matfres etc.* [Denkm. 81 Dazu Peire Cardinal, MG. 972, 4. Arnaut Daniel, MG. 418.] *Salutz* s. V, 343 [Denkm. 146, 1.] Ueber *donaire* ist mir keine Originalstelle bekannt. S. II, 258. [Vgl. Gr. § 29, 1—5.]

[1] [Ueber *estribot* vgl. Gr. § 82, 6—8; *esdemessa* § 28, 11; *estampida* § 28, 18—20; *redondel* § 28, 21; *mandelas* § 28, 22.]

Dritter Abschnitt.

Inhalt.

Einige mit Beispielen belegte Bemerkungen über den Inhalt der provenzalischen Liederpoesie werden in Verbindung mit dem, was in den früheren Abschnitten über ihre Form, so wie über die Verhältnisse der Dichter ausgeführt worden, dazu dienen, eine deutliche Ansicht dieser Litteratur vorzubereiten. Es folgen daher zunächst einige Bemerkungen über den Charakter derselben, von Seiten des Inhalts betrachtet, an welche sich eine Auseinandersetzung der wichtigsten poetischen Gegenstände schliessen wird. Da es hier darauf ankommt, das poetische Verdienst ins Licht zu setzen, so sollen die ausgewählten Beispiele in ihrer eigenthümlichen metrischen Form gegeben werden.

Allgemeine Bemerkungen.

Vergleicht man eine Reihe von Gedichten verschiedener Verfasser, so wird man sogleich die Wahrnehmung machen, dass sie sämmtlich einen und denselben poetischen Charakter offenbaren. Man könnte sich diese ganze Litteratur als das Werk eines Dichters denken, nur in verschiedenen Stimmungen hervorgebracht. Es versteht sich, dass ausgezeichnete Individualitäten sich auch hier in dem Allgemeinen geltend machen: denn wer sollte nicht auf den ersten Blick die naive Innigkeit Bernart's von Ventadour von der frostigen Ziererei Arnaut Daniel's, oder diese von der gesuchten Wunderlichkeit eines Marcabrun unterscheiden können? Allein gleichwohl ist es derselbe Geist, der ihre Dichtungen, so wie diese ganze Litteratur, durchdringt: es sind überall dieselben poetischen Gesichtspunkte, unter denen der Dichter seinen Gegenstand betrachtet; und nur, wer von dem allgemeinen Standpunkte aus die Sache in das geistreichste Licht zu setzen versteht, dem gebührt der Name eines bessern poetischen Talentes. Es fehlt nicht an Geistern, die den Keim zu einer höhern Eigenthümlichkeit in sich tragen, der sich unter andern Umständen frei entfaltet haben würde; allein jene Zeit gewöhnte ihre Menschen an eine gemeinsame Art des Denkens und Empfindens, und so kam gar manches geistige Vermögen nicht zur völligen Reife. Einfachheit des Gedankens ist aber der hervorstechendste Charakterzug der Poesie der Troubadours, so wie sich denn überhaupt der ganze Zeitraum, worin sie blühten, an gewisse allgemeine Ansichten hielt, ohne von den mannichfachen, zum Theil sich durchkreuzenden Ideen und Richtungen einer späteren Periode eine Ahndung zu haben.

Zum treffenden Beispiele möge hier die Naturbeschreibung dienen: das Grün der Wiesen und Bäume, der Duft der Blumen, die Klarheit der Sonne, der Gesang der Vögel machen die einzigen Stoffe derselben aus, und nicht einmal werden diese zu einem kleinen anschaulichen Gemälde verwendet, sondern bunt aufeinander gehäuft, und eigentlich nur eben erwähnt. Bernart von Ventadour ist in dieser Hinsicht noch am reichsten, und doch kann er nicht umhin, sich in einer kleinen Reihe von Versen zu wiederhohlen; z. B.

> Wann der Blätter Grün entquillt,
> Blüthen aus den Zweigen dringen,
> Wann die Vöglein lieblich singen;
> Fühl' ich mich von Wonn' erfüllt;
> Stehn die Bäume schön im Flor,
> Tönt der Sang der Nachtigallen,
> Muss ein Herz vor Freude wallen,
> Das sich edle Lieb' erkor.[1]

---

[1] *Quan la vertz fuoilla s'espan,*
E par flors blanqu'el ramel
Per lo dolz chan del auzel
Si va mos cors alegran,

Der Anfang eines andern ihm zugeschriebenen Liedes lautet: [1]

> Im Mond April, wann grün sich schmückt
> Der Anger und die Gärten blühn,
> Und frisch und klar die Wasser ziehn,
> Und alle Vöglein sind beglückt;
> Düfte, die aus Blüthen dringen,
> Und des Vögleins süsses Singen
> Das ist's, was dann mich neu entzückt.

Man könnte einwenden, die Naturbeschreibung müsse den Bewohnern jener südlichen Länder an und für sich ferne liegen, da die Heiterkeit der Natur als eine gewöhnliche dem Wechsel weniger unterworfene Erscheinung ihren Reiz 125 auf die Gemüther der Menschen verliere, wogegen sie im Norden wegen ihrer Flüchtigkeit und ihres Unbestandes tiefere Eindrücke hervor bringe. Diess ist nicht ohne Wahrheit, denn unsern deutschen Minnesängern gelang die Naturschilderung schon besser; allein auch bei jenen südlichen Dichtern ist es unverkennbar, dass sie die Natur fühlen und darstellen wollen, nur fehlt es ihnen an Studium und Beobachtung, während die neueren Dichter ihre Gesichtspunkte auf mannichfache Weise, z. B. mit Hülfe der Landschaftsmalerei, verfeinert haben.

Bewegte sich nun die romantische Poesie in einem weit engeren Ideenkreis als die neuere, so bemühte sie sich dagegen, jene bekannten zum Gemeingut gewordenen Gedanken auf eine stets neue Weise wiederzugeben, und dergestalt gesellte sich, um den Charakter der Kunstpoesie zu vollenden, zu jener Einfachheit der Ideen eine Zierlichkeit der Einkleidung, eine Gewandtheit des Ausdruckes, die den unbefangenen Beobachter überrascht, und ihn in den Stand setzt, ganze Bände dieser Gedichte ohne Ermüdung durch-

---

> *Lanquant vei los arbres florir,*
> *Et aug lo rosignol chantar*
> *Adonc se deu ben alegrar*
> *Qui bon' amor saup chausir.* Ms. 7225. [Gr. 70, 38.]

Das Metrum ist in diesen Zeilen ziemlich entstellt.

[1] III, 82 [Gr. 331, 1].

zulesen. In diesem Stück sind die Troubadours Meister, und diess ist eine andre glänzende Seite ihrer Poesie, die man daher im Ganzen betrachtet eher eine Poesie des Verstandes, als des Gefühles nennen möchte; wenigstens stellt sie sich dem Volksgesange gegenüber als eine solche dar. Dieser ist reiner Naturausdruck, und Einfachheit gleichfalls sein Charakter, allein seine Wirkung ist grösser, weil er das Empfundene dem Gefühle unmittelbar andeutet, während die Kunstpoesie ihren Gegenstand in weiten Kreisen umgaukelt, und die Aufmerksamkeit mehr für sich selbst als für jenen in Anspruch nimmt. Es fehlt den Kunstliedern 126 daher gewöhnlich an einem Mittelpunkt; der Dichter verschwendet bedeutende geistige Kräfte ohne ein Ganzes zu schaffen, und so bringen seine Werke einen geringeren Eindruck hervor, indem sie nur beschäftigen, so lange man sie liest, um alsdann mit all' ihren schönen Farben wie Seifenblasen vor der Betrachtung zu zerspringen. Es ist hier nur von dem Gesammteindruck die Rede, welchen diese Poesie hervorbringt; denn es finden sich einzelne Lieder von vollkommnem Kunstwerth; ferner ist nicht zu vergessen, dass die Musik, die einen wesentlichen Theil der Dichtkunst ausmachte, und ohne welche diese kaum gedacht werden konnte [1], gleichfalls in Betracht zu ziehen ist; sicher konnte sie die Wirkung auch eines nachlässigeren Liedes erhöhen, indem sie ihm Charakter verlieh, und auch sie war gewöhnlich das Werk des Dichters; endlich ist, was kaum erinnert werden darf, die Fruchtbarkeit der Dichter zu erwägen, um so manche flüchtigere Composition der besseren unter ihnen zu würdigen.

Wenn aber auch die Poesie der Troubadours nur einen sehr bedingten Kunstwerth besitzt, so muss man ihr dagegen von Seiten ihrer Ursprünglichkeit einen um so bedeutenderen Werth zugestehen. Die Kenntniss der römischen Poesie — denn von der griechischen darf keine Rede seyn — befand sich im zwölften und dreizehnten Jahrhundert immer nur

---

[1] [Vgl. Bertran Carbonels Strophe *Cobla ses so es enaissi* (Gr. 82, 33). Roisin.]

in dem Besitz weniger Auserlesenen. Zwar wurde in den Klosterschulen etwas Latein gelehrt, allein diess war zuvörderst für die Bildung des geistlichen Standes berechnet, und zum Verständniss der schwierigeren Dichter gewiss nicht hinreichend. Ein gründlicheres Studium, welches damals einen grossen Aufwand von Fleiss erfoderte, vertrug sich aber nicht einmal mit der Lebensweise fahrender Dichter, und so lässt sich diesen schon von vornherein die Kenntniss der lateinischen Dichter absprechen; ihre Werke bestätigen diess auf das vollkommenste, und wenn auch in ihnen wirklich etwas von dem Golde der classischen Litteratur durchschimmert, so zeigt sich auch diess wenige nur unter romantischem Gepräge. Die ganze Gelehrsamkeit der Dichter in diesem Fache beschränkt sich auf die flüchtige Kenntniss einiger Werke Ovid's, vornehmlich der Verwandlungen und der Schriften über die Liebe; nicht allein sind ihnen mehrere der Fabeln nach dem ersteren Werke bekannt, sondern sie beziehen sich auch zuweilen auf des Dichters Urtheil in Liebessachen, oder bringen gewisse Sprüche von ihm zum Vorschein, ohne ihn jedesmal anzuführen.[1] Dieser spruch-

---

[1] Beispiele von angeführten Aussprüchen:

1) Arnaut von Marueil:

Mas Ovidis retrais,
Qu'entr' els corals amadors
Non paratge i a ricors.
  'Mout eran doutz.' Ms. [Gr. 30, 19.]

2) Richart von Barbezieux, III, 456 [Gr. 421, 10]:

Qu' Ovidis ditz en un libre e no i men,
Que per sufrir a hom d'amor son grat.

3) Bertran Carbonel, V, 99 [Gr. 82, 6]:

. . . . . . qui-m des Monpeslier,
Non parlera, qu'ieu truep en l'escriptura,
Qu' Ovidis dis, qu'ieu feira desmezura.

[4] Azalais de Porcaraigues (Gr. 34, 1):

Que Ovidy o retrai,
Qu' amors per ricor non vai.

Vgl. Albrecht von Halberstadt ed. Bartsch S. XV f.

128 reiche im Mittelalter hochverehrte Dichter muss sehr frühe, etwa um die Mitte des zwölften Jahrhunderts, in die Landessprache übersetzt worden seyn, wiewohl sich keine Nach-

---

5) Flamenca v. 6276 ff.:
>*Aissi con Ovidis retrai,*
>*Tems sera que sel c'aras fai*
>*Parer de son amic nol quilla*
>*Jaira sola e freja e veilla etc.*

6) Ebenda v. 7548 ff.:
>*E per so plus en tal art val*
>*Una domna que mil baron;*
>*So dis Oridis qu'en saup pron.*

Vgl. auch Peire von Corbiac im Tesaur, prov. Leseb. 150, 18.]

Beispiele von nachgeahmten Stellen:

1) *Quid magis est durum saxo, quid mollius unda?*
   Dura tamen molli saxa cavantur aqua. Ars. am. I, 475.

Bernart von Ventadour, III, 81 [Gr. 70, 16]:
>*Qu'ieu ai ben trobat legen,*
>*Qu'el gota d'aigua, que chai,*
>*Fer en un loc tan soven,*
>*Que trauca la peira dura.*

2) *Fortior est, qui se, quam qui fortissima vincit*
   Moenia nec virtus altius ire potest. Trist. IV, 6.

Peire Cardinal III, 439 [Gr. 335, 7]:
>*E qui vens son coratge*
>*De las deslials voluntatz . . .*
>*D'aquel vencer es plus honratz,*
>*Que si vencia cent ciutatz.*

3) *Hanc tuus e Getico mittit tibi Naso salutem,*
   Mittere rem si quis, qua caret ipse, potest. Trist. 5, 13, 1.

Bernart von Ventadour, III, 74 [Gr. 70, 12]:
>*En Provenza tramet joy e salutz . . .*
>*Car ieu li man aiso don non i gaire.*

[4] *Sic, ne perdiderit, non cessat perdere lusor,*
    Et revocat cupidas alea saepe manus.

Aimeric von Pegulhan (Gr. 10, 12):
>*Atressim pren cum fai al jogador*
>*qu'al comensar joga maistramen*
>*a petitz jocs, pois s'escalfa perden*
>*quel fai montar, tro qu'es en la folor.]*

richt darüber findet; für Nordfrankreich kann diess nicht bezweifelt werden, da Chrestien von Troyes, der eben um jene Zeit lebte, sich selbst als Bearbeiter mehrerer Ovidischen Schriften nennt. Nächst Ovid ist es Cato, welcher den Troubadours näher bekannt war; Virgil glänzt mehr in dem Lichte zauberhafter Weisheit, als Poesie. Die übrigen Dichter kannten sie kaum dem Namen nach[1], und wenn auch einzelne spätere Troubadours etwas gelehrter seyn mochten, so macht diess im Ganzen keinen Unterschied.

Unter diesen Umständen lässt sich der römischen Poesie nicht der geringste Einfluss auf die Entstehung, Entwicklung und Ausbildung der provenzalischen zuschreiben; vielmehr fällt bei dieser Betrachtung die Unabhängigkeit der letzteren erst recht in die Augen. Mit dem, was sie von der alten Litteratur kannten, verfuhren die Dichter auf eine Weise, die ihnen nicht zum Vorwurf gerechnet werden darf, welche vielmehr ihr gesundes Gefühl beurkundet. Sie benutzten mancherlei Stoffe, welche die classische Poesie ihnen darbot, ohne dass es ihnen einfiel, den Geist und Styl derselben sich aneignen zu wollen, und vermieden also jene falsche Richtung, die der späteren Poesie so schädlich geworden ist, wiewohl man eine sinnvolle Verjüngung auch hier von einer buchstäblichen Nachahmung unterscheiden muss. Ziehen wir einen einzigen wichtigen Punkt in Betracht, das Gleichniss. Die modernen Dichterwerke, besonders der südlichen Völker, sind überfüllt mit jenen den Classikern entlehnten oder in ihrem Style abgefassten Gleichnissen, die stets hinter dem Originale zurückbleiben, weil sie etwas Mühsames verrathen; bei den Troubadours dagegen entspringen sie aus eigner Wahrnehmung, wie von selbst; sie sind einfach und schmucklos, wahr und bezeichnend, und verfehlen desshalb nie ihren Zweck.

Eine kleine Reihe von Beispielen mag zeigen, ob dieses Urtheil richtig ist. Guillem von Cabestaing sagt:[2]

---

[1] [Zusatz:] Bekanntschaft mit Plautus: III, 248.
[2] III, 111 [Gr. 213, 1].

> Wie einer, der das Blatt verschmäht,
> Und sich der Blumen schönste pflückt,
> So ward auch ich in reichem Beet
> Nur von der Herrlichsten entzückt.

Peire Raimon von Toulouse: [1]

> Wie um andern Licht zu spenden
> Sich die Kerze selbst verzehrt,
> So hat sich's an mir bewährt,
> Denn ich sing' in meinen Nöthen
> Andern Leuten nur zur Lust.

Derselbe: [2]

> So wie das Kind, das frühe ward erzogen
> An edlem Hof und selbst vom Herrn geehrt,
> Wann es erwachsen, bessern Herrn begehrt,
> Doch, da es keinen trifft, sich sieht betrogen,
> Und heim will kehren, und es nimmer wagt:
> So ich auch, welcher thöricht ihr entsagt.

130 Folquet von Marseille: [3]

> Verliebte Thoren fesselt und entzückt
> Ihr Antlitz, das uns schaun lässt falsche Liebe,
> Wie sich der Schmetterling in thör'gem Triebe
> Am Feuer sengt, von seinem Glanz berückt.

Pons von Capdueil: [4]

> So wie die Gier des Wuchrers stets sich mehrt,
> Je mehr er Gold und Silber an sich rafft,
> So wächst für sie auch meine Leidenschaft,
> Je mehr ich and're seh', das ist sie werth.

Arnaut von Marueil: [5]

> So wie der Fisch im Wasser führt sein Leben,
> Führ' ich's in Liebe nun und immerdar.

Cadenet: [6]

> Wie Klarheit uns vor jedem andern Licht
> Die Sonne bringt, sag' ich mit Zuversicht,
> Auch sie ist Klarheit und verbreitet Helle.

---

[1] III, 127 [Gr. 355, 5].
[2] V, 326 [Gr. 355, 17].
[3] III, 153 [Gr. 155, 21].
[4] III, 177 [Gr. 375, 3].
[5] III, 207 [Gr. 30, 22].
[6] III, 250 [Gr. 106, 1].

Peyrol:[1]
    Wenn mich Tag und Nacht verzehrt
    Meiner Liebe Feuer,
    Werd' ich ihr nur immer treuer,
    Wie sich Gold in Flammen klärt.

Gaucelm Faidit:
    Ich hoff' auf Glück, und es entrinnt,
    Wie einer, der verworren spielt,
    Und immer spielt und nie gewinnt,
    Und Durst und Hunger nicht mehr fühlt.[2]

Guiraut von Borneil:[3]
    Nicht ändern kann ich, dass sich regt
    Die Zunge bei der Zähne Weh,
    Und sich im Lenz das Herz bewegt,
    Wenn ich die Zweiglein blühen seh'
      Und höre süsse Stimmen
    Verliebter Vögel in dem Hain.

Peire Vidal:[4]
    So wie der Arme, der in grossem Schmerz
    Am Thor des Schlosses daliegt ohne Laut,
    Weil er den Herrn zu reizen nicht getraut,
    Verrath' auch ich nicht mein beklemmtes Herz.

Folquet von Romans:[5]
    Also wie des Sternes Flimmer
    Schiffe leitet auf dem Meere,
    Führt und leitet den die Ehre,
    Der sich mild und edel zeigt.

Aimeric:[6]
    So wie das Meer die Wasser all' empfängt,
    So eignet Sie sich alle Ehren an.

---

[1] III, 276 [Gr. 366, 9].

[2]   *Mas eu o pert si'l ben esper,*
   Com sel qu'al jogar si confon,
   Que joga e non po (sic) joc aver
   E non sen fam ni set ni son.
        'S'om pogues partir.' Ms. [Gr. 167, 56.]

[3] III, 310 [Gr. 242, 51].
[4] III, 319 [Gr. 364, 36].
[5] V, 152 [Gr. 156, 1].
[6] V, 8 [Gr. 9, 11].

Die Dichter der Alten hatten den unschätzbaren Vortheil, dass ihnen die Mythologie Gleichnisse, Metaphern und Anspielungen aller Art darbot, wodurch sie ihre Darstellungen auf eine poetische Weise erläutern, ja ein ganzes Verhältniss mit wenig Worten andeuten, und so mit geringen Mitteln grosse Wirkungen hervorbringen konnten. Die Modernen, die sich dieses Vortheils bemächtigen wollten, gingen auch hier in die Schule der Alten, und suchten sich diese Stoffe anzueignen, und so geschah es, dass man die alte Fabellehre im Grossen und Ganzen, wie im Kleinen und Einzelnen in der neueren Poesie, auf mannichfache Weise verwendet, wieder erkannte. Diess gab ihr ein gelehrtes Ansehn, und man konnte sich nun auch rühmen, Dichter zu besitzen, welche so gut wie die Classiker ihre Schwierigkeiten hatten; ob aber die Dichtkunst auf diese Weise dem Nationalgefühl näher gebracht wurde, schien man nicht zu fragen. Als Beispiel möge Camoens nur angedeutet werden. Die Dichter des Mittelalters waren in dieser Hinsicht glücklicher; sie befanden sich in dem Besitz eines bedeutenden Schatzes von Sagen und Fictionen, wovon sie denselben ästhetischen Gebrauch zu machen wussten, wie die Alten von ihrer Mythologie. Diese Dichtungen, die sich in mehrere Fabelkreise theilten, waren aus dem Geiste der Zeit hervorgegangen, allverbreitet und allverständlich, also ächt national, ausserdem wegen ihres mythischen Charakters zu Anspielungen und Gleichnissen vollkommen geeignet. Auch die antike Fabel und Heldensage wurde zu diesem Zwecke benutzt, allein gewöhnlich nach einer dem Gefühl der Zeit gemässen Umgestaltung, die sich an die nationalen Dichtungskreise anschloss; nur die eigentliche Götterlehre ward als ein lästerlicher Aberglaube vermieden.

Gewisse Gleichnisse aus den neuen oder erneuten Fabelgeschichten waren ständig, man bediente sich ihrer bequemer Weise als eines Gemeingutes; so sagte man: tapfer wie Roland und Olivier, freigebig wie Alexander, Karl und Artus, weise wie Cato, höflich wie Ivan, treu im Lieben wie Tristan und Isolt oder wie Floris und Blancaflor, unglücklich verliebt wie Andrieus, gewandt wie Rainart; meistens aber

waren sie ausführlicher, wie einige Beispiele bezeugen mögen. 133
Bernart von Ventadour sagt[1] in Bezug auf Ovid. Met. XII
und remed. amor. I, 47:

> Nie dacht' ich, dass mich der Genuss
> Des schönen Mundes brächt' in Noth,
> Doch küssend gab er mir den Tod,
> Wo nicht mich heilt ein zweiter Kuss:
> So ist er, da diess ihm eigen,
> Peleus Lanze zu vergleichen,
> Von der ein Stich nur dann genesen liess,
> Wenn man sie nochmals in die Wunde stiess.

Augier:[2]

> Jetzt merk' ich wohl, dass ich den Becher trank,
> Der einst den Tristan macht' unheilbar krank.

Arnaut von Marueil:[3]

> Nicht Rodocasta, noch Biblis,
> Blancaflor noch Semiramis,
> Thisbe noch Leyda noch Helena,
> Antigona noch auch Ismena,
> Noch auch Issolt, die schöne, weisse,
> Genossen doch auf keine Weise
> Mit ihren Freunden solche Lust
> Wie ich, das ist mir wohl bewusst.

Rambaut von Vaqueiras:[4]

> Selbst Persaval, da er an Artus Hof
> Dem weissen Rittersmann die Wehr genommen,
> War nicht von solcher Lust, wie ich, entglommen.

Derselbe:[5]

> Verrathen seh' ich mich, wie Ferragut,
> Als er dem Roland seine Furcht bekannt,
> Wesshalb er fiel; so weiss auch Sie, die arge,
> Aus meinem Mund, wie ich zu tödten bin.

---

[1] III, 43 [Gr. 70, 1].
[2] III, 105 [Gr. 37, 2].
[3] III, 204 [Chrest.⁴ 97, 34 ff.]
[4] II, 310 [Gr. 392, 2].
[5] II, 312 [Gr. 392, 10].

134 Gaucelm Faidit: ¹

> Selbst Andrieus, von dem sie singen,
> Hatt' um Frankreichs Königin
> Nicht so sehr, wie ich, zu ringen,
> Seit ich euch zu Dienste bin.

Guillem von la Tour: ²

> Gleich jenen Fraun, die, wie sie sagen,
> Im Wald einst Alexander fand,
> So fest in den Bezirk gebannt,
> Dass sie dem Tode gleich erlagen,
> Verliessen sie den schatt'gen Wald,
> Müsst' ich auch sterben alsobald,
> Könnt' ich der treusten Lieb' entfliehn.

Bartolome Zorgi: ³

> Jener Liebestrank versehrte
> Nimmer mit so bitterm Pfeil
> Tristan und sein Lieb Isolt,
> Da er just aus Irland kehrte.

Peire von Cols: ⁴

> Ein seltsam Feuer fühl' ich in mir glimmen,
> Je mehr es brennt, je mehr beglückt es mich:
> So pflegt der Salamander wonniglich
> Im Feuer und im Flammenpfuhl zu schwimmen.

Aimeric von Peguilain schliesst ein Klagelied auf den Tod König Manfreds mit einer Anspielung auf König Artus, dessen Rückkehr die Bretonen noch immer erwarteten, bedeutungsvoll also: ⁵

> Durch alle Berge, durch die ganze See
> Soll reisen mein Gedicht, ob es wohl je
> Auf einen Menschen trifft, der es belehrt,
> Ob König Artus nicht bald wiederkehrt.

135 Eitles Harren heisst daher bretonische Hoffnung *(esperansa bretona)*, ein Gleichniss, das in der romantischen Poesie als

---

[1] II, 300 [Gr. 167, 17].
[2] V, 212 [Gr. 236, 5].
[3] II, 315 [Gr. 74, 2].
[4] V, 310 [Gr. 337, 1].
[5] V, 13 [Gr. 461, 234].

Sprichwort galt, und auch im Mittellatein vorkommt, wie bei Petrus von Blois (Epist. 57):

> *Quibus si credideris,*
> *Expectare poteris*
> *Arcturum cum Bretonibus.*

So weit diese Bemerkungen über Geist und Werth der provenzalischen Poesie im Allgemeinen. Es folgt nun eine genauere Ansicht der verschiedenen Gattungen des Liedes, welche sich ausschliesslich auf den Inhalt bezieht.

Bemerkungen über die lyrischen Gattungen.

Wir theilen sämmtliche lyrischen Gedichte füglich in drei Gattungen: 1) das Minnelied, 2) das Sirventes, 3) die Tenzone; diese zerfallen wieder in verschiedene Unterabtheilungen. Wir wollen uns dabei aus guten Gründen die Freiheit nehmen, alle zum musikalischen Vortrag bestimmten oder strophischen Gedichte, also auch die Romanze, zur lyrischen Poesie zu rechnen.

1. Das Minnelied.

Schon oben wurde behauptet, dass sich die Poesie der Troubadours im Ganzen genommen mehr als eine Poesie des Verstandes denn des Gefühles betrachten lasse; ein Blick auf den Geist des Minnelieds wird diese Ansicht bestätigen.

Die Liebe, wie sie hier erscheint, ist, in ihren Hauptzügen aufgefasst, eine rein poetische, d. h. zu poetischen Zwecken geschaffene. Der Dichter wählte sich eine Dame, welche ihm die würdigste schien, zum Gegenstand seiner Gesänge. Diese mochte nun vermählt seyn oder nicht, eine ernstliche Bewerbung kam hierbei nicht in Betracht, und wirklich ist kaum ein Beispiel bekannt, dass aus diesen geistigen Liebeshändeln eine eheliche Verbindung erfolgt sey, wiewohl manche mehr oder minder erlaubte Gunstbezeugungen von Seiten des gefeierten Gegenstandes gleichsam als Belohnung des treuen Sängers statt fanden. Es ist leicht zu bemerken, dass es in diesem Verhältniss von beiden Seiten auf Ehre und Ruhm abgesehen war. Der Dichter wählte in den meisten Fällen eine Tochter oder Verwandte wo nicht [1] die Gattin seines Gönners, in dessen Schlosse er sich aufhielt, und dass bei ihm mitunter auch der Vortheil in Erwägung kam, lässt sich erwarten. Die Gönnerin aber musste sich freuen, einen Sänger zu besitzen, der ihren Namen verherrlichte. Der Abstand des Ranges wurde hierbei nicht beachtet. Der Dichter, welchem Stand er auch angehören mochte, war der Dame als solcher schon werth; denn es war eine Zeit eingetreten, wo man sich auch auf andre Weise, als durch hohe Geburt und Ritterlichkeit über den Haufen erheben konnte, indem Witz und Geist zum Gegenstand der Achtung geworden. Selbst der Krieger begnügte sich nicht mehr mit dem Waffenruhme, er wollte sich, wenn es glückte, auch einen Namen als Dichter erwerben, oder doch als Gönner der Dichter gepriesen seyn, und so wurde es auch den Frauen in ihren stillen häuslichen Tugenden zu enge; auch ihr Lob sollte sich nicht beschränken auf die nächste Umgebung, sondern wiederhallen so weit die occitanische Sprache reichte. Ihrem Ehrgeiz musste es schmeicheln, von denen mit Ehrfurcht genannt zu werden, welche in ihren Rügeliedern die Häupter der Staaten wie der Kirche ohne Rückhalt behandelten. Wir können daher dem Biographen trauen, der uns von Raimon von Miraval berichtet, er habe sich verliebt in Alazais (Adelaide), eine junge, schöne, edle Dame, begierig nach Preis, Lob und Ehre; und sie, wohl wissend, dass dieser Dichter vor allen andern ihrem Namen Glanz verleihen könne, habe seine Liebe mit Freuden genehmigt und ihm gewährt, was eine Frau einem Manne gewähren könne, Raimon aber habe sie nach Kräften gefeiert, so dass sich viele Fürsten und Herrn um sie bemüht, ja dass Peire, König von Aragon, ohne sie zu kennen, blos auf die Loblieder des Dichters mit reichen Geschenken um ihre Liebe geworben. Auch Richart von Barbezieux ward aus dieser Rücksicht von einer Edelfrau günstig aufgenommen. Keine geringere Gunst fand trotz seiner niedrigen Herkunft Bernart von Ventadour bei einer edlen Frau, Gattin seines Herrn,

---

[1] ['wo nicht' unterstrichen; am Rande NB.]

des Vizgrafen von Ventadour, und in der Folge, als ihn sein Unstern von ihrem Schlosse vertrieb, bei der Herzogin von Normandie. Beispiele dieser Art finden sich auch in dem Leben Arnauts von Marueil, Gaucelm Faidit's, Folquet's von Marseille und anderer. Diess sind die Aussagen der etwas spätern, aber ziemlich glaubwürdigen Lebensnachrichten. Allein die Dichter selbst bezeugen jene Ruhmliebe ihrer Gebieterinnen, wiewohl diese vielleicht nicht ganz schicklichen Ausdrücke sehr selten vorkommen. Folquet von Marseille sagt: 'Da es ihr gefällt, dass ich ihre Vorzüge in meinen Gesängen erhebe, so bin auch ich desshalb zu preisen, denn ihr Lob erheischt einen klugen Verkündiger.' [1] Noch bestimmter sagt Rambaut von Vaqueiras: 138 Sie verlangt, dass ich in meinen Canzonen ihre Vorzüge und ihre schöne Gestalt preise.' [2] In andern Stellen blicken Anspielungen auf diess Verhältniss durch. Guillem von Saint-Didier äussert sich in dieser Hinsicht gegen die Geliebte: 'Da ihr so erhabene Vorzüge besitzt, so gebührt es sich, dass ihr einen Dichter in euren Diensten habt, der sie besinge.' [3] Folquet von Marseille an einem andern Orte: 'Es wäre eine Gnade von ihr, wenn sie mich annehmen wollte, denn ich verbreite ihren Ruhm doch in mancher edlen Gesellschaft.' [4]

Wiewohl sich nun nicht läugnen lässt, dass jene Liebeshändel zwischen Dichter und Gönnerin in einzelnen Fällen

---

[1] *E pueis li platz, qu'eu enanz sa valor*
E mon chantar, dei n'aver gran lausor:
Car sos pretz vol mot savi lausador.
    '*Chantan volgra.*' Ms. [Gr. 155, 6.]

[2] *Quar vol qu'ieu lau en mas chansos*
Son pretz e sas belas faisos.
    '*Leu pot hom pretz.*' Ms. [Gr. 392, 23.]

[3] *E pois tan es vostre pretz cabalos,*
Be-s taing, domna, c'aiatz en seingnoratge
Un trobador, que vos cant de plans dos.
    '*Estat aurai estas.*' Ms. [Gr. 234, 11.]

[4] *Et es merces, s'il me deingna acuillir,*
Qu'en maint bon loc fatz son ric pretz auzir.
    '*Ben an mort mi.*' Ms. [Gr. 155, 5.]

ernstlich gemeint gewesen, wie theils die schmelzende Innigkeit mancher Lieder verräth, theils die Nachrichten uns versichern, so bleibt doch die Behauptung, dass sie im Allgemeinen mehr den Geist, als das Herz des Sängers in Bewegung setzten, vollkommen gegründet. Das Lieben wurde daher, wie das Dichten, als eine Kunst dargestellt, und auf Regeln zurückgeführt; darauf bezieht sich der Ausdruck 'sich auf Liebe verstehen' *(saber d'amor* oder *de drudaria);* einzelne Troubadours werden als Liebeskundige erwähnt, und es ist kaum zu zweifeln, dass eigne Anweisungen zu dieser Kunst geschrieben wurden, wobei man Ovid's erotische Schriften benutzt haben mochte, wiewohl diese nicht als Veranlassung, sondern als Hülfsmittel betrachtet werden müssen.

Es wurde oben behauptet, dass die Kunstpoesie eine Menge gemeinschaftlicher Züge besitze, diess ist nirgends auffallender als bei dem Minneliede, und es ist zur Beurtheilung dieser Poesie im Ganzen, wie der einzelnen Dichter, wichtig, die hervorstechendsten dieser Ideen aufzuführen, und gleichsam die Fäden, aus welchen das kunstreiche Gewebe des Minneliedes besteht, auszuziehen und nach ihren Farben zusammenzulegen.

Zuerst einiges aus der Erotik. Hier begegnet uns eine sehr einfache von den Alten entlehnte Allegorie der Liebe, nur dass sie hier fast allgemein als weibliches Wesen gedacht wird, ohne Zweifel, weil das Wort *amor,* wie andere Substantive dieser Endung, weiblich geworden. Diese Göttin führt eine Lanze oder einen Pfeil, womit sie die Herzen verwundet. Uc Brunet sagt:[1]

> Die Liebe trifft uns leicht mit ihrer Lanze,
> Sie ist ein Geist und treibt ein feines Spiel,
> Man sieht sie einzig in der Einbildung,
> Von Aug' in Auge geht ihr süsser Sprung,
> Vom Aug' ins Herz, vom Herzen ins Gefühl.
>
> So überwältigt und besiegt sie alle,
> Die sie erkoren, ihrem Zweck zu dienen,
> Doch um so grössere Leiden schafft sie ihnen,
> Da sie verlangt, dass uns ihr Schmerz gefalle,

---

[1] III, 315 [Gr. 450, 4].

> Und für ihr Unrecht fodert unsern Dank,
> Und Demuth heischt bei ihrem stolzen Ton:
> Denn gegen sie hilft Drohung nicht, noch Hohn,
> Nein Dienen, Flehn und Treue sonder Wank.

Peire Raimon von Toulouse:[1] 140

> Wie uns Liebe tief verletzt
> Mit dem Speer, weiss ich zur Stunde,
> Doch wie sanft sie heilt die Wunde,
> Das erfuhr ich nicht bis jetzt.

Anspielung, wie es scheint, auf Ovid's Distichon (remedamor. 43):

> *Discite sanari, per quem didicistis amare:*
> *Una manus vobis vulnus opemque feret.*

Selten wird Liebe als männliches Wesen gedacht, wie bei Folquet von Marseille:

> Mich traf der Liebe Gott mit seiner Lanze.[2]

Diese einfache Vorstellung war die allgemeine; eine mehr ausgeführte Allegorie, die sich bei Guiraut von Calanson[3] findet, kann hier nicht in Betracht gezogen werden.

Liebe gilt den Dichtern als Schöpferin alles dessen, was die Menschen adelt, als Urquell der Humanität. Keiner hat diess so warm ausgesprochen, als Pons von Capdueil:[4]

> Glückselig, wer der Liebe Glück gewinnt,
> Denn Lieb' ist Quell von jedem andern Gut:
> Durch Liebe wird man sittig, frohgemuth,
> Aufrichtig, fein, demüthig, hochgesinnt;
> Taugt tausendmal so viel zu Krieg und Rath[5],
> Woraus entspringt so manche hohe That.

---

[1] V, 325 [Gr. 355, 3].

[2] *E'l dieus d'amor m'a nafrat de tal lansa.*
 'Chantan volgra.' Ms. [Gr. 155, 6.]

[3] [Gr. 243, 2.]

[4] III, 175 [Gr. 375, 3].

[5] ['Rath' berichtigt Leben und Werke S. 615 in 'Hof', prov. *guerras e cortz*.]

141 Bernart von Ventadour sagt:[1]

> Todt ist der Mensch, dem der Genuss
> Der Liebe nicht das Herz beseelt;
> Ein Leben, dem die Liebe fehlt,
> Gereicht der Welt nur zum Verdruss.

Gaucelm Faidit:[2]

> Jeder, der die Tugend liebt,
> Wisse, dass uns Liebe giebt
> Lust zum Spenden, heitern Scherz,
> Demuth und ein gütig Herz.

Bernart:[3]

> Liebe adelt Edle noch,
> Hebt, verschönt die Hohen, Schönen.

Daher ist sie auch Lehrerin des Gesanges. Peyrol:[4]

> Wohl darf ich singen, denn mich lehrt es Liebe,
> Und schenkt mir Kunst, dass Lieder mir gelingen,
> Denn ohne sie verstünd' ich nicht zu singen.

Gaucelm Faidit schreibt seiner Freundin diess Verdienst zu:

> Mein Herz in mir und manche gute Zeile,
> Und was ich Schönes sagen mocht' und thun,
> Ward, edle Frau, mir nur von euch zu Theile.[5]

Schön und kräftig sagt Bernart von Ventadour:[6]

> Gar wenig taugt mir ein Gesang,
> Wo nicht der Klang von Herzen dringt,
> Und nicht von Herzen dringt der Klang,
> Wenn das nicht reine Liebe hegt:
> Wesswegen mir mein Sang gelingt,
> Denn nur auf Lieb' hab' ich verwandt
> Mund, Herz und Augen und Verstand.

---

[1] III, 45 [Gr. 70, 31].
[2] III, 295 [Gr. 167, 62].
[3] IV, 20 [Gr. 52, 3].
[4] III, 273 [Gr. 366, 8].
[5] *Mon cor e mi e mas bonas cansos*
  E tot can sai d'avinen dir ni far
  Conosc, qu'eu tenc, bona domna, de vos. Ms. [Gr. 167, 37.]
[6] III, 56 [Gr. 70, 15].

Nicht die Schönheit der Natur ist es, welche den 142
Dichter zum Gesange bewegt; Sommer und Winter gelten
ihm gleich, und nur die Jahreszeit ist schön, die das Glück
der Liebe herbeiführt. Lamberti von Bonanel: [1]

> Zum Singen hat mich Blüth' und Rosenstrauch
> Und Gras und grünes Laub nicht angeregt,
> Nein, nur die Liebe, die mein Herz bewegt.

Peire Raimon von Toulouse: [2]

> Zum Singen reizt mich an
> Nicht Wiese, Blüth' und Hain;
> Ihr, Herrin, seyd's allein,
> Die mich entzücken kann.

Pons von Capdueil: [3]

> Von Lieb' und von den Liebenden erfreut,
> Die ohne Falsch und redlich sind verliebt,
> Sing ich ein Lied — was Lenz und Sommer beut,
> Das stimmt mich weder fröhlich noch betrübt.

Berengier von Palasol: [4]

> Die Liebe reizt mich zum Gesang
> Bei strengem Frost und rauher Luft, so gut
> Wie sie zur Zeit des milden Frühlings thut.

Peire Vidal: [5]

> Da ich einer holden, neuen,
> Süssen Herrin mich darf freuen,
> Scheint mir Schnee ein Rosenfeld,
> Und die düstre Luft erhellt.

Was dem Dichter daher gelingt, das ist er seiner
Freundin schuldig; und ihr bleibt es gewidmet. Artig sagt
Guillem Magret in dieser Beziehung: [6]

---

[1] V, 243 [Gr. 281, 1].
[2] V, 328 [Gr. 355, 15].
[3] III, 181 [Gr. 375, 17].
[4] III, 238 [Gr. 47, 8].
[5] PO. 182 [Gr. 364, 11].
[6] III, 241 [Gr. 223, 3].

143   Es geht mir, wie dem Fischer, der nicht gern
Den Fisch verkaufen mag noch ihn verzehren,
Bevor er ihn gewiesen seinem Herrn,
Solch' eine Frau lässt Liebe mich verehren:
Dicht' ich ein Minnelied, ein Sirventes,
Und was mir sonst gelingt, so send' ich es
Erst zu ihr hin, damit nach eignem Willen
Sie nehmen mög' und mein gedenk' im Stillen,
   Und was sie nicht für sich behält,
   Ist gut für mich und alle Welt.

Ein gewöhnlicher Gegenstand des Minneliedes sind die Betrachtungen über den Charakter der Liebe und die hieraus gezogenen Vorschriften, wie man diese eigenwillige Leidenschaft behandeln müsse; ganze Gedichte sind diesem Gegenstande gewidmet. Einige wenige Stellen mögen hier Platz finden. Bernart von Ventadour:

> Mit Herrschsucht ist bei Liebe nichts zu zwingen,
> Und wer sie hegt, thut's aus gemeinem Triebe,
> Denn was nicht recht ist, das verschmähet Liebe,
> Sie gleicht den Mächt'gen aus mit dem Geringen.[1]

Derselbe:[2]

> Gott will nicht, dass Lieb' ein Wesen
> Sey, daran man sich verwegen
> Rächen soll mit Lanz' und Degen.

144 Peire Rogier:[3]

> Glaube Kläffern nicht wer liebt,
> Ja, sieht er auch ein Vergehn
> Seine Freundin sich erlauben,
> Trau' er seinen Augen nicht.
> Was sie zu verstehen giebt,
> Muss er ohne Schwur ihr glauben,
> Und misstraun den eignen Blicken.

---

[1] *Mas en amor non ha hom seingnoratge,*
E qui li quier, vilanamen dompneia.
C'amor non vol ren, que esser non deia,
Paubres e rics fai amdos d'un paratge.
      'Quan vei la flor.' Ms. [Gr. 70, 42.]

[2] III, 71 [Gr. 70, 45].

[3] III, 27 [Gr. 356, 1].

> Darin hab' ich allezeit
> Selbst die Klügsten fehlen sehn,
> Dass sie auf dem Recht beharren,
> Bis dass die Geduld ihr bricht,
> Und die Freude wird zu Leid,
> Und ins Unglück so die Narren
> Unbedachtsam sich verstricken.

Derselbe anderswo: [1]

> Wackre Dulder schelten
> Nicht auf die Pein der Liebe;
> Dem wird sie's vergelten,
> Der froh ist ihrer Triebe,
> Hochmuth will und lohnt sie nicht,
> Nein wer ihn zeigt, den lässt sie gehn.

Daude von Prades: [2]

> Nie sagt ein Weib, was sie begehrt,
> Nein sie verheimlicht ihr Verlangen
> Vor ihrem Freund, hält sie auf Ehr'[3],
> Und lässt sich bitten um so mehr,
> Jemehr die Lust sie selbst besticht,
> Indess ihr gütig Auge spricht.
>
> Und wer besitzt der Minne Kunde,
> Dem ist es klar im Augenblick,
> Dass süsses Seufzen, güt'ger Blick
> Nicht mit der Lauheit stehn im Bunde.
> Doch neigt sich der zur Lauheit, wisst,   145
> Der darum wirbt, was sein schon ist;
> Drum geht an Liebende mein Rath:
> . Eins sey die Bitte mit der That.

Uc Brunet: [4]

> Nicht Drohen, Prahlen nicht erwirbt uns Liebe,
> Nein Bitten, edle Treu, geschmeid'ger Dienst.

Geduld ist das goldne Wort der Liebenden, der Talisman, vor dem sich der Geliebten Herz erschliesst: das lehren die

---

[1] III, 30 [Gr. 356, 8].
[2] III, 417 [Gr. 124, 1].
[3] ['will sie ihn belohnen' berichtigt Leben und Werke S. 615.]
[4] III, 315 [Gr. 450, 4].

ersten Meister der Liebe, und oft versichert der Dichter, dass er sich zu seiner Gebieterin verhalte, wie der Vasall zu dem Lehnsherrn, ja wie der Sklave zu seinem Eigner, dass er für sie geboren und erzogen sey, und trotz ihrer Härte in ihrem Dienst verharren werde. So sagt Bernart von Ventadour:[1]

> Ich, Herrin, bin eu'r Unterthan,
> Für immer eurem Dienst geweiht,
> Eu'r Unterthan durch Wort und Eid.

Peire Vidal:[2]

> Zum verkaufen und verschenken
> Bin ich ganz ihr Eigenthum.

Augier:[3]

> Euch gehör' ich ohne Spott,
> Habt ihr Lust, könnt ihr mich tödten.

Guillem von Cabestaing:[4]

> Man zog mich auf allein,
> Euch zu Befehl zu seyn.

Peire Raimon von Toulouse:[5]

> Zu euerm Dienst ward ich erzogen.

146 Gaucelm Faidit:

> Gott schuf mich nur, den Willen ihr zu thun,
> Drum will ich stets ihr treu ergeben seyn,
> Ihr meinen Dienst und meine Ehrfurcht weihn,
> Und grössre Demuth werd' an mir erkannt,
> Als an dem Leu, der sich dem Strick entwand.[6]

---

[1] III, 87 [Gr. 70, 33].
[2] III, 328 [Gr. 364, 37].
[3] III, 105 [Gr. 37, 2].
[4] III, 117 [Gr. 213, 5].
[5] III, 124 [Gr. 355, 9].
[6] *Que dieus mi fes per far son mandamen,*
Et ieu li m'autrei ni mais no-m vueill partir
De lei onrar francamen e servir,
E mais en vueill aver d'umelitatz,
Non ac lo leo, quan fon issitz del latz.
    'Trop malamen m'anet.' Ms. [Gr. 167, 63.]

Nicht minder wichtig ist Verschwiegenheit, ja sie ist Bedingung treuer Liebe; keinen Punkt haben die Dichter so häufig ausgeführt wie diesen; z. B. Peire Raimon von Toulouse: [1]

> Wer redlich liebt, der sey nur nicht zu laut,
> Nein berge und verheimliche sein Herz,
> Und danke für der Liebe Lust und Schmerz.

Derselbe: [2]
> Mit Geduld und Schweigsamkeit
> Bin ich ihr Vasall und Diener.

Peyrol: [3]
> Das macht mir Vergnügen, seht,
> Wenn aus reinen Herzens Trieb
> Sich zwei Freunde haben lieb,
> Keins das andre hintergeht,
> Und sie nehmen, wie's gehört,
> Ort in Acht und Stunde,
> Dass in ihrem edlen Bunde
> Sie der Neider keiner stört.

Derselbe: [4]
> Oft würd' ich zu gehn mich freun
> Zu der Schönsten weit und breit,
> Müsst' ich nicht zu gleicher Zeit
> Den Verdacht der Leute scheun.

Arnaut von Marueil: [5]
> Uns Drei'n, Geliebte, euch, der Lieb' und mir
> Ist der Vertrag nur kund, den wir geschlossen
> Ohn' andre Bürgschaft.

Derselbe: [6]
> Dass doch den Wahn nur keiner nährt,
> Als ob das Schloss, wo man sie ehrt,
> Ich zu entdecken sey geneigt.

---

[1] V, 329 [Gr. 355, 18].
[2] III, 128 [Gr. 355, 5].
[3] III, 276 [Gr. 366, 9].
[4] III, 275 [Gr. 366, 9].
[5] III, 213 [Gr. 30, 17].
[6] III, 226 [Gr. 30, 2].

Peire Rogier verbirgt sein eignes Herz vor der Geliebten: [1]

> Wo sie auch weilt,
> Bin ich ihr Freund, der ungetheilt
> Sie still und im Geheimen liebt:
> Denn nicht bewusst
> Ist ihr die Lust,
> Das Glück, die Ehr', die sie mir giebt,
> Auch sey's dem Neidhart nicht entdeckt:
> Denn lieben will ich ganz versteckt.

Besonders wird vor den Kläffern und Eifersüchtigen gewarnt, die durch ihre Plaudereien und Verläumdungen so manches innige Verhältniss zerstörten. Bernart von Ventadour: [2]

> Ach Gott, wie schön die Liebe wär'
> Von zwei Verliebten, könnt' es seyn,
> Dass jene Neidischen nicht mehr
> So früh bemerkten den Verein!

148 Arnaut von Marueil: [3]

> Vor jenen Kläffern voller Neid,
> Verläumdern, Störern aller Lust,
> Wünsch' ich, dass jeder seine Brust
> Verschlösse, wer der Liebe dient:
> Denn diese Zeit ist so voll Trug und List,
> Dass Wahrheit sagen nicht mehr räthlich ist;
> Oft frommt weit mehr das Lügen und das Hehlen.

Pons von Capdueil: [4]

> Ich kann vor Unverständ'gen meine Freude
> Verbergen, denn die Falschen — straf' sie Gott —
> Verläumden sonst der Liebe treuen Bund.

Gegen diese Friedensstörer wird der Genuss in Gedanken als ein sinnreiches Mittel empfohlen. Guiraut von Salignac: [5]

> Ich nehme mir, was ich nicht fodern kann,
> Und küss' euch tausendfältig in Gedanken,
> Nicht Neid noch Eifersucht hält mich in Schranken.

---

[1] III, 33 [Gr. 356, 6].
[2] III, 74 [Gr. 70, 22].
[3] III, 211 [Gr. 30, 9].
[4] III, 171 [Gr. 375, 14].
[5] III, 395 [Gr. 235, 1].

Aruaut von Marueil: [1]
> Weil Liebe mich als treu Verliebten kennt,
> So führt sie zu Genuss mich dergestalt:
> Ich küss' und herz' euch in der Einbildung.
> Die Liebkosung ist süss und voll Behagen,
> Kein Eifersücht'ger kann sie mir versagen.

Uc Brunet: [2]
> Vor Gleissnern soll mich List und Trug bewahren;
> So sag' ich ihnen denn, um nicht zu scherzen:
> Gesenkten Blickes schau' ich mit dem Herzen.

Diese Behutsamkeit in Liebeshändeln war allerdings nothwendig: denn was die Liebschaften mit verehlichten Frauen betrifft, so schienen ihre Gatten den zügellosen Grundsätzen der Zeit, insofern sie selbst darunter leiden sollten, nicht immer beizupflichten: das bewiesen sie an Guillem von Cabestaing und Peire Vidal, wovon ersterer das Leben, letzterer die Zunge eingebüsst haben soll. Daher wird in dem Leben Folquets von Marseille gesagt: 'Er hütete sich sehr, dass seine Liebe zu Frau Alazais ruchtbar würde: denn sie war die Gattin seines Gönners; das hätte man ihm für eine grosse Schlechtigkeit ausgelegt; die Herrin aber duldete seine Bitten in seinen Canzonen um des grossen Lobes willen, das er ihr zollte.' Selbst seine zärtlichen Beziehungen mit einem Fräulein musste der Dichter mit Vorsicht behandeln, und seine Ausdrücke wohl ermessen, wollte er sich nicht der Rache argwöhnischer Verwandten aussetzen, oder selbst das Zartgefühl des Mädchens beleidigen: denn diese vornehmen Frauen, die ihre Stellung gegen den armen fahrenden Sänger nicht leicht verkannten, glaubten den poetischen Tribut desselben schon mit der Erlaubniss vergolten zu haben, sie besingen zu dürfen, und verlangten, dass dieser die Gränze der Schicklichkeit nicht überschreite. Hieraus erklärt sich der sonst räthselhafte Sittenspruch der Hofdichter, dass Höflichkeit nur mit Mass bestehen könne, oder dass beide dasselbe seyen.

---

[1] III, 207 [Gr. 30, 22].
[2] III, 317 [Gr. 450, 4].

Aus diesem Verhältniss entsprangen einige der Poesie jener Zeit eigenthümliche Züge. Um die Achtung, welche der Dichter seiner Dame schuldig war, nicht durch unumwundene Nennung ihres Namens zu verletzen, fiel er auf das Mittel, sie unter einem allegorischen d. h. eine geheime Beziehung einschliessenden Namen zu besingen. Auf diese Weise wurde die Form des Schicklichen gewahrt: mehr wollte und bezweckte man nicht. Wer unter der Devise verstanden sey, diess konnte und sollte kein Geheimniss bleiben, denn die Dame verlangte von ihrem Dichter, dass ihr Lob durch ihn verbreitet würde. Unter Umständen wurden die Frauen indessen auch mit Namen genannt, wiewohl diess der ungewöhnlichere Fall ist.

Diese Behutsamkeit in Liebessachen gestattete dem Dichter nicht, seine Lieder der Dame selbst zu überbringen; er bediente sich hierzu eines vertrauten und gewandten Botschafters, am liebsten eines Spielmannes, der das Gedicht musikalisch vorzutragen pflegte. Letzteres wird vollkommen glaublich, wenn man bedenkt, dass da der Ritterstand im Allgemeinen, die Frauen[1] aber im Besondern der Schrift nicht kundig waren, der Dichter seiner Gönnerin mit einem geschriebenen Liede eine todte Hieroglyphe gesandt haben würde. Bernart von Ventadour erwähnt daher als eines besonderen Umstandes, dass seine Gebieterin sich auf das Lesen verstehe.[2]

Was jenes sittliche Verhältniss, die Ehe betrifft, so ist zu bemerken, dass man diess bei dem grossen Hange jener Zeit zu sinnlichen Genüssen leicht ausser Augen setzte. Wie leichtfertig besonders die Völker Frankreichs über diesen Punkt zu denken gewohnt waren, davon legen die altfranzösischen Fabliaux ein starkes Zeugniss ab, von welchen zwei gute Drittheile sich mit betrogenen Ehemännern beschäftigen, zum grossen Ergötzen der Zuhörer, welche nichts lieber, als dieses Thema, auf verschiedene Weise ausgeführt,

---

[1] [hier am Rande ein Nª.]
[2] *Ella sab letras et enten.*
'*En cossirier.*' Ms. [Gr. 70, 17.]

wünschten. Ganz in diesem Sinne bekennt der Troubadour Ademar ohne Scheu, es wäre ihm lieb, wenn König Alfons und der edelste Graf der Christenheit ihre Heere gegen die Sarazenen führten, und einer von ihnen einen gewissen eifersüchtigen Gatten mit sich nähme, der sein Weib, des Dichters Freundin, sorgfältig eingeschlossen halte; dann gäbe es keine Sünde, die ihnen nicht verziehen würde.[1]

Jene geheimen Liebschaften, welche sinnlicherer Natur waren, als die zwischen dem Dichter und seiner vornehmen Freundin, gaben Veranlassung zu einer besonderen Liedergattung. Die nächtlichen Zusammenkünfte, worin die Liebenden zum Ziel verbotner Wünsche gelangten, pflegten sie unter Obhut eines Wächters zu halten, der durch seinen Ruf oder den Ton einer Pfeife den Anbruch des Tages verkündigte, damit der Liebende aufbreche und sicher vor dem eifersüchtigen Eheherrn oder Mitbewerber heim gelangen möge. Hierauf beziehen sich die sogenannten Tagelieder *(albas)*, welche die Poesie, ganz in die Denkart der Zeit eingehend, mit ihren weichsten Farben ausgestattet hat. Sollte ein Gebrauch dieser Art den Tageliedern auch nicht zu Grunde gelegen haben, was sich freilich nicht aus ihnen beweisen lässt, so könnte man wenigstens vermuthen, dass diese üppigen Gesänge in so weit auf das Leben gewirkt hätten, um jenen Gebrauch zu veranlassen. Ein einziges Beispiel gebe einen vorläufigen Begriff von dieser Gattung; es ist von unbekanntem Urheber. Die Uebersetzung vermag nur den Schatten des Originals[2] wiederzugeben.

> In einem Garten, unterm Weissdornzelt
> Ist die Geliebte mit dem Freund gesellt,
> Bis dass des Wächters Warnungszeichen gellt.
> 'Ach Gott, ach Gott, wie kommt der Tag so früh.'
>
> 'Blieb' es doch Nacht, o Gott, wenn das geschäh',
> Der traute Freund nicht sagen dürft': Ade!
> Der Wächter auch nicht Tag noch Morgen säh'.
> Ach Gott, ach Gott, wie kommt der Tag so früh.'

---

[1] III, 198 [Gr. 202, 9].
[2] II, 236 [Gr. 461, 113].

'Schön süsser Freund, gehn wir die Wies' entlang,
Uns dort zu küssen bei der Vöglein Sang;
Der Eifersücht'ge mach' uns nimmer bang.
Ach Gott, ach Gott, wie kommt der Tag so früh.

'Schön süsser Freund, ein neues Spiel uns winkt
Im Garten dort, wo manch ein Vöglein singt,
Wohlauf denn, eh' des Wächters Pfeife klingt.
Ach Gott, ach Gott, wie kommt der Tag so früh.'

'Ein sanfter Luftzug, der sich eben rührt,
Hat dort vom Freund, den Lust und Anmuth ziert,
Des Odems süssen Trank mir zugeführt.
Ach Gott, ach Gott, wie kommt der Tag so früh.'

Hold ist die Frau, mit jedem Reiz geschmückt;
Von ihrer Schönheit ist die Welt entzückt;
Sie fühlt sich nur durch treue Lieb' beglückt.
'Ach Gott, ach Gott, wie kommt der Tag so früh.'

Wunderbar sind die Wirkungen der Liebe; sie verwickelt die Seele in die seltsamsten Gegensätze, sie entrückt sie der Gegenwart und führt sie von dannen, sie beseligt ihre Träume, um sie beim Erwachen nur um so bitterer zu enttäuschen — allein gleichwohl sind die Leiden, welche sie erregt, wonnevoll. Rambaut von Vaqueiras:[1]

Thöricht und klug, verwegen und verzagt,
Stolz und voll Demuth bin ich, wie sichs fügt,
Und karg und mild, und traurig und vergnügt,
Gefällig, lästig auch, wie mir's behagt,
Hoch und gering, schlecht und voll Edelmuth,
Höflich und rauh, und weiss was bös und gut.

153 Peire Rogier:[2]

Die Liebe redet wahr und höhnt,
Sie giebt uns Ruh' bei grossem Schmerz,
Bei argem Groll ein offnes Herz,
Macht heut' uns Freude, morgen Weh.

Folquet von Marseille:[3]

Spricht man mit mir, so weiss ich manchmal nicht
Wovon man spricht,
Man grüsst mich und ich hör' es nicht.

---

[1] III, 256 [Gr. 392, 28].
[2] III, 35 [Gr. 356, 9].
[3] III, 160 [Gr. 155, 8].

Bernart von Ventadour mit seiner gewöhnlichen Naivetät: [1]

> Wie leid' ich, ach, an Sehnsuchtsweh,
> Oft ist mein Sehnen mir so lieb:
> Entführen könnte mich ein Dieb,
> Ich wüsste nicht, dass es geschäh.

Arnaut von Marueil: [2]

> Oft wind' ich mich im Schlaf, indem ich froh
> Mit euch zu scherzen und zu lachen wähne,
> Erwach' ich dann, seh' und erkenn' ich klar,
> Dass ich mich trog, so wird der Scherz zur Thräne.

Perdigon: [3]

> Gesegnet sey das Weh, die Angst und Pein,
> Die ich um Liebe lange Zeit ertrug.

Bonifaci Calvo: [4]

> Und es drang ein süsses Weh
> Mir ins Herz und macht mir Pein,
> Ohne mir zur Last zu seyn.

Allein die Wirkung der Liebe thut sich auf eine noch wunderbarere Weise kund. Der Geist des Liebenden wirkt in die Ferne, und setzt ihn in geheime Verbindung mit dem geliebten Gegenstand. Diese mystische Vorstellung zieht sich durch die gesammte Minnepoesie; die Dichter scheinen auf sie, als auf eine sinnreiche Ansicht, keinen geringen Werth zu legen. So sagt Peire Rogier: [5]

> Von fern bin ich ihr treulich nah,
> Denn Freunde scheidet man nicht leicht,
> Sind ihre Herzen sich geneigt.

Peyrol: [6]

> Doch mein Herz beut ihr sich dar,
> Wo es sich befindet:
> Denn Treuliebe eint und bindet
> Auch von fern ein liebend Paar.

---

[1] III, 55 [Gr. 70, 39].
[2] IV, 218 [Gr. 30, 4].
[3] III, 344 [Gr. 370, 3].
[4] III, 445 [Gr. 101, 15].
[5] III, 37 [Gr. 356, 3].
[6] III, 275 [Gr. 366, 9].

Derselbe:

> Kein Tag vergeht, dass nicht mein Herz beschleiche
> Ein süsser Hauch aus meinem Heimathland.[1]

Bernart von Ventadour:[2]

> So oft die süssen Lüfte
> Aus eurem Lande ziehn,
> So glaub' ich alle Düfte
> Des Edens einzuziehn.

Derselbe:[3]

> Als bester Liebesbote gilt
> Mir mein Gedanke, der ihr Bild,
> Das liebliche, mir stets erneut.

155 Etwas schwächer wird diess zuweilen durch ein blosses geistiges Anschauen ausgedrückt. Bernart von Ventadour:[4]

> Sieht, Herrin, euch mein Auge nicht,
> So wisst doch, dass mein Herz euch sieht.

Hieran knüpft sich die Idee, dass die Geliebte im Herzen des Liebenden wohne, in welcher Beziehung Rambaut von Orange scherzhaft sagt:[5]

> Euch, Herrin, kann ich ohne Kleid
> In meinem Herzen deutlich sehn.

Eine weitere Wirkung der Liebe ist eine gewisse Schüchternheit des Liebenden, die in den überwiegenden Vorzügen der Geliebten ihren Grund hat, und zuweilen so heftig ist, dass sie jenen der Sinne wie der Sprache beraubt. Wenige Züge des Minnelieds wiederhohlen sich so häufig, als dieser. Gaucelm Faidit:

---

[1] *Non es nuills jorns, qu'e mon cor non dissenda*
Una dolsors, que ven de mon pays.
'Si be-m sui loing.' Ms. [Gr. 366, 31.]

[2] III, 84 [Gr. 70, 87].

[3] III, 87 [Gr. 70, 33].

[4] III, 66 [Gr. 70, 41].

[5] III, 16 [Gr. 389, 1].

Manchmal pflegt es zu geschehn,
Dass, nachdem ich's wohl ermessen,
Ich bereit bin, euch zu flehn,
Doch hat euch mein Leib gesehn,
Dann ist alles rasch vergessen.[1]

Peire Raimon von Toulouse:[2]

Was thu ich? Ach, nichts wag' ich ihr zu sagen,
Nein, seh' ich sie, so steh' ich da, wie stumm.

Elias von Barjols:[3]

Wie ein Stummer steh' ich da
Vor der holdseligen Gestalt,
Vor ihr, der stets mein Sehnen galt;
Nicht zu sagen wag' ich ja,
(So halt' ich mein Herz verborgen)
Wie sehr ich ihr ergeben bin.

Pons von Capdueil:[4]

Nein nimmermehr, und lebt' ich tausend Jahr',
Entdeck' ich mich, will sie mich nicht vernehmen.

Bernart von Ventadour:[5]

Schau' ich sie an, man merkt's geschwind
An Augen, Farb' und Angesicht,
Ich fasse mich vor Schrecken nicht,
Und zitt're wie das Blatt im Wind.

Bertran von Born:[6]

Oft hat mich ihr Reiz belehrt,
Dass mich nichts ihr kann empfehlen:
Denn sie darf die Besten wählen,
Die man ehrt,
Ritter, Herrn, wenn sie begehrt.

---

[1] *Car maintas sazos m'ave,*
Q'ab tota fait' acordansa,
Domna, us cuig pregar de me,
E pueis quan mos cors vos ve,
M'oblit e non ai membransa.
         '*Al semblan del rei ties.*' Ms. [Gr. 167, 4.]
[2] III, 125 [Gr. 355, 2].
[3] III, 353 [Gr. 132, 1].
[4] III, 267 [Gr. 377, 5; ist Pons de la Garda].
[5] III, 45 [Gr. 70, 31].
[6] III, 137 [Gr. 80, 9].

Was die Wünsche der Liebenden betrifft, so sind sie im Ganzen bescheidner Art, wie die Natur der Verhältnisse es mit sich bringt. Die meisten begnügen sich mit einem huldvollen Blick, einem freundlichen Wort, einem geringen Geschenk; andre treten mit grössern Ansprüchen hervor. Peire Rogier: [1]

>Im Anschaun find' ich meinen Lohn,
>   Kein grössres Heil
>   Wird mir zu Theil,
>Doch hab' ich Freud' und Ehr davon.

Bernart von Ventadour:

>Ich steh zu ihr in Dienst- und Freundespflichten,
>Und bitte sie nur um die eine Huld,
>Geheim den schönen Blick auf mich zu richten,
>Denn der besänftigt meine Ungeduld. [2]

Guillem Ademar: [3]

>Ein Lächeln schon wär' mir genug.

Guillem von Saint-Didier: [4]

>Mich macht ein Faden ihres Handschuhs reich,
>Ein Haar auch, das ihr auf den Mantel fällt.

Guillem von Cabestaing: [5]

>Ach wann, Geliebte, wird die Stunde kommen,
>Wo ihr mir huldreich so viel Ehre zollt,
>Dass ihr nur einmal Freund mich nennen wollt?

Peyrol: [6]

>Rauben möcht' ich, oder mir
>Stehlen einen Kuss von ihr;
>Sollte sie drum Streit erheben,
>Wollt' ich ihr ihn wiedergeben.

---

[1] III, 32 [Gr. 356, 6].
[2] *Mi dons soi hom et amicx e servire,*
  E non l'enquier nuill autras amistatz,
  Mas c'a selat los sieus belz oillz me vire,
  Que gran be-m fai l'esgartz quan soi iratz.
      'Per descobrir.' Ms. [Gr. 70, 35.]
[3] III, 194 [Gr. 202, 12].
[4] III, 300 [Gr. 234, 3].
[5] III, 107 [Gr. 213, 6].
[6] V, 282 [Gr. 366, 12].

Arnaut von Marueil:[1]
>Wär' ich nur eines Abends dort,
>Wo sie sich zu entkleiden pflegt,
>Würd' ich als Wärter dann gehegt,
>So wünscht' ich keinen grössern Lohn.

Peire Rogier:[2]
>Das wär' mir ein grosser Trost,
>Wenn nur, wo sie sich entkleidet,
>Sie des Nachts mich wollte dulden.

Bernart von Ventadour sagt:[3] ich muss sterben vor Sehnsucht,
>Wenn in ihr Kämmerlein
>Sie mich nicht zu sich lässt,
>Damit ich, darf es seyn,
>Sie herz' und küsse, fest
>Den weissen Leib gepresst.

Allein diese Wünsche sind zu verwegen, denn wunderbarer Weise verbindet sich in ihr Grausamkeit mit Schönheit. Bernart von Ventadour:[4]
>Schau' ich ihr Angesicht,
>Der milden Augen Licht,
>Wie wundert' ich mich nicht,
>Dass sie doch grausam spricht?

Gaucelm Faidit:[5]
>Es wundert mich, da Klugheit sie beseelt,
>Reiz, Ehre schmückt, dass ihr die Liebe fehlt.

Desswegen vermag die geringste Gunstbezeugung den Dichter ausser sich zu versetzen. Peire Vidal:[6]
>Mehr hab' ich an einem Band
>Aus Raymbauda's eigner Hand,
>Als der König an Poitou
>Und an Tour und an Anjou.

---

[1] III, 211 [Gr. 30, 9].
[2] III, 28 [Gr. 356, 1].
[3] III, 59 [Gr. 70, 36].
[4] III, 53 [Gr. 70, 28].
[5] III, 289 [Gr. 167, 59].
[6] III, 325 [Gr. 364, 16].

Pons von Capdueil: [1]

> Eurer Huld, Geliebte, muss
> Ich gedenken für und für:
> Denn ein Lächeln gabt ihr mir
> Und im Stillen einen Kuss.
> Wenn ich ewig lebte — dessen
> Würd' ich nimmer doch vergessen.

Gaucelm Faidit:

> Als ich einen Kuss entzückt
> Auf den weissen Hals gedrückt . . .
>   Fühlte ich
>   Wonniglich
>   Mein Leid entrückt. [2]

Sichtlich ist der Wetteifer der Dichter, die Vorzüge ihrer Frauen in das hellste Licht zu setzen. Gleichwohl sind ausgeführtere Darstellungen ihrer Schönheit fast eben so selten, wie ausgeführtere Naturgemälde. Folgende Stelle ist aus einem Sendschreiben Arnaut's von Marueil: [3]

> Eur schönes dunkelblondes Haar[4],
> Die Stirne weiss und lilienklar,
> Das Auge, das sich regt und lacht,
> Die Nase grad' und wohlgemacht,
> Das blühend frische Angesicht,
> So weiss und roth sind Blumen nicht,
> Das Mündchen, schöne Zähne drein,
> Kein Silber ist so klar und rein,
> Und Kinn und Hals und Brust so weiss,
> Wie frischer Schnee und blühend Reis,
> Und dann die Hände schön und blank
> Zusammt den Fingern zart und schlank . . . .

---

[1] V, 357 [Gr. 375, 6].

[2] *Can li baisei dousamen*
Son bel col blanc avinen,
  Adonc frais
  Lo dous bais
Mo marrimen.
      'Gen fora contra.' Ms. [Gr. 167, 27.]

[3] III, 202 [Chrest.⁴ 96].

[4] [ursprünglich: dunkelbraunes.]

> So oft mein Herze denkt daran,
> So fasst mich solch Erstaunen an,
> Ich weiss nicht mehr, woher, wohin,
> Und wundre mich, dass ich noch bin.

Meist brauchen die Troubadours gewisse gesuchte Aussprüche und Gleichnisse, die eine unbeschränkte, doch gar zu allgemeine Lobpreisung enthalten. Peire Rogier: [1]

> Nacht wird zum freundlich klaren Tag,
> Wenn man ihr grad' ins Antlitz sieht.

Bernart von Ventadour: [2]

> Schön, wie die Natur sie schuf,
> Wüsste sie kein Mensch zu schildern.

Peire Vidal: [3]

> Denn ihr Reiz verfeint sich stets,
> Wie das Gold in Kohlengluth.

Derselbe anderswo: [4]

> Und wer sie preist, der erdichtet
> Nicht das Gute, das er sagt.

Guillem Ademar: [5]

> Und wer auf meine Freundin schilt,
> Der sagt die Wahrheit sicher nicht,
> Noch lügt, wer Gutes von ihr spricht.

Arnaut von Marueil: [6]

> Und käm' ein Hirt aus ihrem Land,
> Für einen Herrn säh' ich ihn an.

Raimon von Miraval: [7]

> Denn der rohste Mensch im Land,
> Der sie schauet oder sieht,
> Muss, sobald er weiter zieht,
> Artig seyn und voll Verstand.

---

[1] III, 38 [Gr. 356, 3].
[2] III, 81 [Gr. 70, 16].
[3] III, 325 [Gr. 364, 16].
[4] III, 318 [Gr. 364, 1].
[5] III, 195 [Gr. 202, 12].
[6] III, 226 [Gr. 30, 2].
[7] III, 359 [Gr. 406, 7].

Berengier von Palasol: [1]
>Zu schaun ihr schönes Angesicht,
>Erschlafft mein Auge nimmermehr,
>Und wenn der Tag ein Jahr lang wär'.

Bertran von Born: [2]
>Geehrt wär' selbst die röm'sche Kaiserkrone,
>Trügt ihr sie auf dem Haupt.

Uc von la Baccalaria: [3]
>Was einzeln nur an Frauen wird erkannt,
>Mild Lächeln, güt'ge Red', Anmuth, Verstand,
>Bildung und Einsicht und Geschicklichkeit,
>Und was noch sonst wahrhaften Werth begründet,
>Seh' ich in euch, erhabne Frau, vereint.

Guillem von Cabestaing: [4]
>Aus der eignen Schönheit Fülle,
>Schuf Gott gewiss diess Frauenbild,
>Und wollte mit der Demuth mild
>Zieren ihre reine Hülle.

Guiraudet der Rothe: [5]
>... Gott gab sich alle Mühe,
>Als er erschuf den liebevollen Leib.

Nur sie, die Unvergleichliche, kann den Sänger beseligen, was es auch sonst Erhabenes und Reizendes geben mag. Peyrol: [6]
>Ich möchte nimmer König seyn noch Kaiser
>Wenn ich nicht ferner denken dürft' an Sie.

Guiraut von Salignac: [7]
>Kein Kaiser und kein König ist auf Erden,
>Der sich darf freuen solcher Herrlichkeit,
>Als ich, wenn ihr mir nur gewogen seyd.

---

[1] III, 288 [Gr. 47, 8].
[2] III, 188 [Gr. 80, 19].
[3] III, 340 [Gr. 449, 5].
[4] III, 111 [Gr. 213, 1].
[5] III, 12 [Gr. 240, 4].
[6] III, 273 [Gr. 366, 3].
[7] III, 395 [Gr. 235, 1].

Gaucelm Faidit: [1]
>Nimmer wollt' ich ohne Sie
>Selber Herr von Frankreich werden.

Pons von Capdueil: [2]
>Ich möchte nicht das deutsche Reich besitzen,
>Wenn Audiart nicht meine Augen sähn.

Augier: [3]
>Gäbt ihr mir das, wovon ihr spracht: ja gern,
>So tauscht' ich nimmer mit Marocco's Herrn.

Guillem von Cabestaing: [4]
>Und wollte sie vom bunten Kleid
>Ein Fädchen günstig mir verleihn,
>Lebt' ich in grösster Seligkeit,
>Als wenn ein andres Weib bereit
>Mich aufnähm' in ihr Kämmerlein.

Arnaut von Marueil: [5]
>Sie wollt' ich eher ohne Hoffnung lieben,
>Als jede Lust mit einer andern üben.

Pistoleta: [6]
>Ich zieh' es vor, euch zu Gebot zu stehn,
>Als zu gebieten über andre Frauen.

Daude von Prades: [7]
>Weit lieber will ich um die Holde schmachten,
>Als sonstwo nehmen, was sie mir versagt.

Nicht allein ist die Angebetete über jede irdische Herrlichkeit, selbst über den Glanz eines Thrones erhaben, auch die göttlichen Dinge dürfen sich mit ihr nicht vergleichen:

---

[1] III, 291 [Gr. 167, 53].
[2] V, 353 [Gr. 375, 14].
[3] III, 105 [Gr. 37, 2].
[4] V, 196 [Gr. 242, 7].
[5] III, 214 [Gr. 30, 3].
[6] III, 228 [Gr. 372, 7].
[7] III, 414 [Gr. 124, 6].

drum ist es wichtiger, nach ihrer Huld, als nach der Gnade
des Himmels zu streben. Diess ist einer der durchgreifendsten Züge der romantischen Poesie überhaupt, der in der
sinnlichen Auffassung des Religiösen seinen Grund haben
mag, wiewohl diese Aeusserungen nicht allzu wörtlich genommen werden dürfen. Man höre Peire Raimon von Toulouse: [1]

> Stünde mir die Liebe bei,
> Dass sie meinem Werben
> Günstig sich bewies,
> Grössre Lust als Paradies
> Würd' ich dann erwerben.

Arnaut von Marueil: [2]

> Wenn Gott mir ihre Gunst verlieh,
> Gewiss, dann schien' mir gegen Sie
> Das Paradies ein wüster Ort.

Guillem von Cabestaing: [3]

> Wenn ich beständig
> Mich Gott so treu bewies,
> Nähm' er lebendig
> Mich in sein Paradies.

Peire Vidal:

> Herrin, ich glaube Gott zu sehn,
> Betracht' ich euren holden Leib. [4]

Raimon Jordan: [5]

> So begehr' und lieb' ich sie:
> Wenn ich nah dem Tode wär',
> Bät' ich Gott doch nicht so sehr,
> Dass er in sein Paradies
>   Ein mich liess,
> Als um eine Nacht
> Mit der Liebsten durchgebracht.

---

[1] III, 121 [Gr. 355, 10].
[2] III, 226 [Gr. 30, 2].
[3] III, 115 [Gr. 213, 5].
[4] *Bona dompna, dieu cuig vezer,*
    Quan lo vostre gen cors remir.
        'Qand hom es en autrui.' Ms. [Gr. 364, 39.]
[5] V, 380 [Gr. 404, 4].

Am weitesten geht ein gewisser übrigens unbekannter Troubadour Bertran in einer Tenzone mit Granet. Diese ist zu charakteristisch, als dass sie nicht im Auszuge gegeben werden sollte, wiewohl sie verderbt und dunkel ist. Granet tritt mit der Frage auf, warum Bertran nicht ablasse, eine Frau zu lieben, die ihm nicht die geringste Gunst erweise. Ueber dem Meere tobe der Antichrist und morde die Gläubigen; diesen möge er, eingedenk seines Seelenheils, zu bekriegen gehen, und der grausamen Herrin vergessen. Bertran erwiedert: 'Ich freue mich über die Fortschritte des Antichrists, denn er ist so gewaltig, dass er Holz in reines Gold verwandeln kann, und so wird er sicher die Spröde bekehren, wenn ich an ihn glauben und seine Gebote befolgen will. Nichts wünsche ich mehr, als dass er bereits bis diesseits Sardinien vorgedrungen wäre, denn durch seine Hülfe würde mein Leiden bald ein Ende nehmen.' In der folgenden Strophe wirft ihm Granet ein, dass er sich nicht nur an der Liebe versündige, wenn er sich mit Gewalt in den Besitz der Geliebten setzen wolle, sondern dass auch seine Seele verloren sey. Allein Bertran weiss sich zu helfen, er versetzt: 'Was einer auch thut, dem Tode zu entgehen, das kann ihm nicht zum Tadel gereichen: denn wahrlich, sie, welche die Krone der Schönheit trägt, lässt mich umkommen; welche Sünde wäre es darum, wenn sich mein Herz dem Antichrist ergäbe, der mir helfen könnte? Und wenn ich ihrer Schönheit wegen den Verstand verlöre, so würde Gott unrecht thun, wollte er mir diese Sünde nicht vergeben.' [1]

---

[1] *Pos anc no us val amors, senh' En Bertran,*
Perc' amas pus leis, que no us ama senha,
Que pus no us a valgut ja derenan,
No us cal aver respieg, que jois non venha:
Que outra mar aug dir, que Antecrist renha,
C'ap los seus ve, que totz sels ausiran,
Que nos volran covertir prezican;
Perqu'ie us cosselh, que de l'arma us sovenha,
E partes vos de leis, c'amar no us denha.

Wenn nun aber die Unvergleichliche trotz den ungemessenen Lobeserhebungen und der unwandelbaren Treue ihres Sängers unbewegt blieb, wenn dieser sah, dass er seine Lieder an eine Undankbare verschwende, so musste es wohl endlich zum Bruch kommen. Manchmal ist der Liebende diesem Schritt nah, allein er vermag ihn nicht zu thun. Bernart von Ventadour: [1]

> Sie zu lassen glückt mir nimmer,
> Denn die Liebe hält mich fest.

Folquet von Marseille: [2]

> Des Liebens wär' ich müde bald,
> Denn Kläffer sind mir zum Verdruss,
> Doch so umstrickt mich Liebsgewalt,
> Dass ich der Einen dienen muss.

Kommt es aber auch wirklich zur Trennung, so äussert

> Amicx Granet, quie-m tenc per ricx, sol c'ay
> (fehlt) .... so s'endevenha,
> Car Antecrist sai c'a de poder tan,
> Que ben pot far, si-s vol, aur fin de lenha:
> Doncx segurs soi, que ma dona-m destrenha,
> Si'l vuelh creire ni far tot son coman,
> E de may re non ai tan gran talan,
> Mas que el fos passatz de lai Sardenha,
> C'ab luy sui sertz, que totz mos mals revenha . . . .
>
> Ren c'om fassa per son estorsamen
> De mort, tortz es per cert, qu'il n'ochaizona,
> Et yeu era-n vengut al fenimen
> Per leys, que a de valen pretz corona;
> Cal tortz er doncx, si mos cors s'abandona
> Ad Antecrist, pos far me pot jauzen?
> E si pequi ni pert del tot mon sen
> Per sa beutat, tan play qui la-m fayssona,
> Mal fara dieus, s'aquest tort no-m perdona.
>   Ms. 2701. [Gr. 189, 5.]

[1] III, 47 [Gr. 70, 4].
[2] III, 151 [Gr. 155, 2].

sich auch hier die getäuschte Hoffnung selten anders, als mit Ruhe und Bescheidenheit; z. B. bei Cadenet: [1]

> Treu und voll Demuth zeigt' ich lange Zeit
> Mich gegen Lieb' und that, was sie befahl,
> Wie ich gekonnt, so dass trotz mancher Qual,
> Die ich ertrug, trotz manchem herben Leid,
> Ich nie mein Herz von der Geliebten wandte,
> Das ich in Redlichkeit ihr dargebracht,
> Bis ich an ihr den thör'gen Brauch erkannte,
> Der mich enttäuscht und andern Sinns gemacht.

Dagegen Folquet von Marseille: [2]

> Wie man ein hässlich Bildniss aus der Ferne
> Weit höher schätzt, als wenn man's nahe sieht,
> Schätzt' ich euch höher, als ich euch nicht kannte.

Ist es aber der Tod, der das Verhältniss zerreisst, dann fühlt sich der treue Sänger berufen, alle seine Kräfte zu einer recht würdigen Todtenfeier aufzubieten. Jetzt hat der Himmel den Preis der Tugend und Schönheit der Erde abgewonnen, die nun traurig und öde daliegt, sie, die noch vor wenig Augenblicken den Himmel mit seinen Engeln und Heiligen überstrahlte. Pons von Capdueil: [3]

> Es ist gewiss: dass uns entfloh ihr Geist,
> Darüber jauchzt die sel'ge Engelschaar;
> Man sagt ja, und geschrieben steht es klar:
> Der hat bei Gott Preis, wen die Erde preist.
> Das zeigt uns, dass im hehren Schloss sie wohnt,
> Und unter Lilien dort und Rosen thront;
> Gewiss muss sie, die nimmer falsch gewesen,
> Im Paradies vor allen seyn erlesen.

Die Klagelieder auf den Tod einer Freundin gehören, so wie die politischen Gesänge dieses Namens, mit welchen sie auch in der Einrichtung übereinstimmen, vermöge des ihnen eigenen poetischen Schwunges zu den besten Leistungen der Troubadours.

---

[1] III, 245 [Gr. 276, 1].
[2] III, 154 [Gr. 155, 21].
[3] III, 190 [Gr. 375, 7].

Zu dem Kreise des Minneliedes zählen wir auch die Romanze und das religiöse Lied.

Wenn man die Albas, so wie die zahlreichen Pastorellen, welche beide Dichtarten die erzählende Form beobachten, abrechnet, so kommt die Romanze äusserst selten vor.[1] Wir bemerken an ihr die subjective Darstellung als einen besondern Zug: entweder stellt sich nämlich der Dichter als unmittelbaren Theilnehmer an der Handlung, die er schildert, oder doch als Beobachter derselben dar, eine Eigenheit, die auch an der Novelle zu bemerken ist. Um von dem Geiste des erzählenden Liedes einen Begriff zu geben, möge eine Probe von Marcabrun hier folgen; sie zeigt uns eine der Wunden, welche die Kreuzzüge so manchem friedlichen Verhältnisse schlugen.[2]

168
    Im Garten an der Quelle Rand,
    Wo Rasen grünte dicht am Sand,
    Am Fruchtbaum, wo man Kühlung fand,
    Der, voll von neu erwachtem Sang,
    Im Schmuck der weissen Blüthen stand,
    Da war's, wo einsam sich befand
    Sie, die mein Kosen nicht begehrt.[3]

    Ein Fräulein in der Schönheit Zier,
    Des Burgherrn Tochter, traf ich hier;
    Sie freut sich wohl, so dacht' ich mir,
    Am frischen Lenz und Liederklang
    Und an dem grünen Lustrevier,
    Und reden wollt' ich schon zu ihr,
    Da, merkt' ich, war es umgekehrt.

    Vom Weinen war ihr Aug' entstellt,
    Von Seufzern ihre Brust geschwellt:
    'O Jesus — sprach sie — Herr der Welt,
    Du bist an meinem Jammer Schuld,
    Dein Schimpf hat mir mein Glück vergällt:
    Denn all die Besten dieser Welt
    Ziehn aus für dich, da du's verlangst.'

---

[1] [Ueber volksthümliche Romanzen, von denen einzelne Fragmente sich erhalten haben, vgl. Gr. § 6; über kunstmässige Gr. § 26, 1—3.]

[2] III, 375 [Gr. 293, 1].

[3] [ursprünglich: Sie, die mir keinen Trost gewährt.]

'Dir hat sich auch mein Freund geweiht,
Den Anmuth ziert und Tapferkeit,
Nichts bleibt mir hier, als bittres Leid,
Als Thränen nur und Ungeduld.
Dem König Ludwig werd' es leid,
Der alles aufruft weit und breit,
Und mir nichts schafft als Herzensangst!'

Kaum merkt' ich, wie betrübt sie war,
So kam ich zu der Quelle dar.
'O Schöne — hub ich an — fürwahr,
Vom Weinen wird die Haut getrübt,
Und Gram ist unnütz offenbar,
Denn wer es blühn lässt Jahr für Jahr,
Erfreut auch ein bedrängt Gemüth.'

'Herr — sprach sie drauf — das mag wohl seyn,
Dass Gott von aller Noth und Pein
In jener Welt mich will befrein,
Er, der den Sündern oft vergiebt;
Doch hier büss' ich den Liebsten ein;
Auch ihn muss ich der Kälte zeihn,
Da er so weit von dannen zieht.'

Das religiöse Lied erscheint bei den Troubadours als Nebensache, und kann von Seiten seines Werthes auf keinen hohen Rang Anspruch machen; doch finden sich ein paar Canzonen, die man den besten lateinischen Kirchenliedern an die Seite setzen darf. Wiewohl die Religionspoesie in erzählender und belehrender Form auch von den Dichtern occitanischer Zunge nicht vernachlässigt wurde, so widmeten sie doch dem religiösen Liede keine sonderliche Pflege; die Zahl der uns aufbewahrten Beispiele ist daher sehr gering.[1] Freilich fehlte es an jeder äusseren Auffoderung zu dieser Dichtungsart: die Kirche konnte sie nicht brauchen, und die Gesellschaft wollte sie nicht hören; sie blieb also auf die enge Zelle und gewöhnlich auf einen spätern Lebensabschnitt des Dichters beschränkt.

Der Liebesbriefe möge hier nur gedacht und bemerkt werden, dass sie mit Ausschluss der Form alle Züge

---

[1] [Vgl. Gr. § 27. Ein Gedicht von den sieben Schmerzen Marias: Romania 1, 409 ff. Strophen an den heil. Geist im auvergnatischen Dialekt: Romania 8, 211 ff. Ein Marienlied noch Suchier, Denkmäler S. 295 f.]

des Minneliedes tragen. Arnaut von Marueil glänzt in diesem Fache.[1]

2. Das Sirventes.

Wenn sich der Dichter in dem Minnelied auf den engeren Kreis zärtlicher Empfindungen beschränkt, so betritt er in dem Sirventes ein weites Feld, um Gefühle und Gedanken anderer Art zu entfalten. Das Sirventes führt ihn gleichsam aus der häuslichen Enge auf das Forum oder den Kampfplatz, wo er das Schlechte angreifen, das Rechte vertheidigen, irgend eine Parthei oder auch sein eignes Handeln verfechten soll.

Das Sirventes ist so alt wie das Minnelied, denn es findet sich schon bei dem Grafen von Poitiers. Unbestreitbar macht es für uns, in Betracht seines historischen Werthes, den wichtigsten Theil dieser Litteratur aus, nicht so sehr, weil es einige unbekannte Thatsachen überliefert, sondern vorzüglich, weil es ein unmittelbarer Verkündiger der Ansichten und Urtheile einer denkwürdigen Vergangenheit ist, eine ungetrübte Stimme ihres Geistes, welche zuweilen vernehmlicher spricht, als die That. Das zeigt sich, wenn man die Anfälle gegen die Geistlichen, den päpstlichen Stuhl, gegen die verheerenden Ketzerkriege, oder die französischen Unterdrücker betrachtet. Auch jene seltnern Gesänge, die von historischen Personen in bedenklichen Lagen gedichtet wurden, sind, wenn auch nicht von hoher Wichtigkeit, doch von bedeutendem Interesse, und so möchte wohl niemand das Klagelied König Richards im Kerker ohne Theilnahme lesen.

Das Sirventes stellte den Dichter auf eine höhere Stufe der Gesellschaft, es machte ihn des Umganges mit den Grossen würdig, und ohne Zweifel entsprang aus dieser Stellung die grosse Vertraulichkeit, die man zwischen den Mächtigen und ihren Hofsängern bemerkt. Dieses Verhältniss beschränkt sich zwar nicht auf die Geschichte der provenzalischen Dichtkunst; das Gleiche oder Aehnliche findet sich auch anderwärts, allein nirgends zeigt es sich in einem

---

[2] [Vgl. Gr. § 29.]

so anziehenden Lichte als hier. Der Hofdichter verhielt sich zu dem Fürsten als dessen Freund, Rathgeber, Vertheidiger, eine Stelle, die ihm, dem vielgereisten, weltgewandten, in die Verhältnisse mancher Höfe eingeweihten gar wohl gebührte. Peire, König von Aragon, hielt es nicht für zu gering, mit seinem Hofdichter Lieder zu wechseln, ihm in schwierigen Fällen seine Klagen und Hoffnungen mitzutheilen.[1] Nicht minder traulich war, um noch diess Beispiel anzuführen, das Verhältniss zwischen dem Markgrafen von Montferrat und Rambaut von Vaqueiras, der jenem, seinem Herrn, nie von der Seite kam, seine Geheimnisse wusste, und sich den Zeugen, Ritter und Hofdichter desselben nennt.[2] Dieses Ansehen, das ein Dichter erlangen konnte, erklärt sich aus der Gewalt der Poesie zu einer Zeit, die sich mehr zum Empfinden als zum Denken neigt, und wo an der Stelle der Gerechtigkeit die Leidenschaft mit ihren gewaltigen Wirkungen den Meister spielt. In einer solchen Zeit musste es den Grossen von Wichtigkeit seyn, diejenigen, die in der Gabe des Gesanges eine mächtige Waffe besassen, an sich zu fesseln, um durch sie ihre Rechte zu vertheidigen, und die Ansprüche ihrer Gegner anzugreifen, kurz, um den öffentlichen Geist für sich zu stimmen. Die Dichter ihrerseits fühlten die Vortheile ihrer Stellung gar wohl; Peire Vidal sagt z. B., er habe sich zum ungarischen König Amalrich begeben, der ihn als Diener und Freund hege und grosse Ehre damit ärndten werde, denn er könne des Königs Lob der ganzen Welt verkündigen, und den Ruhm desselben erhöhen.[3]

---

[1] S. das Sirventes *Peire Salvagg' en greu pessar.* IV, 217 [Gr. 325] und des Dichters Antwort V, 332 [Gr. 357].

[2] II, 262 [MW. 1, 384].

[3] *M'en anei en Ongria*
Al bon rei 'N Aimeric,
On trobei bon abric,
Et aura-m ses cor tric
Servidor et amic.
 Et aura i gran honor,
Si m'a per servidor,
Qu'ieu puesc far sa lauzor

172 Auch suchten die Troubadours diess Ansehn zu behaupten, indem sie sich als die Sittenrichter der Zeit darstellten und als solche sich erkühnten, selbst demjenigen Stande, der sich für den Inhaber aller Weisheit ausgab, der Geistlichkeit, den Text zu lesen. Am deutlichsten sagt diess ein gewisser Guillem Anelier von Toulouse:[1]

> Ganz dem Dienst des Herrn ergeben,
> Der Erlösung uns erwarb,
> Schmerzvoll an dem Kreuze starb,
> Sag' ich Wahrheit ohne Beben.

Aehnlich Granet, um seinen Tadel gegen den gefürchteten Grafen Karl von Anjou zu rechtfertigen:[2]

> Graf Karl, leiht mir Gehör, ihr sollt vernehmen
> Ein Sirventes, das lautre Wahrheit spricht!
> Die Guten zu erhöhn ist meine Pflicht,
> Nicht minder auch, die Bösen zu beschämen;
> Und schützen müsst ihr mich in meinem Recht:
> Denn jeden Fehl zu rügen liegt mir ob,
> Und wer mir schadete bei dem Bemühn,
> Den hättet ihr zur Rechenschaft zu ziehn.

Dieses Amt des Sittenrichters erfodert Freimüthigkeit und Gerechtigkeit; weder Drohungen noch Verheissungen von Seiten der Machthaber dürfen den Dichter bestechen. Daher sagt Pons Barba:[3]

173
> Treulos ist ein Dienstgedicht,
> Das nicht frei von Art und Pflicht
> Der Kleinen und Gemeinen spricht,
> Noch auch der Leute von Gewicht.

Bernart von Rovenac:[4]

> Nichts soll Gab' und Lohn mir gelten,
> Nichts auch Dank und Gunst

Per tot lo mon auzir,
E son pretz enantir
Mais d'autr'om qu'el mon sia.
    '*Ben riu a gran dolor.*' Ms. [Gr. 364, 13.]

[1] IV, 271 [Gr. 204, 2].
[2] IV, 237 [Gr. 189, 1].
[3] V, 351 [Gr. 374, 2].
[4] IV, 203 [Gr. 66, 3].

> Mächt'ger Herrn voll falscher Kunst,
> Nein, ich denke sie zu schelten
> Ihrer Schlechtigkeit gemäss.

Bertran von Born:[1]

> Ich dicht' ein neu gefällig Rügelied,
> Wie keins mir glückte; Furcht soll mir nicht wehren,
> Frei auszusprechen, was man hier sich sagt.

Dass sich diese löbliche Unpartheilichkeit nicht immer auf jene Dichter erstreckte, die im Dienste eines Grossen standen, liegt in der Natur der Sache.

Das Sirventes wurde, wie das Minnelied, durch die Spielleute an den Höfen musikalisch vorgetragen, und konnte auf diese Weise bald zur Kunde der Welt gelangen; zuweilen drückt der Dichter die Absicht aus, ein Sirventes, von dem er irgend eine Wirkung erwartete, rasch und allgemein zu verbreiten, wie Bertran von Born an einigen Stellen thut.[2] Diejenigen Gedichte dieser Art, die, sey es auch tadelnd, an eine Person gerichtet waren, wurden ihr von den Verfassern wahrscheinlich geradezu übersandt. Der jüngere Bertran von Born sagt wenigstens in einem Liede gegen Johann ohne Land:[3]

> Und weil mir alles günstig scheint,
> Dicht' ich ein wüthend Sirventes,
> Und zum Geschenke send' ich es
> Johann dem König, ihm zur Scham.

Auch Elias Cairel erklärt, er wolle sein Rügelied dem Grafen Wilhelm von Montferrat, den es betrifft, zuschicken.[4]

Was die Wirkung des Sirventes belangt, so versteht es sich, dass sich die Grossen, so wie die Welt überhaupt von den Dichtern nicht regieren liessen; indessen giebt es Fälle, wo sich eine grössere oder geringere Wirkung der Poesie voraussetzen lässt. Hierher gehören die zahlreichen Auffoderungen zu den Kreuzfahrten, die wenigstens als

---

[1] IV, 181 [Gr. 80, 42].
[2] IV, 148. 177 [Gr. 80, 13. 29].
[3] IV, 200 [Gr. 81, 1].
[4] IV, 293 [Gr. 133, 9].

Nachhall der Kreuzpredigten von Einfluss gewesen seyn müssen. Auch scheinen die feurigen, das Ehrgefühl gewisser Fürsten reizenden Gesänge Bertran's von Born ihre Absicht nicht immer verfehlt zu haben; er selbst sagt: [1]

> Da sich die Freiherrn[2] härmen und sich grämen,
> Verstimmt von beider Kön'ge Friedensschluss,
> Dicht' ich ein Lied, das, wenn sie es vernehmen,
> Sie ungesäumt zum Kriege reizen muss.

Dass man die Angriffe der Dichter nicht mit Gleichgültigkeit betrachtete, das geht daraus genügend hervor, dass man sich dagegen zu rechtfertigen suchte; theils thaten diess die Grossen selbst, wenn sie von ihres Gleichen angegriffen wurden, theils übernahm ein verpflichteter Sänger die Antwort, wenn die Verunglimpfung von einem andern Sänger ausgegangen war; und so zogen heftige Rügelieder eben so heftige Erwiederungen nach sich. Ausserdem geschah es wohl auch, dass der beleidigte Fürst den Dichter seine weltliche Uebermacht fühlen liess. Bertran von Allamanon hatte Karl von Anjou, seinen Oberherrn, poetisch angegriffen: dieser, dem die provenzalische Poesie wenig am Herzen lag, gab sich nicht die Mühe ihm zu antworten, sondern strafte ihn durch den Verlust eines Zolles, den er zu erheben berechtigt war, und erst als Bertran ein dem Grafen wohlgefälliges Sirventes gedichtet hatte, wurde er wieder in den Besitz seiner Einnahme gesetzt. Marcabrun soll seine Schmähungen gar mit dem Leben bezahlt haben.[3]

Diese poetische Gattung bewegt sich in einem sehr grossen Wirkungskreise; sie behandelt alle Gegenstände des Lebens mit Ausschluss der Liebe und Religion; in dieser Vielseitigkeit aber zeigt sie überall denselben Charakter. Dieser besteht in einem bittern, oft schneidenden Tone, der gerne Persönlichkeiten einmischt, und einer Leidenschaftlichkeit, welche sich mit dem Standpunkt der Satyre nicht verträgt; selbst das Loblied ist nicht frei von dieser Bitter-

---

[1] IV, 170 [Gr. 80, 31].
[2] [Freiherrn, unterstrichen.]
[3] V, 251 [MW. 1, 48].

keit, indem es den Gegensatz herbeizieht, und den einen auf Kosten des andern zu erheben sucht. Der Geist dieser ganzen Gattung zeigt sich nirgends auffallender, als in der ästhetischen Critik, von welcher mehrere Beispiele vorhanden sind; diese tadelt einen Dichter nie, ohne seine Person anzugreifen, ihm seine Abkunft, seine Armuth, seine Gestalt und andere Zufälligkeiten zum Vorwurf zu machen.

Wir theilen das Sirventes in das politische, das moralische und das persönliche. Das erstere beschäftigt sich mit den Welthändeln, das zweite mit Sitten und Missbräuchen, das dritte ist persönlichen Angelegenheiten gewidmet, und lässt sich zuweilen auch zu dem politischen rechnen, wie sich denn überhaupt die Gränzen der verschiedenen Abtheilungen nicht streng genug ziehen lassen. Es ist nichts seltnes, dass der Dichter auch seine Liebesangelegenheiten in das Sirventes mischt, so dass es zweifelhaft bleibt, ob das Gedicht als solches oder als Canzone zu betrachten ist; dass man dergleichen Lieder Sirventes-Canzonen oder gemischte Gesänge nannte, wurde oben gezeigt. Wenn die Liebe den Dichtern anderwärts als Schöpferin des Gesanges, als begeisternde Muse gilt, so kann das Sirventes ihrer entbehren, wie Bertran von Born sagt:[1]

> Wer nicht verliebt ist, singt kein Minnelied,
> Drum dicht' ich frisch ein neues Sirventes.

Ueber jede Abtheilung des Sirventes folgen hier einige Bemerkungen, die nicht das Ganze umfassen, sondern Einzelnes hervorheben sollen.

1) Das politische Sirventes beschäftigt sich gewöhnlich mit vaterländischen Angelegenheiten. Es verfolgt verschiedene Richtungen, unter diesen bemerkt man das Kampflied, den Aufruf, den Lobgesang und das Rügelied. In beiden erstern weht besonders jener ritterlich kriegerische Geist, der den schönsten Abschnitt des Mittelalters bezeichnet, in seiner ganzen Ursprünglichkeit, und versetzt den Leser unmittelbar in ein anderes Weltalter. In dem

---

[1] IV, 179 [Gr. 80, 34].

Kampflied wird die Lust an Kampf und Fehde mit Begeistrung ausgedrückt, das Getümmel der Schlacht kräftig und wahr geschildert. Bertran von Born, einer der Meister des Sirventes, hat diese kriegerischen Gefühle in einem eigenen Liede entfaltet, wovon zwei Strophen den Geist aller jener Gesänge vertreten mögen:[1]

> Manch farb'gen Helm und Schwert und Speer
> Und Schilde schadhaft und zerhaun
> Und fechtend der Vasallen Heer
> Ist im Beginn der Schlacht zu schaun;
>   Es schweifen irre Rosse
> Gefallner Reiter durch das Feld,
> Und im Getümmel denkt der Held,
>   Wenn er ein edler Sprosse,
> Nur wie er Arm' und Köpfe spellt,
> Er, der nicht nachgiebt, lieber fällt.

177
> Nicht solche Wonne flösst mir ein,
> Schlaf, Speis' und Trank, als wenn es schallt
> Von beiden Seiten: drauf hinein!
> Und leerer Pferde Wiehern hallt
>   Laut aus des Waldes Schatten,
> Und Hülferuf die Freunde weckt,
> Und Gross und Klein schon dicht bedeckt
>   Des Grabens grüne Matten,
> Und mancher liegt dahin gestreckt,
> Dem noch der Schaft im Busen steckt.

Folgendes Kriegslied ist gemässigter, allein sinnreich und von Seiten der Form ausgezeichnet. Es rührt her von einem gewissen sonst wenig bekannten Bernart von Auriac, und betrifft einen Kriegszug, welchen Karl von Valois gegen Peire III, Grafen von Barcelona und König von Aragon, wegen dessen mittelbarer Theilnahme an der sicilianischen Vesper (1282) veranstaltete. Der Dichter ist auf französischer Seite:[2]

> Der König reich an Ruhm und Ehr'
> Lässt hoch und hehr
> Sein Banner drohn:

---

[1] II, 212 [Gr. 233, 1].
[2] IV, 241 [Gr. 57, 3].

Drum schaut man bald zu Land und Meer
  Der Lilien Heer,
  Auch freut mich's schon,
Dass Aragon Franzosenbrauch
  Erkennt und auch
Der karge catalan'sche Gauch
Die Blumen sieht, die Blumen hoch entsprossen!
Ja, hören wird man bald in Aragon
Oïl und *nenil* anstatt des *oc* und *non*.

Und wer gern diese Blumen bricht,
  Der kennt noch nicht
  Der Gärtner Macht,
Die manchen Herrn, der sie verficht
  Nach Hüters Pflicht,
  In Wehr gebracht;
Drei so gewalt'ge Gärtner drohn,
  Dass einer schon
Spricht Barcelona's König Hohn,
Und haben Gott und Glauben zu Genossen,
Und, sind sie über'm Canego, habt Acht,
Wird Schloss und Haus dem Boden gleich gemacht!

Ihr Catalanen seyd geehrt,
  Dass reich bewehrt
Euch Frankreichs Herr zu sehn begehrt,
Der euch einmal zu prüfen sich entschlossen,
Zu absolviren euch mit Lanz' und Speer,
Denn Kirchenbann und Fluch drückt euch zu schwer.

Unter den Gärtnern versteht der Dichter, ausser Karl von Valois, Philipp den Kühnen und Karl von Anjou. — Das Turnierlied, welches man hieher rechnen kann, besingt die kriegerischen Ritterspiele mit nicht geringerem Feuer; doch kommt diese Gattung selten vor.[1]

Unter denjenigen Sirventesen, die einen Aufruf zu irgend einer Unternehmung zum Zwecke haben, steht das Kreuzlied oben an. Wir müssen es als einen glücklichen Umstand betrachten, dass uns jene Originalgesänge nicht verloren sind, welche die Stimme der Nation rein, kräftig und in gefälliger Form aussprechen, und welche nicht ohne

---

[1] [Vgl. Gr. § 28, 16. 17 und Suchier, Denkmäler S. 323. 555].

Einfluss auf jene Weltbewegung verhallen konnten. Man bedenke, dass diese Gedichte, welche alles, was jener Zeit heilig und theuer war, in Anregung brachten, in glänzenden Ritter- und Frauen-Gesellschaften gesungen, dass manche Herrn darin mit Namen aufgefodert und gleichsam an der Ehre angegriffen wurden. Die ältesten dieser Lieder, welche auf uns gekommen sind, entstanden kurz vor dem dritten Kreuzzug: denn sie erwähnen sowohl der Eroberung Jerusalems durch Saladin (1187) als der Streitigkeiten Philipp Augusts und Heinrichs II, welche diesem Kreuzzuge unmittelbar vorausgingen; die jüngsten reichen über das Jahr 1270 hinaus, da sie den Tod Ludwigs des Heiligen beklagen. Man bemerkt an diesen Gedichten dieselbe Einfachheit des Gedankens, wie sie der Poesie der Troubadours eigen ist; der Werth derselben beruht auf der Energie des Vortrags. Dem Wesentlichen nach lassen sich die Ideen des Kreuzliedes auf folgende zurückführen, die sich bereits in den Kreuzpredigten vorfinden: Gott hat für uns gelitten, wir müssen ihm seine Liebe vergelten; so erwerben wir, indem wir diess nichtige Erdenleben opfern, die ewige Glückseligkeit: das hat uns der Papst, der wahrhaftige Stellvertreter Gottes, verheissen, wer dem Rufe Gottes nicht folgt, der zittre vor dem Weltgericht! — Zur Charakteristik des Kreuzliedes sind einzelne Stellen nicht geeignet, da sie den Schwung und die Beredsamkeit dieser Gesänge nicht wiedergeben würden; nur ein vollständiges Lied kann den Geist dieser Poesie in das gehörige Licht setzen. Das folgende von Pons von Capdueil [1] bezieht sich auf den dritten Kreuzzug.

180   Nunmehr sey unser Hort und Zuversicht
       Wer die drei Kön'ge liess zum Ziel gelangen,
       Da er uns huldreich einen Weg verspricht,
       Auf dem der Mensch, wie schwer er sich vergangen,
       Folgt er nur fromm, Vergebung soll erlangen [2],

---

[1] IV, 90 [Gr. 375, 2].

[2] *Eis autem qui corde contrito et humiliato spiritu itineris hujus laborem assumpserint et in poenitentia peccatorum et fide recta decesserint, plenam suorum criminum indulgentiam et vitam pollicemur*

Und wessen Herz jetzt Geld und Gut besticht,
So dass er bleibt, der zeigt sich als ein Wicht:
Denn keiner dünkt mir reich bei allem Prangen,
Der Gott und Ehr' verliert in Furcht befangen.

Fürwahr, er ist bethört, wenn man das Wort
Des Herrn betrachtet, der uns aufgegeben,
Ihm nachzufolgen treu von Ort zu Ort,
Die Freunde fliehend und ein weichlich Leben.
Jetzt ist es an der Zeit, dem nachzustreben!
Denn wer dort stirbt, hat mehr, als lebt' er fort,
Und minder, wer hier lebt, als stürb' er dort;
Wer edel stirbt — nichts taugt ja, feig zu leben —
Besiegt den Tod und lebt dann ohne Beben.

Wer sich dem Kreuz demüth'gen Herzens naht,
Der wird durchs Kreuz Vergebung auch erwerben,
Am Kreuze sühnte jede Missethat
Er, der den guten Schächer noch im Sterben
Begnadigte, den Bösen liess verderben,
Longin verzieh, da er um Gnade bat —
Er, der am Kreuz das Werk der Rettung that,
Und uns zum Heil empfing den Tod, den herben:
Wer das ihm nicht vergilt, stürzt in's Verderben.

Wer alle Länder über'm Meer besiegt   181
Und Gott nicht ehrt, dem frommt nicht sein Beginnen;
Denn Alexander, der die Welt bekriegt,
Nahm nichts als ein Stück Laken mit von hinnen.
Wer Gutem Böses vorzieht, ist von Sinnen:
Denn für ein Glück, das ihn nur kurz vergnügt,
Giebt er eins hin, das Tag und Nacht genügt.
Habsücht'ge Thoren, die sich nie besinnen,
Dem Geize fröhnen, und doch nichts gewinnen![1]

Für edel gilt kein Held zu dieser Zeit,
Der Kreuz und Grab nicht Hülfe eilt zu bringen;
Mit Waffenschmuck, mit Muth, mit Zierlichkeit
Und dem, was gut und schön vor allen Dingen,
Vermag man Heil und Ehre zu erringen

---

aeternam. Gregor VIII. epist. I. ad omnes Christi fideles. Mansi XXII, p. 527.

[1] *Nec dicimus, dimittite, sed praemittite quae habetis ... et non timeatis, dare terrena et pauca et breviter duratura, quibus illa bona promissa sunt et reposita.* Ibid.

Im Paradies. O, wären mehr bereit
Die Herrn und Könige zum edlen Streit,
Dass sie der Pein des Höllenpfuhls entgingen,
Wo Sünder ewiglich in Qualen ringen!

Wen Alter oder Krankheit auch beschwert,
Der muss sein Gold den Kämpfern nicht versagen,
Denn falls ihm Lauheit nicht die Fahrt verwehrt,
So thut er wohl, zum Zuge beizutragen.[1]
Ach, was wird vor dem Weltgerichte sagen
Wer pflichtvergessen nicht von dannen fährt,
Wenn Gott spricht: 'die ihr falsch seyd und verkehrt,
Für euch ward ich getödtet und geschlagen'?
Dann wird auch der Gerechteste verzagen!

182 Dass dieser Eifer, den die Dichter zeigen, kein erkünstelter war, wird dadurch bestätigt, dass sie selbst grossentheils das Kreuz nahmen. So viel über diese Abtheilung des Sirventes.

Der Lobgesang ist meist dem Gönner gewidmet; neben seinen politischen Tugenden wird besonders seine Freigebigkeit gepriesen. Der ausschliessliche Lobgesang auf Lebende ist nicht gewöhnlich, der Troubadour pflegt seine Lobpreisungen in Sirventese mancherlei Art einzumischen. Unter den Lobgesängen verdient das Klagelied von Seiten seines dichterischen Werthes hervorgehoben zu werden. Der Dichter beklagt darin den Todesfall einer gewöhnlich historischen Person in den erhabensten Tönen, deren jene Poesie fähig war; es herrscht eine tiefe Trauer in diesen Gesängen, welche oft bis zum leidenschaftlichen Schmerz gesteigert wird, und so für die Wahrheit der Empfindung zeugt. Freilich war der Verstorbene alsdann der Gönner und Beschützer des Dichters, der ihm nun dankbar die letzte Ehre erweist. Man höre Aimeric von Bellinoi:[2]

---

[1] *Et non praecipimus aut suademus, ut senes aut imbecilles et usui armorum minime idonei hoc iter arripiant . . . Divites inopibus subveniant et expeditos ad bellum de suis facultatibus secum ducant.* Roberti Mon. histor. Hierosol. in Gesta dei per Francos p. 33.

[2] IV, 59 [Gr. 9, 1].

> Derselbe Trieb bewegt mich zum Gesange,
> Der auch den Schwan bewegt in Todesnoth,
> Nur ist's bei mir des edlen Gönners Tod,
> Um den mein Lied ertönt im Trauerklange,
> Herrn Ono Sanchitz — wär's nicht unerlaubt,
> So hätt' ich mir das Leben schon geraubt.

Eben so leidenschaftlich ist das in dem Klagelied gespendete Lob. Aimeric von Peguilain:[1]

> Jetzt muss die Ehre einsam weinend ziehn,
> Von jedermann verstossen und verkannt;
> Da Fürsten, Kön'ge alles Edle fliehn,
> Wird keiner sie an seinem Hof empfangen,
> Jetzt thut die Unehr' gänzlich nach Verlangen,
> Da Ehre wich aus ihrem Vaterland.

Gewöhnlich werden erbauliche Betrachtungen eingestreut. Gaucelm Faidit:[2]

> Der Mensch muss wohl erwägen und bedenken,
> Dass weder Stand noch Geist noch edles Streben
> Auf dieser Welt des Todes Macht beschränken:
> Denn, kaum geboren, stirbt man nach und nach,
> Und nähert sich dem Tode Tag für Tag,
> Drum kann ein Thor nur baun auf dieses Leben.

Am Schlusse pflegt der Dichter die Seele des Erblichenen Gott und seinen Heiligen zu empfehlen. Paulet von Marseille sagt:[3]

> Gott, der am Kreuze litt durch unsre Schuld,
> Er, der den Frommen seinen Schutz verleiht,
> Vergeb' auch ihm nach seiner Gnad' und Huld,
> Und nehm' ihn auf in seine Herrlichkeit,
> So wie auch er die Fremden mit Verlangen
> An seinem Hof, dem fröhlichen, empfangen;
> Der heil'ge Geist beschirm' und führ' ihn dort,
> Wie er auch war der Ehre Stern und Hort.

Das historische Rügelied ist das vielseitigste in der Reihe der Sirventese: es tadelt das Verfahren eines Fürsten, eines Volkes und zeigt ihnen den Weg der Ehre und Ge-

---

[1] V, 13 [Gr. 461, 234].
[2] IV, 56 [Gr. 167, 14].
[3] IV, 75 [Gr. 319, 7].

184 rechtigkeit. An dieser Gattung ist die Litteratur am reichsten. Das Rügelied ist selten gemässigt, meist bitter, und zuweilen mit Hohn oder Drohungen gemischt. Lanfranc Cigala sagt am Schlusse eines Sirventes gegen Bonifaz, Markgrafen von Montferrat: [1]

> Ehrloser Markgraf, seyd des Teufels Knecht,
> Denn dem Gebieter weih' ich euch mit Recht.

Einem andern Markgrafen von Montferrat, Wilhelm, der keine Lust bezeigte, Thessalonich, seines Vaters Erbe, zu erobern, ruft Elias Cairel zu: [2]

> Markgraf, Clugny's Genossenschaft
> Sollt' euch die Herrschaft jetzt verleihn,
> Wo nicht, Citeaux zum Abt euch weihn,
> Denn gänzlich seyd ihr ohne Kraft:
> Drum könnt ihr für zwei Ochsen, einen Wagen
> Zu Montferrat, dem Kaiserthum entsagen.
> Wahr ist's, dass gleich den Füchsen in ein Loch
> Des Leoparden Sohn sich nie verkroch.

Der wilde Bertran von Born droht seinem Gegner mit diesen Worten: [3]

> Nach Perigueux, so nah daran,
> Als ich die Streitaxt schleudern kann,
> Komm' ich zu Ross, bewehrt zum Strauss,
> Und wagt der Schlemmer sich heraus,
> Soll mein Schwert es ihm verbittern,
> Denn sein Gehirn misch' ich ihm kraus
> Auf dem Kopf mit Eisensplittern.

2) Weniger zu bemerken giebt das persönliche Sirventes, das mit dem politischen häufig zusammenfällt. Besonders schätzbar ist es, insofern es Beiträge zu den 185 Lebensgeschichten und der Charakteristik der Troubadours liefert; dazu sind diejenigen Lieder vorzüglich geeignet, worin der Verfasser mit Ruhe und Mass von sich selbst redet, sein Gemüth ausspricht, oder seine Ansichten über

---

[1] IV, 212 [Gr. 282, 6].
[2] IV, 293 [Gr. 133, 9].
[3] IV, 142 [Gr. 80, 44].

einzelne Gegenstände darlegt. Diese Bekenntnisse sind mitunter von ziemlich poetischem Gehalte. Allein die Besonnenheit verlässt den Dichter fast jederzeit in denjenigen Sirventesen, die einen Angriff oder eine Selbstvertheidigung enthalten; jene Leidenschaftlichkeit, die der Poesie der Troubadours überhaupt eigenthümlich ist, zeigt sich hier in den grellen Farben der schonungslosesten Verhöhnung. In diesem Geiste hat Garin von Apchier in mehreren Liedern seinen Jongleur angegriffen; eins derselben schliesst also: [1]

>Kein Ehemann braucht ihn zu scheun,
>Und ängstlich auf sein Weib zu sehn,
>Lass' er sein Werben kühn geschehn
>Und ihn sich ihres Umgangs freun:
>Denn schnitzt aus dürrem Holz ihn nur,
>So trefft ihr richtig die Figur
>Ganz ohne Farbe, Haut und Saft
>Und ohne Jugend, ohne Kraft;
>Wo diese Missgestalt tritt ein,
>Braucht's keinem Ehmann angst zu seyn.

3) Das moralische Sirventes, welches die Gebrechen der Zeit überhaupt oder einzelner Stände rügt, ist gleichfalls heftig und nicht selten ein Ausbruch des bittersten Ingrimms. Weder die Geistlichkeit noch das Oberhaupt der Kirche wird geschont; die Freiheit, mit welcher diese mächtige Classe der Gesellschaft angegriffen wird, muss in Verwundrung setzen. Allein es darf nicht unbemerkt gelassen werden, dass die Troubadours, besonders der spätern Zeit, starke ghibellinische Grundsätze hegten. Diese Erscheinung ist historisch leicht zu erklären; denn theils betrachteten wenigstens die eigentlichen Provenzalen den Kaiser als ihren Oberherrn, theils mussten die Gräuel des Albigenserkriegs, so wie die Härte der Regierung des guelfischen Hauses Anjou die römisch-guelfische Parthei den Südfranzosen verhasst machen, und wirklich hat sich dieser Hass auch ausser der Poesie auf mehrfache Weise bethätigt. Folgende Stelle von Bertran Carbonel gegen die Geistlichen ist noch nicht die stärkste: [2]

---
[1] IV, 252 [Gr. 162, 5].
[2] IV, 285 [Gr. 82, 12].

> Ha! falsche Pfaffen ohne Scheu und Scham,
> Meineid'ge Ketzer, freche Räuberbrut,
> Mit eurem unverhohl'nen Frevelmuth
> Habt ihr die Welt gestürzt in tiefen Gram!
> War denn Sanct Petrus Frankreich je zur Plage
> Mit Zins und Wucher? — nein, des Rechtes Wage
> Handhabt' er treu; das ficht euch nimmer an,
> Wenn man euch zahlt, so schleudert ihr den Bann. —

Noch weiter geht Guillem Figueiras, er stellt die römische Kirche in dem Abyssus der Hölle thronend dar, er nennt sie einen Wolf in Schafsgestalt, eine gekrönte Schlange von einer Viper gezeugt, eine Genossin des Teufels.

3. Die Tenzone.

Diese merkwürdige Gattung ist den Provenzalen, so wie den Franzosen, eigenthümlich. Wettgesänge sind zwar schon aus der Geschichte der alten und auch sonst der neuen Poesie bekannt, allein diese behandeln, sey es nun strophen- oder liederweise, nur solche Gegenstände, die der Wirklichkeit angehören, sie besingen oder feiern dieselben wetteifernd und sind von ernsterer Art; die provenzalischen und französischen Wettgesänge in Form der Tenzone beziehen sich dagegen ursprünglich auf gesetzte Fälle und sind reine Spiele oder Uebungen des Witzes. Dazu kömmt bei der Tenzone noch der Charakterzug, dass sich die Redenden feindlich gegenüber stehen, indem jeder den Satz des andern angreift, ein Fall, der dieser poetischen Gattung nicht nothwendig wäre, indem die Sänger unbekümmert um einander beide denselben, oder jeder einen besondern Gegenstand wetteifernd behandeln könnten. Der Ausdruck Tenzone, d. h. Streit, ist daher für die vorliegende Form des Wettgesanges sehr bezeichnend. Sie ist ohne Zweifel, was ihre Entstehung betrifft, ein Produkt des dialectischen Geistes jener ganzen Zeit, und ob dieser gerade in Frankreich vorgewaltet habe, das mögen die Philosophen entscheiden. Diese Dichtungsart steigt unzweifelhaft in den Anfang der provenzalischen Poesie hinauf, der in die Zeit Abälard's fällt, denn bereits der Graf von Poitiers gedenkt ihrer, indem er sagt: 'Legt man mir ein Liebesspiel vor, so bin ich nicht so thöricht, dass ich neben der schlechten Frage nicht die bessere wählen sollte.' [1]

Der Tenzone ist jeder Gegenstand recht. Liebe, Welthändel, Persönlichkeiten, alles bietet ihr Stoff. 'Die Troubadours — sagt einer von ihnen — dichten häufig Tenzonen und theilen sich in einen Gegenstand der Liebe, oder in irgend einen andern, der ihnen gefällt.' Nicht immer hebt sie mit einer doppelten oder Streitfrage an, sondern erscheint zuweilen in Form eines gewöhnlichen Gesprächs; dreht sie sich alsdann um persönliche Verhältnisse, so pflegt sie sich leicht zu bitterem Wortwechsel zu wenden, einen milderen Charakter hat sie zwischen Verliebten, wo sie nichts anders ist, als ein Minnelied in Gesprächform. [2]

Hier tritt die bedeutende Frage ein: rührte die Tenzone wirklich von verschiedenen Verfassern, oder etwa nur von einem einzigen her? In dem letzteren Fall würde sie den Namen Wettgesang nicht verdienen, und soweit ihr Interesse zum Theil verlieren. Raynouard entscheidet sich für den ersteren, indem er die Verschiedenheit der Verfasser aus der Sprache der Leidenschaft, ja der Erbitterung darzuthun sucht, welche die streitenden Theile zuweilen reden (s. II, 192).

Gegen diesen Grund könnte man indessen einwenden, dass der Dichter fähig seyn müsse, einem andern diese Bitterkeit in den Mund zu legen, indem er sich ganz in dessen Lage und Charakter hineindenke. Es giebt für den doppelten Ursprung der Tenzone einen andern Grund, gegen den kein Einwand statt findet. Jeder Troubadour würde nämlich die Anmassung eines andern, ihm nach Gutdünken eine von ihm selbst vielleicht nicht einmal gebilligte Parthei zuzuschieben, oder ihn in einer Tenzone von seinem erdichteten Gegner gar mit groben Vorwürfen beladen zu lassen, ohn-

---

[1]   *E si-m partetz un juec d'amor,*
          No suy tan fatz,
       Non sapcha triar lo melhor
              Entr' els malvatz. V, 116 [Gr. 183, 2].

[2] S. II, 188 [Gr. 46, 3]. IV, 5 [323, 4]. 7 [286, 1]. 9 [15, 1]. 23 [97, 7].

fehlbar gerügt haben: denn es lag nicht in der Art jener Sänger, Beleidigungen und Schmähungen mit Stillschweigen aufzunehmen. Allein von einer solchen Rüge findet sich kein Beispiel, und diess spricht entscheidend für unsere Behauptung.

Diese wird zugleich durch alte Zeugnisse unterstützt. In dem Leben Savaric's von Mauleon heisst es, er habe, um einen Streitsatz zu entscheiden, Gaucelm Faidit und Uc von la Baccalaria berufen, und die Frage mit ihnen in einer Tenzone verhandelt. Uc von Saint-Cyr soll sich durch Tenzonen, die er mit andern Troubadours dichtete, einen Namen erworben haben.[1]

Was die Art der Ausführung anlangt, so muss man annehmen, dass sich die Dichter ihre Strophen reihum mittheilten. War diess vier- bis achtmal geschehen, so schloss man die Verhandlung, und fügte das Gedicht zusammen. Leicht ging diess von Statten, wenn die Streitenden zusammen lebten; 'es freut mich, dass ihr gekommen seyd — ruft daher ein gewisser Troubadour einem andern zu — denn lange habe ich keine Tenzone mit euch gemacht.'[2] Im andern Falle schickte man sich die Strophen zu, wie man diess mit ganzen Gedichten in der Regel that; so stellen die Tenzonen selbst die Sache dar. Peire Torat schreibt an Guiraut Riquier: 'Wiewohl ihr ferne von uns seyd, so bitte ich euch doch um Rath, und gebt mir ihn baldigst.'[3]

Uebrigens findet sich auch eine Art Tenzonen von einem einzigen Verfasser, jene fingirten Gespräche nämlich.

---

[1] *En Savaric cant auzis, que a cascus avia fag aital plazer, fon dolens; e de so que fon ad el fag non parlet, mas apelet Gaucelm Fayzit e'N Ugo de la Bacalayria, e si lur dis en una cobla, cal avia fag may de plazer ni d'amor.* V, 440 [MW. 2, 148]. Die hier gemeinte Tenzone hat sich erhalten. — *E'l coms de Rodes e'l vescoms de Torena si'l leverent molt a la jogloria com las tensos e com las coblas, qu'el feiren com lui.* V, 223 [MW. 2, 147]. Diese letztere und eine dritte Stelle [MBiogr.² 116] führt Raynouard an. II, 195.

[2] *En Falconet, be-m platz, car es vengutz*
   Que loncx temps a no fi ab vos tenso. V, 147 [Gr. 149, 1].

[3] *Guiraut Riquier si be us es luenh de nos,*
   Cosselh us quier e donatz lo-m breumens. V, 133 [Gr. 358, 1].

zwischen dem Dichter und einem unkörperlichen oder unbeseelten Wesen, z. B. mit Gott [1], mit der Liebe [2], mit einem Mantel. [3]

Dass die Tenzonen, wenn auch nur zum Theil, improvisirt worden seyen, darüber liegen keine Winke vor; auch scheint ein Umstand dagegen zu sprechen. Es liegt in der Natur der Sache, dass diess vor einer Gesellschaft, insbesondere vor Richtern des Gesanges hätte geschehen müssen, allein diese werden erst an dem Schlusse des Gedichtes erwählt, und zuweilen als entfernt angegeben.

Sollte die Tenzone dem Urtheil von Schiedsrichtern unterworfen werden, so schlug der, welcher sie aufgegeben hatte, eine oder mehrere Personen zu diesem Geschäfte vor, der zweite billigte sie, und vermehrte entweder die Zahl oder begnügte sich mit den vorgeschlagenen. [4] Diess kleine Tribunal konnte aus Männern oder Frauen oder beiden zugleich bestehen. [5] Die Zahl der Schiedsrichter beschränkt sich auf drei; ein stärker besetztes Tribunal wird nirgends erwähnt, und stehende Gerichtshöfe zu diesem Zwecke sind nicht wahrscheinlich und lassen sich nirgends nachweisen. (Vgl. S. 24.)

Von den Aussprüchen der Schiedsrichter hat sich, was wir bedauern müssen, nur ein einziges Beispiel erhalten. [6] Indessen scheinen sie nicht häufig vorgekommen zu seyn; ein grosser Theil der Tenzonen, nämlich diejenigen, welchen kein Streitsatz zu Grunde lag, war zu einer Entscheidung nicht geeignet, und selbst, wo der Gegenstand streitig war,

---

[1] IV, 40. 42 [Gr. 305, 12. 7].

[2] III, 279 [Gr. 366, 29].

[3] Hist. litt. d. Tr. III, 35 [Gr. 192, 3].

[4] z. B. IV, 32 [Gr. 449, 1]. 35 [236, 12]. — Das. 16 [167, 47]. Hist. litt. d. Tr. II, 105 [Gr. 432, 2].

[5] Ein einziger Richter wird bestellt IV, 16 [Gr. 167, 47]; eine Richterin IV, 13 [16, 16]; mehrere Männer in der handschriftlichen Tenzone *Duy cavayer an preiat* zwischen Jutje und Esteve [145, 1]; mehrere Frauen IV, 32 [449, 1]. 35 [236, 12]. V, 367 [384, 1]; vermischt IV, 19 [167, 44]. 28 [233, 5].

[6] [Zusatz:] Ein zweites Chr. prov. col. 70. [Chr.⁴ 74.]

liessen es die Kämpfer häufig bei der Verhandlung bewenden, und endlich fragt es sich, ob das verlangte Urtheil in allen Fällen gegeben worden sey. Der uns überlieferte Ausspruch besteht aus anderthalb Strophen[1] in der Versart und den Reimen der Tenzone, die ihn veranlasste, und bezieht sich auf eine Streitfrage, die Guillem von Mur dem bekannten Guiraut Riquier vorgelegt hatte: 'welcher von zwei mächtigen Freiherrn ist am höchsten zu schätzen; der eine, der seine Untergebenen und Kampfgenossen, mit Ausschluss der Fremden, bereichert, oder der andere, der alles den Fremden spendet und der eigenen Leute vergisst?' Nach geschlossener Verhandlung wird ein Richter gewählt, der folgendes Urtheil fällt: 'Guillem und Guiraut haben mich aufgefodert, ein Urtheil über ihren Streit zu fällen; beide Herren bringen gleich scharfsinnige Gründe vor. Guillem vertheidigt den, welcher die Fremden und nicht die Seinigen unterstützt, und seine Gründe sind stark; Guiraut verficht den, der den Seinigen Gutes thut und nach den Fremden nichts fragt. Desshalb haben wir uns besonnen, um Recht zu sprechen, und sprechen es hiermit also: es ist rühmlich, Gutes zu thun wem es auch sey, aber den grössten Ruhm verdient, wer es den Seinigen thut.'[2]

192   Aus der grossen Menge von Streitfragen, die in den Tenzonen verfochten werden, mögen zur Charakteristik dieser

---

[1] [Vielmehr aus einer Strophe mit Tornada.]
[2] S. Hist. litt. d. Tr. III, 109; das Original des Urtheils giebt Rayn. II, 187 [Gr. 226, 8]; es darf auch hier nicht fehlen:

> *Guillems m'a dat e Guiraut pensamen*
> *De lur tenso jutgar, don m'an somos:*
> *En razos es l'us a l'autre ginhos*
> *D'est dos baros, que donan engalmen:*
> *Guillems mante sel c'als estranhs valer*
> *Vol, non als sieus, don sa razos es fortz,*
> *E Guiraut sel c'als sieus fa be tot l'an,*
> *Et als esiranhs non ten per pauc ni gran.*
>
> *E nos avem volgut cosselh aver*
> *E dir lo dreg, e dizem que conortz*
> *Es de pretz dar e bos faitz on que an,*
> *Mas pus fin pretz a selh qu'als sieus l'espan.*

Dichtart einige auf Liebe bezügliche hier folgen, welche zugleich einen weiteren Begriff von der *ars amandi* der Troubadours geben können.

'Was ist am grössten, die Freuden oder die Leiden der Liebe?' [1]

'Von zwei Ehemännern hat der eine ein sehr hässliches, der andere ein sehr schönes Weib; beide hüten sie gleich sorgfältig — welcher ist am wenigsten zu tadeln?' [2]

'Muss eine Frau für ihren Geliebten eben so viel thun, als er für sie?' [3]

'Was ist vorzuziehn, von einer edlen, schönen Dame, welche noch nie geliebt hat, um Liebe gebeten zu werden, oder sie bitten zu müssen?' [4]

'Wer ist am meisten verliebt, der dem Drang nicht widerstehen kann, von seiner Dame allerwärts zu reden, oder der ihrer schweigend gedenkt?' [5]

'Ein edler Ritter liebt eine Dame, die seine Liebe erwiedert, allein er hat so lange sie zu besuchen versäumt, dass er gewiss weiss, sie wird ihm aufsagen, wenn er sie wieder besucht. Soll er nun in diesem Zustande verharren, oder sie wiedersehen, um sie zu verlieren?' [6]

'Soll ein Liebender, der glücklich ist, vorziehn, der Geliebte oder der Gatte seiner Dame zu seyn?' [7]

'Ein Ehemann erfährt, dass seine Gattin sich einen Liebhaber hält; beide letztere bemerken diess; wer von den dreien ist am meisten in der Enge?' [8]

Manche dieser Streitfragen sind nicht wohl zu übersetzen, da sie die grösste Sittenfreiheit beurkunden.

Folgendes Beispiel einer ganzen Tenzone kann die Einrichtung dieser Dichtart lehren: [9]

---

[1] IV, 11 [Gr. 16, 16].
[2] IV, 14 [Gr. 167, 47].
[3] IV, 28 [Gr. 295, 1].
[4] IV, 30 [Gr. 449, 1].
[5] V, 63 [Gr. 52, 4].
[6] V, 217 [Gr. 449, 4].
[7] V, 242 [Gr. 194, 2].
[8] V, 437 [?].
[9] IV, 25 [Gr. 97, 4].

Soll ein edles Weib, Raymbaut,
Heimlich mit euch stehn im Bund,
Oder soll sie ohne Grund,
Euch zur Ehre frei und laut
Eure Buhlerin sich nennen?
Wählt ihr nicht das Beste klug,
Wie ihr's hört, müsst ihr mit Fug
Für geschlagen euch bekennen.

Leicht, Blacatz, ist mein Entschluss
In den Fragen, die ihr stellt,
Da Treuliebe mir gefällt.
Süsser ist mir der Genuss
Bei dem Weibe, das ich liebe,
Ohne Ruf, im Stillen blos,
Als ein Wahn, der freudenlos,
Denn zu nichts ist leere Liebe.

Herr Raymbaut, ein Kluger legt
Es euch aus für Albernheit,
Nur der Thor nennt es gescheidt,
Dass der Ruhm euch nicht bewegt
Und ihr vorzieht, euch zu letzen:
Denn gestehen müsst ihr doch,
Dass der Ruf weit höher noch
Als das Wesen ist zu schätzen.

194
Ich, Blacatz, bin hoch beglückt,
Wenn Sie, meiner Wünsche Ziel,
Mit mir ruht auf weichem Pfühl;
Nichts ist, das mich so entzückt,
Als sie mir im Arm zu wissen.
Drum, wie wär' ein toller Lug
Mich zu schlagen gut genug?
Nichts ist Wahn ja gegen Wissen.

Herr Raymbaut, wer seinen Mann
Oftmals hinstreckt auf den Grund,
Fehlt ihm eines Zeugen Mund,
Lob und Preis — was hilft's ihn dann?
Stumme Ehr' ist nicht zu brauchen,
Ein Karfunkel, der nicht glimmt,
Streiche, die man nicht vernimmt,
Lahme Zungen, blinde Augen.

Ich, Blacatz, bin, wie ihr seht,
Mehr der Frucht als Blüthe hold,
Mehr des Herrn gediegnem Sold,
Als wenn er in Wind besteht.
Nein, mit leerem Angeloben
Hält sie mich nicht lange fest,
Die mich flehn und seufzen lässt,
Giebt sie mir nicht ächte Proben.

Vierter Abschnitt.

Erzählende und belehrende Poesie.

195   Es ist bis dahin unsere Aufgabe gewesen, die Poesie der Troubadours zuerst in ihren historischen Beziehungen, alsdann den Charakter derselben in formeller und materieller Hinsicht darzulegen. Bei dieser Darlegung hatten wir vorzüglich die kunstmässige Poesie, so wie sie sich im Liede entwickelt hat, vor Augen; wir richten nunmehr den Blick auf das Fach der nicht-lyrischen Gedichte.

Schon früher wurde die Bemerkung gemacht, dass man, nach allen Umständen zu schliessen, unter Troubadours nur die Liederdichter begriffen, neben welchen die erzählenden als eine eigene Classe bestanden hätten. Offenbar enthielt das Lied die Blüthe der ganzen occitanischen Poesie: denn die besten Geister wandten ihre Kraft auf diese Gattung, die durch Mannichfaltigkeit von Seiten der Form wie des Inhalts, durch den Reiz des musikalischen Vortrags, so wie durch ihre grosse Wirkung auf die Gesellschaft sich vor jeder andern empfahl.[1] Der Liederdichter

---

[1] Es soll hiermit nicht behauptet werden, als sey der Roman von dem musikalischen Vortrag unbedingt ausgeschlossen gewesen. Uhland hat uns in seiner vortrefflichen Abhandlung über das altfranzösische Epos (in der Zeitschrift: die Musen. 1812. 3s Quartal [jetzt in Uhlands Schriften zur Geschichte der Dichtung und Sage 4. Bd.]) gezeigt, dass in Nordfrankreich die in Alexandrinern und Hendecasyllaben [urspr. fünffüssigen Jamben] abgefassten Nationalromane allerdings musikalisch vorgetragen wurden. Allein es verhält sich hier mit der Musik wie mit dem poetischen Styl. Es ist einleuchtend, dass die Musik, wenn sie den Vers zu begleiten bestimmt ist, von der

betrachtete sein Fach daher als das höhere, und beschäftigte 196
sich nicht leicht mit der Erzählung, deren Form keine
kunstmässige war, eher wohl mit dem Lehrgedicht, das ihm
in Betracht des Gegenstandes eine höhere Gattung zu seyn
schien. Es befindet sich daher fast kein Liederdichter in
der Reihe der Erzähler: denn Peire Vidal's Novelle [1] ist

Form des Gedichtes abhängt. Für die beiden Versarten des Heldengedichtes haben, wie auch Uhland glaubt, sicherlich nur zwei einfache Melodieen statt gefunden, dagegen das Lied vermöge der Mannichfaltigkeit seines Strophenbaues die mannichfaltigsten Melodieen erforderte. Der Abstand zwischen der epischen und lyrischen Musikbegleitung war daher derselbe, wie zwischen Volks- und Kunstpoesie, und die epische in den Augen des Kunstdichters so gut wie keine. Im Provenzalischen findet sich kein ausdrückliches Zeugniss für den musikalischen Vortrag der Romane; Raimon Vidal sagt im Gegentheil, V, 343 [Denkm. 145, 37]:

E sai romans dir e contar;

allein der Ausdruck *cansos* auf erzählende Gedichte angewandt, verräth doch einen ursprünglichen Gebrauch, der später seltner wurde, die Heldengedichte an den Hoffesten herzusingen. So nennt Guiraut von Calanson gewisse Erzählungen *cansos:*

De Macabueu,
Lo bon Juzieu,
Don poiras bonas chansos dir.
'Fadet joglar.' Ms. [Denkm. 98, 2—4.]

Bei den ältern Romanen, zumal den in Alexandrinern, einer durchaus musikalischen Versart, geschriebenen, möchte, wie im Girart von Roussillon, II, 285 [ed. Hofmann v. 8948]:

Era es fenitz lo lhibres e la cansos —

das Epithet Gesang in seiner eigentlichen Bedeutung zu nehmen seyn. Anders in dem Roman Jaufre, wo es heisst, II, 288:

E cel que rimet la canso —

hier steht es, wenn man das widerstreitende Epithet *cumte* am Anfang des Werkes vergleicht:

Un cumte de bona maneira. Ms.

offenbar in dem abgeleiteten Sinne: Gedicht. Allein es muss bemerkt werden, dass dieser Roman fast um hundert Jahre jünger, als der andere, und im achtsylbigen Vers geschrieben ist. Wenn Guillem von Tudela seine Reimchronik eine *canso* nennt (s. unten S. 193), so ist diess gleichfalls nicht buchstäblich zu nehmen.

[1] [Am Rande: Nª.]

197 nichts als ein allegorisches Gedicht, und die von Lanfranc Cigala die Einleitung zu einer Tenzone; nur Arnaut Daniel macht eine Ausnahme. Andererseits ist zu bemerken, dass sich die Erzähler und Lehrdichter mit der lyrischen Poesie nicht befassten, indem sie ihrem eigenen Fache alle ihre Kräfte widmeten, wie Ramon Vidal, Arnaut von Carcasses, Guillem von Tudela, Raimon Feraut, Matfre Ermenguau, Peire von Corbian, Nat von Mons, Arnaut von Marsan, Amanieu des Escas, von welchen allen sich nur einige wenige Lieder vorfinden.[1] Die nicht-lyrische Poesie läge also, genau genommen, ausser den Gränzen der Poesie der Troubadours, indessen stehen beide Fächer in einer so innigen Berührung und Wechselwirkung, dass sie nur in Verbindung betrachtet als ein Ganzes erscheinen.

Dieser Wink schien bei einer nunmehr anzustellenden Uebersicht der nicht-lyrischen Gedichte, die wir in erzählende und belehrende theilen, von einigem Belang zu seyn. Dabei ist anzumerken, dass wir, der Vollständigkeit zu Gefallen, auch die hiehergehörigen Denkmäler aus einer früheren Periode berücksichtigen wollen.

198 Erzählende Poesie.

Es ist ein auffallender Umstand, dass sich von dem grossen Reichthume an Romanen und Novellen, den man vorauszusetzen berechtigt ist, ein so unbedeutender Rest erhalten hat, der auf den Werth dieser Gattung kaum einen Schluss erlaubt. Soll dieser Umstand mit dem Uebergewicht, das die lyrische Dichtkunst behauptete, in Verbindung gebracht und als Folge einer grösseren Gleichgültigkeit für die epische Gattung betrachtet, oder für ein blosses Spiel des Zufalls erklärt werden? Ohne Zweifel war es die grössere Theilnahme an der lyrischen Poesie, welcher wir es zuschreiben müssen, dass uns die Produkte derselben in einer gewissen Vollständigkeit zugekommen sind: denn wir besitzen mehrere tausend Lieder, und unter diesen die

---

[1] [ursprünglich: kaum ein einziges Lied vorfindet.]

vorzüglichsten der Litteratur [1]; allein diese Theilnahme hatte ausser dem ästhetischen auch einen politischen Grund. Die Liederbücher empfahlen sich nämlich nicht allein durch ihre Vielseitigkeit, insoferne sie die Geistesblüthen eines bedeutenden Sprachgebietes umfassten, sondern auch durch ihre geschichtliche Merkwürdigkeit, denn viele der gesammelten Lieder bezogen sich auf bedeutende Personen, andere rührten selbst von solchen her. Darum vervielfältigte man die Liederbücher mehr und bewahrte sie sorgfältiger, als die fabelhaften Erzählungen, welchen diese besondere Empfehlung abging.

Als eigentliche Heimath des Romans und der Novelle muss zwar Nordfrankreich, besonders seine westlichen Provinzen betrachtet werden, allein auch Südfrankreich besass einen grossen Reichthum an diesen Dichtungen, die theils aus dem Nachbarstaate eingeführt, theils eigne Landesprodukte waren. Diess lässt sich durch zahlreiche Stellen der Troubadours darthun, wie bereits Raynouard gezeigt hat. [2] Nicht allein wird der Vortrag der Erzählungen als ein Geschäft der Dichter und Spielleute erwähnt, es werden auch diese Gedichte, deren Kenntniss von ihnen gefordert wird, oder die Helden, welche darin vorkommen, namentlich angeführt; besonders geschieht diess in jenen zum Unterricht der Spielleute bestimmten Lehrgedichten. [3] Die grosse Be-

---

[1] Millot, nach La Curne de S. Palaye, rechnet ungefähr 4000 welches mir indessen übertrieben scheint. S. Hist. litt. d. T. I, 443. [Die Zahl beläuft sich auf etwa 2100.]

[2] II, 294 [vgl. hierzu Gr. § 5, 11 ff. und die dort angeführte Literatur. Dazu Birch-Hirschfeld, über die den provenzalischen Troubadours des XII. und XIII. Jahrhunderts bekannten epischen Stoffe. Leipzig 1878; vgl. die Recension von mir in Gröbers Zeitschrift 2, 318 ff. und von P. Meyer, Romania 1878, p. 448 ff.].

[3] In einem schon mehrmals erwähnten Lehrgedichte von Guiraut von Calanson wird dem Spielmann die Kenntniss einer grossen Menge romantischer Geschichten zugemuthet, z. B.:

Pueys apenras   *De Daracus*
De Peleas,   *E de Darnus*
Com el fetz Troya destruyr;   *Sel que primier la fetz bastir;*

lesenheit der Dichter in der Romanen-Litteratur aller Fabelkreise deutet aber offenbar auf das Daseyn zahlreicher Romane und Novellen in der Landessprache, und wir müssen bedauern, dass auf unsere Zeiten nicht mehr als drei [1] Romane und eine sehr geringe Zahl von Novellen gekommen sind.

1. Romane.

1. **Girart von Roussillon**, aus dem Fabelkreise Karls des Grossen, in zehnsylbigen Versen mit lang anhaltender Reimfolge. Der Anfang fehlt; gleichwohl enthält das Werk

De Deufranon	De Peleas
E de Genon,	E d'Eneas,
C'aneron lo vas conquerir;	Com anero secors querir;
De Popeon	E d'Escamus
E de Ragon,	E de Tornus,
C'aneron a Tonas murir;	Co saup de Montalba issir;
De Dedalus	De Sibilla
De Viracus,	E de Camilla,
Co volero per gran dezir;	Com sabien grans colps ferir;
Del Simitaur	E d'Ismael
E del trezaur,	E d'Issael,
Que Eneas fetz sebelir;	Com hom per cors no'ls poc guerir...
E de Natan	De Macabueu
E de Saran,	Lo bon Juzieu,
Com Salomos saup pres tenir;	Don poiras bonas chansos dir;
Del rey Seon	Del rey Bressus
E de Amon,	E de Gelus,
Co fes Felip espaordir.	Com saup ab son fraire partir;
Apren del pom,	E de Foler
Perque ni com	E de Doer,
Na Discordia lo fes legir;	Com fetz lo taur a condurmir;
Del rey Flavis	De Galias
Sel de Paris,	E d'Ipocras,
Com lo saupro'ls vaquiers noirir;	Com Galias li saup mentir....
De Tartases	De Pamfili
E d'Islaires,	E de Virgili,
Com la Venus los fetz perir;	Com de la conca-s saup cobrir,
De Pelaus	E del vergier
E de Pirus	E del pesquier
Que Licomedes fey murir;	E del foc, que saup escantir u. s. w.
	'Fadet joglar.'

Ms. [Denkm. 96ff. — Am Rande: 'Zusatz.']

[1] [Geändert in: sechs.]

über 8000 Verse. Nach Raynouard (II, 284) gehört es in den Anfang des zwölften Jahrhunderts und vielleicht noch höher hinauf [1]; allerdings lässt der rohe Versbau schliessen, dass es älter ist, als die Kunstpoesie. [2] Dieser Roman fand sich auch im Französischen [3]; doch scheint er in Erwägung seines hohen Alters und des Schauplatzes, auf dem er spielt, von provenzalischer Erfindung zu seyn. Die Handschrift, die dem dreizehnten Jahrhundert anzugehören scheint [4], befindet sich auf der königlichen Bibliothek zu Paris, N. 7991. [5] — 202 Unaufhörliche Streitigkeiten und Kriege zwischen dem Grafen Girart von Roussillon und Karl Martell machen den Gegenstand des Gedichtes aus. [6]

2. Jaufre, Sohn des Dovon oder Doon aus dem Fabelkreise der Tafelrunde, enthält mehr als 10,000 achtsylbige

---

[1] [Hier folgte eine mit Bleistift geschriebene, aber ausradirte Bemerkung, von welcher die Worte 'roher Styl' noch lesbar sind.]

[2] [Getilgt ist hier von Diez die 'Versprobe', fünf Zeilen.]

[3] In einem altfranzösischen Gedichte bei Roquefort de l'état de la poésie françoise p. 304 erklärt ein Spielmann:
  Ge sai d'Ogier, si sai d'Ainmoun,
  Et de Girart de Roxillon.
[Getilgt sind hier zwei auf den franz. Girart bezügliche Zeilen.]

[4] [Getilgt: 'und viele Schwierigkeiten darbietet'.]

[5] [Ueber die andern Handschriften und die Literatur vgl. Gr. § 15. Eine verlorene Handschrift befand sich in der burgundischen Bibliothek zu Brüssel. Dazu kommt der Abdruck der Oxforder und Londoner Hs. in Böhmers Roman. Studien 5. Bd. Ferner: P. Meyer, la légende de G. de R.: Romania 1878, S. 161—235 (vgl. Zeitschrift f. rom. Philol. 2, 496 f.); A. Longnon, Girard de Roussillon dans l'histoire: Revue historique 1878, Decb. S. 242—279 (vgl. Romania 8, 138); Schweppe, études sur G. de R., chanson de geste provençale, suivis de la partie inédite du manuscrit d'Oxford. Stettin 1878 (vgl. Zeitschrift 3, 432 ff. Romania 8, 128 f.); Heiligbrodt, Synopsis der Tiradenfolge in den Handschriften des G. de R.: Böhmers Roman. Studien 4, 124 ff. (vgl. Romania 8, 465); Konr. Müller, die Assonanzen im Girart von Rossillon. Heilbronn 1882; K. Hofmann, zur Erklärung und Chronologie des Girart de Rossilho: Vollmöllers roman. Forschungen 1, 137; auch Mahn, über die epische Poesie der Provenzalen. Berlin 1874.]

[6] [ursprünglich folgte: 'das sich in ästhetischer Hinsicht nicht sehr empfiehlt.']

Verse, paarweise gereimt; nach Raynouard (II, 286) spätestens aus dem Anfange des dreizehnten Jahrhunderts, da es einem jungen Könige von Aragon zugeeignet ist, entweder Alfons II († 1196) oder Peire II († 1213). Das Werk rührt, wie man am Schlusse erfährt, von zwei verschiedenen doch ungenannten Verfassern her.[1] Es giebt zwei Handschriften, beide in der königlichen Bibliothek zu Paris, coté 7988, wo das letzte Blatt fehlt, und coté 468 vollständig, ferner ein Fragment in der Vaticana 3306.[2] — Das Gedicht erzählt die Heldenthaten des jungen Ritters Jaufre, seinen Sieg über den ungeschlachten Taulat von Rugimon, der selbst dem König Artus Hohn gesprochen hatte, Jaufre's sittsame Liebe zu der schönen ihm günstigen Brunesens, endlich die Vermählung beider Liebenden, die an Artus Hofe mit aller Pracht gefeiert wird. — Dieser Roman gehört unter die vorzüglichsten des Mittelalters, Idee und Ausführung sind löblich, und so hätte er wohl einen vollständigen Abdruck verdient.[3]

[1] *Que, si'l platz, el deing perdonar*
E cel qu'el romantz comenset
Et a aquel que l'acabet.

[2] [Zusatz:] Einen noch unvollständigen Abdruck, ungefähr 9000 Verse, enthält Lex. Rom. I, p. 48—173. [Vgl. Gr. § 18, 1—3; ferner O. Petry, im Programm der Städtischen Gewerbeschule zu Remscheid 1873; Mahn, über die epische Poesie der Provenzalen, besonders über die beiden vorzüglichsten Epen Jaufre und Girartz de Rossilho. Berlin 1874. — Zu den handschriftlichen Quellen kommen ein paar einzelne Stücke in der Liederhandschrift N (Verzeichn. 461, 19. 89): jetzt gedruckt in Suchiers Denkmälern S. 301—308.]

[3] Der Anfang erinnert an den rasenden Roland. Ich gebe ihn nebst einer längeren Stelle nach der Handschrift 7988, die an mehreren Orten unlesbar und auch in orthographischer Hinsicht keine der vorzüglichsten ist.

Un cumte de bona maneira,
D'asauta rasun vertadeira,
De sem e de cavalaria
D'ardiment e de cortesia
De proesas e d'aventuras
D'estrainas, de fortz e de duras etc.

[Getilgt ist hier von Diez die weiter mitgetheilte Stelle S. 13 der Handschrift.]

3. **Philomena** aus dem Fabelkreise Karls des Grossen, 203 in Prosa, zu Ehren des Klosters unsrer Frauen von la Grasse (ohnweit Carcassonne) geschrieben, ohne allen ästhetischen Werth.[1] Ueber das Alter dieses Buches ist um die Mitte des vorigen Jahrhunderts ein lebhafter Streit geführt worden. Man hatte es anfangs sogar in die Zeiten Karls des Grossen gesetzt, allein die Histoire littéraire de la France erklärte 204 es für ein Werk des zehnten Jahrhunderts, da Bernart, Abt von la Grasse, es zwischen 1015 und 1019 in das Lateinische habe übersetzen lassen. Diese Meinung wurde in dem Journal des Savans von einem Ungenannten angefochten, der diesem noch immer übertriebenen Alter den Umstand entgegensetzte, dass die zwölf Pärs von Frankreich, ein Graf von Flandern und die Stadt Montalban, gebaut 1144, darin erwähnt würden, das Werk also jünger seyn müsse. Allein die Histoire littéraire beharrte auf ihrem Satz, den sie nunmehr in einer eigenen Abhandlung ausführte. Mehrere Jahre nachher erklärte der gründlichere Lebeuf diesen Roman für weit jünger, als man vermuthet hatte, nach ihm ist er in der Mitte des dreizehnten Jahrhunderts von einem Geistlichen der Abtei la Grasse abgefasst worden, welcher den Glanz derselben erhöhen, und, indem er Karl d. Gr. für ihren Gründer ausgab, ihre Ansprüche rechtfertigen wollte. Diess suchte Lebeuf durch die Sprache des Buches, so wie durch gewisse darin erwähnte 205 kirchliche und bürgerliche Gebräuche zu erweisen, die vor dem dreizehnten Jahrhundert nicht bekannt waren. Raynouard endlich setzt seine Abfassung gleichfalls in das dreizehnte Jahrhundert: schon die Erwähnung des Bisthums St. Lisier und des heil. Thomas, canonisirt 1173, spricht gegen das höhere Alter des Buchs. Hierzu tritt aber der Umstand, dass darin zum Gehorsam gegen den König von Frankreich aufgefordert wird, der sich die Abtei erst im Jahr 1226 unterwarf, so dass also das Werk wahrscheinlicher Weise erst nach diesem Jahre entstanden ist.[2] Philo-

---

[1] ['ohne — Werth' Zusatz.]

[2] Diese verschiedenen Ansichten finden sich in Catel histoire de Languedoc, p. 404. 409. 547—566. Montfaucon bibliotheca biblio-

mena ist der Name eines von dem Verfasser erdichteten Geschichtschreibers Karls d. Gr.: *tunc Carolus* — heisst es in der Uebersetzung — *vocavit Philomelam magistrum historiae et dixit, quod totum hoc poneret in historia*[1]; dieser Name ist auf das Buch übergegangen. Die königl. französische Bibliothek besitzt die Handschrift des Originals, die indessen am Anfang, in der Mitte und am Ende mangelhaft ist, N. 10307, dessgleichen die Abschrift eines verschollenen Originals[2], das sonst in Narbonne aufbewahrt wurde, coté, affaires de France 811 à 1294; an dem Schlusse dieser Abschrift befindet sich eine altfranzösische Uebersetzung nach dem Narbonner Manuscript. Die lateinische Uebersetzung von einem gewissen Vidal oder Vital wird in der Laurenziana aufbewahrt, und hat neuerlich einen Herausgeber gefunden.[3] Das Werk bezieht sich ausschliesslich auf die Errichtung und Verherrlichung der Abtei la Grasse; die Handlung beginnt mit einem Rath zu Carcassonne, welches Karl d. Gr. den Sarazenen abgenommen hat; der Zug gegen Narbonne, das die Heiden noch besetzt halten, wird beschlossen. Unterwegs gründet der Kaiser in einem Thal, das magere genannt, ein Kloster, welches das fette *(la Grassa)* heissen soll. Der Bau wird trotz den Angriffen der Sarazenen, gegen die sich Roland auszeichnet, vollendet, und die neue Stiftung von Karl und seinen Edlen reich begabt, auch wird ein Abt eingesetzt, den der Kaiser aber später wegen seines schlechten Wandels mit eigner Hand erschlägt. Während er die Stadt Narbonne belagert, vertheidigt sich das

---

thecarum, p. 1283. Histoire litt. de la France, t. IV, p. 211. 212. t. VI, p. 13. t. VII, Avertissement. Journal des Savans 1742, p. 694 ff. Raynouard choix etc. t. II, p. 293; derselbe im Journal d. Sav. 1824, p. 668. Nach Rochegude gehört das Werk erst in das vierzehnte Jahrhundert, weil darin von dem Bisthum Castres, gestiftet 1317 die Rede sey; s. Gloss. occit. p. LIV. Da mir die Ansicht des Originals abgeht, so kann ich mich über diesen Punkt nicht erklären. [Vgl. Gr. § 40.]

[1] [Zusatz:] s. Lex. rom. IV, 116[6].

[2] [jetzt im British Museum, addit. 21218.]

[3] Gesta Caroli magni ad Carcassonam et Narbonam et de aedificatione monasterii Crassensis, edita etc. a Sebastiano Ciampi. Florentiae 1823. 8.

Kloster mit Gottes Hülfe gegen einen Ueberfall der Sarazenen. Nachdem der Kaiser einen neuen Sieg über diese davon getragen, feiert er das Osterfest in der Abtei, welche von Christus selber eingeweiht wird, und mit dem Abzug des Kaisers nach Spanien endigt die Handlung.

Mit diesem Stücke schloss früher [1] die kleine Reihe der Romane, die sich in der Ursprache erhalten haben. Seitdem sind noch folgende zum Vorschein gekommen.

4. Fierabras [2] [aus dem Sagenkreise Karls des Grossen, französische Chanson de geste, von einem provenzalischen

---

[1] [ursprünglich: schliesst; im Handexemplar: schloss noch vor wenig Jahren . . . Seitdem etc.]

[2] [Die erste Notiz in Leben und Werke S. 613 f.:] Eine werthvolle Mittheilung verdanke ich der Güte des Herrn Ludwig Uhland. Sie betrifft nichts Geringeres als eine Bereicherung der Romanenlitteratur. In der fürstl. Wallersteinischen Bibliothek hat sich ein provenzalischer Fierabras gefunden, ein episches Gedicht von 5084 Versen; es ist eine Pergamenthandschrift im kleinsten Folio von 71 Blättern, schwerlich jünger als aus dem 13. Jahrh. Der Anfang lautet, mit aufgelösten Abkürzungen:

E nom de dieu le payre . que us a totz aiutar
E de la dossa uergi . on se uolc azombrar
Comense ma chanso . e uulhatz lescoutar
Ques de uera ystoria . e fay mot a lauzar
Lestoria fon trobada . a paris sotz lautar
Que la trobet . j . monge . com apela richier
Al mostier sant denis . sotz lo maestre autier
Clergues era el segle . e si fon cauayer
E trays esta chanso . don li mot son leugier
Per lo cosselh de . K . que lauia en chier
Pus que dieus fe adam . et eua sa molher
Non fo . j . trobada . que mais fes aprezier
So ues de la corona . del rey ques dreyturier
Que en jherusalem . se laychet turmentier
E defrir duna lansa . e playar e penser
E dels santes clauels . don li feyron passier
Las palmas en la crotz . e lo pes clauelier.
 Dirai de las relequias . que tant fan aprezier
  Que payas enporteron . li culuert auersier
  Can lalmiran despanha . anet roma br(izier)
  E so filh ferabras . cauia lo cor tan fier etc.

Ob das Gedicht ursprünglich provenzalisch abgefasst war, ist noch zu untersuchen, da es in dieser Sprache ziemlich vereinzelt dasteht,

Schreiber so gut es ging ins Provenzalische umgeschrieben; die Reime erweisen überall das Französische als das Ursprüngliche.¹]

[5. Aigar und Maurin, eine leider nur in Bruchstücken erhaltene Chanson de geste, auf deren Inhalt bereits Guiraut de Cabreira und Bertran de Born anspielen und die wohl noch in die erste Hälfte des 12. Jahrhunderts zu setzen ist. Die Bruchstücke behandeln die Kämpfe eines englischen Königs Aigar (richtiger wohl Algar, wie Bertran de Born überliefert = Edgar) und seines Sohnes mit französischen Baronen, unter denen der alte Graf Maurin die Hauptrolle spielt. Die Blätter befinden sich auf der Bibliothek zu Gent.²]

[6. Daurel und Beton, Chanson de geste, erhalten in einer einzigen Handschrift (im Besitz von Didot in Paris). Die Sprache ist, wie in fast allen bis jetzt aufgefundenen südfranzösischen Volksepen, nicht rein provenzalisch, sondern gehört dem Uebergangsgebiete zum Französischen an.³]

[7. Tersin, epische Dichtung aus dem Sagenkreise Karls des Grossen, nur erhalten in einer Prosabearbeitung (zwei Texte) einer Handschrift des ausgehenden 16. Jahrhunderts in Carpentras (additions aux manuscrits de Peiresc N. 11), die sich aber auf ein Buch in provenzalischen Reimen *(ung libre escrich de man qu'yeu ay vist en Arles en rima provensala)* bezieht. In Arles lebt ein Sarazene, namens Tersin, der die neun Könige und Fürsten dieser Stadt vertrieben hat; sie wenden sich an Karl um Hülfe, dieser erobert

---

während es nordfranzösisch in einen vollständigen epischen Cyklus einträte, in welchem es bisher vermisst ward. Die Alexandrinerform und der epische Styl sind dieselben wie in den nordfranzösischen *Chansons de geste.*' Und so entscheidet sich Hr. Uhland aus dem Anfange des Gedichtes für seinen französischen Ursprung, eine Ansicht, welcher man gerne beipflichten wird.

¹ [Vgl. über die Literatur Gr. § 15, 9—11. Dazu K. Hofmann u. Baist in Vollmöllers roman. Forschungen 1, 117—130.]

² [Ausgabe von A. Scheler. Bruxelles 1877. Vgl. meine Recension in der Zeitschrift für rom. Philologie 2, 314—318.]

³ [Herausgegeben von P. Meyer für die Société des anciens textes français. Paris 1881. Vgl. Revue des langues romanes 1881, S. 246 ff.]

Arles, Tersin wird Christ und erhält die Herrschaft von Toulouse. — Nostradamus legt die Dichtung Jaufre Rudel bei, was natürlich eine Fiction ist.[1]

Zu derselben Dichtung (in Alexandrinern) gehörte wahrscheinlich ein unter dem Titel 'Lou Rouman d'Arle' herausgegebenes Stück einer Handschrift in Méjanes (Aix), in welchem die Reime theilweise noch erhalten sind.[2]]

[8. Flamenca, Ritterroman aus dem zweiten Viertel des 13. Jahrhunderts, hauptsächlich von culturgeschichtlichem Interesse, freie Erfindung des anonymen Verfassers, enthalten in einer Handschrift zu Carcassonne. Archambaut, ein Herr von Bourbon, gewinnt die Hand der schönen Grafentochter Flamenca und schliesst sie aus Eifersucht ein, was aber nicht verhindert, dass ein in sie verliebter Ritter, Guillem von Nevers, zu ihr gelangt.[3]]

[9. Der Ritterroman von Blandin de Cornoalha und Guillot Ardit de Miramar, erhalten in einer Handschrift zu Turin, ist ein unbedeutendes Machwerk wahrscheinlich erst des 14. Jahrhunderts, das von der Liebe und den Abenteuern der beiden genannten Ritter handelt.[4]]

[10. Merlin, aus dem altfranzösischen Prosaroman übersetzt; aus dem 13. Jahrhundert. Erhalten ist davon ein Pergamentdoppelblatt in Quart, dessen Inhalt dem französischen Texte bei P. Paris, les Romans de la Table ronde 2, 69—72 und 86—87 entspricht.[5]]

---

[1] [Herausgegeben von P. Meyer: Romania 1, 51—68.]

[2] [Herausgegeben von Lieutaud in Revue de Marseille et de Provence 1873, S. 169—187. Vgl. Romania 2, 379 f.]

[3] [Vgl. Gr. § 18, 17—19; dazu Chabaneau in der Revue des langues romanes 2e série, 1, 24—35. Revillout, de la date possible du Roman de Flamenca: ebend. 8, 1 ff.]

[4] [Vgl. Gr. § 18, 15—16. Herausgegeben von P. Meyer: Romania 2, 170—202; vgl. Revue des langues romanes 8, 31—47; Alart, observations sur la langue du roman de Bl. de C.: Revue des langues romanes 5, 275—304.]

[5] [Entdeckt von dem Abbé Guillaume: vgl. Bulletin de la société des Hautes Alpes 1882, S. 87 f. Herausgegeben von Chabaneau in der Revue des langues romanes 1882, Sept.]

[11. **Bruchstück eines Romans**, von der Liebe eines Grafen zu einer Königin handelnd, und eine Unterhaltung über die Liebe enthaltend; überliefert ist es in der Liederhandschrift N.[1]]

Ausserdem giebt es noch einige andere Romane, die sich den Provenzalen theils mit Gewissheit, theils mit Wahrscheinlichkeit zuschreiben lassen.

Hieher gehört die Geschichte der schönen Maguelona, welche von Bernart von Treviez, Stiftsherrn von Maguelone vor dem Ende des zwölften Jahrhunderts geschrieben worden ist. Der französische Roman dieses Namens ist nach seinem eignen Geständnisse nichts als eine Uebersetzung: *Ordonnée en cestui languaige . . . . et fut mis en cestui languaige l'an mil CCCCLVII*.[2]

Ferner lässt sich das frühere Daseyn eines Romanes vom heil. Gral oder von Titurel und Parcival erweisen aus der bekannten Erklärung unsers Wolfram von Eschenbach, der ausdrücklich einen Kyot[3], d. h. Guiot von Provence als den wahren Urheber nennt, und den Meister Chrestien von Troyes, dessen Perseval sich erhalten hat, als Verfälscher der Mähre darstellt.[4]

---

[1] [Herausgegeben von Suchier (Denkmäler S. 309—311), der in dem Stoffe eine Vorstufe des *Erl of Tolous* (vgl. Lüdtke's Ausgabe dieses altenglischen Gedichtes, Berlin 1881) vermuthet, S. 553 f.]

[2] Diese Angabe ist aus Rayn. II, 317, welcher sich auf das Zeugniss von Pierre Gariel Idée de la ville de Montpellier p. 113, 2me partie beruft. Man sehe auch Müllers Bekenntnisse merkwürdiger Männer Th. I, S. 260. [Auf provenzalischen Ursprung weist auch der mittelgriechische Roman von Imperios und Margarona (in Legrands Collection und von G. Meyer, Prag 1876, herausgegeben). *Imperios* ist deutlich das prov. *En (Em) Peire*.]

[3] [Am Rande: NB.]

[4] Die Stelle mag hier nach Lachmann's Ausgabe [Diez: nach v. d. Hagen's und Büsching's Grundriss S. 108] vorliegen:

Ob von Troys meister Cristjân
disem maere hât unreht getân,
daz mac wol zürnen Kyôt,
der uns diu rehten maere enbôt.
endehaft giht der Provenzâl,
wie Herzeloyden kint den grâl

Dass der berühmte Liederdichter Arnaut Daniel auch in dem Fache des Romans sich hervorgethan, wiewohl beide Fächer nach der obigen Bemerkung nicht leicht verbunden wurden, und die lyrischen Gedichte des Troubadours keinen hierauf bezüglichen Wink enthalten, das wird durch Dante's gültiges Zeugniss über jeden Zweifel erhoben.[1] In den vielfach besprochenen Versen (Purg. XXVI, 118)

> *Versi d'amore e prose di romanzi*
> *Soverchiò tutti —*

ist zwar *prose* zweideutig, allein dieser Umstand gehört nicht zur Hauptsache: denn die Frage: ob Arnaut seine Romane in Prosa oder in Versen abgefasst habe, ist von geringerem Belang. Einer der neuesten Ausleger der göttlichen Comödie entscheidet sich für den letzten Fall, indem er behauptet, im Provenzalischen wie im Italiänischen des dreizehnten Jahrhunderts habe *prosa* die Bedeutung Erzählung in Versen gehabt.[2] Diese Ansicht hat vieles für sich. In der That wird *prosa*, wenn auch nicht im Provenzalischen, zuweilen für den erzählenden Vortrag in Reimen, oder für den niedern poetischen Styl gebraucht[3], und Dante scheint es auch anderwärts so zu verstehen, wenn er die altfranzösischen

> *erwarp, als im daz gordent was,*
> *dô in verworhte Anfortas.*
> *von Provenz in tiuschiu lant*
> *diu rehten maere uns sint gesant.*

Nach den Observations p. 80 wird Eschenbachs Angabe auch durch provenzalische Formen von Eigennamen in dem deutschen Texte bekräftigt. [Vgl. Gr. § 18, 10—14; meine Abhandlung über die Eigennamen steht im 2. Bande meiner germanistischen Studien (Wien 1875) S. 114—159.]

[1] [Vgl. dagegen Gr. § 18, 4 und die dort angeführte Literatur, jetzt besonders G. Paris in Romania X (1881) p. 478 ff.; vgl. auch A. Peter in Germania 28, 130.]

[2] *L'espressione prose di romanzi non vol dire romanzi in prosa, nè alcuna altra composizione in parole sciolte, ma sì composizione in verso .... Nel provenzale e nell' Italiano del secolo XIII prosa significa precisamente istoria o narrazione in versi.* Biagioli.

[3] Z. B. Berceo sagt von seinen Legenden, Sanchez colleccion t. II, p. 1:

> *Quiero fer una prosa in roman paladino.*

Romane von den Thaten der Trojaner und Römer, so wie von der Tafelrunde prosaische nennt, da es doch ausgemacht ist, dass gerade zu seiner Zeit die poetischen Bearbeitungen derselben noch im Umlauf waren.[1] Wenn es nun gewiss ist, dass *prosa* auch gebundene Rede heissen kann, so können wir weiter annehmen, dass Arnaut in seinen Romanen sich derselben bedient habe, da ein Kunstdichter und Verskünstler, wie er, diess Talent schwerlich in der Prosa vergraben haben würde. Wenn nun Dante unter *prose* den niedern poetischen Styl versteht, so bezeichnet er mit *versi* den höhern des Liedes; vielleicht nimmt er den Ausdruck *versi* in provenzalischem Sinne, wo er eben nichts anders, als Lied, bedeutet. Gegen *romanzo* in dem Sinne 'erzählendes Gedicht' ist nichts zu erinnern.

Zu Dante's allgemeinem Zeugniss treten besondere Angaben einzelner Romane der Troubadours. Luigi Pulci führt in seinem Morgante maggiore die Schriftsteller über Karl den Grossen an, die er benutzt zu haben erklärt. Er nennt Turpin und Alcuin, und fährt dann fort:

> *Dopo costui venne il famoso Arnaldo,*
> *Che molto diligentemente ha scritto,*
> *Investigò dell' opre di Rinaldo,*
> *Delle gran cose, che fece in Egytto.*[2]

Dass wirklich unser Arnaut Daniel gemeint sey, lässt sich an dem Beiwort *famoso* erkennen, welches der Dichter mit Anspielung auf eine Stelle Petrarca's setzte, der, indem er Arnaut von Marueil den *men famoso Arnaldo* nennt, den ersten hiermit von selbst als den *famoso* bezeichnet (Trionf. d'Amore IV, 44). Hieraus lässt sich ersehen, dass noch zu Pulci's Zeit (um 1480) ein Roman des **Arnaut Daniel von Rinald oder Renaut** bekannt war. An einer andern

---

[1] *Allegat ergo pro se lingua Oïl, quod propter sui faciliorem ac delectabiliorem vulgaritatem quicquid redactum sive inventum est ad vulgare prosaicum, suum est: videlicet biblia cum Trojanorum Romanorumque gestibus compilata et Artui regis ambages pulcherrimae.* Vulg. eloq. I, 10.

[2] [Zusatz:] Diese Stelle hat R. bereits citiert. Choix II, 319.

Stelle (XXIV, 169) bemerkt Pulci, Angelo Poliziano habe ihm denselben mitgetheilt:

> E ringratio il mio car non Angiolino,
> Sanza il qual molto laboravo in vano,
> Più tosto un cherubino o seraphino,
> Honor e gloria di monte Pulciano,
> Che mi dette d'Arnaldo e d'Alcuino
> Noticia e lume del mio Carlomano:
> Ch'io era entrato in uno oscuro bosco,
> Hor la strada o'l sentier del ver cognosco.

Ferner wird Arnaut als Urheber eines Romans von Lancelot genannt. Man beruft sich hierbei auf Ulrich von Zazichoven, welcher den provenzalischen Dichter als seinen Vorgänger ausdrücklich nennen soll, allein nirgends wird die Originalstelle angeführt, und überhaupt ist an der Richtigkeit der Angabe zu zweifeln.[1] Es ist nicht einmal ausgemacht, ob Zazichoven nach einem provenzalischen oder französischen Vorbild gearbeitet hat; wir besitzen noch einige altdeutsche Lancelot's, die sich nach eigner Aussage auf das Französische des Gautier Map gründen.[2]

Dagegen spricht ein anderes Zeugniss für die Sache. Tasso nennt den Troubadour geradezu als den Verfasser des Lancelot; mochte sich diese Angabe nun unmittelbar auf die Kenntniss des Werkes, das sich bis dahin erhalten haben konnte, oder auf Nachrichten gründen, so viel ist gewiss, dass dieses Zeugniss unverdächtig ist.[3]

---

[1] S. Adelungs Magazin für deutsche Sprache, Bd. II, St. III, S. 11, wo die Sache als gewiss angeführt wird; dasselbe geschieht im Pütterich S. 13. Eben so ausgemacht ist sie dem gelehrten F. W. V. Schmidt, welcher sich in den Wiener Jahrbüchern 1823, XXIV, S. 160 auf das Museum für altd. Kunst und Litt. Bd. I, S. 603 beruft, wo sich indessen nichts darüber findet. Docen dagegen bezweifelt den Umstand. Siehe das. S. 222. Das altdeutsche Original scheint diese Notiz nicht zu enthalten; denn Hofstäter, der es doch vor Augen gehabt haben muss, schreibt sie nach andern Wolfram von Eschenbach zu; altd. Gedichte B. I, S. XXXIX.

[2] [Vgl. über diese: A. Peter, die deutschen Prosaromane von Lanzelot: Germania 28, 129—185.]

[3] Ich kann nur Crescimbeni's Nachweisung anführen: *Tasso discors. poem. eroic. a car. 46, ove si nota, che Arnaldo fu autore del romanzo di Lancilotto.* S. Commentarj. etc. vol. II, p. I, pag. 25.

Ausserdem ist eine Stelle von Petrarca (Trionf. d'Am. IV, 40) in Erwägung zu ziehen, wo es heisst:

Fra tutti il primo Arnaldo Daniello
Gran maestro d'amor —

Hier wird Arnaut als ein grosser Lehrer der Liebe dargestellt. Auf seine lyrischen Gedichte, welche wir kennen, ist dieser Ausspruch auf keine Weise anzuwenden; offenbar hatte Petrarca Arnaut's Romane im Auge. Es ist aber sehr wahrscheinlich, dass er ihm diesen Beinamen ertheilt mit Rücksicht auf den Roman Lancelot, welcher nach Dante's berühmter Darstellung den Fehltritt Paolo's und Francesca's herbeiführte, zumal wenn man bedenkt, dass die Triumphe Petrarca's von Anspielungen auf einzelne Stellen der göttlichen Comödie wimmeln.

Noch ein anderer Umstand ist der Berücksichtigung werth. Dante vergleicht in dem Paradies (XVI, 13) Beatrice mit Ginevra's Kammermädchen, welches bei dem Vergehen derselben gehustet haben soll:

Onde Beatrice, ch'era un poco scevra,
Ridendo parve quella, che tossio
Al primo fallo scritto di Ginevra.

212 Diese Erwähnung findet sich nicht in dem französischen Lancelot in Prosa, dadurch wird die Wahrscheinlichkeit erhöht, dass es einen provenzalischen Roman dieses Namens gegeben habe, den wir nicht ohne Grund Arnaut Daniel zuschreiben können.[1]

Von einem andern Romane **Andrieus von Frankreich** vermuthet Raynouard (II, 299), dass er dem Troubadour Pons von Capdueil beizulegen sey. Nostradamus sage nämlich von Pons von Brueil, der allen Umständen nach kein anderer sey, als Pons von Capdueil, er habe einen 'Tractat' hinterlassen über die rasende Liebe *(de las amors enrabyadas)* des Andrieus von Frankreich. Wenn auch der angeführte Roman nicht gerade das Werk dieses Trouba-

---

[1] Diese letztere Bemerkung ist von F. W. V. Schmidt, dem wir bereits viele wichtige Aufklärungen in dem Gebiete der romantischen Litteratur verdanken. S. Wiener Jahrbücher 1825. XXIX, S. 93. [Vgl. oben S. 185, Anm. 1.]

dours seyn sollte, so scheint er doch den Provenzalen anzugehören, so wie er von ihnen häufig angeführt wird, wogegen sich in der französischen Poesie keine Kunde desselben erhalten zu haben scheint.[1] Aus den Stellen der Troubadours ist nur so viel zu ersehen, dass sich der Held der Geschichte aus rasender Liebe zu der Königin von Frankreich selbst entleibte.[2]

Nicht minder häufig sind die Anspielungen auf den Roman Tristan und Iseut, und da bereits Rambaut von Orange, der um 1150 blühte, mehrere Umstände aus ihm anführt, so stellt Raynouard (II, 316) die Vermuthung auf, das von Rambaut benutzte Werk sey das Original des offenbar späteren französischen Romanes gewesen, für dessen Urheber Chrestien von Troyes gehalten werde. Durch diese Bemerkung wird wenigstens die Ueberzeugung gewonnen, dass frühzeitig ein provenzalischer Tristan unabhängig von dem französischen[3] vorhanden gewesen seyn muss.[4] Wie häufig dieser reizende Stoff von den Dichtern bearbeitet worden, darauf spielt schon Gottfried von Strassburg zu Aufang des dreizehnten Jahrhunderts an, indem er von seinem Thomas von Britannien spricht:

Als der von Tristande seit
Die rihte unde die wârheit,
Begunde ich sêre suochen
In beider hande buochen
Welschen und latînen.

Petrus von Blois, der seit 1160 blühte, klagt schon darüber, dass dieser Gegenstand von den Spielleuten allgemein besungen würde (de confessione p. 442).

Auch die Romane Floris und Blancaflor, und Seguin und Valensa, auf welche beide die Gräfin von Die,

---

[1] [ursprünglich: erhalten hat.]
[2] [Vgl. dazu Gr. § 18, 20—23, und G. Paris in Romania I, 305—307; meine Bemerkungen in der Zeitschrift f. roman. Philologie 2, 321 f.]
[3] [hier folgte noch: und auf das lateinische Original gegründet.]
[4] [Diese Annahme ist unnöthig, da die altfranzösischen Tristandichtungen über die Zeit Rambaut's zurückreichen.]

gleichzeitig mit Rambaut von Orange, anspielt ¹, sind zu alt, als dass sie aus dem Französischen übersetzt seyn möchten. ² Das deutsche Gedicht Flore und Blantscheflur von Konrad Flecke bezieht sich übrigens auf ein französisches Vorbild, wie schon die Form Blantscheflur beweist. ³

Unsre mittelhochdeutschen Dichter weisen oft ausdrücklich auf 'wälsche' Urschriften hin, welchen sie gefolgt sind, ohne weiter anzugeben, ob das provenzalische oder französische Wälsch hierunter zu verstehen sey. Im Zweifel wird man sich hier für das letztere entscheiden müssen, da aus allen Umständen erhellt, dass die französische Sprache an erzählenden Gedichten reicher und in Deutschland bekannter war, als die provenzalische.

2. Novellen.

1. **Allegorische Erzählung von Peire Vidal.** ⁴ Dem Dichter erscheint Liebe, Gnade, Scham, Redlichkeit; er unterhält sich mit Liebe über moralische und politische Dinge. Der Schluss fehlt. Sie war früher nur aus La Curne de S. Palaye's Uebersetzung bekannt; (s. Hist. litt. d. T. II, 297—308), findet sich aber jetzt im Original, doch mit einigen Lücken, im LR. I, 405—417. ⁵

2. **Der gestrafte Eifersüchtige von Raimon Vidal**, abgedruckt bei Raynouard. ⁶

3. **Das Minnegericht** von demselben, im Auszug abgedruckt in der Abhandlung über die Minnehöfe. ⁷

---

¹ III, 22. 25 [Gr. 46, 2. 4.]

² [Das Vorhandensein eines niederrheinischen, auf französischem Original beruhenden Gedichtes, das sicher mit Rambaut gleichaltrig, erweist diese Ansicht als irrig.]

³ [Es ist das eins der uns erhaltenen altfranzösischen Gedichte.]

⁴ [Vielmehr Peire Guillem: vgl. Gr. § 19, 7—9.]

⁵ [ursprünglich: 'sie ist bis jetzt nur'; der Schluss Zusatz.]

⁶ III, 398—413 [Gr. § 19, 1—2; jetzt auch bei MW. 3, 226—236.]

⁷ S. 114—124 [Gr. § 19, 3. Zu den zwei hier erwähnten Handschriften kommt noch die in Cheltenham (N, Bl. 13) und ein Fragment, Revue des langues romanes 4, 228 ff., wo aber die Zugehörigkeit nicht erkannt ist; vgl. Romania II, 269.]

4. Lanfranc Cigala's Erzählung von zwei Rittern, als Einleitung zu einer Tenzone, nur bekannt aus der Uebersetzung in der Hist. litt. d. Tr.[1]

5. Antiphanor, die Dame und der Papagei von Arnaut von Carcasses; ein Auszug steht bei Raynouard.[2]

[6. Eine allegorische Erzählung eines Anonymus vom Hofhalt der Liebe, in der die Eigenschaften der Liebe personifizirt auftreten.[3]]

So gering ist die Zahl der kürzeren erzählenden Dichtungen, die auf uns gekommen sind. Ausserdem finden sich noch einige belehrende Gedichte in Form der Erzählung; sie werden billig unter den belehrenden Gedichten aufgeführt. — Diese Novellen finden sich zerstreut in mehreren handschriftlichen Sammlungen.

3. Legenden.

1. Bruchstück aus einem Leben des heil. Amandus, Bischofs von Rhodez, in Alexandrinern[4] mit langer Reimfolge, nach Raynouard's Vermuthung (II, CXLIX) aus der ersten Hälfte des elften Jahrhunderts, also von hohem Alter, aus dem Lateinischen übersetzt. Der Rechtsgelehrte Dominicy (um 1645) hat uns diese Bruchstücke des nach seiner Versicherung sechshundert Jahre alten Gedichtes überliefert. Sie sind von neuem abgedruckt durch Raynouard.[5]

2. Bruchstück aus einem Leben der heil. Fides von Agen, in achtsylbigen Versen mit langer Reimfolge, aufbewahrt von Fauchet in seinem bekannten Werke Origine de la langue et poésie françoises 1581, und nach seiner Versicherung fünfhundert Jahre alt, also aus dem elften

---

[1] II, 163—168 [gedruckt im Archiv für das Studium der neueren Sprachen 50, 256. Die Tenzone s. Gr. 282, 14].

[2] II, 275—282 [vgl. Gr. § 19, 5; dazu Zeitschrift für roman. Philol. 2, 498—501, wo zwei andere handschriftliche Texte besprochen sind].

[3] [Gr. § 19, 10. Jetzt herausgegeben von Constans in der Revue des langues romanes 1881, October u. November. Vgl. ebenda 1882, Februar u. Mai.]

[4] [ursprünglich: in alten Alexandrinern.]

[5] II, 152—154 [vgl. Gr. § 7, 3—4.].

Jahrhundert. Auch dieses hat Raynouard wieder abdrucken lassen.¹

3. **Bruchstück aus einem Gedicht: Wunderthaten der heil. Fides** in achtsylbigen paarweise gereimten Versen. Catel in seiner Hist. des comtes de Tolose 1623 (S. 104—107) hat uns diess nicht unbedeutende Bruchstück aufbewahrt, worin erzählt wird, wie die Gattin des Grafen Guillem von Toulouse durch Vermittlung der Heiligen mit zwei Kindern gesegnet wird. Catel fand das Werk in der Abtei Conques in Rouergue.²

4. **Leben des heil. Honorat** († 429), Stifters und ersten Abtes der Abtei Lerins (zwischen Antibes und Frejus) von **Raimon Feraut** in sechs-, acht- und zwölfsylbigen Versen à rimes plates, in 4 Büchern.³ Raimon vollendete das Werk im Jahr 1300, und widmete es seiner Gönnerin, der Königin Maria, Tochter Stephans V von Ungarn und Gattin Karls II von Neapel. Zum Lohn für seine Arbeit erhielt er eine Priorei, die von dem Kloster Lerins abhängig war.⁴ Die königlich französische Bibliothek besitzt zwei Handschriften, coté 7988, welcher das letzte Blatt fehlt,

---

¹ II, 144—145 [vgl. Gr. § 7, 5—6].

² [Vgl. Gr. § 7, 7.]

³ [ursprünglich: in achtsylbigen Versen mit Doppelreimen nach dem Lateinischen.]

⁴ Der Verfasser selbst giebt nähere Auskunft über sich und sein Werk:
La vida si trobet en un temple jadis,
De Roma l'aportet un monges de Leris,
De lay si trais la gesta d'una antica scriptura;
Ren no y trobaras mais de veritat pura.
[Sardou's Ausgabe p. 1.]

Am Schlusse heisst es:
May qui lo nom vol entervar
De sel que la volc romansar
E'ls miracles compli, dieu laut,
Hom l'appella Raymon Feraut ....
Frayre fom humils et enclins
Del sanct monestier de Lerins. [Sardou p. 207 f.]

und 488.¹ Bis jetzt sind nur einige Stellen gedruckt.² —
[Auch andere Legenden hat der Dichter verfasst: ein Leben
des heil. Alban³ und eine vida de sant Hermentari.⁴]

[5. Leben der heiligen Enimia, verfasst von Bertran de Marseille in der zweiten Hälfte des 13. Jahrhunderts, auf Veranlassung des Priors im Kloster am Tarn, welches nach der Heiligen benannt wurde.⁵]

[6. Leben der heil. Margareta, erhalten in einer Handschrift des 14. Jahrhunderts, ein Bruchstück vom Anfang ausserdem in einer Stockholmer Handschrift.⁶]

[7. Leben des heiligen Alexius, aus dem vierzehnten Jahrhundert.⁷]

4. Reimchroniken.

1. Geschichte des Albigenserkrieges⁸ in Alexandrinern, mit langer Reimfolge, von Meister Guillem von

---

¹ [Zusatz:] Es gibt deren noch andre. [Ein Verzeichniss sämmtlicher Handschriften gab P. Meyer in der Revue des Sociétés savantes, 6ᵉ série, II, 57.]

² S. Catalogue des livres du duc de la Vallière p. I, t. II, pag. 243. Rayn. V, 372; [Zusatz:] Lex. Rom. I, 573 [vgl. Gr. § 20, 6. Ausgabe von A. L. Sardou: La vida de sant Honorat publiée par les soins de la société des lettres des Alpes-Maritimes. Nice (1875); vgl. Romania 5, 237 ff. Zeitschrift f. rom. Philologie 2, 384 ff. Dazu: Hosch, Untersuchungen über die Quellen und das Verhältniss der provenzalischen und lateinischen Lebensbeschreibung des heil. Honoratus, Berlin 1877 (vgl. Gröbers Zeitschrift 2, 136 ff.); P. Meyer, la vie latine de Saint Honorat et Ramon Féraut: Romania 1879, p. 481—508 (vgl. Gröbers Zeitschrift 3, 611—614); Stengel in der Zeitschrift 2, 684—686; derselbe über eine Umarbeitung des fünften Buches: Giornale di filologia romanza 1, 216—226.]

³ [Vgl. Gr. § 20, 7—8.]

⁴ [Vgl. Revue des langues romanes 1881, S. 41—45. 236—244.]

⁵ [Vgl. Gr. § 20, 5; dazu Constans, sur la topographie du poëme intitulé Vie de S. Enimie: Revue des langues romanes 1879, S. 209—217. Romania 9, 476.]

⁶ [Vie de Sainte Marguerite, en vers romans p. p. Noulet, Toulouse 1875; vgl. Romania S. 482—487; das Stockholmer Fragment im Jahrbuch für roman. und englische Literatur 12, 14 f.]

⁷ [Vgl. Gr. § 47, 8. Herausgegeben von Suchier in seinen Denkmälern S. 125—155.]

⁸ [ursprünglich: 'Wir besitzen nur eine einzige: Geschichte' etc.; mit Rücksicht auf das folgende geändert.]

Tudela.¹ Dieses vollständig erhaltene Werk besteht fast aus 10,000 Versen, und erzählt den Krieg von seinem Anfange bis zur Belagerung von Toulouse durch Ludewig, Sohn Philipp Augusts (1209); es ist von geschichtlichem Werth, da der Verfasser es als Augenzeuge und während der Handlung selbst niedergeschrieben hat.² Die Hist. générale de Languedoc t. III. liefert in ihren Beilagen ein prosaisches Werk über denselben Gegenstand, welches sich auf das gegenwärtige zu gründen scheint.³ Die Handschrift befindet sich in der königl. Bibliothek zu Paris N. 91 (La Valliere 2708); bis jetzt hat sich noch kein Herausgeber gefunden.⁴

[2. Geschichte des navarrischen Krieges von 1276 und 1277 durch Guillem Anelier aus Toulouse, den wir auch als Verfasser einiger lyrischen Gedichte kennen.⁵]

---

¹ Zu Anfang erklärt der Verfasser, er habe das ganze Verderben vermittelst der Magie voraus gesehen.

El nom del payre e del filh e del sant esperit
Comensa la cansos, que maestre W fit,
Us clercs que en Navarra fo a Tudela noirit.
Mot es savis c pros, si cum l'estoria dit . . .
Per la destructio, que el conosc e vit
En la geomancia, qu'el ac lonc temps legit
E conoc, qu'el paes er ars e destruzit.

[Richtiger wird von zwei Verfassern gesprochen, welche P. Meyer nachgewiesen: vgl. Gr. § 16, 9.]

² Er hat es zu Montalban 1210 angefangen, wie er am Eingange äussert:

Senhors oimais s'esforsan li vers de la chanso,
Que fon ben comenseia l'an de l'aincarnatio [l. de la inc.]
Del senhor Jhesu Crist ses mot de mentizo,
C'avia M. CC. e X ans, que venc en est mon,
E si fo l'an e mai, can floricho'l boicho,
Maestre W la fist e Montalba, on fo.

³ [Vgl. Gr. § 40, 1.]

⁴ [Vgl. Gr. § 16, 9—11. Kritische Ausgabe von P. Meyer, la chanson de la croisade contre les Albigeois. 2 Bde. Paris 1875—79; vgl. Revue des langues romanes 1876, p. 352 ff. Romania 4, 267 ff. 5, 500. Revue critique 1876, Nr. 14.]

⁵ [Histoire de la guerre de Navarre, publiée avec une traduction, une introduction et des notes par Fr. Michel. Paris 1856. Vgl. Gr.

Belehrende Poesie.

Diese wurde mit besonderem Fleisse angebaut, wie diess überhaupt in dem Mittelalter der Fall war, wo man jede Art der Belehrung fast mit kindlicher Ehrfurcht anhörte. Wir theilen die hiehergehörigen Dichtungen in wissenschaftliche, moralische und geistliche. Beide letztere müssen zahlreich gewesen seyn, da sich die Dichter gegen das Ende ihres Lebens, welches sie zum Theil in den Klöstern beschlossen, gleichsam zur Busse ihrer weltlichen Verirrungen, dieser ernsteren Gattung ganz hingaben. Die belehrenden Gedichte finden sich gewöhnlich in den Liederbüchern; die Handschrift 2701 der königl. Bibliothek zu Paris umfasst deren eine grosse Menge in ziemlich reinem Text, wiewohl die erste Abtheilung, welche Lieder enthält, von Fehlern wimmelt, ein Zeichen, dass die Handschrift von verschiedenen Schreibern herrührt. Für grössere Werke dieser Art giebt es besondere Handschriften.

1. Wissenschaftliche Gedichte.

1. **Das Brevier der Liebe von Matfre Ermengaud**, Mönch zu Beziers, in achtsylbigen Versen.[1] Unter diesem sonderbaren Titel gab Matfre einen Inbegriff des gesammten Wissens seiner Zeit. Er begann seine Arbeit, wie er uns in dem Vorwort berichtet, im Jahr 1288.[2] Nachdem er den Unterschied zwischen der himmlischen und irdischen, oder der unerschaffenen und erschaffenen Liebe

---

§ 16, 14. Gisi, der Troubadour Guillem Anelier von Toulouse, Solothurn 1877, und meine Recension in Gröbers Zeitschrift 2, 130 ff.]

[1] [Vgl. Gr. § 34, 9—13. Die Ausgabe von Azaïs ist inzwischen vollständig erschienen.]

[2] Anfang. *Matfres essenha los aymadors e'ls trobadors. Aysi comensa lo breviari d'amors.*

E nom de dieu nostre senhor,	*E no solamen sers d'amor,*
Que-z es fons e payre d'amor,	*Mas de tot fizel aymador,*
E-z es cenes comenssament,	*En l'an, que-z om ses falhensa*
E sses fi sera eishament,	*Comptava de la nayssensa*
E l'escriptura per ayso	*De Jhesu Crist miel e dozens*
L'apela alpha et O,	*V chanta VIII ces mays ces mens*
Que-z es sustantia, unitat,	*Domentre, qu'als no fazia,*
Et en persona trinitat,	*Comencec lo primier dia*
Matfres Ermenguau de Bezers,	*De primavera sus l'albor*
Senher en lyeys e d'amor cers,	*Aquest breviari d'amor.* Ms. 7227.

festgesetzt, und den Baum der Liebe in Prosa erklärt hat, schreitet er zur eigentlichen Abhandlung, die folgende Gegenstände umfasst. Ueber den Zirkel Gottes, den ersten am Baume der Liebe, über das Wesen Gottes, den göttlichen Hofstaat, die Natur der Teufel, ihre Namen, Aufenthalt, Wirkung auf die Menschheit. Versuchung der ersten Menschen, von Gott zugelassen und warum. Physikalische Beschreibung der Welt. Das Firmament, die Weltkörper, die Elemente. Bei Gelegenheit der Erde redet er über die Kräfte der Edelsteine; dann über die sechzehn Winde, die Wolken, das Wetter, die sechs Weltalter, die Kraft und Natur der Kräuter, Bäume und Pflanzen, der Vögel, Fische und Thiere (d. h. Säugethiere). Nun kommt er auf den Menschen. Physiologie desselben. Geschichte der Menschheit. Moralphilosophie, Naturrecht, Völkerrecht. Religionslehre und Kirchengeschichte mit Gebetformeln für alle Fälle des Lebens. Ueber die verschiedenen Stände. Kaiser, Könige und Fürsten; Bannerherrn und Castellane; Ritter und andere Kriegsleute; Advokaten, Aerzte, Bürger, Kaufleute, Rathgeber, Curatoren, Lehrmeister, Taglöhner, Handwerker, Arbeiter, Gastwirthe u. a. Geschichte Christi; Leben des heil. Andreas. — Alsdann kommt er auf die Liebe zwischen Mann und Weib, und warnt vor den Gefahren dieser Leidenschaft, vor den Schlingen des Teufels. Hieran schliesst sich eine Abhandlung über die ächte Liebe, worin Stellen der Troubadours angeführt und durch andere Stellen derselben widerlegt werden. Nachdem er so die Geschlechtsliebe, welche er die natürliche nennt, abgehandelt hat, kommt er endlich auf die Liebe zwischen Aeltern und Kindern, und die Erziehung, womit das Werk schliesst. —

220 Diese gedrängte Inhaltsanzeige mag einen Begriff von den Gegenständen jener gereimten Handbücher des Wissenswürdigsten geben. Das ganze Buch enthält ungefähr 27,000 Verse und füllt einen Folioband, dem der Schluss fehlt, coté 7227 der königl. französischen Bibliothek; daselbst findet sich noch eine unvollständige Abschrift, N. 7619.[1]

---

[1] Proben in Rayn. LRom. I, 515—537. [Ueber andere Handschriften s. Gr. § 34, S. 53.]

2. Der Schatz des Meisters Peire von Corbian[1], aus 840 Alexandrinern bestehend, alle auf denselben Reim. Dieses Schatzkästlein damaliger Gelehrsamkeit enthält doch nicht viel mehr, als ein Verzeichniss derjenigen Kenntnisse, welche der Schreiber sich erworben haben will. Von der Gottheit, sagt der Verfasser, gehe alles Wissen aus, also auch das seinige. Gott schuf zu Anfang die zehn Ordnungen der Engel, die vier Elemente, d. h. Himmel, Luft, Erde, Wasser; die Erde ist rund und unbeweglich, dann schuf er den Sonntag und nach ihm die übrigen Tage, endlich die Menschen. Hierauf folgt ein Umriss der Religionsgeschichte, dann etwas über die sieben freien Künste, die der Verfasser sämmtlich versteht; am weitläufigsten handelt er über Musik, worin er die Methode von Guittone und Boethius wohl gefasst hat; er kennt die Geographie, Astronomie, den Kalender, die Heilkunde, die Mythologie, die Geschichte, d. h. die fabelhafte nach den Romanen. Unter andern erwähnt er auch seiner Kenntnisse in der Necromantie, Geomantie und den Augurien.[2] — Einige Stellen sind abgedruckt bei Raynouard.[3]

---

[1] [richtiger: Corbiac.]

[2] Die hierauf bezügliche Stelle ist folgende:

De nigromancia apris totz los encantamens,
Mais de geomancia* sai totz los esperimens,
Las sortz e las esperas e los desviamens,
E de las XV cans los XV ponchamens.
Catre cauzas fa hom poians primieiramens,
E fai n'om autras IIII d'aquelas en bestens,
E las VIII ne fan IV cab ins (?) en estrenhens,
Las IIII ne fan doas, las doas un' aissamens,
E pueis remanon XV totz escaridamens,
Mais las XII ne fan testimoniamens,
E las tres sotirans respondon als querens,
E si-m vuelh entremetre, sai pron d'aramens
D'encontre de demandas, e dels auzels prenens,
Los destres e'ls senestres, los anans e'ls venens,
D'albanel, de gavanh, d'autras auzels ferens,
Del corp e de la gralha los cridans, los tacens.

* Das Original hat gromancia.

[3] V, 310—312 [vgl. Gr. § 34, 6—8].

3. **Die Bekehrung des Ketzers** *(las novas del heretge)*, welche Izarn, einem Dominicanermönch und Inquisitor, zugeschrieben wird, in ungefähr 800 Alexandrinern mit lang anhaltender Reimfolge; eine theologische Disputation zwischen dem Verfasser und einem albigensischen Bischof, für die Kirchengeschichte von einiger Wichtigkeit, weil sie, wenn auch nicht den wahren Religionsbegriff der Albigenser, doch die Art und Weise ihrer Bekehrung ins Licht setzt. Proben stehen bei Raynouard (V, 228—234), eine Uebersetzung in der Hist. litt. d. Tr. (II, 43—77).[1]

4. **Ueber die Jagdvögel von Daude von Prades** in achtsyilbigen Versen, ungefähr 3600 an der Zahl. Das Werk, welches mit einem Prolog beginnt, handelt von den Arten und Kennzeichen der Vögel, von ihrer Aufziehung und Fütterung, so wie von ihren Krankheiten und den Mitteln dagegen. Ein zweckmässiger Auszug findet sich in Raynouard's Sammlung (V, 126—136).[2]

5. **Unterricht für die Spielleute von Guiraut von Cabreira** in lyrischer Form; der Anfang bei Raynouard (V, 167).[3]

6. **Ueber denselben Gegenstand von Guiraut von Calanson**, in derselben Form; später als das vorige Gedicht entstanden, da sich der Verfasser auf einen Guiraut, ohne Zweifel von Cabreira, als seinen Vorgänger bezieht.[4] Bruch-

---

[1] [Vgl. Gr. § 16, 12—13. Ausgabe von Paul Meyer: Le debat d'Izarn et de Sicart de Figueyras: Annuaire Bulletin de la Société de l'histoire de France 1879; vgl. Romania 9, 340 f.; Literaturblatt f. german. u. roman. Philologie 1880, Nr. 7; Revue des langues romanes 1880, S. 282—286.]

[2] [Vgl. Gr. § 34, 1—3.]

[3] [Vgl. Gr. § 33, 4—5; dazu Romania 7, 455 ff.]

[4] Anfang.

Fadet joglar,   *E garda'ls motz*
Co potz pensar   *Be tras que totz*
So que es greu per eyssarnir,   *De sels, qu'En Gr. fes escrir;*
C'ades te do   *No sai lo cart*
Sirventes bo,   *Mas l'una part*
C'om no'l te puesca desmentir.   *Vo-n dirai segon mon albir.*

Ms. [Denkm. 94, 5—16.]

stücke des Originals sind in diesem Buche hin und wieder mitgetheilt worden.[1] — Beide Stücke sind für die Kunstpoesie von Werth.

[7. Ein drittes derartiges Gedicht, in strophischer Form, verfasste, wohl in der ersten Hälfte des 13. Jahrhunderts, Bertran de Paris aus Rovergue, für den Spielmann Gordon.[2]]

[8. Einen provenzalischen Computus verfasste am Ende des 13. Jahrhunderts Ramon Feraut; derselbe galt für verloren[3], scheint sich aber erhalten zu haben und ist im Jahre 1280 verfasst, wozu Ramons Lebenszeit vollkommen passt.[4]]

[9. Des Sünders Reue, ein Seitenstück zu der Bekehrung des Ketzers von Izarn (Nr. 3), verfasst von einem Manne, der in seiner Jugend den albigensischen Lehren gehuldigt hatte; er schrieb sein in Alexandrinertiraden abgefasstes Gedicht noch bei Lebzeiten des Bischofs Peire Guillem von Albi († 1230).[5]]

[10. Diätetik in Versen, hauptsächlich beruhend auf der Epistola Aristotelis ad Alexandrum, welche einen Theil des Secretum secretorum bildet; der provenzalische Verfasser schreibt das Original dem berühmten Galen zu; seine Arbeit scheint Matfre von Ermengau gekannt zu haben, daher sie mit Sicherheit noch ins 13. Jahrh. zu setzen ist.[6]]

[11. Metrische Bearbeitung der Chirurgie des Roger von Parma durch Raimon von Avignon, wie es auch eine pro-

---

[1] [Vgl. Gr. § 33, 6; dazu Romania 7, 455 ff.]

[2] [Vgl. Gr. § 33, 7—8.]

[3] [Vgl. Gr. § 34, 5.]

[4] [Comput ecclésiastique en roman-languedocien du XIIIe siècle p. p. E. Thomas. Montpellier 1847. Chabaneau in der Revue des langues romanes 3e série, 6, 157—179. Bauquier in der Zeitschrift für roman. Philologie 2, 76 f. Romania 1881, S. 618.]

[5] [Herausgegeben nach der einzigen Handschrift (im British Museum, Harl. 7403) von Suchier, Denkmäler S. 214—240.]

[6] [Herausgegeben nach der einzigen Handschrift (im British Museum, Harl. 7403) von Suchier, Denkmäler S. 201—248. Vgl. Reinsch im Archiv für das Studium der neueren Sprachen 68, 9—16.]

venzalische Prosaübersetzung derselben gibt [1]; die metrische findet sich in der Handschrift 2836 der Universitätsbibliothek zu Bologna. [2]]

2. Moralische Gedichte.

Unter dieser Ueberschrift fassen wir diejenigen Gedichte zusammen, welche das Sittliche und Schickliche betreffen, moralische Betrachtungen, Ermahnungen, Spruchgedichte, Lehren der Lebensart. Sie sind mitunter in Brief- oder Novellenform gefasst; hier mögen die wichtigeren folgen.

1. Bruchstück über Boethius Leben von einem Ungenannten, in gewöhnlichen Versen von 10 Sylben [3] mit langer Reimfolge, zuweilen blosser Assonanz. Die Handschrift dieses ehrwürdigen Denkmals altromanischer Sprache befand sich vor der Revolution in der trefflichen Bibliothek der Abtei Fleury. Zuerst erwähnte ihrer der Abt Lebeuf, und theilte einige Stellen mit, die zu mancherlei Aeusserungen Anlass gaben. Raynouard entdeckte sie neuerdings in der Bibliothek zu Orleans. Lebeuf, ein gründlicher Kenner der altromanischen Sprachen, erklärte, die Handschrift stamme aus dem elften Jahrhundert, das Gedicht aber sey älter; Raynouard, dessen Urtheil von Gewicht ist, giebt nach reiflicher Erwägung als die späteste Zeit der Abfassung das Ende des zehnten Jahrhunderts an. Und in der That berechtigt uns die Rohheit des Styls [4], so wie die Härte und das Schwanken vieler Formen, dieses Bruckstück den Gedichten des Grafen von Poitiers um wenigstens hundert Jahre vorzusetzen, und so besitzen wir in ihm nächst dem neulich entdeckten Lied auf Eulalia [5] das älteste poetische

---

[1] [Vgl. Gr. S. 68.]

[2] [Herausgegeben von A. Thomas in Romania 10, 63—74; über die Versification des Gedichtes vgl. Romania 11, 203—212; vgl. auch 10, 456; und Revue des langues romanes 3e série, VII, 192—197.]

[3] [ursprünglich: in alexandrinermässigen Versen; Diez ändert 'von 10—11 Sylben'.]

[4] [ursprünglich: Rohheit der Verse und Reime.]

[5] ['nächst — Eulalia' Zusatz.]

Denkmal des gesammten neulateinischen Sprachstammes.¹ Nächst der Sprachform desselben wäre die metrische Form, und in dieser drei Punkte zu erwägen: die Zweitheiligkeit des Verses, nach welcher der Verfasser strebt, der Reim, insofern er eine grössere oder geringere Zahl von Versen verbindet, und endlich die Assonanz, in welche der Reim häufig übergeht.² — Das ganze Bruchstück besteht aus 257 Versen, und ist von Raynouard (II, 4—39) mit Sorgfalt herausgegeben und einer wörtlichen Uebersetzung begleitet worden.³

2. Lehren der Lebensweisheit von Arnaut von Marueil, abgedruckt bei Raynouard.⁴

3. Vermischte moralische Sätze von Bertran Carbonel von Marseille in 70 Strophen. Der Verfasser bittet im Eingange, wenn er seinerseits das Gute lehre, ohne es zu thun, so möge man ihm darin nicht folgen; er verhalte sich wie derjenige Spieler, der besser zum Spiel anweise,

---

¹ Alte Formen sind darin u. a.: *eps, epsa, epsamen* (statt *eis, eissa, eissamen*) *smetessma (meisme) gaigre (gaire) corps (cors) regio (reio) malaptes (malautz) ciptatz (ciutatz) amna (ama) sunt (son) dunt (don) ultra (oltra) dunc (donc)*. Man wird darin die Annäherung an die Grundsprache nicht verkennen. Auch finden sich einige den Troubadours ganz fehlende Wörter, als *quandius* lat. *quamdiu, quandi* lat. *candidus,* [Zusatz:] *fremna (fimbria), telsar (texere)*.

² Probe (II, 35):
Cals es la schala, de que sun li degra?
Fait sun d'almosna, e fe e caritat,
Contra felnia sunt fait de gran bontat,
Contra perjuri de bona feeltat,
Contr' avaricia sun fait de largetat,
Contra tristicia sun fait d'alegretat,
Contra luxuria sun fait de castitat,
Contra superbia sun fait d'umilitat.

³ [Vgl. Gr. § 8. Neue Vergleichung der Handschrift durch P. Meyer: Romania I, 226 ff.; neueste Ausgaben in m. Chrestomathie⁴ 1—8 und in P. Meyers Recueil S. 23—32; vgl. noch Böhmer in seinen Romanischen Studien 3, 133 ff., und dazu Romania 1878, p. 471; Zeitschrift f. rom. Philol. 2, 504 ff.; Boucherie in der Revue des langues romanes 1882, Decb.]

⁴ IV, 405—418 [vgl. Gr. § 32, 1—2. Zu den Quellen, die Theile des Gedichtes enthalten, kommen noch Pαβ].

als selber spiele; auch die Weisheit eines Narren müsse man achten.[1]

4. **Desgleichen von Guiraut del Olivier von Arles**, mit Stellen der Troubadours und der heil. Schrift durchflochten, 76 Strophen.[2]

5. **Ueber die Abnahme der Gönner des Gesanges** von Ramon Vidal von Bezaudun in achtzehnhalbhundert Versen in Form der Erzählung; schon früher angeführt. Die Hist. litt. d. Tr. und Raynouard schreiben es dem berühmten Peire Vidal zu. Ausserdem aber, dass die Handschrift 2701 Ramon Vidal als Verfasser nennt, sprechen noch zwei Umstände für unsere Angabe: 1) der Dichter gedenkt der Stadt Bezaudun als seines Aufenthaltes, und gerade diese war Ramon's Vaterstadt.[3] 2) Die Erzählung trägt durchaus das Gepräge von Ramon's Schreibart, und ist daher mit Stellen

---

[1] Anfang: *Aiso so coblas triadas esparsas d'En Bertran Carbonel de Marcelha.* Erste Strophe:

S'ieu dic lo ben,
Et hom no'l me ve (vol) faire,
Negus per so a mal far no s'emprenh,
Que ieu o fas en aisi co'l jogaire,
Que assatz mielhs que non joga n'ensenha.
S'us fols be [ditz], no'l deu hom mens prezar,
Qu'el profieg es d'aquel qu'el sap gardar,
Ja sia so que al folh pro non tenha,
Bon es d'auzir ab c'om lo ben retenha. Ms.
[Gr. § 31, 14—15 und Verz. 82, 19—94. Die in P enthaltenen, sämmtlich anonym, sind gedruckt in Herrigs Archiv 50, 266 ff.]

[2] *Escrich truep en un nostr'actor,*
C'om pot ben camjar per melhor.
El pros coms Raimon de Toloza
Dis una paraula ginhoza,
Que retrairai per so que no s'oblitz etc. Ms.
[Gr. § 31, 14 und Verz. 246, 1—77; dazu P. Meyer, les derniers troubadours p. 106 ff.]

[3] Anfang:

Abril issic, mays intrava
E cascus dels auzels chantava ....
Sove-m que fon mati adoncx
En la plassa de Bezaudun etc. Ms. [Denkm. 144 f.]

der Troubadours durchwebt. Bruchstücke finden sich in Raynouard's Werk (V, 342—348.)[1]

6. **Lebensregeln**, einem Spielmann auf dessen Verlangen gegeben, von Nat von Mons, in ungefähr 1500 Versen, für die Geschichte der Poesie unfruchtbar.[2] Ferner, von demselben Verfasser, ein Gedicht von mehr als 600 226 Versen, gegen die **Verderbnisse der Welt** gerichtet[3] — ein **Schreiben** an Alfonso X von Castilien in ungefähr 2000 Versen, worin u. a. von dem Einfluss der Sterne auf die menschlichen Schicksale die Rede ist, nebst der Antwort des Königs, die von dem Dichter selbst herrühren möchte[4] — zwei kürzere Sendschreiben an Jayme I, König von Aragon[5], wie das vorige, moralischen Inhalts.[6]

---

[1] [Vgl. Gr. § 19, 4.]

[2] Anfang:
>Sitot non es enquist,
>Lai on joven es vist,
>Gran sen be s'endere,
>C'om jove er en be
>Conoissen e membratz
>E jent acocelhatz . . . .
>Un joylar cabalos
>De bona joglaria
>E de gran maestria
>Sabenz et entendutz
>S'en es a mi vengutz,
>Qu'el cosselh e l'ensenh,
>Co ni per cal captenh
>Se poira far el mon
>Mais grazir etc.
>Ms. [vgl. Gr. § 32, 25.]

[3] Anfang:
>Si Nat de Mons agues
>Senher que conogues — Ms. [R]

[4] Fängt an:
>Al bon rey de Castela
>N-Anfos, car se capdela
>Ab valor cabaloza,
>Natz de Mons de Tholoza
>Senhoriva lauzor
>Ab creissemen d'onor — Ms. [R]

[5] [Richtiger wohl auf Jacob II zu deuten: vgl. Gr. § 32, 26.]

[6] Das erste fängt an:
>Al noble rey aragones
>Franc e valen, sert e cortes — Ms. [R]

Das zweite:
>Al bon rey senher d'Arago
>Noble de pretz e de razo — Ms. [R]

7. Le libre de Senequa, das jedoch eine andre Quelle hat als der römische Seneca. Die Hs. im Arsenal. Ein Bruchstück bei Rayn. LRom. I, 538—548.[1]

8. Gegen die Missbräuche der Welt von Folquet von Lunel, etwa 500 Verse mit verschränkten, reich angewandten Reimen, gedichtet im Jahr 1284.[2]

9. Eine Art Adelsspiegel oder Regeln der Lebensart für den Adel, von Arnaut von Marsan, etwa 600 Verse, in Form der Erzählung abgefasst. Von diesem Gedichte, welches einen schätzbaren Beitrag zur Sittengeschichte liefert, hat Raynouard (II, 301. 306. 308. V, 41—44) einige Bruckstücke mitgetheilt.[3]

10. Zwei ähnliche Sittenlehren, die eine an ein Fräulein, die andere an einen Edelknappen gerichtet, von Amanieu des Escas, in Novellenform, wie das vorige, und für die Sittengeschichte nicht minder bedeutend. Einige Proben giebt Raynouard (II, 263—271).[4]

11. Verschiedene Werke von Guiraut Riquier, als: eine Abhandlung über den Missbrauch, Dichter und Spielleute unter demselben Namen zu begreifen, in Form eines Gesuchs an König Alfons X von Castilien und

---

[1] [Nr. 7 ist Zusatz. — Vgl. Gr. § 31, 9—13; der eigentliche Titel ist *Lo savi*, der Weise. Eine dritte Handschrift hat sich kürzlich in der Biblioteca Colombina zu Sevilla gefunden: vgl. Revue des langues romanes 1880, S. 199. Archives des missions scientifiques et littéraires 3ᵉ série, t. VI, livr. 3.]

[2] Anfang:
E nom del Paire glorios,
 Que-ns formet a sa figura,
D'aquel senher qu'es poderos
 De tot cant es per drechura,
Fai un dechat, qu'es cars e bos
 D'auzir a sels, on s'atura —
Schluss:
En l'encarnassio fon fatz
 De M. CC. LXXX
E catr' el romans etc. Ms.
[Vgl. Gr. § 32, 15. Ausgabe von Eichelkraut. Berlin 1872.]

[3] [Gr. § 33, 9—11.]

[4] [Gr. § 33, 12—15.]

Antwort desselben; schon früher erwähnt und benutzt; bedeutende Auszüge folgen im Anhang[1] — **Lobgedicht auf** die Vizgräfin Vaqueira[2] — mehrere **Abhandlungen** moralischen Inhaltes[3] — Briefe desselben Inhaltes an des Dichters Gönner, den Vizgrafen Amalric von Narbonne[4] — an einen gewissen Sicart am französischen Hofe[5] — an G. von Rofian[6] — endlich an verschiedene Freunde.[7]

228
229

---

[1] [Gr. § 32, 17—19.]

[2] *Aiso fe Gr. Riquier de Na Vaqueira l'an M. CC. L. VIIII.*
  Qui a sen et entendemen
  E saber e conoisemen . . .
  E farai lauzor vertadeyra
  Del vescontessa Na Vaqueira — Ms. [Gr. § 32, 16.]

[3] Diese, welche zusammen über 2000 Verse enthalten, fangen an:

1. *Qui conois et enten*
   E vol saber e sen —
2. *Per re non puesc estar*
   Un jorn deu consirar —
3. *Si-m fos saber grazitz*
   Tan com es abelitz —

4. *Aitan grans com devers*
   Es e mi bos volers —
5. *Apenas lunh pro te*
   Ad autrui ni a me —
6. *Tant petit vei prezar*
   Bel saber de trobar —
   Ms. [Gr. § 32, S. 48 f.]

[4] *Aiso so letras, que trames Gr. Riquier a'N Amalric en Castela l'an M. CC. LXV.*
  Al pus noble, al pus valen
  Al pus prezat de son joven . . . .
  A'N Amalric de Narbona — Ms. [Gr. § 32, S. 48.]

Estas letras trames Gr. Riquier a'N Amalric de Narbona a Tonis.
  Al car onrat senhor
  Noble de gran valor — Ms. [Gr. § 32, S. 48.]

[5] *Aiso trames Gr. Riquier en la cort del rey de Fransa l'an M. CC. LXVII.*
  A sel que deu aver
  Laus e grat per dever . . . .
  Al plazent En Sicart — Ms. [Gr. § 32, S. 48.]

[6] *Aiso trames Gr. Riquier a Malhorgas l'an M. CC. LXVI.*
  Al noble mot onrat
  Savi, discret, amat
  G. de Rofian — Ms. [a. a. O.]

[7] *Aiso fe Gr. Riquier per I. son amic que volia adzemprar sos amicx e donet li cosselh, l'an M. CC. LXXXI.*

12. Die Fabel ward, wie aus manchen Spuren erhellt, von den Provenzalen nicht vernachlässigt, der Zufall hat uns indessen nur eine einzige, wiewohl originelle, von Peire Cardinal, erhalten, welche bei Raynouard steht.[1]

[13. Unterweisung für eine Dame ritterlichen Standes, von Garin dem Braunen, verfasst in der zweiten Hälfte des 12. Jahrhunderts.[2]]

[14. Ein ensenhamen von dem Italiener Sordel, für Männer und Frauen ritterlicher Herkunft bestimmt. Noch ungedruckt.[3]]

[15. Ein Lehrgedicht von Serveri von Girona über den Werth der Frauen, nur theilweise erhalten in einer venezianischen Handschrift.[4]]

[16. Gedicht von den vier Cardinaltugenden, verfasst am Anfang des 13. Jahrhunderts von Daude de Prades, dem Erzbischof Stephan von Chalançon (1220—1236) gewidmet.[5]]

[17. Bearbeitung der Sprüche Salomonis durch Guillem de Cerveira, einen Catalanen, der in der zweiten Hälfte des 13. Jahrhunderts lebte. Noch ungedruckt.[6]]

Sel que sap cocelhar
E cocelh no vol dar — Ms. [Gr. S. 49.]

Aiso fe Gr. Riquier l'an LXXXII per dar cosselh ad un son amic, lo cal avia grans trebalhs.

Si-m fos tan de poder
Datz, cum es de saber — Ms. [Gr. S. 49.]

[1] IV, 366 [vgl. Gr. § 32, 3. Andre Lehrgedichte von P. Cardinal s. ebendas. § 32, 6 ff. Eine provenzalische Fabelsammlung in Versen: Romania 3, 291 ff. vgl. Leys d'amors 3, 316].

[2] [Vgl. Gr. § 33, 1—3.]

[3] [Vgl. Gr. § 32, 12—13.]

[4] [Vgl. Gr. § 32, 14. Herausgegeben von Suchier, Denkmäler S. 256—271.]

[5] [Vgl. Gr. § 31, 4—5. Jetzt vollständig herausgegeben: The romance of Daude de Prades on the four cardinal virtues ed. by A. Stickney, Florence 1879: vgl. meine Recension in der Zeitschrift f. rom. Philol. 3, 427—432.]

[6] [Vgl. Gr. § 31, 7—8.]

[18. Lehr- und Strafgedicht in Reimpaaren, unter dem Titel *arlabecca*, verfasst von einem ungenannten Dichter am Ende des 13. Jahrhunderts.[1]]

[19. Allegorisches Gedicht über die Liebe, genannt *Castel d'amors*, Minneburg, in welchem der Dichter den Weg zur Liebe dem mit Hindernissen verbundenen Eingang in eine Burg vergleicht.[2]]

[20. Doctrinal des Raimon von Castelnou, eines Ritters, der in seiner Jugend weltliche Lieder gedichtet und im Alter diese Thorheiten bereut. Eine kleine Zahl seiner Lieder ist auf uns gekommen.[3]]

3. Geistliche Gedichte.

Diese sind zum Theil wegen ihres hohen Alters merkwürdig. Wir führen folgende auf:

1. Die Handschrift 1139 der königl. französischen Bibliothek enthält drei geistliche Stücke in provenzalischer Sprache, die wenigstens aus der ersten Hälfte des elften Jahrhunderts stammen müssen, da schon die Schrift dieser Zeit angehört. 230 Das wichtigste hierunter ist ein Mysterium der weisen und thörichten Jungfrauen, wahrscheinlich der älteste dramatische Versuch, welcher in irgend einer neueren Sprache auf uns gekommen ist; die Personen bedienen sich abwechselnd der romanischen und lateinischen Mundart. Proben dieser alten Gedichte siehe bei Raynouard (II, 134—143).[4]

2. Todtenfeier des heil. Stephan, gleichfalls eins der ältesten Denkmäler romanischer Zunge; auch hier wechselt provenzalische Rede mit lateinischer; das Gedicht war

---

[1] [Vgl. Gr. § 32, 28—32.]

[2] [Vgl. Gr. § 32, 33.]

[3] [Vgl. Gr. S. 185. Das Doctrinal, in zwei Handschriften (British Museum, Harl 7403 und Ashburnhame-Place Nr. 105) erhalten, ist nach der ersteren von Suchier, Denkmäler S. 241—255 herausgegeben; vgl. S. 537 f.]

[4] [Das genannte Mysterium ist vielmehr französisch: vgl. Gr. § 25, 1.]

zum Gesang in der Kirche bestimmt. Abgedruckt in Raynouards Sammlung (II, 146—151).[1]

3. Gedichte der Waldenser, aus einer Handschrift der Genfer Bibliothek, theils ganz, theils im Auszug mitgetheilt von Raynouard (II, 73—133).[2] Sie sind in einer Nebenmundart des Provenzalischen abgefasst und sprachlich und geschichtlich anziehend, sprachlich, weil diese Mundart als eine originale, von keiner auswärtigen berührte zu betrachten ist — geschichtlich, weil diese Denkmäler den Religionsbegriff der Waldenser am reinsten darstellen. Das vornehmste ist *la nobla leyczon*[3], die einen Umriss der heil. Geschichten enthält, in alexandrinermässigen Versen mit langer Reimfolge, vom Jahr 1100, wie im Eingange angedeutet wird — ferner *la barca, lo novel sermon* in derselben Versart — *lo novel confort* so wie *l'avangeli de li quatre semencz* in Strophen von vier durch denselben Reim gebundenen Alexandrinern, einer überhaupt der geistlichen Dichtkunst gewidmeten Form — *lo payre eternal*, worin drei sich reimende Verse eine Strophe bilden — endlich *lo despreczi del mont* in paarweise gereimten Alexandrinern. Im Versbau offenbart sich ein unerreichtes Streben nach der Zweitheiligkeit, d. h. dem Alexandriner; eben so oft sind die Reime unvollkommen oder Assonanzen.

---

[1] [Vgl. Gr. § 10, 3—7. Ueber eine catalanische Uebersetzung (im Domarchiv zu Perpignan=d?) s. Revue des langues romanes 1, 139. Der Text bei Raynouard beruht auf der Hs. von Agen; der Text einer Handschrift in Montpellier (aus der Abtei S. Guilhem-le-Désert) aus dem 13. Jahrh. ist mit dem Texte von Aix herausgegeben in der Revue des langues rom. 1, 140 f.; eine Handschrift in Tours (Nr. 927, 13. Jahrh.) enthält die ersten fünf Strophen (s. Catalogue des manuscrits p. 410). Vgl. auch Romania 1881, S. 218 ff. — Eine zweite Epistola beati Stephani protomartyris enthält die erwähnte Hs. in Montpellier: gedruckt Revue 1, 135 ff.; vgl. dazu Romania 1, 262.]

[2] [Die Gedichte sind viel jünger, erst aus dem 15. Jahrh. Vgl. Gr. § 51, 5—13. Neuer und genauer Abdruck durch Apfelstedt im Archiv für das Studium der neueren Sprachen 62, 273 ff. und in der Zeitschrift f. roman. Philologie 4, 330 ff. Ueber die Dubliner Hs. s. Mayer in den Sitzungsberichten der Münchener Akademie 1880, 5. Heft.]

[3] [Am Rande: NB.]

4. Unter andern geistlichen Reimereien führen wir noch an eine Bearbeitung von des heil. Augustinus Schrift *de passione Christi;* sie enthält gegen 900 Verse und rührt von einem ungenannten Verfasser her.[1]

[5. Die Passion Christi, in vierzeiligen Strophen von achtsilbigen Versen, aus dem 10. Jahrhundert, erhalten in einer Handschrift in Clermont-Ferrand (Auvergne), steht sprachlich an der Grenze des nord- und südfranzösischen Gebietes, doch so dass das nordfranzösische vorwiegt.[2]]

[6. Geistliche Dichtungen in einer aus St. Martial in Limoges stammenden Handschrift des 12. Jahrhunderts[3]; so ein Marienlied in zwölf vierzeiligen, paarweis gereimten Strophen aus sechssilbigen Versen[4], ein Hymnus auf Maria in Form und Melodie des lateinischen *In hoc anni circulo*[5], ein Zwischengesang in der Weihnachtsmesse[6] u. a.]

[7. Geistliche Gedichte in einer Wolfenbüttler Handschrift vom J. 1254: theils in strophischer Form, theils in Reimpaaren.[7]]

[8. Ein Glaubens- und Beichtbekenntniss, beide in Versen von ungleichem Masse und wohl von einem und demselben Verfasser herrührend.[8]]

---

[1] [Vgl. Gr. § 20, 2. Zu den drei dort erwähnten Handschriften kommt eine vierte in Tours, nach welcher das Gedicht, sehr mangelhaft (vgl. Zeitschrift f. roman. Philologie 2, 323 ff. Romania 6, 613 f.), von Edström (Göteborg 1877) herausgegeben ist. Eine kritische Ausgabe nach allen vier Handschriften ist in Vorbereitung.]

[2] [Vgl. Gr. § 7, 1; Koschwitz, les plus anciens monuments, seconde édition, Heilbronn 1880, S. 14 ff.; Boucherie, une nouvelle revision des poèmes de Clermont: Revue des langues romanes IIe série, T. I, p. 1—23; Romania 2, 295 ff. 5, 405. 6, 613; Böhmers Romanische Studien 13. Heft.]

[3] [Herausgegeben von P. Meyer: Anciennes poésies religieuses en langue d'oc, Paris 1860.]

[4] [Vgl. Gr. § 10, 1.]

[5] [Vgl. Gr. § 10, 2.]

[6] [Vgl. Gr. § 10, 10—11.]

[7] [Vgl. Gr. § 27, 1 und 31, 2.]

[8] [Vgl. Gr. § 11, 1—2.]

[9. Die sieben Freuden Maria's von Gui Folqueys, dem nachmaligen Papste Clemens IV (1265—1271).[1] Die eine der beiden Handschriften, welche das Gedicht überliefern, enthält ein anderes Werk gleichen Inhaltes[2]; ausserdem haben sich noch zwei provenzalische Gedichte über diesen Gegenstand erhalten.[3]]

[10. Die sieben Schmerzen Marias, in limousinischem Dialekt. Dieselbe Handschrift[4] enthält auch ein gereimtes Gebet an Maria[5], eine Oratio ad Jhesum u. a. Gebete.[6]]

[11. Eine Paraphrase der Busspsalmen in einer Handschrift der Bibliothek zu Angers.[7]]

[12. Lo gardacors de nostra dona S. Maria, geistliches Gedicht, mit dem Sündenfall beginnend, dann Mariä Verkündigung, Gründung eines Klosters durch Maria, in welches die heiligen Frauen aufgenommen werden.[8]]

[13. Evangelium Nicodemi, aus dem 14. Jahrhundert, nach dem lateinischen Texte des unter jenem Namen bekannten apokryphischen Werkes; erhalten in zwei Handschriften, von denen die eine unvollständig ist.[9] Eine

---

[1] [Vgl. Gr. § 20, 3. Herausgegeben von Suchier, Denkmäler S. 272—282.]

[2] [Vgl. Gr. § 20, 4. Dasselbe findet sich auch in der Pariser Hs. franç. 25415 und ist nach beiden von Suchier, Denkmäler S. 85—97 herausgegeben.]

[3] [Vgl. P. Meyer, Daurel et Beton S. XCI.]

[4] [Biblioth. Egerton Nr. 945; s. Bulletin de la société des anciens textes français 1881, S. 58 f.]

[5] [Bulletin S. 53—57.]

[6] [Bulletin S. 65 f.]

[7] [Herausgegeben von Chabaneau: Revue des langues romanes 3e série, 6, 69—85; vgl. 1881, S. 209—231.]

[8] [Handschrift in der Biblioteca Colombina zu Sevilla: vgl. Revue des langues romanes 1880, S. 199 fg. Archives des missions scientifiques et littéraires, 3e série, t. VI, livr. 3.]

[9] [Vgl. Gr. § 47, 2—4. Herausgegeben nach beiden Handschriften (Paris, franç. 1745, London, Harl. 7403) von Suchier in seinen 'Denkmälern provenzalischer Literatur und Sprache' I. Band (Halle 1883) S. 1—84. Vgl. S. 481—514 und R. Wülcker, das Evangelium Nicodemi in der abendländischen Literatur, Paderborn 1872.]

Prosauflösung dieser Bearbeitung ist in Handschriften ziemlich verbreitet.¹]

[14. Sibyllen Weissagung in vierzeiligen Strophen von achtsilbigen Versen, vielleicht noch aus dem 13. Jahrhundert.²]

[4. Geistliches Schauspiel.]

[1. Bruchstücke eines provenzalischen Mysteriums aus dem 13. Jahrhundert (nur 22 Verse), gefunden in der Kathedrale zu Périgueux; wahrscheinlich ein Weihnachtspiel, da der bethlemitische Kindermord darin behandelt ist.³]

[2. Christi Passion, Mysterium aus dem 13. Jahrhundert.⁴]

[3. Mysterium von S. Eustachius, kürzlich entdeckt von Abbé Paul Guillaume und von ihm herausgegeben in der Revue des langues romanes (1882, Juli bis August). Derselbe entdeckte auch eine etwa 4000 Verse umfassende dramatische Dichtung *Historia de Sant Anthoni de Viennès.*]

[4. Mysterium von der heil. Agnes, wohl erst aus dem Anfang des 14. Jahrhunderts, nach der lateinischen Vita gearbeitet; von besonderem Interesse dadurch dass verschiedene Gesänge nach volksthümlichen Melodien eingelegt sind.⁵]

---

¹ [Ebenfalls herausgegeben von Suchier, Denkmäler S. 387—461. Vgl. Gr. § 54, 9.]

² [Vgl. Gr. 51, 2. Herausgegeben nach der Pariser Handschrift fr. 14973 von Suchier, Denkmäler S. 462—469 in urkundlichem und hergestelltem Texte; vgl. S. 568 ff. Ueber die catalanischen Versionen des Gedichtes vgl. Milá y Fontanals in Romania 9, 353—365.]

³ [Vgl. Gr. § 85, 2. Revue des langues romanes 7, 414—418. Romania 4, 152—154.]

⁴ [Vgl. Sepet in L'Union 1880, 28. Mars, und Chabaneau: Revue des langues romanes 1880, S. 301—305.]

⁵ [Vgl. Gr. § 53, 1—2. Neuere Ausgabe von Sardou: Le Mystère de Sainte Agnès, mystère en vieille langue provençale. Paris (1877); vgl. dazu Romania 6, 295—7. Heliotypischer Abdruck durch E. Monaci. Roma 1880. Clédat, le mystère provençal de Sainte Agnès: Bibliothèque des écoles françaises d'Athènes et de Rome. 1. fasc. Paris 1877, p. 271—283; vgl. Revue critique 1878, S. 115 ff.; Revue des langues romanes 2ᵉ série, t. IV, n° 8.]

[5. **Mysterium von der Verlobung Marias** *(l'esposalizi de nostra dona S. Maria)*, erhalten in einer Handschrift der Biblioteca Colombina zu Sevilla.[1]]

Die Prosa, insofern ihr keine Poesie zu Grunde liegt, gehört nicht in unsern Plan. Um indessen zu zeigen, mit welcherlei Gegenständen sich die occitanische Sprache beschäftigte, führen wir einige prosaische Schriften an. Hieher gehören Urkunden und Aktenstücke aller Art, geistliche Schriften der Waldenser, Uebersetzungen des neuen Testamentes, ein Catechismus, Abhandlung über die Tugenden nach Beda, eine Geschichte des Albigenserkriegs, kurze Lebensgeschichten der Troubadours, eine Schrift über die Rechtswissenschaft, Grammatiken, eine mythische Naturgeschichte. Keines dieser Werke rührt aus einem späteren, als dem dreizehnten Jahrhundert her.[2]

---

[1] [Vgl. Archives des missions scientifiques et littéraires 3e série, t. VI, livr. 3. Giornale di filologia romanza 3, 106—109. Revue des langues romanes 3e série, 6, 33—35.]

[2] [Vgl. Gr. § 12, 36—43. 54—59.]

Fünfter Abschnitt.

Verhältniss zu auswärtiger Litteratur.

Vorläufige Bemerkungen.[1]

Die Geschichte der mittlern Poesie bietet in dem Zeitraum ihrer Höhe, dem zwölften und dreizehnten Jahrhundert, eine betrachtungswerthe Erscheinung dar. Während der Gesang der Troubadours im Süden von Frankreich, so wie in dem Nordosten von Spanien und dem Norden von Italien der gebildeten Welt zur Lust und Unterhaltung gereichte, wurde die lyrische Dichtkunst auch in den übrigen Theilen Europa's unter denselben oder doch ähnlichen Verhältnissen und Formen und mit verwandtem Geiste ausgeübt: überall erscheint sie unter dem doppelten Gesichtspunkte einer Kunst- und Hofpoesie, nach örtlichen Umständen und volksthümlichen Anlagen ausgebildet. Die Aehnlichkeit ist schon bei flüchtiger Ansicht überraschend, sie gewinnt an Umfang und Klarheit, wenn man, vorsichtig sondernd, die verschiedenen Punkte der Vergleichung gegeneinander hält; und so ist denn auch die Frage nicht abzuwehren, ob und inwiefern Mittheilung oder Wechselwirkung statt gefunden. Bei dieser Zusammenstellung scheint die provenzalische Lyrik als die ältere und in der örtlichen Mitte der übrigen gelegene die wichtigste Stelle einnehmen zu müssen. Indem wir also diesen Gegenstand, soweit es die Hülfsmittel erlauben, zu erörtern suchen,

---

[1] [Vgl. P. Meyer, de l'influence des troubadours sur la poésie des peuples romans: Romania 5, 257—268.]

bemerken wir, dass diess nur in Beziehung auf die provenzalische Poesie geschehen darf, so dass die Berührung der übrigen Litteraturen unter sich aus der Frage bleibt.

Eben so müssen wir die Hofpoesie mehrerer Völker des Mittelalters bei Seite setzen. Die der Skalden, eine uralte und selbständige, stand in keiner Berührung mit der provenzalischen. Grossbritannien lag näher; es wurde von einer Schwestersprache der occitanischen beherrscht, auch stand es durch den Besitz von Poitou in unmittelbarer Berührung mit der letztern; Heinrich II und seine Söhne, besonders Richard, verstanden die Sprache und hegten die Troubadours; allein die Umstände waren in diesem Lande der Entwicklung einer Kunstpoesie und also auch dem Einfluss der provenzalischen nicht günstig. Hier galten drei Sprachen. Die kymrische, im Westen von England, war, so viel man weiss, vorzüglich dem epischen Gesange gewidmet, die Nation, welche sie redete, zu abgeschieden, zu beschränkt-national und mit dem Rittergeist zu wenig vertraut, um der romantischen Lyrik Eingang zu verstatten. Die französische Sprache galt im eigentlichen England vorzüglich bei dem Adel; in ihr blühte eine Hofpoesie so gut wie anderwärts, allein diese war, mehr noch als in Frankreich, epischer Art, und der Einfluss der kymrischen Dichtkunst war hier überwiegend. Die englische Sprache endlich, oder neusächsische, in Schottland vorwaltende, blieb früher und später der volksmässigen Romanze zugethan. In demselben Grade, wie die französische Poesie in England, herrschte die provenzalische in dem christlichen Spanien, sowohl in dem catalanischen [1] Sprachgebiete wie in dem castilianischen, in Form einer Hofpoesie, dergestalt, dass von einer spanischen nicht die Rede seyn konnte; diese erschien erst in dem vierzehnten Jahrhundert. Wiewohl sie der Form und dem Inhalt nach im Ganzen national ist, so lässt sich doch der Einfluss, den die provenzalische auf ihre Entstehung und Fortbildung übte, bemerken und historisch erklären. Uns scheint er aus zwei Quellen herzurühren, theils aus der ursprünglichen des Trou-

---

[1] [ursprünglich: occitanischen.]

badours-Gesanges, die noch an Alfons X Hofe floss, theils aus der abgeleiteten zu Toulouse und Barcelona. Da indessen die kunstmässige Lyrik in spanischer und portugiesischer Sprache einem spätern Zeitraume angehört, und nur als ein Nachhall der ächt romantischen zu betrachten ist, so möchte es nicht schicklich seyn, sie in die folgende Vergleichung mit aufzunehmen.¹

Nach Ausschluss dieser Litteraturen bleibt daher die französische, deutsche und italiänische Liederpoesie übrig, mit welchen, als mit angränzenden, die provenzalische leicht in Berührung treten, einen grösseren oder geringeren Einfluss auf sie ausüben, oder vielleicht auch von ihnen erfahren konnte.

Wie viele gemeinsame Züge indessen jene litterärischen Erscheinungen darbieten, so muss man sich doch wohl hüten, der Mittheilung zu viel Gewicht beizulegen; man muss stets das aus allgemein menschlichen Anlagen, so wie aus der besondern Richtung des Zeitalters Hervorgegangene von dem Uebertragenen zu unterscheiden suchen.

Zu dem ersteren gehört vornweg das Daseyn einer Hofpoesie bei den verschiedenen Völkern der mittleren Zeiten, soferne sich hier die Mittheilung nicht nachweisen lässt. Wo ihr die Bedingungen gegeben waren, da pflegte sich diese Kunst mit Freiheit zu entwickeln und fortzubilden. Hierzu wurde nichts anders erfordert, als die Grundlage einer Volkspoesie, das Daseyn fürstlicher Höfe, so wie der äussere Anstoss einer zunehmenden Prachtliebe, Verfeinerung und Gesellligkeit, und die Hofdichter mussten von selbst erscheinen, um den Bänkelgesang aus der höheren Gesellschaft zu verdrängen. Ferner betrachten wir als unabhängig die meisten Charakterzüge des Liedes, wie sie in dem dritten Abschnitt hervorgehoben wurden, die sich fast sämmtlich in dem Kunstliede der Franzosen, Deutschen und Italiäner wiederfinden. Endlich müssen wir gewisse Gedanken und Bilder hieherrechnen, welche, da sie sich auf allverbreitete Vorstellungen der Romantik beziehen, bei der grössten

---

² [Vgl. Gr. § 30, 15—17.]

Uebereinstimmung noch keineswegs auf Nachahmung schliessen lassen. In folgenden Beispielen ist diese Uebereinstimmung bedeutend, Nachahmung ist möglich, allein nichts weniger als wahrscheinlich.

Provenzalisch: So wie der Schwan thut, singe ich, da ich sterben muss. R. III, 271. — Französisch: Wenn ich mich tröste über den Schmerz, den ich empfinde, so thue ich wie der Schwan, welcher singt vor seinem Tode. Fauchet 573b. — Deutsch: Geschieht mir, als dem Schwan, der da singet, wenn er sterben soll. Maness. Sammlung I, 21a. — Italiänisch: Ich freue mich wie der Schwan, der sein Leben singend endigt. Poeti del primo secolo I, 322.

P. Die Flamme der Liebe verzehrt mich Tag und Nacht, drum werde ich immer treuer, so wie das Gold in der Glut geläutert wird. R. III, 276. — D. Da sie mich versuchen will, so ist mir diess lieber als alles Gut, so werde ich dem Golde gleich, das man prüfet in der Glut. M. S. I, 96a. — I. Wie man Gold im Feuer läutert, so läutert mich der verliebte Gedanke. P. I, 167.

P. So wie die Fische im Wasser leben, so lebe ich in Wonne. III, 207. — F. So wie die Fische des Meeres ohne Wasser nicht ausdauern können, so mein Herz ohne sie, die ich liebe. La Ravalière II, 192. — I. Ich lebe in Wonne, wie der Fisch im Wasser. P. I, 147.

P. Ich will sie zu meinem Heile bewahren, damit ich nicht alte. R. III, 4. — F. Ich will sie lieben, um mein Leben zu verlängern. Coucy p. 6. — D. Sollte ich sie einmal küssen, so müsste ich nicht alten. M. S. I, 6.

P. Jetzt weiss ich, dass ich aus dem Becher getrunken, aus welchem Tristan trank, der seitdem nicht wieder genesen konnte. R. III, 105. — F. Selbst Tristan, der jenen Trank genossen, liebte nicht so herzlich. Coucy 70. — D. Tristan litt grosse Noth von eines Weibes Minne, die er aus einem Glase trank; also habe auch ich aus den Augen meiner Frauen getrunken. M. S. II, 143a.

P. Stets werde ich seyn wie die Turteltaube, die ihren Gatten verlor. R. III, 169. — F. Nie gerieth die Turteltaube, die ihren Gatten verlor, in solche Noth, als ich.

Coucy 90. — I. Trostlos, einsam will ich nun gehen, wie die Turteltaube. P. I, 103.

P. Ohne sie möchte ich nicht Herr von Frankreich werden. R. III, 291. — F. Ihre Freundlichkeit, ihr süsser Name ist mir lieber, als das Königreich Frankreich. La Rav. II, 21. — D. Ich nähme nicht die Krone von Rom für meiner Frauen Leib. M. S. I, 178 a. — I. Wenn ganz Messina mein wäre, ohne euch, Geliebte, wäre es mir nichts. P. I, 191.

P. Nie würden meine Augen ablassen, ihr schönes Antlitz zu schauen, und wenn der Tag ein Jahr dauerte. R. III, 238. — F. Niemals würden meine Augen satt, ihr süsses zartes Antlitz zu schauen. Coucy 29. — D. Und lebt' ich tausend Jahre, ich würde sie nie zur Gnüge schauen. M. S. I, 193 a.

P. Wer sie würdig loben wollte, der käme in einem Jahre nicht zum Ziel. R. III, 4. — F. Dame, ich kann eure Schönheit nicht loben, denn dazu wäre mir ein Sommer zu kurz. Rav. II, 19.

P. Euer Diener bin ich ohne Trug, und gefällt es euch, könnt ihr mich tödten. R. III, 105. — F. Wohl kann mich meine Dame tödten, ich werde ihr drum nicht falsch seyn. Rav. II, 265. — I. Tödten könnt ihr mich, und würdet mich drum nicht wankelmüthig finden. P. I, 282.

P. Ich wundre mich, da sie doch Artigkeit und alle Vorzüge besitzt, wie sie ohne Gnade seyn kann. R. III, 289. — F. Dame, ihr seyd so reich an Zierden, dass euch nichts fehlt, als das Mitleid. De la Borde II, 204. — D. Wer gab euch so schönen Leib, dass er euch nicht mehr Güte gab? M. S. II, 54 a.

P. Ich habe nicht so viel Verstand wie ein Kind, so sehr hat mich Liebe bestrickt. R. III, 45. — D. Ich bin von Liebe dumm wie ein Kind. M. S. II, 101 b.

P. Wollte mir Liebe helfen, so dass mein Werben der Herrin gefiele, so hätte ich grössere Wonne, als das Paradies sie giebt. R. III, 121. — F. Lieber wäre mir ein Lächeln von ihr, als im Paradies zu seyn. Rav. II, 69. — D. So recht lieb ist mir ein Weib, dass ich mich nicht so

238 gerne im Paradiese wüsste, als ich ihr in die Augen schaute. M. S. II, 44 b. — I. Ohne sie möchte ich nicht ins Paradies kommen, denn ohne sie wüsste ich keine Freude zu haben. P. I, 319.

P. Wäre ich Gott so treu im Glauben, so käme ich gewiss lebendig ins Paradies. R. III, 115. — F. Diente ich Gott so eifrig, und bäte ihn mit so ergebenem Herzen, so lohnte er mir's im Paradies. Rav. II, 68. — D. Hätte ich nach Gott je halb so viel gerungen, er nähme mich zu sich. M. S. I, 54 a.

Dergleichen Sätze sind noch nicht geeignet, auf geistigen Verkehr hinzuweisen. Allein es giebt einzelne Ideen und Gleichnisse von minder allgemeinem Gepräge, besondere Ausdrücke und Redensarten, die der Liederpoesie der verschiedenen Sprachen gemeinschaftlich sind; diese können nicht ohne Wunder aus mehreren Quellen geflossen seyn, sie werden natürlicher aus einer abgeleitet, und als solche kann in Betracht ihres Alters nur die Poesie der Troubadours angesehen werden. Man wird diese Quelle nicht in der Romanen-Litteratur, die besonders in Frankreich blühte, suchen wollen, worin allerdings viel des Gemeinsamen enthalten ist; eingestandner Massen ist aber das südfranzösische Kunstlied älter, und gewiss hat es von seinen Perlen in den Roman eingestreut, welche dieser alsdann auf seinem Wege durch das nördliche Frankreich, Deutschland und Italien weiter verbreitet haben mag. Wir unterscheiden mittelbare Uebertragungen oder blosse Anklänge, die sich nur herausfühlen lassen, und unmittelbare Uebertragungen oder Uebersetzungen; diese lassen sich nachweisen, doch sind sie seltner; Uebersetzungen ganzer Lieder finden sich kaum vor, und mochten wohl nicht leicht versucht worden seyn, 239 weil man sich des wörtlich Entlehnten hätte schämen müssen, wie denn diess überhaupt in der romantischen Litteratur nicht leicht vorkommt; die blosse Nachahmung eines Liedes ist aber schwer zu erkennen, da die Poesie der Liebe sich ohnehin in das Allgemeine verliert, und eben darum ist man genöthigt, sich an Einzelnheiten zu halten. Eine besondere Aufmerksamkeit verdient aber hier das Formenwesen. Es liegt in der Natur der Sache, und die Geschichte der Litteratur bestätigt es, dass mit dem Inhalte einer fremden Poesie auch die Form, soweit sprachliche Verschiedenheiten diess gestatten, entweder ganz oder zum Theil übertragen zu werden pflegt. Diese soll daher in den folgenden Bemerkungen über das Verhältniss der provenzalischen Poesie zu der des Auslandes vorzüglich erwogen werden.

1. Altfranzösische Liederpoesie.

Eine Vergleichung derselben mit der provenzalischen ist mehrmals, allein stets von Partheigängern beider Litteraturen und aus so einseitigen Gesichtspunkten versucht worden, dass der Geschichte der Poesie kein Gewinn daraus hat erwachsen können. Eine ganz sichere Beurtheilung der altfranzösischen Lyrik lässt sich noch nicht geben, da die Hülfsmittel sehr spärlich sind. Von [1] zwölfhundert Liedern, welche de la Borde überhaupt zählte, sind nicht viel über hundert und fünfzig gedruckt worden [2], und selbst diese geringe Auswahl hat man ohne Rücksicht auf die innere Geschichte dieser Poesie veranstaltet. Zwei Dichter, berühmt durch ihre Liebe, wurden vor allen bedacht, zuerst der König Thibault von Navarra, dessen Lieder, sechs und sechzig an der Zahl, durch La Ravalliere mit vieler Sorgfalt herausgegeben wurden [3]; alsdann der Castellan von Coucy, dem die Handschriften dreiundzwanzig Lieder zuschreiben, welche de la Borde geliefert hat. Für die übrigen Dichter, namentlich für die aus geringerem Stande, die hier besonders in Betracht gezogen werden müssten, ist um so weniger geschehen; am meisten hat auch hier de la Borde gethan. [4]

---

[1] [Von hier an bis zum Schluss des Absatzes eingeklammert; ebenso die beiden dazu gehörigen Anmerkungen und der erste Satz des folgenden Abschnittes.]

[2] [Was seitdem von altfranz. Lyrik veröffentlicht worden, braucht hier nicht aufgezählt zu werden.]

[3] Les poësies du roy de Navarre avec des notes et un glossaire françois. II. tomes. A Paris 1742. Der Herausgeber hat sich nicht genannt.

[4] Essai sur la musique, 1780, tome II, chap. V. Des chansons françaises et des poëtes chansoniers des 12 et 13 siècles, p. 141—234,

Aus den Mährchen und Erzählungen aber ist wenig zu lernen, da diese einem ganz verschiedenen Kreise angehören.

In Frankreich beginnt die Dichtkunst mit der erzählenden Gattung, dem Roman und dem Fabliau; dass man auch das Lied kannte, bedarf keines Beweises; allein seine Form war einfach; eine eigentliche lyrische Kunst fand in der normannischen Periode nicht statt, also auch keine Hofpoesie im provenzalischen Sinne; die Dichtkunst neigte sich zum Volksmässigen, was unbestreitbar vom Fabliau, und sicherlich auch vom Liede gilt. Die ältesten Dichtungen hiessen entweder Romane, Fabliaux oder Lai's; unter den Romanen waren die älteren nationalen aus dem Dichtungskreise Karls des Grossen zum Gesang bestimmt [1]; die übrigen, so wie die Fabliaux wurden rednerisch vorgetragen; die Lai's dagegen waren eigentliche musikalische oder Singgedichte von beliebigem Inhalt. Man hat gesucht [2], diese Gattung in Hinsicht des Inhaltes zu bestimmen, indem man sie mit Bezug auf die Ableitung von *lessus* für eine Art Elegie erklärte. Allein dieser Ableitung widersetzt sich die Etymologie, insofern das *s* des Stammes nicht ausgestossen werden konnte, welches aber in *lai* der Fall seyn würde. Betrachtet man die Gedichte selbst, so ergiebt sich auch von dieser Seite die Unhaltbarkeit jener Bestimmung, da sie sowohl scherzhaften wie ernsthaften, epischen wie lyrischen Inhaltes sind. Der Ausdruck bezieht sich [3] auf den von dieser Dichtart unzertrennlichen musikalischen Vortrag, und diess unterscheidet sie hinlänglich vom Fabliau; in

---

43 Lieder, nicht alle vollständig. — Chap. VI, p. 335—368: Chansons du chatelain du Coucy mit Nachrichten über sein Leben, später in zwei Sedezbändchen unter dem Titel Mémoires historiques sur Raoul de Coucy 1781 wiederhohlt. Sowohl de la Borde wie la Ravalliere haben Proben der alten Musik beigefügt.

[1] Siehe Uhlands oben angeführte Abhandlung über das altfranzösische Epos.

[2] [Von hier an bis zum Schluss des Absatzes Klammer am Rande. — Vgl. zum folgenden besonders: F. Wolf, über die Lais, Sequenzen und Leiche. Heidelberg 1841.]

[3] [ursprünglich: sich vielmehr.]

dieser Bedeutung wird das *lai* [1] schon in den ältesten Romanen neben [2] das verwandte *note, chant* und *son* gestellt. [3] Daher ist die Ableitung von dem nordischen *leika*, spielen, *leikr*, Spiel, vorzuziehen [4], und der Ausdruck müsste also wohl normannisch seyn. Noch könnte man an einen bretonischen Ursprung denken, da die bretonischen oder kleinbrittannischen Lais vielfach erwähnt werden. So versichert Marie von Frankreich, ihre Erzählungen seyen aus alten bretonischen Lais entstanden, und giebt nicht undeutlich zu verstehen, das Lai sey eine in Bretagne einheimische Gattung. [5] Allein das Wort lässt sich weder in der bretonischen noch kymrischen Mundart nachweisen, und so müssen wir annehmen, dass jene bretonischen Dichtungen bei ihrem Uebergange in die nordfranzösische Sprache eine durch die Nordländer daselbst eingeführte Benennung empfangen haben. [6]

---

[1] ['und diess — das *lai*' ausgestrichen.]

[2] [ursprünglich: Romanen genommen und neben.]

[3] Z. B. Brut:
  Molt sai de lais, molt sai de notes.
  . Alexander:
  Si commença un lai, qui moult ot bien apris
  De la harpe a flautée.
  Tristan:
  Il avoit apris a chanter
  E lais e notes a harper.
S. La Ravall. I, 216. — Ferner in einem Fabliau bei Barbazan I, 107:
  Pour faire cans ne sons ne lais.

[4] [ursprünglich: 'nordischen *laikan*, spielen, vorzuziehen.' — Ueber die Herleitung des Wortes vgl. Diez, Etymologisches Wörterbuch[3] 2, 355.]

[5] *De un mut ancien lai bretun etc.* pag. 400.
  Dont li Bretun unt fait lor lais. p. 50.
  Mut unt esté noble barun
  Cil de Bretaine li Bretun;
  Jadis souloient par prouesce . . .
  Fere les lais pur remembrance. p. 250.
  [Hier folgte eine ausradirte Bleistiftnote.]

[6] Ellis (specimens I, 35) verweist auf das irische *laoi*, welches nach Walker Gedicht bedeuten soll, und vermuthet, dieser Ausdruck

Was La Ravalliere (I, 255) und nach ihm andere Litteratoren von einer poetischen Körperschaft und von einer Eintheilung derselben in Dichter, Sänger, Erzähler und Spielleute *(Trouveres, Chanteres, Conteurs, Jongleurs)* gesagt haben, ist grundlos. Man unterscheidet folgende Namen. Die Verfasser der Romane nannten sich Meister oder Gelehrte *(clercs)*, Namen, die sie in Betracht der Kenntnisse, welche diese Dichtart erfoderte, gar wohl verdienten [1]; Erzähler und Fabler dagegen hiessen die Verfertiger derjenigen flüchtigeren Erzählungen, welche ihre Quelle entweder in dem Roman oder in dem gemeinen Leben hatten.[2] Diese Poeten lebten gewöhnlich an den grösseren und kleineren Höfen des Landes, und empfingen Lohn von den Fürsten und Edlen. Wace erhielt für den ersten Theil seines Rou eine Präbende zu Baieux von Heinrich II von England.[3] Eine niedre Classe von Sängern und Spielleuten war bestimmt, die Werke der Dichter, wenigstens die kleinen Erzählungen und Fabliaux an den Höfen und anderwärts zu verbreiten, sie hiessen gewöhnlich Menestrels von *ministerium*, Handwerk, Kunst im Mittellatein (daher *métier*), also Kunstfertige, und ihr Geschäft war genau das der provenzalischen Jongleurs, und wie dort, eine uralte volksmässige Einrichtung, sie waren Possenreisser, Taschenspieler,

---

sey früher der kymrischen und armoricanischen Mundart eigen gewesen; allein diese scheinen nicht einmal stammverwandte Formen zu besitzen.

[1] Z. B. aus La Ravall. I, 144:
Mil e cent cinquante cinq uns
Fist maistre Gasse ce romans.
Hist. litt. de la France XV, 116:
Un clerc de Chasdiaudun Lambert li cors l'escrit.

[2] Wace, Verfasser des Brut, klagt über den schädlichen Einfluss dieser Classe, welche die Wahrheit zur Fabel machte, La Ravall. I, 148:
Tant ont li compteour comté
Et li fableour tant fablé
Pour les comptes embeleter,
Que tout ont fait fable sembler.

[3] [Dieser Satz ist eingeklammert, und 'Robert' vor 'Wace' gestrichen.]

Liebesboten und Spielleute in einer Person [1], auch die erzählenden Dichter führten diesen Namen. [2] Es ist zu beachten, dass der Name Menestrel nicht nach Südfrankreich übergegangen ist, und es möchte wohl seyn, dass er aus England stammte. Neben diesem besteht der alte Ausdruck Jongleur [3], der ganz dasselbe bedeutet, doch später, wie es scheint, vielleicht wegen des schlimmen Nebenbegriffs [4], den

---

[1] Die Fabliaux selbst geben Aufschluss, z. B. Barbazan III, 268:
> L'uns menestrels a l'autre rueve,
> Son mestier faire tel qu'il sot:
> L'uns fet l'yvre, l'autre le sot,
> Li uns chante, li autre note
> Et li autres dit la riote
> Et li autres la jenglerie.
> Cil, qui sevent de jouglerie,
> Violent par devant le conte;
> Aucuns i a, qui fabliaux conte etc.

In einem Fabliau bei Roquefort de la poésie française p. 305 rühmt sich ein Menestrel u. a.:
> De totes les chansons de geste,
> Que tu sauroies aconter,
> Sai ge par cuer dire et conter,
> Ge sai bien la trompe bailler etc.

[2] Barbazan III, 398:
> On tient le menestrel a sage,
> Qui met en trover son usage,
> De fere biaus dis et biaus contes
> C'on dit devant dus, devant contes.

Chronicon Bertr. Guescl. s. Du Cange s. v. ministelli:
> De quoy cils menestriers font les nobles romans.

[3] Schon im Roman von Brut (um 1155) heist es nach La Rav. I, 244:
> Au siege alla comme jonglere.

Ihr Geschäft wird erwähnt in dem Tournoyement d'Antichrist bei Fauchet Recueil p. 531 a:
> Quand les tables ostees furent,
> Cil jugleour en piés esturent,
> S'ont vielles et harpes prises
> Chansons, sons, lais, vers et reprises
> Et de geste chanté nos ont.

[4] [ursprünglich: wegen des Nebenbegriffs Betrüger.]

er allmählich angenommen hatte, einigermassen zurücktritt. Diese Spielleute zogen von Hof zu Hof, um ihre Künste zu machen, und bei der grossen Liebhaberei an Unterhaltung dieser Art empfing und belohnte man sie gerne. In einem alten Fabliau heisst es daher: 'Fabliaux sind jetzt recht im Gange; manchen Pfennig haben sie denen eingebracht, die sie erzählen und verbreiten, denn zur grossen Belustigung dienen sie den Müssigen und Schwermüthigen.'[1] Dass die Fürsten, wenigstens die normannischen, auch ihre Hofdichter hielten, ist ausgemacht, schon im Domesday-Buch wird ein *joculator regis* (Wilhelms des Eroberers) erwähnt, der in dieser Eigenschaft einen Strich Landes besass[2] — anderer Zeugnisse nicht zu gedenken. Eine Hofpoesie fand also gewissermassen statt, allein nicht jene vornehme und kunstmässige, welche sich mit der provenzalischen vergleichen liesse.

Gegen Ende des zwölften Jahrhunderts erscheint das Kunstlied auch in Frankreich; unter den Werken des Chrestien von Troyes z. B. befinden sich einige vollkommene Canzonen; allgemein aber wurde diese Gattung erst im dreizehnten Jahrhundert, in welchem man, nach de la Borde, mehr als 136 Liederdichter zählt. Die berühmtesten derselben sind: der bekannte Thibault, Graf von Champagne, später König von Navarra, (1201—1253); ausser ihm wird der Castellan von Coucy und Gasse Brules gerühmt.[3]

Diese altfranzösische Lyrik, wie sie sich von nun an entfaltet hat, ist ein vollständiges Gegenstück zur provenzalischen; Form und Inhalt erinnern unwiderstehlich an die letztere.[4] Eine Uebereinstimmung dieser Art, die, wiewohl

---

[1] *Flabel sont or molt encorsé,*
Maint deniers en ont enborsé
Cil qui les content et les portent,
Quar grant confortement raportent
As enovrez et als oiseuz etc. Barb. III, 409.

[2] Ellis specimens I, p. 15.

[3] [Dieser Absatz mehrfach abweichend von der ursprünglichen Fassung.]

[4] [Vgl. zum folgenden besonders W. Wackernagel, altfranzösische Lieder und Leiche, Basel 1846, S. 169 ff.]

sie einige Verschiedenheiten [1] nicht ausschliesst, sich bis in die feinsten Fäden der Kunstform wahrnehmen lässt, kann keine zufällige seyn; wir sind genöthigt, sie im Ganzen der Mittheilung zuzuschreiben, und hier entscheidet das höhere Alter zu Gunsten der Provenzalen, bei welchen das Lied in seiner kunstmässigen Gestalt wenigstens um sechzig bis siebenzig Jahre früher vorhanden war. [2] Die Provenzalen selbst sind dieser Meinung. In einer Tenzone, wo über die Vorzüge der Franzosen und Provenzalen gestritten wird, führt der Vertheidiger der letzteren an, dass durch sie der Frauendienst *(servirs)* erfunden worden sey, womit offenbar die den Frauen gewidmete Poesie gemeint ist; denn auch der Gegner, der nur auf die guten Mahlzeiten der Franzosen pocht, läugnet diess nicht, und lässt Südfrankreich als das Land des Gesanges gelten, indem er sagt: 'eure Hungerleider werden stets mit Gesang antworten, wenn ihr damit anfangt, allein den Magen werden sie euch nicht füllen.' [3]

Die Mittheilung konnte bei der vielfältigen Berührung zwischen Nord- und Südfrankreich mit Leichtigkeit geschehen. Man hat den Uebergang der südlichen Poesie nach dem Norden in Bezug auf eine Stelle bei Radulphus Glaber schon an die Vermählung des Königs Robert mit Constanze, Tochter Wilhelm I von Provence, nach andern von Wilhelm Taillefer III von Toulouse (gegen 1000) knüpfen wollen, indem man aus jener Stelle folgerte, die Königin habe Troubadours und Jongleurs aus ihrem Vaterlande mit sich nach Frankreich geführt; allein der Schriftsteller redet nur von Hofleuten, nach Art der Spielleute geschoren, keineswegs von Hofdichtern; diese traten um mehr als ein

---

[1] [ursprünglich: einige leichte Verschiedenheiten.]

[2] [ursprünglich: Jahre vor der Geburt des Königs von Navarra im Gange war.]

[3] S. IV, 39 [Gr. 16, 17]. Der Vertheidiger der Provenzalen sagt:
E per els fo premiers servirs trobatz.
Sein Gegner erwiedert:
E ill vostre nut chantaran, si chantatz,
Mas ja per els non empliretz la pansa.

Jahrhundert später auf.[1] Unter die geschichtlichen Momente, welche in dieser Hinsicht betrachtet werden könnten, gehört die Vermählung Eleonorens von Poitou und Aquitanien, zuerst mit Ludewig VII von Frankreich, alsdann aber — und diess ist wichtiger — mit Heinrich Herzog von Normandie 1152. Sie liebte die Poesie und beschützte die Dichter, an ihrem Hofe lebte Bernart von Ventadour, und so lässt s ch vermuthen, dass durch ihre Vermittlung die Form des provenzalischen Liedes in Nordfrankreich wie in England einigermassen bekannt wurde, und dass die ältesten Dichter wie [2] Chrestien von Troyes aus dieser Quelle schöpften. Wichtiger noch sind die Kreuzzüge, welche Franzosen und Provenzalen in stete Berührung brachten und bei der erhöhten Stimmung, die sie weckten, die Verbreitung der Poesie beförderten. Der Albigenserkrieg mag bei der sichtlichen Erbitterung zwischen beiden Völkern wenig gewirkt haben[3], allein er hatte die wichtige Folge, dass Thibault von Champagne, um den Zwist zwischen dem Grafen von Toulouse und dem von Montfort zu schlichten, sich eine Zeitlang im Süden aufhielt und bei dieser Gelegenheit die Kunst der Troubadours aus der Quelle schöpfte, um sie in seinem eigenen Vaterlande zu verbreiten.[4] Endlich muss der

---

[1] Die häufig angezogene Stelle ist folgende: *Circa millesimum incarnati verbi annum, cum rex Robertus accepisset sibi reginam Constantiam a partibus Aquitaniae in conjugium, coeperunt confluere gratia ejusdem reginae in Franciam atque Burgundiam, ab Arvernia et Aquitania homines omni levitate vanissimi, moribus et veste distorti, armis et equorum phaleris incompositi, a medio capitis nudati, histrionum more barbis tonsi, caligis et ocreis turpissimi, fidei et pacis foedere omnino vacui; quorum itaque nefanda exemplaria, heu proh dolor, tota gens Francorum, nuper omnium honestissima ac Burgundionum sitibunda rapuit.* Duchesne t. IV, p. 38. Vgl. Hist. de Languedoc II, 132. 602. Goujet Bibl. françoise t. VIII, p. 297. Raynouard Choix II, p. LXXXIV u. LXXXIX, Ebert im Hermes, Stück IV. 1821.

[2] ['die — wie' Zusatz.]

[3] [Randnote:] Bemerkung von Rayn.

[4] S. Hist. de Languedoc III, 320. 380. 451. La Ravall. I, 219. [Zusatz, Leben u. Werke S. 614:] Nach einer triftigen Bemerkung des

Vermählung zweier Brüder Ludwigs des heiligen, Alphons und Karls, mit den Prinzessinnen von Toulouse und Provence, Johanna und Beatrix gedacht werden; es geschah diess um die Mitte des dreizehnten Jahrhunderts, als der Gesang der Troubadours noch in ziemlichem Ansehen stand. Zwar hielten sich beide Fürsten wenig in ihren südfranzösischen Staaten auf, allein gleichwohl mussten ihre Höfe bei der Lehnsverfassung einen Vereinigungspunkt nord- und südfranzösischer Herren bilden, die Sprache und Poesie beider Völker musste sich begegnen, wobei Anregung und Mittheilung nicht ausbleiben konnte. Die altfranzösischen Liederdichter erwähnen zuweilen selbst ihrer Reisen nach Provence; sollte diess auch nicht, wie einige glauben, der Dichtkunst zu Gefallen geschehen seyn, so lässt sich doch erwarten, 249 dass sie manche Anklänge aus den Liedern ihrer Lehrer und Kunstgenossen in ihre Heimath brachten.[1]

Die französische Lyrik ist indessen keine reine Wiederhohlung der provenzalischen.[2] Zuerst den Inhalt betreffend, so hat jene niemals die Höhe der letzteren erreicht; sie ist im Ganzen ein farbloser Wiederschein derselben, eine herabgestimmte Wiederhohlung ohne höhere Eigenthümlichkeit. Daher kann man die Kunstlieder der Franzosen, welches

---

Herrn Raynouard im Journal des Savans (Juni 1828) hielt sich Thibault erweislich nur 40 Tage, bei der Belagerung von Avignon nämlich, in Südfrankreich auf. Hr. Raynouard meint, ich hätte anführen können, dass er seit 1234 in Navarra residirt habe. Ich habe diess geflissentlich unterlassen, theils weil ich keine Spur fand, dass der Troubadoursgesang in Navarra verbreitet gewesen, theils weil Thibault schon als Graf von Champagne in prov. Manier dichtete.

[1] La Ravall. führt zwei Stellen an, I, 221:
Quant parti sui de Provence
 Et du tems felon,
Ai voloir, que recommence
 Novele chanson —
und:
 Au repairier, que je fis de Provence,
 S'esmut mon cuer un petit de chanter —
[Im Texte nach 'brachten' am Rande: 'Violett' d. h. Roman de la Violette, wo V. 319 *un son poitevin* erwähnt wird.]

[2] [Am Rande dieses Satzes eine Klammer.]

Inhaltes sie auch seyn mögen, durchlesen, ohne mehr, als an der Oberfläche der Gefühle berührt, ohne eines deutlichen Eindrucks bewusst zu werden. Auch[1] dieser Umstand führt uns zur Ueberzeugung, dass diese Poesie ausländischen Ursprunges, eine versetzte Pflanze seyn müsse, welcher der Trieb selbständiger Fortbildung fehlt. Nun auch die Form! Wie weit ist sie hinter ihrem Vorbilde geblieben! Freilich lag in der Plattheit einer unmusikalischen Sprache wenig Auffoderung zur kunstreichen Behandlung der Strophe.[2]

Bei der Vergleichung des Formellen beider Litteraturen stellen sich von Seiten der französischen folgende Punkte heraus. Die Anordnung des Reimes betreffend, so ist zu bemerken, dass derselbe Reim hier seltner, was bei den Troubadours fast Regel geworden, durch alle Strophen greift (La Rav. II, 9. 20. 24. 33. 35. 38); gewöhnlich verkettet er je zwei Strophen, (das. 57. 60. 62. 67 u. s. w.); zuweilen drei, was ganz unprovenzalisch wäre (De la Borde 166. 270. 284. 288), äusserst selten beschränkt er sich auf eine Strophe (La Rav. II, 11. de la B. 163. 171. 279); gewöhnlicher ist es, dass er einzelne Verse aller Strophen verbindet (La Rav. II, 64. 85. de la B. 306 u. s. w.). Mitunter findet auch die Anordnung statt, dass in jeder Strophe einer der ständigen Reime von einem neuen abgelöst wird (de la B. 220. 263. 296), alles provenzalische Fälle. Auch das Aneinanderhängen der Strophen (Rav. II, 16. Roquef. de l'état 370) und Verse (in der Canzone *Chanter me fait bons vins.* Ms.) durch das Schlusswort derselben ist provenzalisch; so findet sich auch der mit verschiedenen Formen eines Wortes spielende Reim, z. B. *merveille, merveillier, conseillier, conseille* (in dem Lied *Amours est une merveille.* Ms.). Der Refrän ist häufiger als bei den Troubadours, das Geleit ist gewöhnlich an die Canzone gerichtet, welche gebeten wird, zur Herrin zu wandern, nicht selten auch an die letztere; doch wird die Geliebte nie, nicht einmal mit verblümtem Namen, genannt; es fragt sich, ob *biaux doux Rubi* (Fauchet 577*a*) eine Aus-

---

[1] [Dieser und der folgende Satz eingeklammert.]
[2] [Hier steht am Rande: 2. Classe leicht. Lied.]

nahme macht. Diesen Zug hätte also das französische Minnelied für sich.

In der Terminologie ist einiger Unterschied zu bemerken.[1] Der Vers heisst *mot*, wie auf provenzalisch, (vergleiche diess Wort La Rav. I, 241. II, 38. Fauchet 552*a*); *son* und *sonet* verhalten sich gleichfalls wie in der Kunstsprache der Troubadours; das erstere bedeutet also Weise (La Rav. I, 20. 292. Barbazan I, 107. 189), das letztere geht in die Bedeutung Lied über (La Rav. I, 148). Der Ausdruck *lai* hat sich aus der alten normannischen Poesie auch in der neuen Lyrik erhalten, und bedeutet hier ein strophenloses Singgedicht mit unverschränkten Reimen (ein Beispiel La Rav. II, 156).[2] *Chanson* erscheint hier in dem allgemeineren Sinne von Lied in Strophen, auch das leichteste in kleinen Strophen und kurzen Versen, welches die Troubadours Vers oder Canzonette nennen würden, führt hier diesen Namen (La Rav. II, 26. 29. 43). *Chant, chansonete* sind andre Ausdrücke für dieselbe Sache.[3] Die Bedeutung der Canzone ist so weit, dass sie auch auf das *serventois* angewandt wird (vgl. La Rav. II, 134, und das Lied *Au temps plain de felonnie*. Ms.). Das Serventois ist der Sache nach sehr alt; ob der Name aus Nord- oder Südfrankreich stamme, wagen wir nicht zu entscheiden. — Die Tenzone, hier unter dem Namen *jeu parti, jeu, parture*[4] bekannt, ist völlig die provenzalische: auch werden am Schlusse Schiedsrichter ernannt, männliche und weibliche (La Rav. II, 116. 122. Fauchet 575*b* 585*b* 586*b*). — Auch andre provenzalische Form oder Inhalt bezeichnende Gattungsnamen und Dichtarten finden sich, unter welchen die *pastorele* mit Vorliebe angebaut wurde.[5] Einige wenige fehlen bis jetzt, so die Sextine, die Halbcanzone, und selbst

---

[1] [ursprünglich: In der Terminologie scheinen sich provenzalische und normannische Bedeutungen zu begegnen, woraus einige Unbestimmtheit entspringt.]

[2] [Dieser Satz ist gestrichen.]

[3] [Am Rande beigeschrieben *vers*.]

[4] [*parture* am Rande beigeschrieben.]

[5] [Die Worte 'unter — wurde' sind gestrichen.]

das reizende Tanzlied *(dansa)*; auffallend wäre es, wenn die Trouveurs das letztere nicht gekannt hätten; in einer starken handschriftlichen Sammlung altfranzösischer Lieder hat es sich nicht gefunden.¹ Dagegegen ist das *rondeau (roondel)* vorhanden.² — Einige Kunstwörter sind den Franzosen ausschliesslich eigen; dahin gehört *Renverdie*, wahrscheinlich Frühlingslied, (La Rav. II, 148); *Laisse* (Fauchet 562a) möchte überhaupt Gedicht, von *laisser*, Verse verknüpfen, bedeuten.³

Ueber die äusseren Verhältnisse der Liederdichter sind wir nicht völlig aufgeklärt. Der Name *trouvere*, die französische Form für das provenzalische *trobaire*, kommt ihnen nicht ausschliesslich zu, sondern erstreckt sich auf Dichter aller Classen. Der Gegensatz zwischen lyrischem und epischem Dichter ist nicht so streng gezeichnet, wie bei den Provenzalen, wiewohl sich findet, dass ein Erzähler die Uebertreibungen der Liederdichter verspottet (Barbazan II, 205), und gewisse formelle Züge der epischen Poesie nicht leicht⁴ in der lyrischen Wurzel fassten, als der leonimische Reim *(livre: delivre)* oder der equivoke *(maintien: main tien)*. Die Kunstdichter sind hier, wie in Südfrankreich, theils vornehme, theils Hofdichter; allein die erzählende Poesie scheint doch an den Höfen zu überwiegen. Das provenzalische Verhältniss zwischen Kunstdichter und Spielmann tritt bei den Franzosen nicht deutlich hervor, ein Zeichen, dass es hier nicht in der Ausdehnung statt fand; niemals wird in dem Geleite dem Spielmann der Vortrag des Liedes übertragen.⁵

---

¹ Es ist diess N. 7613 der königl. franz. Bibliothek, welche Handschrift zur Abfassung dieses Aufsatzes benutzt worden ist.

² ['Dagegen — vorhanden' Zusatz.]

³ [Dieser Satz ist mit einer Klammer an der Seite versehen; die ersten Worte durchstrichen.]

⁴ [ursprünglich: niemals.]

⁵ Bei Fauchet (574a) heisst es zwar: Colars li Bouteilliers adresse sa chanson a Philippot Verdier, qu'il prie de la chanter; dass aber der letztere ein Spielmann sey, wird nicht angegeben. Das. 470a wird eine Dame gebeten, sich das Lied durch ihren Sänger vortragen zu lassen.

Was nun endlich den Inhalt betrifft, so finden sich wenige Beispiele unmittelbarer Uebertragung. Das folgende ist unbestreitbar.¹ La Ravalliere (II, 259) führt zwei Verse 253 aus einem Gedichte, *les souhaits*, an:

> Ich wünsche mir eben so viel guten Verstand
> Und Besonnenheit, wie Salomo besass —

welche wir in einem Liede Elias Cairels, das denselben Titel führen könnte, wörtlich wieder finden², und auf Uebereinstimmung beider Gedichte schliessen lassen; im Zweifelfall muss man die Urschrift dem Provenzalen zuschreiben.³ Dieses ist das einzige Lied, welches sich, so weit die Vergleichung angestellt werden kann, übertragen findet.⁴ Von einzelnen Gedanken können nach der obigen Bemerkung nur diejenigen als zuverlässig entlehnt hierhergezogen werden, die einen gewissen feineren Zug enthalten, zumal wenn wörtliche Uebereinstimmung dazu tritt. So wird Peirol's Sehnsucht nach einem Kuss (s. oben S. 138) von einem ungenannten Franzosen (La Rav. II, 213) mit ziemlicher Wörtlichkeit wiederhohlt.⁵ Diese Art der Nachahmung ist selten;

---

¹ ['Was nun — unbestreitbar' eingeklammert.]
² Man vergleiche das französische:
> Et je souhait autretant de bon sens,
> E de mesure, come ot en Salomon —

mit dem des Elias Cairel:
> Et ieu agues atretan de bon sen
> E de mesura, cum ac Salamos. V, 350 [Gr. 372, 3].

³ ['im — zuschreiben' eingeklammert; dafür folgender Zusatz:] Da der französische Text von einem Ungenannten herrührt, so darf man ihn für Uebersetzung halten. Ohne Zweifel werden sich noch mehr solche Beispiele finden.

⁴ [Dieser Satz ist am Rande mit Klammer versehen. — Die französischen Liederhandschriften W und X meines Verzeichnisses (Gr. S. 29) enthalten eine Anzahl von Umschreibungen ins Französische.]

⁵ Der Franzose sagt:
> D'une chose ai grant desir,
> Que vos puisse tolir
> Ou embler un douz baisier,
> Par si que si corrocier
> Vos en cuidoie,
> Volentiers le vos rendroie.

um so zahlreicher sind die Anklänge aus dem provenzalischen Liede, mögen diese nun in ganzen Gedanken, oder einzelnen Ausdrücken bestehen. Da sich diese ungesucht auf allen Blättern darbieten, so können wir uns der Aufzählung überheben.

Noch käme in Erwägung, ob und wie viel ursprünglich Französisches die Provenzalen besässen? In dem Gebiete der Lyrik nichts von Bedeutung; höchstens könnte es seyn, dass einige der später erschienenen geselligen Liedergattungen mit Refrän eingeführt wären. Einwirkung von Seiten der erzählenden Poesie ist nicht abzuläugnen. Die alte brittannische Quelle ward ohne Zweifel durch bretonische, des Französischen kundige, und normannische Spielleute über Frankreich bis nach Provence und Italien verbreitet. Ueber die Zudringlichkeit und Menge derselben beschwert sich schon der Troubadour Peire von Mula.[1] Folquet von Marseille erwähnt der *lais de Bretanha*[2], und man könnte versucht sein, an die berühmten bretonischen Lais oder Fabliaux zu denken, wodurch die Stelle Gewicht erhielte; allein das Wort hat in der Sprache der Troubadours mehrere Bedeutungen.[3] Erstlich und ursprünglich bezieht es sich auf den musikalischen Vortrag und steht daher mit ähnlichen Aus-

---

Peirol, V, 282 [Gr. 366, 12]:
Gran talan ai qu'un baisar
Li pogues tolr'o emblar,
E si pueys s'en iraissia,
Voluntiers lo li rendria.

[1] *Van cridan duy e duy:*
Datz me que joglars suy,
Car es Bretz o Normans
  E vey en tans
Perqu'es als pros dompnajes. V, 320 [Gr. 352, 1].

[2] *Cella-m platz mais que chansos*
Volta ni lais de Bretanha. III, 155 [Gr. 155, 12].

[Zusatz, der allerdings nicht direkt zu dieser Anmerk. gehört:]
· Gegen die franz. Sprache: *en Fransa, on parlon aissi com porcs rutz*, GlOcc. 272b.

[3] [Vgl. Gr. § 27, 9; Zeitschrift f. roman. Philologie 1, 58 ff.]

drücken in Verbindung[1], und diess ist seine Bedeutung in der obigen Stelle. Der Gesang der Bretonen muss berühmt gewesen seyn, denn auch Guiraut von Cabreira ermahnt die Spielleute, ihren Gesang nach bretonischer Modulation *(tempradura)* zu endigen.[2] Sodann bedeutet es eine Dichtart, die wir jedoch bei gänzlichem Mangel an Beispielen nicht bestimmen können, und die daher in der Abhandlung über die Form nicht erwähnt wurde, ohne Zweifel aber eine musikalische, da das Wort mit Vers und Canzone zusammengestellt wird[3], vielleicht jene Liedergattung[4], welche auch die französischen Kunstdichter Lai nannten; Raymon Feraud nennt sich Verfasser eines solchen Lai (LR. 1, 573).[5]

Altdeutsche Liederpoesie.

Schon früher, noch ehe die Troubadours in ihrer eignen Sprache bekannt waren, hat das Interesse der Sache Zusammenstellungen ihrer mit der Poesie unsrer Minnesinger veranlasst. Die von Bodmer in den neuen kritischen Briefen (1763, S. 78—98) versuchte muss als die erste genannt werden; eine neuere von Jacob Grimm in der inhaltreichen Schrift über den deutschen Meistersang (1811) bleibt, insoferne ein feines Urtheil in Sachen der Poesie den Mangel an litterärischen Hülfsmitteln aufzuwiegen vermag, stets der

---

[1] *M'es bel, quant aug dels auzelhos*
Refrims e chans e lays e sos. V, 219 [Gr. 450, 6].
Far sons e lais e routas e sonar estrumens. V, 311. [Zusatz:] Andre Beispiele: Wolf p. 6. [Dagegen sind getilgt die Worte: Auch scheint es Klage zu heissen; *verses del lay* d. h. Klagelieder werden V, 372 erwähnt.]

[2] *Non sabz fenir*
Al mieu albir
A tempradura de Breton. V, 167 [Denkm. 88, 20—22].

[3] Peire Cardinal IV, 342 [Gr. 335, 49]:
Et an laissat lays verses e chansos.
Raimon Vidal V, 343 [Denkm. 146, 6]:
E d'autres vers e d'autres lais.

[4] [ursprünglich: 'strophenlose L'.]

[5] ['Raymon' etc. Zusatz.]

sorgfältigsten Berücksichtigung werth. Endlich hat Görres in der Vorrede zu den altdeutschen Volks- und Meisterliedern (1817) zum erstenmale eine auf die Einsicht provenzalischer Originale gestützte Vergleichung mitgetheilt, und die grosse Geistesverwandtschaft der Poesie der Troubadours und Minnesinger, die noch ein Fr. Schlegel läugnen konnte, dargethan. Ueber die Geschichte der Minnesinger sind wir durch die genannte Schrift von Grimm bedeutend aufgeklärt worden, so dass sich die Vergleichung so wie die Untersuchung des Zusammenhangs beider Litteraturen nunmehr mit grösserer Leichtigkeit und Sicherheit anstellen lassen würde. Nähere Betrachtung zeigt indessen, dass diesem Gegenstande bei dem Reichthum an Zügen, der die beiderseitigen Litteraturen bezeichnet, eine eigne Abhandlung gebührte; hier mögen nur einzelne Punkte herausgestellt werden.

Selbständiger einheimischer Ursprung ist das erste, was wir bei dem deutschen Kunstliede anerkennen müssen. Schon eine allgemeine Ansicht desselben führt uns zu dieser Ueberzeugung; 'warum soll man die deutsche Poesie aus einem fremden Samen aufgehen lassen, da sie so kraftvoll ist, dass sie von Anfang bis zu Ende nur ein eigenthümliches Ganze gebildet haben kann?' (Grimm). Für ihre Ursprünglichkeit dem Provenzalischen gegenüber [1] reden wichtige Gründe. 1) Die deutschen Dichter führen andre Berufsnamen, als die provenzalischen. Der allgemeine Ausdruck für Kunstdichter ist Singer, der besondere für Hofdichter Meister; Finder oder Erfinder als Uebersetzung von Troubadour ist ihnen fremd, und doch hätte das Wort mit der Verpflanzung der fremden Poesie auf deutschen Boden folgen müssen. Eben so ist den Provenzalen Meister für Hofdichter unbekannt; ihnen bedeutet dieser Ausdruck einen Schreiber oder Weltweisen, oder hat den allgemeinen Sinn eines Sach- oder Kunstverständigen.[2] 2) Das provenzalische Verhältniss zwischen Dichtern und Spielleuten, welche letztere den Beruf hatten, die Lieder der vornehmen oder nicht sang-

---

[1] [Früher 'Für ihre Ursprünglichkeit'.]
[2] [Die beiden vorausgehenden Sätze mit Klammern versehen.]

kundigen Dichter vorzutragen und nebenher als Liederboten zu dienen, ist bei den Minnesingern nicht zu erkennen, wiewohl die Classe der Spielleute, Gaukler, Fiedler, Sprecher u. s. w. auch in Deutschland seit lange bekannt und so ausgelassen war, dass ein wormser Senatsedict von 1220 ihrem Unfug zu steuern suchte. (Haltaus Glossar. u. d. W. Spielleute).[1] Der Liederbotendienst ist zwar auch den Minnesingern nicht unbekannt[2]; die Boten empfingen die Lieder gewöhnlich aus dem Munde des Dichters, und trugen sie singend vor; so erklärt sich der Widerspruch bei Friedrich von Husen (I, 95a):

Sit ich des botten niht enhan,
So wil ich ir diu lieder senden —

d. h. da ich keinen Boten habe, die Strophen zu singen, so will ich sie ihr brieflich senden.[3] Allein dass die Spielleute diese Botschaften übernahmen, lässt sich im Allgemeinen als ausgebildete Sitte[4] eben so wenig behaupten, als dass sie überhaupt in dem Dienste der Dichter gestanden.[5] Hier

---

[1] [Das in Parenthese stehende Citat ist getilgt.]
[2] S. besonders Rothenburg I, 34a [MSH. 1, 88b]:
Was ob mich ein bote versumet gar,
Ich wil me danne tusent senden dar;
So si ir alle bringent
Den vil suessen sang,
Und mir schone singent.
und Heinrich von Morunge I, 51a [MSH. 1, 122b. MF. 127, 18]:
Doch klaget ir maniger minen kumber
Vil dicke mit gesange.
[Diese Anmerk. ist mit Klammer am Rande versehen.]
[3] [Der Satz von: 'so erklärt' ist getilgt.]
[4] [Die Worte 'im — Sitte' Zusatz.]
[5] Das Heinzlin und Künzlin bei dem Taler II, 100b [MSH. II, 147b] gehören offenbar nicht in diese Klasse. [Zusatz, Leben u. Werke S. 614 f.:] 'Die singenden Boten sind allerdings wohl nicht nothwendig Spielleute: so wird es von dem im Frauend. S. 60 [S. 123 f.] wenigstens nicht ausdrücklich gesagt; aber doch wohl wenn sie in der Strasse des Mädchens die Lieder sangen M. S. 1, 59b [MSH. 1, 151b]; wenn viele Ritter sie beim Turnier hörten, Frauendienst S. 47. 191 [98, 22. 405, 16]; wenn bei Leichen die Fiedler sich über die hohen Noten freuten, S. 204 [422, 18]. Diess halte ich für den gewöhnlichen Fall. Aber derselbe Bote Ulrichs v. Lichtenstein, der S. 119 [240] eine Strophe

unterscheidet sich also die deutsche von der provenzalischen Kunstpoesie in einem wesentlichen Punkte, und zeigt sich, wenn man den Grund dieses Unterschiedes betrachtet, in einem besonderen Lichte. Der von Haus aus vornehmere Charakter der provenzalischen war es, der jenes merkwürdige Verhältniss zwischen Kunstdichter und Spielmann schuf; hier schlugen die Mächtigen zuerst die Saiten der neuen Lyra an, und wiewohl nachher die Hofdichter ihr vollere Töne zu entlocken wussten, so blieb sie doch fortwährend ein Spiel der Fürsten und unabhängigen Edlen. Diese, welche Stand und Lebensweise über das Geschäft des musikalischen Vortrags erhob, sahen sich bewogen, den Dienst der Spielleute für die Kunstpoesie zu gründen, welchen nachher die Hofdichter benutzten. Die deutsche Kunstpoesie dagegen bedurfte dieses Mittels nicht; sie ist, allen Umständen nach, nicht von den Grossen der Nation, sondern vom Bürgerstande und dem dienenden Adel zunächst ausgegangen; auch hier nahm der reichere Adel Theil, allein verhältnissmässig in zu geringer Zahl, um auf das Institut wesentlich einwirken zu können. Ueberhaupt hat sich die deutsche Hofpoesie der Volkspoesie, welcher sie doch zuletzt ihr Daseyn verdankt, näher gehalten; sie verschmäht nicht, Hand in Hand mit ihr an den Freuden der niederen Stände Theil zu nehmen, sich in ihre Spiele zu mischen; man erwäge die zahlreichen Lieder in einfacher Form, die sich in nichts von dem ächten Volkslied unterscheiden, so wie alle jene Frühlings-, Aerndte- und Tanzlieder, die mehr oder weniger in dem Sinne des Volkes, aber zur Unterhaltung des Hofes[1] gedichtet sind; besonders ächt volksmässige Lustigkeit athmen sie bei Nithart (Neidhart), z. B. in dem Lied: *Ein altiu vor den reien trat* (II, 82a).[2] Wenn sich manche Meister, vorzüglich die späteren, welche ihre Kunst gelehrter behandelten, wie Konrad von Würzburg, der Kanzler, Frauenlob,

---

Walthers singt, bringt der Geliebten Ulrichs S. 150 [323] ein Lied von ihm schriftlich (beides i. J. 1226) also noch bei Lebzeiten Walthers.' Briefliche Bemerkung des Hrn. Prof. K. Lachmann.

[1] ['aber — Hofes' Zusatz.]
[2] [MSH. 2, 118b. Haupt S. L.]

auch schon Walther von der Vogelweide, Friedrich von Sonnenburg, der Meissner[1], gegen die Verderber des Gesanges, von ihnen kunstlose Schalke, ungefüge Sänger genannt, deren Kunst von den Bauern sey, beschweren, so bezeichnet diess jenen in dem Wesen der höheren Poesie gegründeten Gegensatz zur niedern, ohne die Berührung mit derselben in jeder Beziehung aufzuheben. — Für die Ursprünglichkeit der deutschen Liederpoesie reden 3) die einheimischen Kunstausdrücke für die Form: nicht ein einziger ist romanisch, auch lässt sich, da sie alle ungesucht und sprachgemäss sind, nicht auf Uebersetzung schliessen: so erkennen wir in Sang, Tanz, Reihen keine Verdeutschung von *chansos, dansa, ronda;* auch Ton für *son* (Melodie) kann unabhängig seyn. Das Sirventes ist der Sache nach da, führt aber keinen eignen Namen. 4) Der Mangel gewisser Formen; hieher gehören die Tenzone und das Geleit[2], obgleich sowohl der dichterische Wettstreit, wie der Gesangbotendienst statt fand.[3] Die Leiche sind von den Descorts

---

[1] [Die Worte 'wie Konrad — Meissner' sind getilgt.]

[2] [Einzelne Spuren des Geleites sind vorhanden: s. meine Liederdichter des 12. bis 14. Jahrhunderts[2] S. XXVIII.]

[3] Etwas der Tenzone oder dem Jeu parti entsprechendes hatten die Deutschen ohne Zweifel; auch bei ihnen wurden Liebesfragen zur Unterhaltung gestellt [Zusatz: und entschieden], allein daraus hat sich keine besondere Dichtart [eine hier angefügte Randbemerkung ist ausradirt] entwickelt. Die wichtigste Stelle findet sich in der Man. Sammlung I, 182*b* [MF. 216, 8]:

Die friunde habent mir ein spil
Geteilet vor, dêst beidenthalp niht wan verlorn:
Doch ich ir einez nemen wil,
Âne guot wal sô waere ez baz verborn.
Sî jehent, welle ich minne pflegen,
Sô mueze ich mich ir bewegen:
Doch sô raetet mir der muot ze beiden wegen.

Man bemerke den Ausdruck: ein Spiel theilen, ganz das provenzalische *joc partir.* [Zusatz, Leben u. Werke S. 615:] Aussprüche über aufgeworfene Streitfragen, verwandt mit den Entscheidungen der Tenzonen, finden sich auch bei den Deutschen: vgl. Graffs Diutiska Bd. 1, S. 313, allein diess sind keine von Seiten der Partheien eingeholte Richtersprüche.

260 grundverschieden.¹ 5) Abweichung der Form in ihren ersten Grundsätzen, in der Behandlung des Verses, der Strophe und des Reimes. Bei den Troubadours macht die Sylbenzahl die Grundlage des Verses, bei den Minnesingern die Zahl der Rhythmen, welche nach Gefallen mehr oder weniger Sylben aufnehmen können, so dass die Verse häufig von ungleicher Länge sind. Der dreigliedrige Strophenbau, bei den Minnesingern, wie Grimm gezeigt hat, Regel, findet sich bei den andern als reine Zufälligkeit. Der Reim endlich beschränkt sich bei jenen stets² auf eine und dieselbe Strophe, während er bei diesen in der Regel zwei oder sämmtliche Strophen umfasst³; der hier geltende ungebundene Reim (Waise) war den Troubadours nicht verstattet.

Mit diesen Sätzen, welche die Verhältnisse der Dichter und die Form der Poesie betreffen, glauben wir den einheimischen Ursprung des deutschen Kunstliedes gesichert zu haben. Nun aber tritt uns die Frage entgegen, ob auf Seite 261 der Deutschen irgend eine Aneignung provenzalischer Erfindungen statt fand? Untersuchen wir nämlich die Form bis in das Einzelne, so finden wir in Nebenzügen viel des Gemeinsamen, wenden wir uns aber zum Inhalt, so erkennen wir eine Aehnlichkeit der Grundzüge, wie sie sich durch die gesammte Litteratur in der Poesie zweier Nationen, falls nicht offenbare Nachahmung gewirkt hat, nicht wird nachweisen lassen. Bei dem Minnelied ist diese Uebereinstimmung am stärksten, und Zug für Zug findet sich die provenzalische Poesie in der deutschen wieder.⁴ Nur zwei

---

¹ [Von 'Für die Ursprünglichkeit' an mit Klammer am Rande, ebenso die dazu gehörige Anmerkung.]

² [Von 'in der Behandlung' bis hierher eingeklammert.]

³ Ausnahme bei dem tugendhaften Schreiber II, 101*a* [MSH. 2, 148*a*], der den Reim *ere* durch alle Strophen windet, und Christian von Lupin II, 16*b* [MSH. 2, 20], wo das Reimwort *rot* der ersten Strophe in den beiden folgenden mit *not*, *tot* gebunden wird.

⁴ Zur Vergleichung mit den im dritten Abschnitt aufgeführten Beispielen nehme man folgende der Minnesinger; der Kürze wegen wird nur der Anfang der Strophe angeführt, die die Stelle enthält. Bildliche Vorstellung der Liebe: I, 45*b Suesse.* II, 20*b Ich han.*

Ausnahmen scheinen statt zu finden, solche die indessen zur 262 Charakteristik beider Litteraturen dienen können. Die Erörterungen über die Natur der Liebe, bei den Troubadours auch ausser der Tenzone gewöhnlich, sind bei den Minnesingern höchst selten; wollte man daher die einen Verstandesdichter, die andern Gefühlsdichter nennen, so würde dieser Zug einen willkommenen Beleg liefern. Ferner, das Lob des Frauengeschlechtes, von den Minnesingern vielfach gefeiert, und, wie einer von ihnen sagt, mit hundert tausend Munden nicht zu erschöpfen, ist von den Troubadours, einige beiläufige höchst allgemeine Aeusserungen abgerechnet, gänzlich versäumt worden; sie wissen nur von der Einen, Erhabenen, gegen die sie das ganze Geschlecht herabsetzen. Auch liesse sich noch erwähnen als ein eigenthümlicher Zug des deutschen Minneliedes, dass der Name

Ihr Werth: I, 4b *Sich.* 19b *Swer.* II, 35b *Frouwe ich.* 142a *Alle.* Liebe des Gesanges Lehrerin: II, 187b *Swem.* Natur nichts gegen Liebe: I, 1b *Was.* 4a *Winter was.* 47a *Der meie.* 56a *Die ich.* 59a *Sint.* 116a *So die.* II, 17a *Meyen.* 21a *Mir schat.* 48b *Nieman.* 90a *Was.* 99b *Wir.* 100a *Ich wil.* 158a *Wil mich.* 168a *Swie.* Zueignung an die Geliebte: I, 58b *Ich wil.* 162a *Ein.* 198b *Ich singe.* Liebeskunde, selten: I, 123a *Ob ich.* II, 34a *Frouwe schoene, das ganze Lied.* Demuth des Liebenden, selten: I, 27a *Achten.* 35b *Ich muos.* Verschwiegenheit: I, 81a *Si.* 58b *Wafen.* Gegen die Verläumder (Kläffer, Rüger, Merker, Lügner, Schimpfer): I, 6a *Was.* 19a *In den ziten da.* 38b *Es gat.* 52b *Ich bin.* 53a *Leitliche.* 143a *Mir ist.* 160b *Ich muos.* 165b *Der ungezogen.* 173a *Ich mache.* II, 187b *Was ich.* Mittel gegen sie: 94b *Noch.* II, 187b *Ich kume.* Wunderbare Wirkungen der Liebe: I, 93a *Si darf.* Unsichtbare Verbindung der Liebenden: I, 6b *Sta bi.* 111a *Welt.* II, 195b *Swie.* Die Geliebte im Herzen: I, 50a *Ir wol.* I, 51a *West ich.* 80b *Min ougen.* 89a *Wie moeht.* II, 186a *Mich dunket.* Schüchternheit des Liebenden: I, 25b *Wie mag.* 54a *Ich weis.* 141a *Gnuoge.* II, 183a *Ich.* Wünsche: I, 146a *Min groeste.* Rassm. Ergänz. 428 *Ich wolde.* Freude über Gunst: I, 50b *Selic* u. s. w. Lobpreisung der Herrin: I, 24b *Ich wil.* 52b *Der dur.* 87a *Si gelichet.* 193a *Sie ist.* 195a *Ach got.* II, 18b *Gruos.* 21a *Wer.* 39b *Ir vil.* 105b *Ich wande.* Nur bei ihr Seligkeit: I, 1a *Mir sint.* 21b *Swenne ich.* 33a *Lieber.* 55a *Ich wene nieman.* 78b *Ich tuon.* Sie ist über die göttlichen Dinge erhaben: I, 54a *Ich han.* 95a *Lihte.* 178a *Si treit.* II, 40b *Das du.* 44b *Ich bin also.* Trennung: Rassm. 348 *Ich han.*

der Geliebten nie genannt wird; es würde für die grösste Unhöflichkeit gegolten haben.[1]

Wir antworten auf die obige Frage, dass, wie schon vorläufig behauptet wurde, die innere Verwandtschaft der deutschen und provenzalischen Kunstpoesie nicht auf Mittheilung, sondern auf dem Charakter der Zeit und auf der Natur der Liebespoesie beruht, und führen als Grund an, dass es an Uebertragung ausgeführterer Bilder und Gedanken, an welchen die Troubadours so überaus reich sind, und die zur Nachahmung reizen mussten, gänzlich fehlt. Allein wir können nicht läugnen, dass einzelne Minnesinger eine gewisse Kenntniss der Litteratur der Troubadours besassen, welche sich theils in formellen Nebenzügen, theils in Anklängen, theils in offenbaren Uebertragungen kund giebt.

Schon von vorn herein ist es nicht abzustreiten, dass provenzalische Lieder den deutschen Dichtern hin und wieder bekannt werden mussten. Kaum zwar berührten sich beide Sprachgebiete, auch war der Verkehr der Völker trotz der politischen Verbindung zwischen dem Kaiser und dem Arelat nicht sehr bedeutend; allein der Ruf, den sich die Provenzalen in der Poesie erworben, überschritt die Gränzen ihres Gebietes nach allen Richtungen. Die epische Gattung fand auch in Deutschland Aufnahme, und mehrere Romane wurden von unsern vorzüglichsten Meistern bearbeitet oder umgedichtet. Diess erlaubt uns anzunehmen [2], dass auch einzelne Proben lyrischer Poesie ihren Weg nach Deutschland fanden, und bei den wenigen der fremden Sprache kundigen Dichtern Theilnahme erregten.

Zuerst stellen wir die Aehnlichkeiten der Form zusammen, ohne durchgängig auf ausländischem Ursprung zu bestehen. Einzelnes ist sicherlich eingeführt, ob geradezu aus Provence, oder mittelbar durch die französische den Deutschen bekanntere Litteratur, gilt uns gleich. Dass der Ausdruck finden nach *trobar,* für dichten, der an einigen

---

[1] [Von 'Auch' Zusatz.]

[2] ['Die epische' bis hierher geändert in: 'und wir dürfen voraussetzen'.]

Stellen vorkommt, hieher gehöre, wollen wir nicht verfechten, da er mehr im deutschen als provenzalischen Sinne gebraucht zu seyn scheint. ¹ Auch Wort, *mot*, für Vers, macht einiges Bedenken, da schon das nordische *visavord* und das griechische ἔπος dieselbe Bedeutung hat; stark an die provenzalische Zusammenstellung *motz e sons* erinnert Frauenlobs 'min *wort, min dœne*' (II, 215 a). '*des munt rechte slichtet dœn und wort*' (218a). ² Allein ³ gewisse Wort- und Reimspiele, welche sich schon bei den Provenzalen finden, scheinen bei den Deutschen nicht Zufall, sondern Mittheilung⁴, z. B. der Reim von Walter von der Vogelweide und andern durch alle fünf Vocale durchgeführt (I, 125. 157. II, 181) Variation eines Beispiels bei Bernart von Ventadour (s. oben S. 87) — das Echo bei Wizlau (*daz vinde ich aber alda a. a.* Müller CCCCLXXXVII) nach Jaufre Rudel (*valra a. a.* III, 97)⁵ — die Anknüpfung der Strophen mit dem letzten Reimwort jeder Strophe, durch Rudolf von Neuenburg aus Provence eingeführt (s. sein Lied: *Minne gebiutet* I, 8), auch bei Rudolf von Rotenburg (I, 34a) — der leonimische Reim⁶ bei Gottfried von Nifen und andern (*erwinden, winden, überwinden* u. s. f. durch die Strophe I, 23a) — der halbe leonimische⁷ bei demselben (*gruessen,*

---

¹ Von dieser Art ist beim Marner II, 172:
    Lihte vinde ich einen vunt,
  Den si vunden hant, die vor mir sint gewesen:
  Ich muos us ir garten und ir spruichen blumen lesen.
Andre Beispiele Grimm 144 Note 194.

² Dass Wort wirklich in der Bedeutung Vers gebraucht wurde, ist bei Frauenlob zu erkennen II, 218a:
    Mit richen worten wol gemessen
    Von ir sinnes masse.
Schon Heinrich von Veldeck sagt: *schoniu wort*, welches an *bels motz* erinnert; I, 21a. [Diese Anm. nebst den Worten 'Dass der Ausdruck' bis '218a' ist mit Klammern versehen.]

³ [Geändert in: Hierher gehören.]
⁴ ['welche' bis 'Mittheilung' eingeklammert.]
⁵ [Gr. 262, 3.]
⁶ [geändert in: Reim der *mots composés*.]
⁷ [geändert in: das Flectiren des Reimwortes.]

gruos, buessen, buos; guete, guot, bluete, bluot, I, 22*b)* ein Spiel der ältesten Troubadours (*apais, apaia, guais, guaia.* Gräfin von Die)[1]; diess Spiel findet sich auch mit blos weiblichen Reimen *(sehent, sahent, verjehent, verjahent* bei Burkart von Hohenfels I, 86*a)* — die Wiederhohlung eines gewissen Wortes entweder nur in demselben Vers, wie bei Hug von Werbenwag (II, 50*b Der sumer),* oder einmal in jedem Vers durch das ganze Lied, wie das Wort Minne schon bei Heinrich von Veldeck (I, 19*b Swer zu der minne ist so fruot),* oder mehrmals in jedem Vers durch die Strophe, wovon sich Beispiele bei Reinmar dem alten, (I, 77*b Minne*), dem Schenk von Landegge (I, 196*a Swa lieb*) und bei andern finden; oder endlich so, dass jede Strophe von einem besondern in jedem Vers wiederkehrenden Worte beherrscht wird, wovon der Lietschauer ein Beispiel liefert (Müller CCIL), lauter Tändeleien, welche sich bei den Troubadours früher finden. Das Buchstabenspiel, wonach jedes Wort des Verses mit demselben Consonanten anfängt[2], wie bei Meister Rumslant *(Ren ram* u. s. f. II, 225*a),* war indess längst vor den Troubadours in der Mönchspoesie bekannt.

Die Tagelieder oder Tageweisen, bei den Deutschen noch süsser und zärtlicher, als bei den Provenzalen, mögen einheimischen Ursprungs seyn; denn sie haben dem Inhalt und der Form nach manches Eigenthümliche.[3] Der Hergang der Geschichte ist hier gewöhnlich so, dass der Wächter die Liebende weckt, und sie bittet, den Mann zu ermuntern, diese jedoch den Tag nicht so nahe glaubt, mit dem Wächter hadert, und endlich ungern den Geliebten aufweckt, worauf sie sich scheidend umarmen. Diese Anlage zeigt keine einzige der uns bekannten provenzalischen Albas.[4] Der Refrän, fast Erforderniss dieser letzteren, ist in dem deutschen Tag-

---

[1] [Gr. 46, 1.]

[2] ['wonach — anfängt' Zusatz.]

[3] [Ein paar unleserliche Worte am Rande.]

[4] Einigermassen ausgenommen die handschriftliche von Bernart Martin: *Dieus aidatz* [Gr. 409, 2]. In den beiden ersten Strophen mahnt der Wächter den Geliebten; in der dritten widersetzt sich die Frau dem Scheiden, womit das Gedicht schliesst.

lied selten, dagegen scheint es Kenntniss der Albas zu verrathen, wenn in einigen Fällen, wo der Refrän vorkommt (I, 56b. 151b)¹, jede Strophe mit 'tag' (prov. *alba*) oder '*da tagte es*' schliesst.

Als Anklänge betrachten wir gewisse sinnreiche Einfälle und Wendungen, die man sich bei den Provenzalen gelesen zu haben erinnert. Freilich können wir nicht auf dem fremden Ursprung dieser Beispiele bestehen, wir haben keine Beweise dafür, und können nichts thun, als sie zur Erwägung empfehlen. Wenn ein Minnesinger (I, 144a) sagt: 'Will sie, dass ich von ihr scheide den Muth, und mein Herz von ihrer Minne kehre, so soll sie lassen ihre Schönheit und ihre Ehre', so sagte ein Troubadour früher: 'Gefällt es euch, dass ich mich von euch wende, so entfernt von euch die Schönheit und das süsse Lächeln' (III, 149).² Peirol's zierlicher Spruch: 'Grosse Lust habe ich, ihr einen Kuss zu nehmen oder zu stehlen; sollte sie sich dessen erzürnen, so gäbe ich ihr ihn gerne zurück', findet sich im Deutschen wieder: 'Und gönnte es mir mein Glück, dass ich von ihrem wohlredenden Munde einen Kuss stehlen dürfte, und hielt sie diess für grosses Leid, und nähme mich gefangen ob meiner Missethat, was thäte ich Unseliger dann? Ich nähme ihn und trüge ihn wieder hin, wo ich ihn genommen' (I, 64b). Man vergleiche ferner das provenzalische: 'Gegen die Verläumder habe ich eine feine List ergriffen, ich neige die Augen und schaue mit dem Herzen und verhehle ihnen so meinen Genuss' (III, 317)³ mit dem deutschen: 'Ich lasse es nicht wegen der Merker; meide ich sie mit den Augen, so liebt sie doch mein Herz im Geheimen' (I, 94b). Manchmal findet man sich durch Einkleidung desselben Gedankens überrascht. Wenn Bernart von Ventadour (III, 46)⁴ sagt: 'Müssten doch die Verläumder

---

¹ [Die Citate getilgt.]
² [Gr. 155, 22.]
³ [Gr. 450, 4.]
⁴ [Gr. 70, 31.]

und Gleissner ein Horn auf der Stirne tragen', so drückt sich der Meissner (Müller DXVIII) mit den Worten: 'Ich wollte, dass den Argen eine Schelle an der Nase hinge', in demselben Sinne aus.

Nur ein einziges Beispiel offenbarer Uebertragung des Inhalts lässt sich nachweisen.[1] Die Lieder des Grafen Rudolf von Neuenburg (in der Schweiz) sind grossentheils [2] Nachahmungen der provenzalischen Folquet's von Marseille, eines zur Zeit weit berühmten Dichters. Merkwürdig ist dieser Fall auch desshalb, weil er uns lehrt, wie man sich ausländische Lieder anzueignen pflegte. Nicht Lied für Lied hat Rudolf übertragen, sondern Strophen verschiedener Lieder Folquet's zu einem neuen Lied verwebt. Eine strengere Art der Bearbeitung, oder eine kunstmässige Uebersetzung lag, wie bemerkt, nicht in dem Charakter der Zeit; man wählte zu eigner Lust, was man brauchen konnte. Eben so wenig hat sich Rudolf streng an den Strophenbau seines Vorgängers gehalten, wiewohl seine Strophen im Ganzen etwas Ausländisches verrathen, und an einzelnen die Nachbildung ersichtlich ist.[3] Wie Rudolf übertragen hat, kann folgende Vergleichung lehren.

---

[1] [Ueber ein anderes Beispiel s. Gr. § 30, 5.]

[2] [ursprünglich: 'grossentheils, vielleicht sämmtlich'. — Ausser Folquet hat er auch Peire Vidal nachgeahmt: Gr. § 30, 6.]

[3] Der Strophenbau des ersten Liedes stimmt fast ganz mit dem einer Canzone Folquet's III, 153 *Sitot* [= Gr. 155, 21]) überein; man vergleiche die Reimfolge:

Folquet:	*aperceubutz*	Rudolf:	*gewin*
	jura		*miden*
	aventura		*liden*
	conogutz		*bin*
	fazia		*vertriben*
	fadia		*libe*
	deutor		*mere*
	pagaria.		*vertribe.*

1.
Folquet (R. III, 157).[1]

Und war ich jemals fröhlich und voll Liebe,
Jetzt hab' ich keine Wonne der Liebe und hoffe nicht drauf...
Doch von Liebe will ich euch die Wahrheit sagen:
Sie bindet mich nicht, und doch kann ich ihr nicht entfliehn;
Ich gehe nicht aufwärts, und kann auch nicht zurückbleiben,
So wie der, der sich mitten auf dem Baum befindet,
Und so hoch gestiegen ist, dass er nicht mehr herab kann,
Und hinauf nicht mag, so gefährlich scheint es ihm.

Rudolf (I, 8).

Gewann ich zu minnen je gute Hoffnung,
So habe ich nun von ihr nicht werthen Trost noch Vertrauen,
Denn ich weiss nicht, wie es mir gelingen soll,
Da ich sie weder lassen kann, noch habe.
Mir ist als dem, der auf den Baum da steiget,
Und nicht höher kann, und damitten bleibet,
Und auch mit nichten herab kommen kann,
Und also die Zeit mit Sorgen vertreibet.

2.
Folquet (III, 153).[2]

Wiewohl ich es spät erkannt habe,
Wie der, der alles verloren hat, und schwört
Nie wieder zu spielen; muss ich doch für grosses Glück
Es halten, dass ich wahrgenommen
Den grossen Betrug, den Liebe gegen mich beging,
Die mich mit schönen Mienen in der Thorheit hielt
Länger als zehn Jahre, wie der böse Schuldner,
Der stets verspricht, doch nie zu zahlen denkt.

Rudolf (S. 8).

Mir ist als dem, der da hat gewandt
Seinen Sinn an ein Spiel, und damit verliert,
Und es verschwört, doch es zu spät aufgiebt;
Also habe ich zu spät erkannt
Die grosse List, welche Minne wider mich übt;
Mit schönen Gebärden brachte sie mich zu sich,
Und leitet mich, wie böser Schuldner thut,
Der wohl verheisset, und der Zahlung nie gedachte.

---

[1] [Gr. 155, 18.]
[2] [Gr. 155, 21.]

3.
Folquet (III, 159).[1]

Singend geschieht mir wohl, dass ich dess gedenke,
  Was ich singend vergessen wollte;
Ich singe aber, den Schmerz zu vergessen
    Und das Weh der Liebe,
  Doch je mehr ich singe, je mehr gedenke ich sein . . .

Und da Liebe mich so ehren will,
  Dass sie mich euch im Herzen lässt tragen. —

Rudolf (9a).

Mit Sang wähnte ich meine Sorgen zu schwächen,
Drum singe ich, dass ich sie wollte lassen;
So ich jemehr singe, und ihr je besser gedenke,
So wollen sie mit Sange leider nicht zergehn . . .

Seit dass die Minne mich also wollte ehren,
Dass sie mich hiess sie in dem Herzen tragen. —

4.
Folquet (III, 153).[2]

Mit schönen Mienen, die falsche Liebe zeigt,
Zieht sie an sich und fesselt thörichte Liebende,
Wie der Schmetterling, der so thörichter Natur ist,
Dass er sich ins Feuer stürzt[3], vom Lichte gelockt.

Rudolf (9a).

Ihren schönen Leib hab' ich dafür erkannt,
Er thut mir wie der Fledermaus das Licht,
Die flieget daran, bis sie sich ganz verbrennet.

5.
Folquet. Ms.[4]

So merk' ich an der Liebe,
  Dass mein Unheil ihr gefällt:
Denn über das ich Gewalt habe,
  Das lässt sie mich gering schätzen

---

[1] [Gr. 155, 8.]
[2] [Gr. 155, 21.]
[3] [Geändert in: Dass er sich am Feuer sengt.]
[4]   *Aisi conosc d'amor,*
    Que mos dans l'asabor:

Und verleitet mich zu streben
Nach dem, was mich verschmäht.
Die mich verfolgt, die fliehe ich,
Und die mich flieht, die verfolge ich;
So weiss ich nicht, wie ich mich retten kann,
Da ich zugleich verfolgen und fliehen muss.

Rudolf (9b).

Ich habe mir selber gemacht die Betrübniss,
Dass ich ihr begehre, die sich mir will versagen;
Die mir zu werben gar leicht wäre,
Die fliehe ich, da sie mir nicht kann gefallen;
Ich minne die, die mir's nicht will annehmen:
Mich minnen auch, die mir doch sind unlieb,
So kann ich wohl beides fliehen und verfolgen.

Diess sind eben nur die auffallendsten Beispiele.

Rückwirkung von Seiten der deutschen Lyrik dürfen wir ohne Bedenken läugnen. Wie sollten die Provenzalen, deren Stolz auf die eigne Litteratur leicht wahrzunehmen ist, so wie ihre Verachtung der deutschen Sprache sich in einigen heftigen Stellen ausspricht, sich um deutsche Poesie gekümmert haben? 'Die Deutschen — sagt Peire Vidal — finde ich roh und gemein, und wenn einer sich einbildet, höflich zu seyn, so ist diess zum Sterben; und ihre Rede gleicht dem Gebell der Hunde; daher möchte ich nicht Herr von Friesland seyn, da ich stets das Gekreisch der Leidigen hören müsste.[1]

Que so don ai largor
Mi fai presar petit
E poignar ad estrit
En tal, que si-m defen.
  So, que m'encausa, vauc fuguen,
  E so, que-m fuich, eu vau seguen,
Aisi non sai, cossi-m posca garir,
Qu'ensems m'aven encaussar e fugir.
      'Ben an mort.' [Gr. 155, 5.]

[1] *Alamans trob deschausitz e vilans,*
E quan neguns se feing d'esser cortes,
Ira mortals e dols et enois es,
E lor parlars sembla lairar de cans,

Altitaliänische Liederpoesie.[1]

Die gebildete Dichtkunst Italiens ging nach den vielfach besprochenen Zeugnissen Dante's (vulg. eloq. I, 12) und Petrarca's (Trionf. d'Am. c. 4. — epist. famil. praef. f. 3.) von Sicilien aus, d. h. die Sicilianer waren es, denen es gelang, eine nationale Form der Sprache und Poesie aufzustellen, und so die mundartlichen dem Emporkommen der Litteratur nachtheiligen Formen zu verdrängen. Diese Angabe wird durch den Umstand, dass die italiänische Poesie bis auf Dante's Zeit schlechthin die sicilianische genannt wurde, bestätigt. In dieser ersten Periode ist sie vorzugsweise lyrisch, und erscheint im Ganzen, gleichfalls nach Dante's Zeugniss, als eine Poesie des Hofes, nämlich jenes glänzenden Hofes, welchen Friedrich II als König von Sicilien zu Palermo und Neapel hielt.[2] Sammlungen alter Lieder erschienen schon im sechzehnten und siebzehnten Jahrhundert (Giunta 1527. Anhang zur Bella mano 1595. Allacci 1661); eine vollständigere und genauere Ausgabe haben wir in neuester Zeit erhalten[3], so dass es an

Perqu'ieu no voill'esser seigner de Frisa,
C'auzis tot jorn lo glai dels enoios.
    '*Bon' aventura.*' Ms. [Gr. 364, 14.]

Peire von la Caravana (IV, 197) sagt ähnlich [Gr. 334, 1]:
La gent d'Alamaigna . . .
Ab lor sargotar . . .
Lairan, quant se sembla,
C'uns cans enrabiatz.

[1] [Vgl. zu diesem Abschnitt: Gaspary, die sicilianische Dichterschule des 13. Jahrhunderts. Berlin 1878.]

[2] Der Mittelpunkt der Stelle ist folgender: *ita quod eorum tempore quicquid excellentes Latinorum nitebantur, primitus in tantorum coronatorum* (Friedrichs und Manfred's) *aula prodibat, et quia regale solium erat Sicilia, factum est, quicquid nostri praedecessores vulgariter protulerunt, Sicilianum vocatur; quod quidem retinemus et nos, nec posteri nostri permutare valebunt.* Ediz. Venez. Zatta. 8. t. V, p. 317.

[3] Poeti del primo secolo della lingua italiana in II volumi raccolti. Firenze 1816. Auf diess Werk beziehen sich die folgenden Citate. [Zusatz, LW. 615:] Die Raccolta di rime antiche toscane, Palermo 1819. IV, habe ich nicht Gelegenheit gehabt zu benutzen.

Hülfsmitteln zur Beurtheilung jener alten Litteratur nicht mangelt.

Auch sie ist als eine Hofpoesie zu betrachten, anfangs als eine ächte, der provenzalischen ähnliche, an dem Hofe gebildete und von ihm abhängige; so erblicken wir sie in ihrer ersten Periode in Sicilien. In Oberitalien, wo ihr die provenzalische an den Höfen entgegenwirkte, hatte sie einen schweren Stand, und konnte sich nicht als Hofpoesie entwickeln; es ist nicht einmal zu vermuthen, dass Azzo von Este, glorreichen Andenkens, er, der die Troubadours begünstigte, sich um jene gekümmert habe. Als endlich (gegen 1300) die Troubadours weichen mussten, da waren die der Hofpoesie günstigen Zeiten dahin, und so erkennt man aus den Ueberresten der altitaliänischen Lyrik meistens unabhängige für sich stehende Dichter. Doch nicht mit Unrecht nennt man ihre Poesie auch in diesem Zeitabschnitt eine hofmässige *(cortigiana)*, da sie an den Höfen entsprungen war, und mit der gebildeten Welt in Beziehung blieb. Diess Verhältniss bezeichnet den wesentlichsten Unterschied zwischen ihr und der provenzalischen. Nicht zu verkennen ist in dieser späteren italiänischen Hofpoesie der Einfluss der classischen Litteratur neben dem der scholastischen Philosophie; es ist anziehend zu betrachten, wie an dem Horizonte dieser Art Kunstpoesie das Morgenroth einer neuen Zeit hervorschimmert, als dessen Sonne Dante erscheinen sollte, der Schöpfer der späteren Romantik. Es lässt sich bemerken, dass die Dichter nicht in die Classe der wandernden Sänger, sondern in die der Litteraten gehörten, und die Poesie nicht als Gewerbe trieben. Diess ist freilich nur im Ganzen zu verstehen; einzelne eigentliche Hofdichter finden sich allerdings, wie sich aus Anspielungen auf die Freigebigkeit oder den Geiz der Grossen ergiebt.[1]

---

[1] Folgore von San Geminiano sagt (II, 186) von seinem Gönner:
  Ma spende più, che'l marchese lombardo —
unter welchem Azzo von Este zu verstehen ist. Derselbe anderswo, II, 168:
  Avarizia le genti ha prese all' amo ....
  Di voi possente a Deo me ne riclamo.

Es fragt sich nun, ob diese Poesie ausländischen Einfluss erfahren habe. Italien war im dreizehnten Jahrhundert und früher von zwei Schwestersprachen beherrscht; in der epischen Poesie überwog die französische, wie aus Dante und Boccaccio zu schliessen ist [1], in der lyrischen ohne Zweifel die provenzalische. An den Höfen Oberitaliens fanden die Troubadours eine neue und behagliche Heimath, und wer von den Eingebornen an dem Ruhme dieser Dichter Theil nehmen wollte, der musste sich in ihrer Sprache versuchen, die für die Poesie gleichsam erzogen war, und in dem Bezirk der lyrischen Gattung den ersten Ruf behauptete; daher finden wir mehrere und bedeutende Troubadours italiänischen Ursprungs, unter welchen Bartolome Zorgi, Bonifaci Calvo, Lanfranc Cigala, Sordel, und unter den Grossen der Markgraf Albert von Malaspina die bekanntesten sind. Auch die provenzalischen Spielleute, welche bekanntlich die Lieder der Troubadours vortrugen, sah man an den Höfen und bei öffentlichen Festen. [2]

Die altitaliänische Kunstpoesie musste unter diesen Umständen in die nächste Berührung mit der provenzalischen treten, und bei der Ueberlegenheit der letzteren keine geringe Einwirkung erfahren. Für einen Ableger derselben können wir sie aber nicht erklären, da sie in ihren Grundformen zu bedeutende Eigenthümlichkeiten besitzt; eben so wenig finden wir irgend einen Grund, sie für normannischen Ursprungs zu halten, wiewohl das Zusammentreffen des normannischen Einflusses in Sicilien und der Ausgang der italiänischen Kunstpoesie von da für diese Ansicht zu sprechen schien; allein die französischen Normannen, die hier allein

---

[1] *Allegat ergo pro se lingua Oil etc.* S. die Note S. 186. Ferner Boccaccio Fiammetta lib. VII, p. 253. ed. Venez. 1596 lässt Fiammetta sagen: *Ricordami alcuna volta aver letti i franzeschi romanzi, a quali se fede alcuna si puote attribuire, Tristano et Isotta oltre ad ogni altro amante essersi amati.*

[2] *(Saonenses) mirabilem curiam tenuerunt (1227) in qua innumerabilia indumentorum paria a Potestate . . . . fuerunt joculatoribus, qui de Lumbardia, Provincia, Tuscia et aliis partibus ad ipsam curiam convenerant, laudabiliter erogata.* Muratori Antiquitt. II, 843.

in Erwägung kommen, haben vor ihrer Berührung mit den Troubadours die Kunstform des Liedes nicht gekannt, und nachmals, als Friedrich II in Sicilien wirkte, war die Verbindung mit Normandie nicht mehr bedeutend. Uns scheint die italiänische Lyrik aus einheimischen Elementen, aus der volksmässigen Poesie und Musik entsprossen zu seyn; die Hauptformen, Canzone und Sonett, haben nur den Namen mit den provenzalischen und französischen gemein; in ersterer zeigt sich[1] der Grundsatz der dreitheiligen Strophe deutlich ausgeprägt, und in dieser Gestalt tritt sie aus der Dämmerung der italiänischen Litteraturgeschichte hervor.

Indem wir daher diese Poesie als eine ursprüngliche anerkennen, müssen wir zugleich gestehen, dass sie fremde, namentlich provenzalische Bestandtheile besitzt. Dichten heisst auch hier *trovare* (I, 54. 132. 176 u. s. w.); der Dichter ohne Zweifel *trovatore*, wiewohl lieber *dicitore* gesagt wird (I, 420. Dante vita nuova p. 43. Ven. Zatta). In Betreff der Form sind die übereinstimmenden Kunstausdrücke von einigem Belang, wiewohl diese meist einheimisch seyn können. Canzone bedeutet, wie bei den Troubadours, ein Lied in höherer Form; das Geleit findet sich zum Theil bei den ältesten Canzonen, doch nehmen wir es für Nachahmung, da die auch hier geltende provenzalische Regel, dass es die Reimordnung des letzten Theiles der Strophe wiederholen muss, nicht zufällig gefunden seyn kann. Der Name *sonetto* (I, 124) oder *son* (I, 528) bedeutete anfangs, wie bei den Troubadours, Lied überhaupt, daher auch die Canzone so heissen kann (II, 210), und wurde erst später auf eine gewisse Form beschränkt. Der Ausdruck *serventese* findet sich selten, (I, 221. vgl. Dante Vit. n. p. 10) und, wie es scheint, nur in der alten Bedeutung Dienstgedicht; der Sache nach ist aber auch das Sirventes im provenzalischen Sinne vorhanden, (I, 123. 144. 356. 390 u. s. w.). Die *ballata* (II, 96. 109. 118.) und *danza* (II, 423) unterscheiden sich der Form nach von den provenzalischen, der Refrän fehlt, dafür bindet in der ersten derselbe Reim den letzten Vers der Strophen,

---

[1] [Nach 'sich' ein paar unleserliche Worte am Rande.]

in der andern bindet er die beiden letzten Verse derselben.[1] Die Pastorelle findet sich, wiewohl selten (II, 283); das strophenlose Lied ist gebräuchlich (I, 58. 75. 150 u. s. f.). Es fehlen also einige wichtige provenzalische Gattungen, wie das Tagelied und die Tenzone; letztere wird einigermassen durch die Frag- und Antwort-Sonette ersetzt, bei welchen auch die Regel, dass der Antwortende den Reim des Fragers befolgen muss, an die Tenzone, in welcher dieselbe Regel gilt, erinnert. Vers und Strophe zeigen manches Eigenthümliche. Ersterer beschränkt sich auf wenige fast nur jambische Arten; der gebrochene Vers, wovon sich bei den Troubadours nur ein Beispiel findet[2], ist hier sehr alt und gewöhnlich (z. B. I, 44. 78), so dass wir ihn als einheimisch betrachten können. Der Reim greift nicht durch mehrere oder sämmtliche Strophen, den schwachen Fall der Ballata und Danza ausgenommen; wo er, was selten eintritt, alle durch die Strophen sich entsprechenden Verse bindet (I, 183. 253. 443.), da ist der Einfluss der provenzalischen Form sichtbar. Häufig ist die Anknüpfung der Strophen durch wiederhohlte Worte (z. B. I, 44. 47. 51. 78), so auch die Wiederhohlung gewisser Worte durch einen einzigen, durch einige oder durch alle Verse des Gedichtes (II, 158. I, 526. 292. 519. II, 346); auch findet sich der getheilte und der zusammengesetzte Reim (*giovi-di* II, 144. — *ond'è: conde* I, 142). Bemerkenswerth ist, dass auch hier die dunkle Poesie unter den bei den Troubadours bekannten Namen geschlossene oder dunkle Rede (*chiuso parlare* I, 143. *scura rima* I, 141. vgl. I, 368. 371) eine Rolle spielt.

In Hinsicht des Inhaltes lassen sich unzweifelhafte Nachahmungen aufweisen. Ein ganzes Sonett von Messer Polo ist nach einer Canzone von Perdigon bearbeitet, wie die Vergleichung lehrt.

Perdigon (R. III, 348).[3]
Wohl handelte Liebe gegen mich wie der Räuber,
Wenn er einem aus der Fremde begegnet,

---

[1] [Die provenzalischen *baladas* haben dieselbe formale Eigenthümlichkeit: s. Gr. § 26.]

[2] [Vgl. dagegen oben S. 83, Anm. 1.]

[3] [Gr. 370, 13.]

Und ihn glauben macht, dass er auf falschem Wege sey,
Bis dieser ihm sagt: lieber Freund, leite mich;
Dergestalt ist schon mancher verrathen worden,
Denn er führt ihn hin, wo er ihn bindet und fesselt.
Also kann ich von mir sagen:
Ich folgte der Liebe, wie es ihr gefiel,
Sie aber leitete mich, bis sie mich in Fesseln schlug.

Und hält mich an einem Ort, wo ich keine Erlösung hoffe,
Als von dem Tode. —

Polo (Poet. d. pr. sec. I, 128).

Ein Räuber scheint mir Liebe, denn sie that
Wie der grausame Räuber oftmals thut:
Wenn der unterwegs einen aus der Fremde trifft,
Macht er ihn glauben, er werde den Weg verfehlen,
Und täuscht ihn, der seine Führung gewählt,
Weil er ihn sicher zu leiten versprach;
Und führt ihn dahin, wo keine Gegenwehr frommt,
Dann fesselt und misshandelt er ihn.
Aehnlich geht es mir mit Liebe:
Ich folgte ihr mit vollem Vertrauen,
Sie fesselte mich und führte mich von dannen
Und drängt mich dergestalt, dass der Muth mir schwindet,
Denn keines Trostes gedenke ich mehr,
Und besser wäre für mich der Tod.

Dieser Fall, dass ganze Lieder entlehnt sind, ist allerdings selten; häufiger stösst man auf einzelne übergegangene Stellen. Wir nehmen u. a. folgende ausgeführtere Gleichnisse aus zwei Troubadours, die von zwei Italiänern nachgebildet sind.

Aimeric von Peguilain. Ms.[1]

So wie der Baum, der durch Ueberladung
Zerbricht, und seine Frucht und sich verliert,
Habe ich verloren meine schöne Herrin und mich.

Amorozzo (II, 77).

Wie der Baum, der zu sehr beladen ist,
Zerbricht und sich verliert und seine Frucht,
Also, Liebe, muss auch ich zu Grunde gehen.

---

[1] *Si cum l'albres, que per sobrecargar*
Fraing si mezeis e pert son fruig e se etc. [Gr. 10, 50.]

Aimeric von Peguilain. Ms.[1]

Besser habt ihr mich ohne Zweifel,
Als der Alte das Volk der Assassinen,
Die selbst bis nach Frankreich ziehen,
So gehorsam sind sie ihm,
Seine Todfeinde zu morden.

Amorozzo (daselbst).

Ich wollte handeln als treuer Diener,
So wie der Assassine,
Der um seinem Herrn unfehlbar zu gehorchen,
Auszieht, den Tod leidet, und dess sich nicht kümmert.

Folquet von Marseille (III, 153).[2]

Wie der Schmetterling, der so thörichter Natur ist,
Dass er sich ins Feuer stürzt u. s. w.

Jacopo von Lentino (I, 297).

So wie der Schmetterling, der solcher Natur ist,
Dass er sich unbekümmert ins Feuer stürzt.[3]

Folquet von Marseille. Ms.[4]

Die mögen sich peinigen,
Die in thörichtem Streben
Vor dem Vergehen Busse thun.

An diesem kleinen Beispiel ist die Wörtlichkeit der italiänischen Nachbildung zu bemerken:

Com' albore, ch'è troppo caricato,
Che frange e perde sene e lo suo frutto.

[1] *Car meils m'avetz ses duptansa*
Qu'el viels l'ansessina gen,
Que vaun neis, s'eron part Fransa,
Tan li son obedien,
Ausir sos guerrers mortals.
'Pos descubrir.' [Gr. 10, 42.]

[2] [Gr. 155, 21.]

[3] Hier ist gleichfalls die Wörtlichkeit der Uebereinstimmung zu beachten; provenzalisch:

Co'l parpaillos, qu'a tan folla natura,
Que-s fer el foc.

italiänisch:

Si como'l parpaglion, ch'ha tal natura,
Non si rancura di ferire al foco.

[4] *E cill sofran lo tormen,*

Jacopo von Lentino (I, 254).
> Ich brauche nicht büssend zu weinen:
> Denn keiner soll schuldlos büssen.

Bei diesen Beispielen ist nicht zu übersehen, dass Aimeric und Amorozzo, wie andrerseits Folquet und Jacopo in mehr als einem Fall zusammentreffen.

Bei aller Bekanntschaft mit der provenzalischen Litteratur legt gleichwohl kein italiänischer Dichter vor Dante Zeugniss von derselben ab; ein einziger rühmt nur den Gesang und Tanz der Provenzalen.[1] Dass occitanische Wörter in die dichterische Rede Italiens übergingen, diess lässt sich vornherein annehmen. Man denke sich eine Sprache, fest gegründet in ihren grammatischen Formen, ausgezeichnet durch poetische Werke, anerkannt und geehrt in dem Nachbarlande als die Sprache des höheren Lebens, wie Griechisch und Latein es irgendwo gewesen — und es müsste ein Wunder geschehen seyn, wenn sie auf eine noch schwankende zugleich aber verschwisterte Mundart nicht gewirkt haben sollte. Bembo hat diese Einwirkung zu beweisen gesucht, allein er hat die Sache übertrieben; andre italiänische Gelehrte, wie früher Castelvetro und neuerlich Perticari, haben sie aus missverstandner Vaterlandsliebe gänzlich geläugnet, indem sie die provenzalischen Wörter im Italiänischen entweder aus den allen romanischen Sprachen zu Grunde liegenden lateinischen Wurzeln, oder aus irgend einer italischen Mundart als ächt italiänische zu rechtfertigen suchten.[2] Allein diese Methode ist völlig verkehrt. Es waltet kein Zweifel ob, dass die romanischen Mundarten sämmtlich vom Latein abstammen, so wie, dass sich viele schriftmässige

---

Que fan per folla entendensa
Anz del pechat penedenssa.
 '*Greu feira nuils.*' [Gr. 155, 10.]

[1] Folgore von S. Geminiano sagt II, 175:
 Cantar, danzar alla provenzalesca.

[2] S. Le prose di P. *Bembo* con le giunte di L. *Castelvetro*. Nap. 1714. S. 50 ff. — *Dell' amor patrio di Dante e del suo libro intorno il volgare eloquio. Apologia composta dal conte Perticari.* In den Correzioni ed aggiunte al vocabulario della Crusca. Vol. II, p. 2.

Wörter der einen romanischen Zunge nur in den Volksdialekten der andern wiederfinden — allein es fragt sich hier, ob die höhere italische Rede jene Ausdrücke von dem platten Lande Italiens oder aus den Liederbüchern der Troubadours hergehohlt habe; für letzteres aber spricht der Umstand, dass diese Wörter seit der Verbreitung der provenzalischen Dichtkunst in Italien in die sich bildende poetische Sprache des Landes eindrangen, und seit dem Zurücktreten jener Dichtkunst veralteten und verschwanden. Als Beispiel werde das Wort *ciausire*, wählen, angeführt, welches rein provenzalisch ist *(chausir)*, eine Zeitlang gebräuchlich war, und endlich vor *scegliere* zurücktreten musste. Noch im vierzehnten Jahrhundert kannte und schätzte man in Italien die alte Poesie der Provenzalen. In den cento novelle antiche, die zum geselligen Zeitvertreib bestimmt waren, kommt die Canzone eines Troubadours in der Originalsprache vor, deren Kenntniss in Italien hierdurch vorausgesetzt wird; und Dante eifert über seine Landsleute, dass sie noch damals fast allgemein die eigne gegen die Sprache der Troubadours herabsetzten.[2] Uebrigens war Dante, wie bekannt, ein Kenner und Freund der altprovenzalischen Poesie; er beurtheilte sie mit Einsicht, bildete einige ihrer Kunstformen nach, dichtete in der Sprache und setzte mehreren Troubadours unvergängliche Denkmale. Petrarca folgte seinem grossen Vorbilde auch in diesem Punkte; auch zeigt sein Liederbuch Spuren, dass er aus den ältesten Lyrikern der mittleren Zeit ein Studium gemacht hatte. Das Verdienst dieser beiden Meister um die Troubadours ist vielleicht grösser, als man ahndet. Es möchte sich wohl fragen, ob diese letztern ohne die Empfehlung eines Dante und Petrarca der Berücksichtigung werth gefunden, und der Vergessenheit entrissen worden wären.

---

[2] *A perpetuale infamia e depressione delli malvagi uomini d'Italia, che commendano lo volgare altrui e lo propio dispregiano . . . . questi fanno vile lo parlare italico e prezioso quello di Provenza.* Convito p. 93. 95.

Ueber die provenzalische Sprache.

Herleitung des romanischen Sprachzweiges.

Es ist eine gewöhnliche Annahme, die verschiedenen neulateinischen oder romanischen Mundarten hätten sich allmählich aus einer Sprachverwirrung hervorgearbeitet, die seit der Völkerwanderung durch die Mischung germanischer mit romanisirten Nationen entstanden sey.

Diese Annahme gründet sich offenbar auf lateinische in Italien, Frankreich und Spanien geschriebene Acten und Urkunden, in welche seit dem sechsten Jahrhundert und früher neben einer Anzahl germanischer Ausdrücke die Grundsätze und Formen der Volksmundarten theilweise übergetragen wurden, und die allerdings ein Sprachgewirr darstellen.

Allein wir müssen uns hüten, aus der verworrenen Grammatik jener barbarischen Denkmäler unwissenschaftlicher Jahrhunderte auf eine gleich verworrene Grammatik der romanischen Mundarten zu schliessen.

Wir erklären uns schon um desswillen gegen diese Verwirrung, weil die Sprachbildung in allen romanisirten Ländern, wie die neuromanischen Mundarten bezeugen, nach analogen Principien geschah, welche auf einen gemeinsamen altromanischen Typus, der in Betracht seines bestimmten Charakters nicht das Werk einer Verwirrung seyn konnte, zurückdeuten.

Wir müssen uns ferner gegen diese Verwirrung erklären, wenn wir jene Denkmäler, die den chaotischen Zustand der Volksmundarten beweisen sollen, einer näheren Prüfung unterwerfen. Sie setzen uns glücklicher Weise in den Stand, die Grundanlage, so wie die Fortbildung der *lingua romana rustica,* wie die Schriftsteller des früheren Mittelalters sie nennen, zu bemerken, und dergestalt auch in dem Labyrinthe einer unförmlichen Urkundensprache den goldnen

Faden der Sprachbildung zu verfolgen. Wie weit wir auch zurückgehen mögen, so erkennen wir in den romanischen Sprachproben, die sie enthalten, die Spuren einer fest geregelten Grammatik, und gelangen zur Ueberzeugung, dass es keineswegs die Völkermischung war, die den romanischen Sprachzweig getrieben habe, dass dieser vielmehr schon vorlängst aus der lateinischen Wurzel entsprungen sey, und auch ohne jenes Ereigniss sich fortgebildet haben würde.

Vergleicht man das Schicksal der deutschen Sprache, auf deren Grammatik die Völkermischung keinen wesentlichen Einfluss geäussert haben konnte, mit dem der lateinischen, so wird man nicht läugnen können, dass der Genius der Sprache hier wie dort denselben Gang verfolgt habe.

Indessen ist es gewiss, dass die Völkerwanderung die Entwicklung des Romanischen beschleunigte. Allein nicht die Grammatik der Eroberer war es, welche sie herbeiführte, denn diese hat wenige Spuren in den romanischen Mundarten hinterlassen, sondern die politischen Verhältnisse, welche die Eroberung begleiteten. Bis dahin hatte sich das höhere Latein als Sprache des Staates und in dem Munde der Gebildeten behauptet, allein von nun an wurde es, da die Fremden ihre eigene Mundart vorzogen, schlechterdings vernachlässigt, und so dem niedern Latein des Volkes freie Bahn geschafft, welches nun, ohne äussere Hemmung, seine Richtung rascher verfolgte.

Die Geschichte der Sprachen zeigt uns nämlich, dass sich überall in demselben Sprachgebiete neben einer höheren, gebildeteren Rede eine niedere befindet. Die erstere ist streng und förmlich, die letztere bequem und nachlässig. Dieser Unterschied wird durch den Anfang der Litteratur jedes Volkes bezeichnet. Der grössere oder geringere Abstand beider Mundarten muss von der Richtung der Litteratur und manchen Zufälligkeiten abhängen.

Dieses nämliche Verhältniss hat ohne Zweifel auch in dem Gebiete der lateinischen Sprache stattgefunden; es scheint selbst vor dem litterärischen Zeitraume begonnen zu haben, da mit der Bildung des römischen Staates eine scharfe Trennung der Stände eintrat, und der regierende

Stand wenigstens in den öffentlichen Verhandlungen sich einer feierlicheren Art der Rede befleissigte, welche die träge Kürze der gemeinen Aussprache vermied, und gewisse abgeschliffene Ausdrücke als unrein verwarf. Als nun die Litteratur anfing, ward bei der rednerischen Richtung derselben jener Unterschied noch deutlicher hervorgehoben, und von den Schriftstellern selbst nicht unbeachtet gelassen. Spuren der niedern Rede finden sich besonders in denjenigen Schriften, deren Gegenstände aus dem Kreise des gemeinen Lebens entlehnt waren, und die zu dem gemeinen Leben sprechen sollten.

Man hat schon vor Jahrhunderten, und zuerst in Italien, die Behauptung aufgestellt, es sey in dem goldnen Alter der römischen Litteratur neben dem reinen Latein eine eigne Mundart geredet worden, die sich des Artikels, der Hülfsverba und anderer Mittel der neueren Sprachen bedient habe, und aus welcher unter andern das Italiänische hervorgegangen sey. Allein diese Behauptung, welche eben so viel sagt, als dass schon in Cicero's Zeiten die italiänische Sprache wenigstens in grammatischer Hinsicht vorhanden gewesen, ist übertrieben, und lässt sich aus den Schriften der Alten nicht begründen.[1] Wir können nur so viel mit Sicherheit annehmen, dass neben der Sprache des höheren Lebens, wie überall, so auch in Latium, eine Volksmundart geredet worden sey, welche bereits eine Neigung zur neueren Grammatik beurkundet habe, und dass sie vermöge dieser Neigung und nicht durch die unmittelbare Einwirkung der germanischen Sprachen allmählich das geworden sey, was man romanisch nennt.

---

[1] Diese Ansicht, welche schon im fünfzehnten Jahrhundert durch Leonardo Bruni von Arezzo aufgekommen war, wurde nachher weitläuftig ausgeführt von Celso Cittadini in seinem Trattato della vera origine e del processo e nome della nostra lingua. Venetia 1601, und fand angesehene Vertheidiger, (Quadrio, Maffei) doch nicht minder angesehene Gegner, (Bembo, Castelvetro, Muratori). Später hat sie Bonamy in einer lesenswerthen Abhandlung mit grösserer Mässigung wieder aufgeführt. S. Mémoires de l'Académie des Inscriptions, t. XXIV.

Die lateinische gehört unter diejenigen Sprachen, welche man Flexionssprachen zu nennen pflegt, weil sie verschiedene Begriffsverhältnisse vermittelst der Flexion bezeichnen, ein Verfahren, worin sich Energie und Geschmeidigkeit zugleich ausdrückt. Allein die Sprachen dieser Gattung können dem allgemeinen Schicksale der menschlichen Dinge nicht entgehen, sie sind, wie diese, dem Wechsel unterworfen. Ein Theil der Flexionssylben schleift sich durch den Gebrauch ab, wird sich ähnlicher und verschwindet endlich als überflüssig. Der Sprachsinn sucht sich indessen durch ein anderes Mittel zu helfen; er bedient sich eigner Verhältnisswörter, um den Abgang der Flexion zu ersetzen, und bildet sich dergestalt eine neue Methode, durch deren Fortschritte die ältere immer mehr von ihrer Wirksamkeit verliert. Man hat diese sehr schicklich die synthetische, jene die analytische Methode genannt. Letztere ist zwar etwas weitschweifig, allein sie ist bequem, insofern sie eine nachlässigere Aussprache gestattet, überdiess sinnlich, und muss daher im gemeinen Leben leicht Eingang finden, indess sich in der höheren Rede die synthetische Methode theilweise noch lange erhalten kann. Was das Gebiet der lateinischen Sprache betrifft, so fing man hier an, in der niedern Sprache unrichtig und mit Hülfe von Präpositionen zu decliniren, bediente sich in vielen Fällen der Verba *esse* und *habere* zur Umschreibung der Tempora, räumte der Syncope eine grosse Gewalt ein und sprach einsylbig *novus, navis, meus, deus,* wie diess weit später noch im Provenzalischen der Fall war, man brauchte endlich Wörter, welche die Schriftsprache nicht anerkannte. Dass aber auch das classische Latein auf dem Wege der Syncope, Contraction und Composition schon grosse Fortschritte gemacht hatte, ist in die Augen fallend.

Wollen wir uns zur Erläuterung dieses Verhältnisses in unsern gegenwärtigen Sprachen umsehen, so finden wir den nämlichen Fall. Wir wählen die deutsche. Hier bemerken wir auf der einen Seite Volksmundarten, die in der analytischen Methode bedeutend fortgeschritten sind, auf der andern eine Schriftsprache, welche sich im Ganzen zur synthetischen Methode neigt, wiewohl sie im Lauf der Zeit manche analytische Grundsätze aus den niederen Mundarten aufnahm. In dem Munde des Volkes sind die Flexionsbuchstaben der Casus, ausser in den Zusammensetzungen[1], gänzlich verschwunden, und sämmtliche Casus lauten dem Nominativ gleich, die Flexion ist nur noch in dem Numerus wirksam, die Kennzeichen der Casus bestehen daher blos in dem Artikel; dabei ist es merkwürdig, dass der Genitiv gar nicht mehr stattfindet, und durch den Dativ entweder mit Hülfe des possessiven Pronoms (dem ... sein ...) oder der Präposition von ersetzt wird. Eine Schwestersprache der deutschen ist auf dem analytischen Weg noch einen Schritt weiter gegangen. Das gemeine Niederländisch hat dem durch die Flexion oder den blossen Artikel gebildeten Genitiv und Dativ entsagt, und bezeichnet beide Casus, wie die romanischen Sprachen, mit Präpositionen *(van de, aan de* wie *de la, a la)*, und es würde hier selbst in der besseren Umgangssprache sehr geziert lauten, wenn man sich der ersteren bedienen wollte. Demungeachtet ist die hochdeutsche Schriftsprache dem reinen Genitiv ziemlich treu geblieben, und die Aussprache gestattet nicht, die Flexionsbuchstaben der Casus zu verschlucken; allein in der niederländischen Schriftsprache bestehen beide Formen schon nebeneinander. Dieselbe Bemerkung lässt sich auch auf den Conjunctiv der Verba anwenden, welche die Volkssprache gewöhnlich mit Hülfsverben umschreibt, ein Verfahren, das die Schriftsprache gleichfalls verwirft.

Hierbei ist es natürlich, dass die höhere Rede, wenn sie nicht veralten soll, der niederen in gewissem Grade nachgebe; diess hat das Latein verschmäht, indem es sich von den Mustern des classischen Zeitraumes nicht entfernen wollte, und so wurde es endlich der Nation fremd und zu einer todten Sprache, ein Schicksal, das ihm unter diesen Umständen unvermeidlich bevorstand.

---

[1] [ursprünglich: Doppelwörtern.]

Princip der provenzalischen Mundart.

Das Princip, welches der Bildung der provenzalischen Mundart zu Grunde liegt, besteht in der Abkürzung der Wörter hinter der Tonsylbe durch Syncope oder Apocope, so dass also die Bildungs- und Flexionssylben gegen die Tonsylbe hin concentrirt werden.

Merkwürdig ist hierbei die strenge Beobachtung des lateinischen Accentes, und dieser Grundsatz hat auf die Gestalt des Provenzalischen den entschiedensten Einfluss gehabt.

Das Latein war einem doppelten Gesetze der Aussprache unterworfen, dem des Accentes und dem der Quantität; ersterer besteht in einer Hebung der Stimme, letztere in einer blossen Dauer des Lautes.

Ohne Accent kann keine Sprache gedacht werden; allein nur die synthetischen Sprachen bedienen sich neben diesem zugleich der Quantität; sie bedürfen der letzteren, um gewisse Biegungssylben dem Ohre bemerklich zu machen. Indem später die Quantität mit der Flexion verschwand, und die Stimme nur noch auf der Accentsylbe ruhte, musste diese an Stärke und Umfang gewinnen, und diess bewirkte häufig eine Dehnung oder Diphthongirung derselben, die den verschiedenen romanischen Mundarten mehr oder weniger eigenthümlich ist.

Dieses Uebergewicht des Accentes wurde zwar durch die Methode der Abkürzung veranlasst, allein unzweifelhaft hat der Accent auch auf die letztere zurückgewirkt, und vorzüglich im Provenzalischen sämmtliche Biegungssylben durch Syncope oder Apocope an sich gezogen. Man vergleiche das lateinische *dóminus* und *hóminem*. Nach dem Princip des Provenzalischen gingen diese Wörter in *dómnes, hómne* über; allein die Accentsylbe verschlang kraft ihres Uebergewichtes allmählich auch noch die geringe Quantität der Endsylbe, und so entstanden die Formen *dons* und *hom*. Dieses Streben, die Sylben hinter der Accentsylbe zusammenzuziehen oder abzustossen, bewirkt, dass die meisten Wörter auf der letzten Sylbe betont sind, indem fast nur gewisse Feminina und einige Personen des Verbums den Ton auf der vorletzten zulassen.

Erwägt man die Bedeutung des Accentes, gesteht man, dass er den Mittelpunkt, die Seele des Wortes ausmache, dass auf ihm das ganze Verständniss desselben beruhe, so wird man ferner annehmen müssen, dass bei der stärksten grammatischen Umwandlung einer Sprache dennoch eine Verrückung des Accentes nicht leicht stattfinden könne. Und diese Annahme wird von der provenzalischen Sprache auf eine überraschende Weise bestätigt. In wiefern diess ganze Verhältniss des Accentes, so wie das Verschwinden der Quantität, auch in der neugriechischen und in den neugermanischen Sprachen statt finde, kann hier nicht in Betracht gezogen werden.

Was nun die Stelle des Accentes im Latein betrifft, so versichern uns die Römer selbst, dass er nur auf der vorletzten oder drittletzten Sylbe gehaftet habe, also gewiss entweder auf dem Stamme oder auf der wichtigsten Bildungssylbe.[1] Um den Accent der lateinischen Wörter zu bestimmen, muss man also diesen Grundsatz im Auge behalten, welchen der Gebrauch der Schauspieldichter, die nicht in der Art wie die epischen dem Gesetz der Quantität folgten, bestätigt; gleichwohl giebt es zweifelhafte Fälle, da der Einfluss metrischer Principien auf die Stellung des Accentes unverkennbar ist. Hier darf man die Behauptung wagen, dass der Accent der romanischen Sprachen Berücksichtigung verdient.

---

[1] Die Lehre vom Accent ist neuerdings mehrfach behandelt worden. Eine Stelle aus Bentley's Abhandlung de metris Terentianis, p. XVIII. vor seiner Ausgabe des Terenz, Lips. 1791, mag hier stehen, weil sie umfassend ist. '*Illud sane in lingua latina notabile, ne unum quidem verbum, praeter monosyllaba, tonum in ultima habuisse. Déum igitur, virum, méum, túum priore licet breri pronuntiabant, nunquam nisi in verso deúm virúm meúm tuúm.*' Quintilianus instit. I. 3: '*Est autem in omni voce utique acuta syllaba, nec ultima umquam: ideoque in disyllabis prior.*' Priscian. p. 1287: '*Acutus accentus apud Latinos duo loca habet, penultimum et antepenultimum, apud Graecos autem et ultimum.*' Et paulo post: '*Apud Latinos in ultima syllaba, nisi discretionis causa, poni non solet accentus*, etc.' Sofort wird diess, wie auch andere gethan haben, dem äolischen Dialect der Römer zugeschrieben: '*Aeolenses enim, ut notum est, βαρύτονοι erant, et ϑεός, ἀνήρ pronuntiabant, cum alii ϑεός, ἀνήρ.*'

Ansicht der Grammatik.

Es fragt sich nun, wie sich das Provenzalische aus diesem Princip der Abkürzung bei sorgfältiger Beobachtung des Accentes gestaltet habe.

Zuerst kommt die Declination in Betracht. Hier ist zu bemerken, dass die provenzalische Mundart nebst der altfranzösischen [1] allein unter den romanischen die Form des lateinischen Nominativs und Accusativs, so weit ihr Charakter diess zuliess, bewahrt, und dergestalt die drei ersten Declinationen bis auf einen gewissen Grad gerettet hat. Ohne Zweifel haben früher auch die übrigen stammverwandten Mundarten diese Casus besessen, welche die wichtige Bestimmung haben, das Subject und Object zu unterscheiden. Das Italiänische hat sich später in dem Streben nach der weichen Vocalendung stets die sanftere Form gewählt, indem es die Härte zu mildern suchte, und vor allen Dingen das *m* des Accusativs verwarf. Von der Bildung der italiänischen Nomina auf dem Grunde dieses Casus kann das Wort *speme* (von *spem*) noch ein merkwürdiges Zeugniss ablegen. Keineswegs aber hat der lateinische Ablativ der italiänischen Sprache zum Vorbild gedient; Bildungen, wie *colore, nave*, fallen freilich mit dem Ablativ zusammen, allein gleichwohl sind es apocopirte Accusative (*colore-m, nave-m*), wo daher der Accusativ von dem Ablativ stärker abweicht, wie in *corpus, tempus, latus, pectus*, tritt auch seine Form in der Nachbildung deutlich hervor: es heisst daher italiänisch nicht *corpore, tempore, latere, gettore*, sondern *corpo, tempo, lato, petto*, wobei das Wort *penere*, als ein später eingeführtes, eine Ausnahme macht. Die spanische Declination hält etwa das Mittel zwischen jener der italiänischen und provenzalischen Mundart.

Indessen konnte sich auch in dieser letztern die lateinische Form nicht völlig behaupten, da der vorwaltende Accent die Dehnung der Biegungssylbe an sich riss, und nur das auslautende *s* schonte, weil sich diess an jeden

---

[1] [' n. d. a.' Zusatz.]

Consonanten anschliesst. Diese Bemerkung betrifft vorzüglich die zweite Declination. Hier wurde aus *amicus* und *amicos* die neue Form *amic-s*, und aus *amici* (Nom. Pl.) die Form *amic*. Diese Abkürzung ist schon bedeutend: hat aber das lateinische Wort den Ton auf der vorvorletzten, so tritt eine noch stärkere Syncope ein, wie in *clercs, dons* aus *clericus, dominus;* ist diess wegen der Natur des Consonanten nicht möglich, so wird ein milderndes *e* eingeschaltet, und aus *articulus, monachus, male aptus* wird im Nom. Sing. und Accus. Plur. *articles, monges, malaptes* (statt *articls* u. s. f.); so wie im Nom. Pl. *article, monge, malapte* (statt *articl* u. s. w.). Was nun ferner den Acc. Sing. betrifft, so musste hier das auslautende *m*, welches sich nicht gern an andre Consonanten anhängt, gänzlich weichen, und so entstand aus *amicum* die romanische Form *amic* (statt *amic-m*). Hiernach bietet die zweite Declination in ihrem Uebergange folgende Ansicht dar:

amicus, amicum; amici, amicos

gehen über in

amics, amic; amic, amics.

Wo das *m* des Accusativs im Einklang mit dem Tonverhältniss beibehalten werden kann, da pflegt es zu geschehen; diess ist der Fall bei dem einsylbigen Accusativ, nur dass das *m* durch eine leichte Aenderung in *n* übergeht. Die romanische Sprache declinirt daher Nom. *res*, Accus. *ren*. Eben so wird aus *meus, tuus, suus*, Acc. *meum, tuum, suum* durch Contraction *môs, tôs, sôs*, Acc. *môn, tôn, sôn*. — Die übrigen Endungen der zweiten Declination mussten sich in die erwähnte Form fügen, so dass *seculum, malum, liber* nunmehr *segles, mals, libres* lauten. So geschieht es in der Sprachbildung zuweilen, dass sich auch nicht-analoge Fälle einem vorherrschenden Princip unterwerfen müssen.

Diess findet auch bei der dritten Declination statt, von welcher die meisten Wörter der zweiten gemäss behandelt werden, indem sie für den Nom. Sing. und Acc. Plur. ein *s* an den Stamm fügen, also *mârs, nôms, côrs, flôrs, albres* aus *mare, nomen, cor, flos, arbor* bilden, und für die übrigen Casus das *s* abstossen. Hierbei haben manche durch Zufall ihre lateinische Nominativform erhalten, wie *mons, gens*, welche *monts, gents* geschrieben werden sollten; andre haben das *s*, das ihnen nicht gebührt, verworfen; nämlich *paire, maire, fraire, hom* aus *pater, mater, frater, homo*, woneben indessen auch die Formen *paires* u. s. f. vorkommen.

Bei der dritten Declination trat noch ein merkwürdiger Fall ein. Wie sollte es mit denjenigen Wörtern gehalten werden, welche im Decliniren eine Verrückung des Tones erfahren *(virtus, virtútis; imperátor, imperatóris)*?

Hier zeigt es sich recht auffallender Weise, in welchem Grade die romanische Sprache der Betonungsart der lateinischen treu blieb. Denn entweder wird alsdann der Nominativ nach der zweiten Declination gebildet, indem man ein *s* an den Stamm fügt *(virtút-s)*, wobei keine Verletzung des Accents stattfindet — oder er wird nach der dritten gebildet, und alsdann sowohl im Nomin. Sing. wie in den übrigen Casus der ursprüngliche Accent bewahrt. Wenn also die Römer aus *imperátor, amátor, servítor* [1] mit einer Verrückung des Tones *imperatórem, amatórem, servitórem* sprachen, so sprachen die Provenzalen, den Ton auf demselben Vocal festhaltend, *emperáire, amáire, servíre* (statt *emperadre* u. s. f.) Acc. *emperadór, amadór, servidór*. Diese Methode befolgen fast alle Substantiva in *aire, eire, ire*, nebst einzelnen andern, wie *láire, lairó; sòr, seròr; pástre, pastór* nach *latro, latronem; soror, sororem; pastor, pastorem*; ja selbst unlateinische, wie *bar* (Mann) Acc. *baró, Uc*, Acc. *Ugó* und andre Beinamen, die die lateinische Form *báro, barónem; Húgo, Hugónem* voraussetzen.

Hieher ist noch ein besonderer Fall zu rechnen. Gewisse Wörter, deren Nominativ in *er* endigt, bilden den Accusativ in *or*, als *seigner, meiller, maier: seignor, meillor, maior*, ein Umstand, welcher jeden Sprachforscher überraschen muss, da er an die Gesetze einer ganz entlegenen

---

[1] Diess Wort scheint statt gefunden zu haben, wenn man *servitrix* erwägt.

Sprache erinnert.¹ Die provenzalische Grammatik hat keinen Versuch gemacht, ihn zu erklären. Allein es ergiebt sich bei näherer Untersuchung, dass auch hier ein Tonwechsel stattfindet, und im Nominativ die vorletzte, im Accusativ die letzte Sylbe betont werden muss, so dass also das lateinische *sénior, seniórem* das romanische *séigner, seignôr* hervorbrachte. ²

Für die zweite und dritte Declination sind endlich noch die unwandelbaren Formen in *s* zu bemerken. Diese mussten in allen Fällen entstehen, wo sich ein Sauselaut entweder im Stamm oder in der Bildungssylbe unmittelbar vor der Flexion befand, als *vers* (statt *vers-s* und *vers-m*), *gloriôs*³, *pretz, solatz, dous,* von *versus, gloriosus, pretium, solatium, dulcis.* Gewisse Neutra der dritten bewahren das *s* des Accusativs auch in der neuen Sprache, wie *temps, cors, latz, peitz* von *tempus, corpus, latus, pectus,* und wenn sie diese Form auch für den Plural anwenden, wogegen das ältere Italiänisch noch *tempora, corpora* brauchte, so ist diess aus dem Streben nach Kürze zu erklären.

Anders wurde die erste Declination der lateinischen Grammatik behandelt. Hier lautet im Provenzalischen der Singular stets in *a*, der Plural in *as* ohne Unterscheidung der Casus. Zwar widerstreitet der Singular nicht der Regel, er folgt ihr vielmehr, indem er den ursprünglichen Nominativ wiedergiebt, und im Accusativ das *m*, wie überall, abstösst, so dass *domna* für *domina* und *dominam* gilt; allein im Plural hat die Form des Accusativs jene des Nominativs bereits verdrängt, welches später, als mit der Litteratur

---

¹ [Die Worte 'da — erinnert' getilgt.]

² Diess lässt sich durch den Reim beweisen. Die Form in *or* findet sich im männlichen Reim, die in *er* niemals: denn sie gehört unter die weiblichen; bei *sénher* lässt sich diess darthun, da es sich auf *destrénher* gereimt findet; eben so reimt das gleichfalls hiehergehörige *ménre* (von *minor*, Acc. *menôr* von *minorem*) auf *prénre*. *Méiller, máier* finden sich niemals im Reim, weil es keine entsprechenden Endungen giebt; bei ihnen tritt der negative Beweis ein; wären sie *meillêr, maiêr* betont worden, so würden sie unter den männlichen Reimen erscheinen.

³ [bei glorios 'del.?'.]

auch die Sprache verfiel, selbst in den übrigen Declinationen geschah.[1]

299 Wie weit diese romanische Declination auch hinter der lateinischen zurückstehen mag, so hat sie sich doch noch ziemlich nahe an den Geist ihrer Grundsprache gehalten, denn wenn sie die verlorene Biegung des zweiten und dritten Casus durch die Präpositionen *de* und *a* zu ersetzen suchte, so kann diess immerhin als eine erweiterte Anwendung der lateinischen Präposition gelten; allein das romanische Nomen bietet eine neue Erscheinung dar, die man in dem Latein vergebens sucht. Der Artikel, von dem hier die Rede ist, welchen sich das Romanische aus dem Pronomen *ille* erschuf, hat keine Beziehung mit der Declination; er dient weder zur Bezeichnung der Casus, noch ist er nöthig, den Numerus anzudeuten, wofür schon gesorgt ist. Sein Daseyn ist vielmehr aus einem Streben nach Deutlichkeit zu erklären, das bei einer Völkermischung natürlich ist, man wollte damit auf den Gegenstand selbst hindeuten, ihn gleichsam mit den Fingern bezeichnen, und hierzu war ein zeigendes Pronomen, wie *ille,* völlig geeignet. Diese Umständlichkeit, welche die neueren Mundarten charakterisirt, und worin sich eine geheime Besorgniss auszudrücken scheint, missverstanden zu werden, hat sich in merkwürdigen **Formenverstärkungen** offenbart. Das auffallendste Beispiel liefert die provenzalische Form *meismes,* welche, da man sich nicht mit dem einfachen *ipse* begnügen zu müssen glaubte, aus dem gesteigerten *semetipsissimus* entstanden ist.

Bei dem Adjectiv ist das dreifache Geschlecht als eine Eigenthümlichkeit der occitanischen Mundart hervorzuheben; doch wird das Neutrum nur substantivisch gebraucht, und der lateinischen Urform gemäss gebildet. Hiernach bringt

---

[1] Die Ansicht der Declinationen ist nun die folgende:

	I.	II.	III.
Sg. nom:	*Domna*	*Amics*	*Séigner*
acc:	*Domna*	*Amic*	*Seignôr*
Pl. nom:	*Domnas*	*Amic*	*Seignôr(s)*
acc:	*Domnas*	*Amics*	*Seignôrs.*

Zur dritten sind noch die oben angeführten Indeclinabilien zu rechnen.

bonus, bona, bonum; melior, melius
die Formen
bons (bos), bona, bon (bo); méiller, meills
hervor. Dieser kleine Umstand sichert der provenzalischen einen neuen Vorzug vor den übrigen romanischen Mundarten, einen Vorzug, welchen nur die spanische einigermassen theilt. Dieses Neutrum wird zugleich als Adverbium angewendet, allein dass es aus dem Neutrum des Adjectivs im Lateinischen, und nicht aus dem Adverbium herzuleiten ist, das zeigt seine Gestalt deutlich *(leu, breu* aus *leve, breve,* nicht aus *leviter, breviter);* auch haben *bonum* und *bene* doppelte Formen *bon* und *ben* hervorgebracht, deren erstere nur als Neutrum, die letztere als Adverbium gebraucht wird.

Die Stufen der Vergleichung werden durch Zusammensetzung vermittelst der Wörtchen *mais* oder *plus* (mehr) und *mens* (minder) gebildet, die man im zweiten Grade dem Adjectiv vorsetzt, und denen man, um den dritten zu bilden, noch den Artikel beifügt. Das Muster dieses Verfahrens fand sich bereits in der lat. Grammatik *(magis pius),* und die romanische hat dieser Methode nur eine grössere Anwendung zugestanden. Daneben haben sich Spuren des synthetischen Comparativs erhalten, wie *ausôr* [1] vom Positiv *autz (altus), gensôr* von *gens, sordeiôr (sordidior),* auch in unlateinischen Wörtern, wie *franquôr* (von *francx)* [2]; merkwürdig ist *bellaire,* Accusativ *bellasôr* vom Feminin *bella.* [3] Dazu kommen noch die sogenannten anomalischen Comparativa im Latein, welche das Provenzalische sämmtlich nachgebildet hat *(méiller, péier, máier, menre);* die Form *plures* wurde aufgegeben, und eine neue unmittelbar von *plus* abgeleitet, das wohlklingende *plusôr,* französisch *plusieurs.*

Auffallend reich an Formen ist das Pronomen. Allerdings mussten diese grossentheils durch Zusammensetzung erschaffen werden, allein da sie zu feinern Abstufungen der

---

[1] [am Rande: 'ist Acc.']
[2] [Zusatz 'laior von lag'.]
[3] [Am Rande: 'bel'.]

Begriffe dienlich sind, so sichern sie der Sprache einen neuen wesentlichen Vortheil. Bei der eigenthümlichen Neigung zur Composition verwarf die neue Mundart mehrere einsylbige Pronomina, und so wurden selbst *hic* und *is* aufgegeben; am wichtigsten waren ihr *ille* und *iste,* in der Gestalt von *ell* und *est,* welche verbunden mit dem alten *ecce* und dem neuen *aisi* und *aqui* (hier) eine Menge anzeigender Pronomina hervorbrachten.[1] Die Declination des einfachen Pronomens *el* bietet einen merkwürdigen, fast übertriebenen, Reichthum an Formen dar, der sich aus dem vielfachen Gebrauche desselben erklärt; man benutzte daher nicht allein den Stamm, sondern auch die abgelöste Endsylbe von *ille,* man verfälschte die Declination, ja selbst der lateinische Genitiv ward hier, ganz gegen den Gebrauch der neuen Sprache, angewandt.[2] Gewisse Pronomina werden zugleich als ächte Affixe behandelt, indem man sie nach Wegwerfung ihres Vocals an irgend ein Wort des Satzes fügt, dessen Sylbenzahl sie nicht vermehren; so kann es geschehen, dass zwei bis drei Wörter in ein einsylbiges zusammenfliessen; der Vortheil, welcher der Rede, vorzüglich der dichterischen, hierdurch erwächst, ist in die Augen fallend.[3]

---

[1] So gab *ecce ille: cel; ecce iste: cest; aisi ille: aicel; aisi iste: aicest; aqui ille: aquel; aqui iste: aquest.*

[2] Beispiele: Die Stammsylbe *ill* gilt für *ille, illum, illa; lo, la* stammt von der Endsylbe in *illum, illam;* der Nomin. Plur. des Masculins lautet *ells,* wo das *s* sich nicht mit der Regel verträgt; *illius* und *illorum* giebt *li* und *lor. Lui,* auch in andern romanischen Mundarten bekannt, kommt vielleicht weder von *illius* noch von *illi,* sondern von *illum,* wie *sui* von *sum.*

[3] Diejenigen Affixe, welche durch Aphärese entstehen (z. B. giebt's), sind den meisten Sprachen gemein, und haben nichts auffallendes, da sie sich auf dem bekannten Wege der Contraction ergeben. Allein das Provenzalische besitzt mehrere durch Apocope entstandene, und diese sind seltner, weil diess Verfahren kühner ist — nämlich *m, t, s* für *me, te, se,* und zwei syncopirte *ns, vs* für *nos, vos.* Man pflegt sie an Pronomina, Verba und Partikeln zu hängen. Die Kürze, welche dadurch erreicht werden kann, wird das einzige Beispiel *tanh-s* (es gebührt sich) klar machen. Drei einsylbige Wörter können auf diese Weise in ein einsylbiges zusammengezogen werden, wie in *sievs,* abgetheilt *s'ie-vs,* statt *si ieu vos* (wenn ich euch); man spreche *sjews.*

Bei der Conjugation hat die der niedern Rede eigne Abneigung vor den vielbezeichnenden, aber schwerer zu betonenden Biegungssylben, und die bequeme Abkürzung dieselben Wirkungen, wie bei der Declination, hervorgebracht. Die nothwendige Folge hievon war, dass das Verbum mehrerer Tempora beraubt wurde — denn wie wollte man *amabo* von *amabam*, *amavero* von *amaveram* bei der Tonlosigkeit der Flexionsvocale unterscheiden, die eben aus diesem Grunde häufig verwechselt werden? Man vergleiche *aman, amon, amen,* sämmtlich für das lat. *amant* stehend. Auf diese Weise wurden die Futura, so wie das Imperfect und Perfect des Conjunctivs aufgegeben. Zwar wurde das Imperfect durch das Plusquamperfect des Conjunctivs ersetzt *(amês*[1] ich liebte, aus *amavissem)*, während dem Plusquamperfect des Indicativs eine bedingende Kraft untergelegt wurde *(amêra* ich würde lieben, aus *amaveram)*, allein wenn hierdurch fühlbare Lücken ausgefüllt wurden, so zeigten sich neue. Um diesen Mängeln abzuhelfen, bediente man sich der Zusammensetzung; man suchte die verschiedenen Abstufungen der vergangenen Zeit zum Theil durch das besitzanzeigende *habere (aver)* verbunden mit dem Particip *amatus (amat)* auszudrücken. Diess Verfahren war nichts weniger als neu; selbst die höhere Rede der Römer verschmähte es nicht, und ohne Zweifel hat es die niedere häufig angewandt;

In den Handschriften werden diess Affixe an das vorhergehende Wort gehängt [am Rande 'NB'], mit welchem die Aussprache sie verbindet, wie in *nos* für *no se;* diess durfte im Druck nicht nachgeahmt werden, da es Dunkelheiten veranlassen kann, wie eben in *nos,* daher trennte sie Raynouard und schrieb *no s;* allein dieser einzeln stehende Consonant giebt der Schrift ein seltsames Ansehn, und hemmt die Aussprache. Es kommt hier darauf an, zugleich zu verbinden und zu trennen; dieser Zweck wird auf das Vollkommenste erreicht durch das Verbindungs- und Trennungszeichen, eine Methode, welche in den Observations zuerst angegeben wurde, wo man *no-s'* geschrieben findet; ich bediene mich derselben, ohne indessen das Zeichen des Apostrophs zu Hülfe zu ziehen, theils weil es nicht gebräuchlich ist, es vor Consonanten zu setzen, theils weil es nicht einmal angiebt, welch ein Vocal ausgefallen ist.

[1] [am Rande 'è'.]

auch war es der natürlichste Weg, den die Sprache einschlagen konnte, wofür das Beispiel anderer Sprachen redet. Auf eine eben so einfache und natürliche Weise ward das Futur durch das Präsens oder Imperfect von *aver* in Verbindung mit dem Infinitiv ersetzt, und beide Bestandtheile wuchsen allmählich so fest zusammen, dass man sie als eine synthetische Bildung betrachten kann, so ward *amarai* aus *amar ai*, und *amaria* aus *amar avia*.[1] Der Imperativ erfuhr gleichfalls eine starke Abänderung; er stimmt nun auf eine auffallende Weise mit dem jetzigen deutschen überein[2]; das letztere gilt auch vom Infinitiv und den Participien; das Gerundium hat sich erhalten, das Supinum ist verschwunden.[3]

---

[1] Diess hat meines Wissens zuerst Castelvetro in seinen Anmerkungen zu Bembo's Prose, t. II, 204 [am Rande 'del.'] bemerkt.

[2] [Die Worte 'er stimmt' etc. mit Klammer und 'del.' versehen; Schluss der Klammer fehlt.]

[3] Folgende Tabelle wird den Uebergang anschaulich machen. Sie liefert zugleich die von Raynouard ausser Acht gelassene Betonung.

Ind. Pr.:	*Amo*	giebt:	*ám*	Plusq.:	*Amaram* giebt:	*améra*
	amas		*amas*		*amaras*	*ameras*
	amat		*ama*		*amarat*	*amera*
	amamus		*amám*		*amaramus*	*amerám*
	amatis		*amatz*		*amaratis*	*ameratz*
	amant.		*áman.*		*amarant.*	*améran.*
Impf.:	*Amabam*		*amáva*	Cj. Pr.:	*Amem*	*áme*
	amabas		*amavas*		*ames*	*ames*
	amabat		*amava*		*amet*	*ame*
	amabamus		*amavám*		*amemus*	*amém*
	amabatis		*amavatz*		*ametis*	*ametz*
	amabant.		*amávan.*		*ament.*	*ámen.*
Perf.:	*Amavi*		*améi*	Plsq.:	*Amassem*	*amés*
	amasti		*amest*		*amasses*	*amésses*
	amavit		*amet*		*amasset*	*amés*
	amavimus		*amem*		*amassemus*	*amessém*
	amastis		*ametz*		*amassetis*	*amessetz*
	amarunt.		*ameron.*		*amassent.*	*améssen.*

Dazu gesellen sich noch die Formen *ama, amar, aman* und *amans* aus *ama, amare, amandum* und *amans* entstanden. Diess ist der lateinische Theil der Conjugation: der romanische besteht aus den mit *aver* zusammengesetzten Zeiten.

Die regelmässige Conjugation ist dreifach, die charakteristischen Vocale des Infinitivs, *a, e, i*, pflegen den Unterschied derselben zu bezeichnen; die Infinitive endigen in *âr, êr, îr (îre)*, doch hat sich auch die Form der dritten Conjugation behauptet, deren kurzes *e* den Gesetzen des Wohlklanges gemäss entweder beibehalten oder ausgestossen wird, wie diess in *plánher* und *mordre* von *plangere* und *mordere* der Fall ist.

Jenes der provenzalischen Sprache so eigenthümliche 305 Streben, das Wort auf den Tonvocal zu concentriren, hat sie ausser verschiedner Zeitformen des Activs auch des ganzen Passivs, mit Ausschluss einer Form des Particips, beraubt, und auch dieser Verlust konnte nur auf dem Wege der Composition ersetzt werden, welchen indessen bereits die lateinische Sprache eingeschlagen hatte, deren Passiv zur Hälfte durch dasselbe Mittel gebildet wurde. Hiernach findet in der romanischen Sprache nur eine erweiterte Anwendung der analytischen Methode statt. Die Hülfsverba für das Passiv sind vornehmlich *ésser* (seyn) und *estar* (sich befinden). Die Conjugation des ersteren bietet einige bemerkenswerthe Züge dar. Aus *es* wurde das romanische *est*, und umgekehrt wurde *est* in *es* verwandelt: die beiden Personen des Futurums *ero* und *erit* haben sich in der Form *er* neben dem neu eingeführten *serai, sera* erhalten; der Conjunctiv *sia* ist unläugbar nicht aus *sim*, sondern dem volksmässigen *siem*, welches sich bei den Schauspieldichtern findet, hervorgegangen.

Unter die Wirkungen der Contraction gehören im Verbum eine Menge von Homonymen, gegen welche wieder ein analytisches Mittel angewandt werden musste. Diess fand man in dem persönlichen Pronomen, das indessen nicht überall aushilft.[1]

Die Abweichungen von der gewöhnlichen Conjugation 306 sind zahllos. Zwar ist das lateinische Zeitwort schon reich

---

[1] Aushelfen kann es bei den Formen *am* für *amo, amas, ama; amava* für *amabam, amabat; amatz* für *amatis, amate, amatus* — allein nicht bei *amem, ametz* für *amemus, ametis* und zugleich für *amavimus, amavistis*; bei *amen* für *amant* und *ament*.

an anomalischen Bildungen; allein dort lässt sich auch in dieser Gestalt jede Zeitform leicht erkennen; hier aber hebt die Abkürzung oft die wichtigsten Kennzeichen auf. Besonders kostet es Mühe, das Präsens und Perfect des Indicativs in der dritten Person des Singulars zu unterscheiden — denn wer würde errathen, dass *plai* von *placet*, *plais* aber von *placuit* herzuleiten sey, dass *beu* für das Präsens *bibit*, *bec* für das Perfect stehe? Bemerkenswerth ist, dass in dem Perfect des unregelmässigen Verbums die dritte Person des Singulars ihre romanische Endsylbe in *et* eingebüsst hat, wiewohl diese der Deutlichkeit so förderlich war. Aus dem Regellosen dieses Verfahrens entwickelt sich indessen bei näherer Erwägung der Sache die vollkommenste Regel. Diese Anomalieen betreffen fast durchgängig die zweite und dritte Conjugation der lateinischen Grammatik. Die fragliche Person des Perfects nimmt aber hier nicht den Ton auf die Bildungssylbe (wie in *amavi*, *audivi*), sondern auf die Stammsylbe (wie in *plácuit*, *bíbit*). Hätte die Sprache daher in diesen Fällen die Endsylbe (lat. *it*, *uit*, rom. *et*, *i*) beibehalten, so würde sie gegen das Gesetz des Accentes gefehlt haben, da diese Endsylbe, welche nur betont seyn konnte, den Accent des Stammes an sich gerissen, und man also statt *pláis* von *plácuit* mit Verrückung des Tones *placét* oder *plaquét* gesagt haben würde. So zeigt sich hier von neuem, wie sehr das Gesetz des Accentes an der Sprachbildung Theil nimmt. Wenn nun aber dieses Perfect die Formation vermittelst der Sylbe *et* verschmähte, so musste es irgend ein andres Kennzeichen anzunehmen suchen, welches jede Verwechslung mit dem Präsens unmöglich machte. Das unübertreffliche Verfahren der alten Sprache, vermittelst der Modification des Stammvocals den Begriff des Wortes zu modificiren *(légit: légit; facit: fecit)*, war nicht mehr anwendbar: denn das Gefühl für die Grundsätze desselben, welche bei dem Bau der Sprache gewaltet hatten, war längst verloren, und es ist theils ein Spiel des Zufalls, theils die Neigung zur Dehnung [1], wenn das heutige

---

[1] [am Rande 'Diphthong'.]

Französisch Spuren dieser intensiven Biegung verräth (Präsens: *peut, sait, tient,* Perfect: *put, sut, tint*). Man hielt sich hier an die extensive Form, indem man die Sylbe *uit* meistens durch ein *c* wiedergab, und also *volc, dec, ac, poc* aus *voluit, debuit, habuit, potuit* bildete. Wenn das Perfect schon in dem Stamm bezeichnet war (wie in *mes* von *misit*), so konnte und musste diess Verfahren unterbleiben. Indessen bildete man doch die erste Person zum Unterschied von dieser dritten meist nach dem Muster des regelmässigen Verbums; überhaupt ist die Neigung zu dieser Conjugation sehr stark; letztre hat sich vieler Verba bemächtigt, von welchen manche zugleich ihre dem Latein gemässe Form beibehalten haben; andre gehen nach einer Conjugation, die ihnen nicht zukömmt. Auch finden sich neue Bildungen; gewisse Zeitwörter nämlich, welche die neue Sprache verwarf, erscheinen nun in der Gestalt des Frequentativs, wie *usar* von *usus, oblidar* von *oblitus, cobeitar* von *cupitus.*

Was endlich die Partikeln betrifft, so besitzt die Sprache einen Ueberfluss daran. Sie hat indessen nur den geringsten Theil der einfachen Formen bewahrt, und sich durch Zusammensetzung neue verschafft, indem sie auch hierin dem Beispiel des Lateins folgte, welches sich häufig desselben Mittels bedient hatte; doch besitzt sie auch einige neu geformte einfache.[1] Unter diesen findet sich eine, 308 welche ganz deutsch lautet und deutsch construirt wird, deren deutscher Ursprung aber doch noch nicht sicher ist[2],

---

[1] Von den Präpositionen haben sich erhalten: *ad, apud, ante, contra, de, extra, in, inter, juxta, per, post, prope, secundum, sine, sub, super, supra, trans,* [*ultra, versus* Zus.] in der Gestalt von *a, ab, ans, contra, de, estra, en, entre, josta, per, post, prop, segon, senes, sotz, sus, sobre, tras* [*ultra, vers* Zus.]. Unter den neu geformten sind manche sehr zweckmässige, wie *mest* (unter), *part* (jenseits). — Die Formverstärkung hat bei den Partikeln erstaunlich gewirkt, und das einfachste Wort stufenweise angeschwellt. Man betrachte *ant, enant, denant, adenant.* Andre zeigen die stärkste Abkürzung, wie *com* aus *quomodo, deslor* aus *de ipsa illa hora: deserenan* aus *de ipsa hora in antea,* Ableitungen, welche keinen Zweifel gestatten.

[2] [Die Worte 'deren — ist' getilgt.]

nämlich das als Präposition geltende *blôs* [1], blos oder baar bedeutend, und auch im Romanischen dem Genitiv, den es regiert, nachstehend. [2] Merkwürdig ist es in den verschiedenen Mundarten der Präposition *apud* ergangen, die französische verwarf sie und bildete *chez* aus *casa* (Haus), die italiänische wählte *presso* dafür, aus *pressus* (dicht), nur die provenzalische hat sie in der Form *ap* oder *ab* beibehalten, und braucht diese zugleich für das verlorene *cum*, welches sich im Italiänischen und Spanischen erhalten hat; verbunden mit *aeque (ab hoc* [3]*: avec)* dient sie noch heut zu Tage, dieses *cum* im Französischen zu ersetzen. [4] Bei dem Ad-

---

[1] [Der Circumflex getilgt.]

[2] ['und auch — nachstehend' getilgt.]

[3] [ursprünglich 'ab aeque'.]

[4] Hier mögen einige etymologische Bemerkungen stehen, die sich indessen nur auf diejenigen Partikeln beschränken sollen, deren Ableitung in Raynouard's übrigens musterhafter Grammatik verfehlt zu seyn scheint. Sie werden zugleich beweisen, welche Wichtigkeit das daselbst vernachlässigte Tonsystem auch für die Wortforschung behauptet.
Ab stammt nicht von *habere;* das Particip *avént*, von welchem es herstammen müsste, hat den Ton auf der Bildungssylbe. Es stammt vielmehr so gut von *apud*, wie *cap* von *caput;* gewöhnlich zwar entspricht es dem lat. *cum*, doch besteht die Bedeutung von *apud* daneben; Beispiele: *Deu hom trobar merce ab las meillors* (bei den Besten muss man Gnade finden. G. Faidit); *ab la fon* an der Quelle. B. von Ventadour) [von 'ab la' an getilgt]; diese Beispiele liessen sich leicht häufen. Auch schreiben die Handschriften ebensowohl *ap.* So kommt auch *sovén* nicht von *sâepe*, sondern von *subinde*, in Betracht des Accentes; *alques* (manchmal) ['manchmal' getilgt] keineswegs von *aliquoties*, da der Tonvocal *o* nicht verschluckt werden konnte, vielmehr vom romanischen *alq-ves* für *aliqua vice* [geändert in 'vielmehr von aliquid']; *gens* oder *ges*, welches mit *non* verbunden wird (z. B. *no-m mogui ges*, ich bewegte mich nicht) kann aus drei Gründen nicht von *gens* (Volk) herstammen; 1) hat das *e* den Circumflex *gês,* wie man aus den Reimen sieht, und das romanische *géns* (Volk) den Acut; 2) ist *ges* indeklinabel (vgl. dagegen *res*, Acc. *ren*); 3) ist der Uebergang des Begriffes Leute auf Sache oder Etwas (welche Bedeutung *ges* hat) unstatthaft [der ganze Passus gekürzt in 'kann nicht von *gens* (Volk) herstammen, weil es ind. ist']. Ich leite es daher vom lat. *genus*, dessen Nom. und Acc. gleichlautet, und dessen Bedeutung mit dem Begriff Etwas zusammenfällt. Ferner *demanés*

verbium zeigte sich das Bedürfniss neuer Bildungen, da sich viele der alten Sprache in das Tonsystem der neuen nicht fügen wollten *(humiliter);* diese entstanden nun mit Hülfe von *mente (humilmén* aus *humili mente).* Dagegen war es eine Wirkung jenes oben erwähnten Strebens, sich recht deutlich auszudrücken, wenn man das verneinende Wörtchen *non* mit gewissen Substantiven begleitete, welche seine Bedeutung zu verstärken scheinen, wie in *non mica,* nicht ein Bisschen, *non pas* nicht einen Schritt, *non ges* nicht die Art, u. a.

Diess ist nur eine flüchtige Ansicht der provenzalischen Grammatik; allein sie ist hinreichend, die wesentlichsten Vorzüge derselben erkennen zu lassen. Von diesen verdienen besonders hervorgestellt zu werden die **synthetische Declination**, so weit sie sich erhalten, und der **Reichthum an Formen**. Erstere befördert nicht allein die grammatische Deutlichkeit überhaupt, indem sie Subject und Object auf das Genaueste unterscheidet, sie führt auch in gewissen Fällen, wo sie das Casuszeichen als unnöthig verwirft, eine Kürze des Ausdrucks herbei, welche an die Methode der lateinischen Sprache erinnert, und endlich gestattet sie den Gebrauch der Inversion in weit höherem Grade, als die übrigen romanischen Mundarten. Da aber die Inversion das am meisten intensive, mithin geistigste Mittel ist, den rhetorischen Accent hervorzuheben, so wie die Energie des Gedankens zu bezeichnen, so ist dieser letztere Vortheil unschätzbar.[1] — Der grosse fast übermässige Reichthum an

---

(plötzlich) kommt schwerlich von *de mâne*, sondern wahrscheinlich von *de manu ipsa; donc* nicht von *tunc*, das *d* ist wesentlich (ital. *dunque*) eher von *de unquam; mest* (unter) offenbar nicht von *medium*, sondern von *mixtus*. Die Ableitung von *gáire* (franz. *guères*) ist schwierig; leitet man es von *gran re*, so fragt es sich: ob alsdann nicht *gairé* betont worden wäre, vom deutschen **gar** ist es noch weniger herzuholen, zumal da es im Altfranz. mit dem Genitiv construirt wird.

[1] Beispiele. 1) Deutlichkeit: Folgenden Fall führt Raynouard an. Der Vers des Thomas Corneille: *Le crime fait la honte et non pas l'échafaud* wäre nicht zweideutig, wenn sich die franz. Sprache des den Nominativ anzeigenden *s* bediente: *Le crimes fait la honte et non pas l'échafauds.* 2) Kürze: *per amor (de) dieu, l'enaps (de)*

311 Formen endlich kommt der Rede wesentlich zu Statten, indem er durch wohl ermessene Abwechselung den Wohlklang befördert, und dem Dichter grosse metrische Vortheile gewährt. Besonders gilt diess von dem stets wiederkehrenden Begleiter der Declination, dem Artikel, von welchem für das männliche Geschlecht die Form *lo* [1], für das weibliche *la* und *ill* statt finden, und deren Vocale der Dichter nach Wohlgefallen wegschneiden oder verschmelzen darf. Vergleicht man in dieser Hinsicht die übrigen romanischen Mundarten mit der provenzalischen, so wird man bemerken, dass letztere in verschiedenen Theilen der Grammatik, besonders dem Pronomen, dem unregelmässigen [2] Verbum, und den Partikeln fast sämmtliche Formen der ersteren in sich vereinigt. Man betrachte nur die dreifache Gestalt, welche das lateinische *sum* im Provenzalischen angenommen: *sui, soi, son,* Formen, die sich nur einzeln im Französischen, Spanischen und Italiänischen wiederfinden.

Indessen leidet die occitanische Mundart an einem Uebel, welches alle der Abkürzung geneigte Sprachen unvermeidlich trifft, der Mehrdeutigkeit vieler Wörter. Unter den neueuropäischen Sprachen ist diesem Uebel aus demselben Grunde keine so sehr unterworfen, als die französische; allein bei einer erstorbenen Sprache ist es mit grösserem Nachtheil verbunden, weil diese nicht mehr zum Ohre spricht: denn ohne Zweifel wurde die Bedeutung der Homonyme in vielen Fällen durch feine Unterschiede einer nun verlorenen Aussprache gesichert. Allerdings sind die

---

Tristan, los usatges (de) Karlo; (a) *mon Aziman m'anaras, porta'l chan* (a) *N'Agout.* 3) Inversion. *Amor* (Accus.) *non vens menassa ni bobans* (Liebe besiegt weder Drohung noch Prahlerei); diese Wortstellung wäre in jeder andern romanischen, selbst in der deutschen Sprache, gewagt. *E'l rei Daire feric de mort sel, qu'el noiric;* Wort für Wort französisch gegeben, heisst diess: *et le roi Darius frappa de mort celui, qu'il nourrit;* vermittelst der Geschichte lässt sich der Sinn des franz. Satzes ausmachen, allein die Sprache kann diese einfache Wortstellung nicht wiedergeben. Wendungen, wie *del chan essenhadors,* des Gesanges Lehrer, sind gewöhnlich.

[1] [ursprünglich: 'Formen el und lo'.]
[2] [urspr.: 'abweichenden'.]

Beispiele selten, wo die Bedeutung nicht schon auf grammatischem Wege, vermittelst der Construction, erkannt werden könnte, allein die häufige Wiederkehr dieser Zweideutigkeiten schadet doch auch dem unmittelbaren Verständniss, und nimmt die Aufmerksamkeit zu sehr für Nebendinge in Anspruch.[1]

Wohlklang und Aussprache.

Bei der Charakteristik einer Sprache, der Beurtheilung ihrer Vorzüge und Mängel kommen zwei Stücke in Betracht, die einfachen Bestandtheile, und die grammatische Structur derselben. Von letzterer sind die Hauptzüge angegeben worden, von ersterer braucht keine Rede zu seyn; es ist bekannt, dass man die Wörter der romanischen Sprache vor

---

[1] Hier mögen einige Fälle stehen, in welchen selbst Raynouard die richtige Bedeutung gewisser Homonyme nicht erkannt hat. Bei seiner gründlichen Kenntniss der Sprache geschieht es ihm doch, dass er (III, 213 [= Gr. 80, 17]) in der Stelle
   Qu'entre lur guaps passa segurs mos vers
das letzte Wort durch Vers übersetzt; allein es bedeutet hier Wahrheit oder Ernst. 'Durch ihren Scherz — sagt der Dichter — geht mein Ernst sicher durch', und fährt dann fort: 'niemand versteht es, niemand verargt mir's, denn sie glauben, ich scherze gleichfalls.' Einen andern Vers (IV, 89 [= Gr. 375, 8]):
   Ans er del tot mons e lavatz
übersetzt er: *le monde entier consacrera sa gloire;* allein dieser Sinn kann nicht heraus construirt werden: *mons* heisst hier rein, nicht Welt. In der Stelle (III, 340 [= Gr. 449, 5]):
   Quar tot quant es en las autras devis
   Vey qu'es en vos —
übersetzt R.: alles was an den andern Frauen Gespräch ist, das habt ihr wirklich. *Devis* kann aber auch heissen getheilt, und so heisst es hier, da *tot quant* sich schicklicher auf ein Adjectiv bezieht; man übersetze daher: das, was unter die andern Frauen vertheilt ist, das besitzt ihr alles. Zuweilen ist die Auslegung schwieriger. Man nehme die handschriftliche Stelle des Folquet von Marseille [Gr. 155, 6]:
   Chantan volgra mon fin cor descobrir
   Lai on m'agr'obs que fos saubutz mos vers.
'Durch Singen möchte ich mein treues Herz entdecken, dort wo es mir zum Vortheil wäre, dass mein Gedicht — oder meine wahre Absicht? — erkannt würde.' Die letztere Bedeutung scheint die richtige.

allem im lateinischen Wörterbuche zu suchen hat, dass ein gewisser verhältnissmässig geringer Theil aus deutschen Mundarten stammt, und einzelne Wörter aus andern oft sehr entlegenen Sprachen hergeleitet werden müssen.

Es kann aber noch von einem dritten Punkte die Rede seyn, dem Wohlklange, der indessen niemals zur Hauptsache gemacht werden darf, theils weil er dem Zweck der Sprache nicht wesentlich ist, theils weil sich die Gesetze desselben nicht absolut bestimmen lassen, indem sich unvermeidlich relative Ansicht einmischt. Indessen ist es bei der provenzalischen Mundart gewiss, dass die starke Syncope der Vocale sie gegen ihre Ursprache, die lateinische, nicht blos in grammatischer, sondern auch in euphonischer Hinsicht zurücksetzt. Dagegen hat sie auf gleiche Weise die Weichlichkeit der italiänischen, sowie die Plattheit [1] der französischen Mundart vermieden; allein der castilianischen, gleich weit entfernt von Härte, Weichlichkeit und Plattheit, gebührt in dieser Beziehung der Vorzug vor der provenzalischen, wie vor den übrigen neulateinischen Mundarten.

Man kann dem Provenzalischen in Betracht seiner gehäuften Consonanten allerdings den Vorwurf der Härte machen, allein das nähere Urtheil über diesen Gegenstand ist schwierig, da sich die Aussprache nicht mehr mit jener Genauigkeit bestimmen lässt, welche hier erheischt wird. Zur Bestimmung derselben giebt es allerdings zwei vortreffliche Mittel, die Winke, welche die grammatischen Schriften der Zeit selbst enthalten, und die Betrachtung des analogen Wechsels und Uebergangs gewisser Laute; dazu muss die heutige Aussprache des Provenzalischen und Catalanischen, ja der übrigen verwandten Mundarten berücksichtigt werden, da die provenzalische als eine frühe zu schriftmässiger Ausbildung gelangte Sprache auch in orthographischer Hinsicht nicht ohne Einfluss auf letztere bleiben konnte.

Allein es erheben sich neue Schwierigkeiten in den grossen orthographischen Abweichungen, die sich in einem und demselben Worte begegnen. So findet man abwech-

---

[1] ['Plattheit' unterstrichen und Strich am Rande.]

selnd *cantar* und *chantar; planh, plang* und *planch; bel, bell* und *belh; jutjamen* und *jutgamen; frug, fruch, fruig, fruich; fuelha* und *fueilla; corage, coratge, coraje.* Beruhen diese Abweichungen auf einem blos orthographischen, oder auf einem phonetischen Unterschiede? Wurde also *c* wie *ch* gesprochen, oder fand die Form *cantar* neben *chantar* statt?

Um diese Zweifel, so weit es möglich ist, zu lösen, geht man am sichersten von dem Grundsatze aus: mit der höheren Rede oder der Schriftsprache dringt frühe eine ziemlich gleichförmige Schreibung durch. In dem occitanischen Frankreich steht diesem Grundsatze nichts entgegen, ja er lässt sich dort in noch höherem Grade anwenden, als anderwärts, da die Sprache von einer Poesie gepflegt ward, welche auf das Kunstmässige einen so hohen Werth legte. Dort wurde sie frühe genug theoretisch behandelt, wie man aus zwei Grammatiken ersieht, welche sich erhalten haben. Die erste, Donatus provincialis überschrieben, übrigens provenzalisch abgefasst, von unbekanntem Urheber, ist mit einem Reimbuch versehen; wir besitzen sie nicht vollständig; die zweite, la dreita maniera de trobar (die richtige Art zu dichten), ist von Ramon Vidal, einem bekannten Dichter aus der ersten Hälfte des dreizehnten Jahrhunderts. Die Grammatik machte einen wichtigen Theil der Kunstlehre aus, welche der angehende Dichter entweder mündlich empfing, oder aus Schriften erlernte: daher nennt Ramon seine Grammatik eine Kunst zu dichten. Dass man auch die Schreibung mit Sorgfalt behandelte, das offenbart sich besonders aus einem wohlgeordneten Systeme des Lautwechsels, worin die provenzalische mit der älteren hochdeutschen Sprache sehr ähnliche Grundsätze befolgte.[1]

---

[1] Nämlich: die inlautende media geht auslautend in tenuis über, *recebre: receup — saber: sap — trobar: trop — segre: sec — Ugo: Uc — pregar: prec — gardar: gart — ardre: art — amada: amat.* Selten steht eine media auslautend, und dann kommen andre Umstände in Betracht, wie in *lag* für *lai*. Tenuis steht im Allgemeinen vor tenuis und *ch*, so *deptor (debitor), sapcha.* Das inlautende *v* wird auslautend zuweilen *f, servir: serf.* Ungebildete Schreiber fehlten wohl gegen diese Regel, allein die älteren und besseren Handschriften befolgen sie genau.

Es lässt sich mit gutem Grunde annehmen, dass die Schriftsteller oder Schreiber, zumal die Grammatiker, jeden Laut einfach und treffend zu bezeichnen suchten, indem sie jedem Buchstaben eine besondere Geltung anwiesen. Die Verschiedenheit der Schreibung deutet also in den meisten Fällen auf eine Verschiedenheit der Aussprache, und diese erklärt sich recht gut aus dem grossen Formenreichthum der Sprache; ob derselbe nun der Hauptmundart an und für sich eigen gewesen, oder, was glaublicher ist, durch mundartliche Beimischung entstanden sey, gilt hier gleich: so viel ist ausgemacht, dass sich der Dichter nach Belieben, gewöhnlich um des Reimes willen, verschiedener Formen bediente.[1]

316   In einigen Fällen indessen veranlasste die Schwierigkeit der Lautbezeichnung gewisse rein orthographische Abweichungen, in welchen also keine besondere Formen zu suchen sind. In dieses Fach gehört das sogenannte gequetschte *l* und *n*. Am natürlichsten hätte sich dieser Laut durch die Schreibung *i* in der Bedeutung des ital. *j*[2] ausdrücken lassen, allein theils konnte der Consonant *i* mit dem Vokal *i* verwechselt werden, was besonders auslautend statt finden müsste, so dass man *beli, tani* zweisylbig gesprochen hätte, theils hatte der Consonant *i* bereits eine eigne ganz verschiedene Geltung. Man setzte daher das ohnehin überflüssige *h* an seine Stelle, und schrieb *belh, tanh*, ausgesprochen wie *belj, tanj*.[3] Andre suchten diese Aussprache anders darzustellen, sie setzten das *i* vor *l* und *n*, oder verdoppelten das *l*, so dass man die Schreibungen *beil, beill, bell, tain* oder auch *tainh* und andre findet; allein die vorzüglichsten Handschriften halten sich an die erstere Schreibart. Ein blos orthographischer Unterschied muss ferner in der Schreibung des Diphthongs *ue* oder *uo (fuelha, fuoilla)*

---

[1] Schon Raimon Vidal sagt: *Per aver mais d'entendemen, vos vuoil dir, qe paraulas i a, don hom pot far doas rimas, com leal, talen, vilan, canson, fin; qe pot hom ben dir si vol: liau, talan, vila, canso, fi; aiso trobam, qe o an menat li trobador, mas los primiers, so es leal etc. son li plus dreg.* Crusca provenzale.

[2] [urspr.: 'Bedeutung von j'.]

[3] [unter beiden j Strich und Strich am Rande.]

stattgefunden haben: denn beide vertragen sich im Reim; wahrscheinlich nähert er sich dem französischen *eu (feuille).*[1]

Dann übte aber auch die lateinische Orthographie einen merklichen Einfluss auf das Schreibungssystem der neueren Sprache: daher die doppelte Geltung einiger Buchstaben, so wie die doppelte Bezeichnung einiger Laute. Hieher gehört *c* und *g*, deren Aussprache durch den folgenden Vocal bestimmt wurde, und der Consonant *i*, der mit *g* vor *e* und *i* gleichbedeutend ist. Die mediae müssen inlautend sehr weich gesprochen worden seyn, da sie an dieser Stelle häufig entweder in Vocale übergehen, oder ganz verschwinden, *b* also fast wie *v*. Misslich ist es, dass die Handschriften den Unterschied von *i* und *j* nicht eingeführt haben; es fragt sich daher, ob in *aiudar, cambiar i* als Vocal oder Consonant gelten solle? Raynouard schreibt *ajudar*, vielleicht weil *di* (denn es kommt von *adiutare*) in *j* überzugehen pflegt (vgl. *jorn* von *diurnum*), die Form *aïdar*, welche daneben bestand, wäre aber doch zu erwägen.

Ueber die Aussprache hat nur Bastero eine Abhandlung geliefert, welche indessen von sehr geringem Belang ist, theils weil er die Sprache der Troubadours stets mit der spätern catalanischen verwechselt, theils weil er die Aussprache zu beschreiben sucht, ohne sie immer mit der in lebenden Sprachen zu vergleichen, theils weil er manche Fälle gar nicht berücksichtigt.[2] Man wird so ziemlich richtig sprechen, wenn man die castilianische Aussprache zu Grunde legt; nur verbanne man die Gurgellaute, und spreche also *g* vor *e* und *i* wie im Italiänischen, und eben so[3] das *j; nh, lh* dagegen wie im Portugiesischen; von Nasentönen und verschluckten Buchstaben darf gar keine Rede seyn.

Nicht geringeren Schwierigkeiten unterliegt die Betonung. Die Sprache besitzt den geschärften und den gedehnten Ton, allein wie leicht auch die Stelle des Tones auszumachen ist, so bleibt in manchen Fällen die Wahl

---

[1] [Am Rande Fragezeichen.]
[2] S. Crusca provenzale S. 119.
[3] ['eben so' unterstrichen und Strich am Rande.]

desselben doch sehr zweifelhaft: stets muss die Natur des Vokals, der Reim, und der Gebrauch aller übrigen romanischen Mundarten in Betracht gezogen werden. So viel ist gewiss, dass die Dehnung vorwaltet, und vor Allem der betonten Endsylbe fast stets gebührt. Wollte man die Wörter *platz, dorn* wie die deutschen Platz, Dorn aussprechen, so würde man die Sprache gleichsam an ihrem Leben verletzen; man spreche *plâtz, dôrn,* selbst der Acut hat nicht die Schärfe des deutschen. Durch Einführung von Tonzeichen wäre diesen und ähnlichen Irrthümern abgeholfen, allein diess ist ein Gegenstand, welcher ein eignes Studium erfodert.[1]

Geschichtliches.

Die älteste Geschichte der provenzalischen Sprache liegt noch etwas im Dunkel; auch sind ziemlich entgegengesetzte Ansichten derselben erschienen. Nach der einen Ansicht scheint diese Sprache so alt zu seyn wie die französische Monarchie; sichere Spuren ihres Daseyns in dem ganzen romanischen Europa finden sich aber vorzüglich seit dem achten Jahrhundert. Diess lässt sich sowohl durch historische Zeugnisse, wie durch die Gestalt der damaligen Latinität darthun, in welcher man verschiedene Spuren der Volkssprache findet. Diese in dem Latein zerstreuten Spuren lehren zugleich, dass früher eine allgemeine unmittelbar aus dem Latein entstandene Sprache stattgefunden hat, aus welcher sich die verschiedenen Mundarten des lateinischen Europas entwickelt haben. Diese, die ächte romanische Sprache, hat sich in Südfrankreich noch lange behauptet, es ist die Sprache der Troubadours, von andern die provenzalische genannt; ihr gebührt allein der alte Namen der romanischen, auch lassen sich alle neulateinischen Mundarten

---

[1] Raynouard hat weder die Aussprache der Buchstaben, noch die Betonung abgehandelt, nicht einmal die Conjugation mit den Tonzeichen begleitet; man weiss anfangs nicht, ob man *ésser, destrénher,* oder *essér, destrenhêr* sprechen soll. Wegen der Homonyme wäre die Einführung des Accentes von grossem Vortheil. Man unterscheide z. B. *á (ad), mán (mandat), rén (reddit), lén (lentum),* von *á (habet), mán (manum), rén (rem), lên (lenem).*

auf diese altromanische zurückführen. Diess ist das Wesentlichste der einen Ansicht. Die andere verwirft die frühere Einerleiheit sämmtlicher neulateinischen Mundarten und lässt höchstens die der provenzalischen und altfranzösischen gelten. Mit Beiseitesetzung dieses gelehrten Streites, welchen weder umständlich darzulegen, noch zu würdigen hier der Ort ist, mögen hier einige einfache Bemerkungen über den fraglichen Gegenstand folgen.

Sämmtliche romanische Sprachen enthalten einen gewissen gemeinschaftlichen Typus, sie bedienen sich alle des Pronomens *ille* als Artikels, der Präpositionen *de, a* als Casuszeichen, sie bilden die Stufen der Vergleichung mit *plus* oder *magis,* sie conjugiren mit denselben Hülfsverben, sie bezeichnen die Personen des Verbums mit dem persönlichen Pronomen, sie besitzen alle ein auf eigne Weise gebildetes Futur, so wie das Adverbium auf *mente.* Sie bedienen sich ferner alle gewisser dem Latein fremder Wörter und eigen gestalteter Bildungssylben; endlich brauchen sie eine grosse Menge gemeinschaftlicher Redensarten und Wendungen. Je weiter man aber zurückgeht, um so mehr nähern sich diese Mundarten, wie sich aus Raynouard's Vergleichung[1] derselben ergiebt. Alles diess deutet auf eine frühere romanische Nationalsprache, von welcher sich die verschiedenen Mundarten allmählich entfernt haben. Allein diese Sprache konnte nicht von der Art seyn, dass sie in allen Landschaften dasselbe äussere Gepräge trug, sonst hätte ein Wunder geschehen müssen: denn bei der grossen Ausdehnung des römischen Reiches mussten verschiedene climatische und politische Einflüsse auf die Gestalt einer Sprache wirken, welcher der Stützpunkt der Schrift abging. Dennoch hatte sie bei mannichfachen Färbungen überall denselben Grundcharakter, dieselben Hauptzüge, und musste sie haben: denn überall stellte sie nur eine Modification des lateinischen Typus dar, welche sich auf gleiche Ursachen und gleiche Bedürfnisse gründete, und also im Grossen gleiche Wirkungen hervorbrachte. Ohne Zweifel blieb die Grammatik

---

[1] [ursprünglich: 'vortrefflicher Vergleichung'.]

überall dieselbe, und selbst in der Wortbildung, die seit der Völkerwanderung nothwendig geworden, zeigt sich derselbe Geist, wiewohl die Gestalt der Wörter unwesentliche Abweichungen darbietet, welche meist durch die Verschiedenheit der Aussprache hervorgebracht werden. Wenn man gewisse neu eingeführte Formen durch alle romanische Mundarten vergleicht, so bemerkt man, dass sie überall nach derselben Methode gebildet sind, wiewohl sich in ihrer Gestalt eine mundartliche Verschiedenheit ausdrückt. Dieses Verfahren wurde überall durch ein und dasselbe Bedürfniss herbeigeführt. Vorzüglich aber waren es drei Ursachen, die eine grosse Menge neuer Bildungen veranlassten. Theils war es die schon mehrfach erwähnte Formverstärkung, oder das Streben, sich vermittelst nachdrücklicher Formen deutlicher auszusprechen, wesshalb man einfache Wörter, wie z. B. *spes* und *auris* verwarf, und *esperansa* und *aurelha* wählte, ersteres von *sperare* nach dem Muster von *abundantia*, letzteres von *auricula* abgeleitet — theils suchte man solche Wörter, die sich in das System der romanischen Sprache nicht wohl fügten, durch neue Ausdrücke zu ersetzen, und so entstand *viatge* aus *viaticum* für das aufgegebene *iter*, und nach dieser Regel *coratge, omenatge* — theils wirkten neue Verhältnisse und Ideen, daher wurden die Wörter *cavalliers, cortesia, companhia* aus *caballerus, chors* und *companis*[1] geformt, und andere aus den germanischen Sprachen entlehnt. Das Bedürfniss also brachte diese neuen Schöpfungen hervor, und führte sie überall durch; allein daraus folgt noch nicht, dass sie in allen Theilen des römischen Sprachgebietes genau dieselbe Gestalt gehabt, und dass der Italiäner und Spanier anfangs nicht *orecchio* und *oreja*, sondern wie der Provenzale *aurelha* gesprochen habe. Im Grunde dreht sich also die Frage, ob eine Nationalsprache oder aber verschiedene Mundarten in jenem ausgedehnten Gebiete stattgefunden, um ein blosses Wortspiel. So viel aber lässt sich unbedingt behaupten, dass jene gemeinsame Sprache bald nach beendigter Völkerwanderung in schärfer gesonderte

---

[1] [ursprünglich: compaganus.]

Mundarten zerfallen sey. Diess konnte mit dem Anfange des siebenten Jahrhunderts geschehen, wo die südeuropäischen Nationen sich mehr und mehr abgeschlossen hatten.[1]

Vergleicht man nämlich die ältesten romanischen Wortformen und Wortfügungen, die man wie Goldkörner aus dem Wuste lateinischer Urkunden hervorlesen kann, so findet man in jenen schätzbaren Bruchstücken verschiedener Mundarten bereits das Charakteristische jeder derselben ausgeprägt. Man kann mit gutem Grunde für jene Zeit und weiter hinauf drei Hauptmundarten annehmen, die italische, gallische, welche auch in dem Nordosten von Spanien herrschte, und die hispanische. Die italische zeichnet sich bereits aus durch jene eigenthümliche Weichheit ihrer Formen, welche nur Vocalendungen duldet[2], und bildet in diesem Punkte einen deutlichen Gegensatz zur gallischen, die alle unwesentlichen Vocale ab- und ausstösst. Die hispanische hielt wahrscheinlich die Mitte zwischen beiden, wie die Betrachtung des späteren Castilianischen lehrt: denn für die frühere Zeit fehlt es an Sprachdenkmälern selbst in der Latinität der Urkunden und Chroniken.

Dass aber früherhin in ganz Gallien eine Mundart geredet worden, welche sich im Süden unter dem Namen der provenzalischen oder limosinischen mit geringen Abweichungen erhalten habe, im Norden aber in das Franzö-

---

[1] [ursprünglich: 'sich so ziemlich fremd geworden waren'.]

[2] Folgende Beispiele aus dem achten bis elften Jahrhundert sind aus lateinischen Urkunden bei Muratori Antiqq. III, S. 1014 ff. gesammelt. Vom Jahr 753: *una torre de auro fabrita.* 759: *ubi est domo (duomo) episcoporum.* 765: *ego Rixolfu presbitero.* 777: *da uno lato. Signum manus Gerbaldi, filio quondam Placito.* 808: *De la Vegiola usque Castellioni.* 816: *quatordice, dece, nove, cinque.* 884: *fossatum de la Vite.* 900: *in loco ubi dicitur lo Cavo, tutto lo suo circulo.* 936: *in loco ubi dicitur a Cacovello di lo Plebajo di Ampogiano.* 994: *Sancta Maria de li Pluppi.* 1015: *in finibus porto Pisano prope rivo majore.* 1052: *in Cingnano usque al Fechano fine al capo del monte.* 1078: *in loco et finibus Sciano, ubi dicitur Campo de Pero ... ubi dicitur Campo del Arno.* Diese Wörter und Constructionen, besonders die Eigennamen, legen ein vortreffliches Zeugniss ab von dem Zustande der Volkssprache.

sische ausgeartet sey, das scheint, wenn man die Natur beider Sprachen erwägt, ausgemacht; auch im Französischen ist die Abkürzung hinter der Tonsylbe nicht zu verkennen. Allein dass dieser Abfall erst im zehnten Jahrhundert durch normannische Beimischung entstanden, ist schwer zu glauben; allen Umständen nach ist er weit früher eingetreten. Die älteste Probe der romanischen Sprache in Gallien, so wie irgend einer der romanischen Mundarten, liefern die berühmten Eidformeln, welche einerseits Ludwig der Deutsche, andrerseits das fränkische Heer im Jahr 842 bei Strassburg ausgesprochen. Hierbei ist zu bemerken, dass diese Formeln die romanische Sprache, wie sie im nördlichen Frankreich geredet wurde, darstellen müssen, da das Heer Karls des Kahlen grösstentheils aus Nordfranzosen bestand. Die ersten Denkmäler des Französischen sollen aus dem zehnten Jahrhundert herrühren; man bemerkt an ihnen u. a. die Vorliebe für das *u* an der Stelle des *o*, und dass das *t* in der dritten Person des Verbums beibehalten wird.[1] Diess findet gleichfalls in jenen Eiden statt, wo man die Formen *amur, dunat, cum, facet, sit, returnar, nun* u. a. antrifft. Vergleicht man hiermit die ältesten urkundlich provenzalischen Sprachproben, die in lateinische Diplome eingestreut bis zum Jahr 960 hinaufsteigen, und trotz diesem hohen Alter die Sprache der Troubadours auf das reinste darstellen, indem sie das ursprüngliche *o* bewahren, und das schliessende *t* im Verbum ausstossen; so leuchtet es ein, dass sich die Mundart jener Eidformeln vom provenzalischen Typus entfernt und entschieden zum französischen neigt. Die Abweichung des Französischen hat also schon im neunten Jahrhundert stattgefunden; die politische Trennung von Frankreich und Provence, welche in dasselbe Jahrhundert fällt, musste die weitere Absonderung beider Sprachen noch befördern. Allein wie roh und schwankend erscheint das Französische in den erwähnten Formeln vom Jahr 842, wie gebildet und entschieden dagegen das Provenzalische in den erwähnten Diplomen vom Jahr 960; es ist hier dieselbe

---

[1] [Bei diesem Satze Strich am Rande.]

Sprache, wie man sie bis zum Jahr 1300 redete und schrieb. Welchen Umschwung hat dagegen das Französische erfahren, bis es endlich die stetige Form gefunden! Unwidersprechlich deutet diese frühe Festigkeit des ersteren auf ein sehr hohes Alter, und darum sollte man die Sprache der Eidformeln nicht provenzalisch nennen; sie bewahrt zwar den grammatischen Charakter des Provenzalischen oder Altromanischen, allein ihre Wortformen zeugen von einer andern, abgefallenen, der französischen Mundart.[1] Auch muss man die Vorstellung ferne halten, dass in früheren Zeiten eine völlig übereinstimmende Sprache in ganz Frankreich geherrscht habe; nur so viel lässt sich behaupten, dass die nordfranzösische Mundart unter den ersten karolingischen Königen nicht bloss die grammatischen Eigenthümlichkeiten — denn diese hat sie noch lange nachher behalten — sondern auch die hochtönenden Auslaute der provenzalischen besessen habe. So viel und nicht mehr beweisen sowohl die erwähnten Eidformeln, wie auch einzelne in lateinischen Urkunden des nördlichen Frankreichs zerstreute romanische

---

[1] Die erwähnten Eidformeln sind zu merkwürdig, als dass sie auch hier nicht noch einmal stehen dürften. Schwur Ludwigs des Deutschen: *Pro deo amur et pro xristian poblo et nostro commun salvament, d'ist di en avant, in quant deus savir et podir me dunat, si salvarai eo cist*[1] *meon fradre Karlo, et in ajudha et in cadhuna cosa, si cum om per dreit son fradra salvar dist*[2], *in o quid*[3] *il mi altresi fazet, et ab*[4] *Ludher nul plaid*[5] *nunquam prindrai qui meon vol*[6] *cist meon fradre Karle in damno sit.* — Schwur des fränkischen Heeres: *Si Loduuigs sagrament, que son fradre Karlo jurat, conservat, et Karlus, meos sendra*[7], *de suo part non lo stanit*[8], *si io returnar non l'int*[9] *pois*[10], *ne io, ne neuls, cui eo returnar int pois, in nulla ajudha contra Lodhuwig nun li iver.*[11] R. II, 3.

Zur Vergleichung folgen einige Stellen aus den oben erwähnten Urkunden vom J. 960; sie sind lateinisch, mit romanischen Wörtern und Sätzen durchwebt: *De ista hora in antea ego .... non decebrei te .... de ipso castello de Carcassona, quod vocant Narbones no'l te tolrei ni t'en tolrei .... et si hom era o faemina, qui'l te tolgues o t'en tolgues, adjutor t'en serei .... et del comoniment no m'en vedarei .... si t'o tenrei et t'o atendrei tot, fors quant tu m'en absolveras teu scient.* R. II, 47.

1. Diesen. 2. muss, soll. 3. in so ferne. 4. mit. 5. Vertrag. 6. meines Willens. 7. Herr. 8. hält. 9. davon. 10. kann. 11. werde gehen.

Wörter.[1] Damit ist aber noch nicht gesagt, dass der französische Zweig der ältern Mundart nicht gewisse abweichende Formen und eigene Ausdrücke gehabt habe. Unter den wenigen Wörtern, aus welchen die Eidformeln bestehen, ist sogleich das erste, die Präposition *pro*, in dieser Eigenschaft der südlichen Mundart fremd geblieben; ausserdem findet man *per* darin, und beide Präpositionen haben sich bis auf den heutigen Tag im Französischen erhalten, nachdem *pro* durch eine gewöhnliche Buchstabenversetzung in *pour* und *per* in *par* verwandelt worden. Allem Anscheine nach hat sich indessen die Sprache im Süden von Frankreich freier und feiner ausgebildet. Dafür spricht schon ein guter geschichtlicher Grund. Der Süden war stärker romanisirt, die Römer hatten diesen herrlichen Länderstrich zu ihrem zweiten Vaterlande gemacht, und manche römische Verhältnisse erhielten sich daselbst, während der Norden weit mehr germanische Einflüsse erfuhr.

Die drei romanischen Mundarten, die italiänische, provenzalische und wohl auch die spanische oder castilianische müssen übrigens lange vor ihrem Gebrauch als Schriftsprachen der Schrift werth gewesen seyn, wiewohl die gewöhnliche Ansicht sie vor ihrem schriftmässigen Erscheinen als Bauernsprachen verwirft, die sich mühsam aus einem lateinisch-germanischen Kauderwälsch hervorzuwinden strebten. Wer hätte gedacht, ehe Raynouard das Gedicht über Boethius herausgab, dass es vor dem Jahr 1000 eine romanische Sprache gegeben, welche in grammatischer Hinsicht dem neueren Italiänisch, Spanisch, Portugiesisch und Französisch weit überlegen sey? Den Vorwurf der Rohheit,

---

[1] Raynouard führt Bd. VI, S. XII ff. mehrere derselben an, u. a. eine Stelle bei Hincmar, Erzbischof von Rheims (gest. 842): *Bellatorum acies, quas vulgari sermone scaras vocamus.* Es lassen sich deren noch mehrere sammeln. In Diplomen von Ludwig dem Frommen heisst es: *Viam regiam, quam stratam sive calciatam dicunt. — Incolis, qui rustice Albani appellantur. — Villam Trescasas* (drei Häuser). Bouquet Scriptores VI, S. 516. 524. 565. — *Vestitum lineum, quod camisium vulgo vocatur.* Bouquet VII, 79. Man muss also damals *scara, calciata*, oder *calzada, Albans, camisa*, und nicht *eschiere, chaussée, Aubain, chemise* gesprochen haben.

welchen man ihnen macht, würden diese Sprachen nur alsdann verdienen, wenn sie noch keinen bestimmten Charakter angenommen, sich für keine bestimmte Form entschieden hätten. Allein sie zeigen diesen bestimmten Charakter sehr frühe, und wahrscheinlich hatte er sich bereits vor dem Einfall der deutschen Völker entwickelt: wenigstens konnten diese nicht schuld seyn, dass das Italiänische und Occitanische in der Wortbildung ganz verschiedene phonetische Grundsätze befolgten. Gleichwohl konnte eine Völkermischung nicht ohne Wirkung auf die Sprache bleiben: jenes in den romanischen Mundarten so bemerkliche Streben nach Deutlichkeit, welches sich in der Formverstärkung kund thut, und eine Anzahl neuer Wörter sind offenbar eine Folge derselben. Allein die Germanen nahmen keinen unmittelbaren Antheil an der Sprachbildung: wäre diess geschehen, so müsste die Grammatik von Germanismen wimmeln[1]; auch hätte der ursprüngliche Accent nicht so genau erhalten werden können. Man betrachtet also die romanischen Sprachen schicklicher als lateinische Volksmundarten, die in der Richtung, welche ihnen eingeborne Anlagen und climatische Einflüsse anwiesen, sich nicht über Hals und Kopf, sondern allgemach und nach Principien von ihrer Grundsprache entfernten.

Von der früheren Ausbildung derselben sprechen aber wichtige Umstände. Die italiänische Sprache wird für die jüngste ihrer Schwestern gehalten, weil sie sich am spätesten als Schriftsprache zeigt. Und doch beweisen einzelne italiänische Wörter und kleine Sätze in lateinischen Urkunden des achten Jahrhunderts zerstreut, dass die Sprache die Grund-

---

[1] Die Anzahl derselben ist auffallend gering. In den Observations par A. W. de Schlegel p. 34 werden folgende angeführt: das mit Hülfe von *aver* gebildete Futur (s. oben) in allen rom. Mundarten; das ganze System der Negation, so wie das persönliche Pronomen *on* (man) im Französischen. Gegen den ersten und dritten Punkt ist nichts einzuwenden. Bei dem zweiten fragt es sich, ob die Methode der Verneinung, wie in *je ne vois pas* aus der altdeutschen, wie in *ich en-sihe niht*, herstammt; oder ob sie vielmehr als eine dem Romanischen (nach dem Obigen) eigne Formverstärkung zu nehmen ist (non video passum). Beide Formeln unterscheiden sich dadurch wesentlich, dass in der deutschen eine doppelte Negation statt findet, was in der romanischen nicht der Fall ist. [Diese Anmerk. mit 'del.' versehen.]

sätze ihrer Grammatik, so wie ihrer Wortbildung bereits gefunden hatte, dass sie also, wenn man auf das Wesen sieht, fertig war. Nach geschichtlichen Zeugnissen redete der heil. Adhalard (geb. gegen 750) die Volkssprache mit Zierlichkeit: sie war also fähig, als Werkzeug der Beredsamkeit zu dienen. Einer seiner Biographen, Paschasius Ratbert, sein Schüler, rühmt von ihm: *Quem si vulgo audisses, dulcifluus emanabat, si vero idem barbara, quam teutiscam dicunt, lingua loqueretur, praeeminebat caritatis eloquio.* Ein anderer, Gerard von Corbie, erzählt dasselbe: *Qui si vulgari id est romana lingua loqueretur, omnium aliarum putaretur inscius; nec mirum, erat enim in omnibus liberaliter educatus; si vero theutonica, enitebat perfectius.*

328 Die Grabschrift Gregor's V (gest. 999) rühmt die Wohlredenheit dieses Papstes in drei Sprachen, unter welchen auch die romanische genannt wird:

*Usus francisca, vulgari et voce latina
Instituit populos eloquio triplici.*

Ohne Zweifel würde man die Volksmundarten früher als Schriftsprachen gebraucht und gepflegt haben, wenn ihnen nicht zwei andre Sprachen höheren Ranges im Wege gestanden hätten, die lateinische, als Sprache des Staates, der Kirche und der Wissenschaft, die deutsche, von den germanischen Siegern noch Jahrhunderte nach Eroberung des weströmischen Reiches festgehalten. Letztere hat sich in Frankreich am längsten behauptet; vielleicht lebte sie, wenigstens an dem fränkischen Hofe, so wie unter den Grossen des Reiches bis zu Ende des neunten Jahrhunderts fort. Allein gleichwohl wurden der romanischen die ihr zukommenden Rechte nicht länger streitig gemacht: zu Anfange dieses Jahrhunderts, noch unter Karl dem Grossen, wurde in dem Concil zu Tours (813) verordnet, dass der Religionsunterricht in beiden Volkssprachen, der romanischen und deutschen gehalten werden solle: *ut easdem homilias quisque aperte tranfserre studeat in rusticam romanam linguam aut theotiscam, quo facilius cuncti possint intelligere quae dicuntur.* Diese Verordnung wurde in der Folge mehrmals wiederhohlt. Endlich erscheint in den Verträgen zu Strassburg (842) und Coblenz (860), d. h. nach der Theilung des karolingischen Reiches, die romanische in Frankreich als Sprache der Nation, und gewiss hat sie von nun an diesen Vorrang behauptet.

Anhang.

1.

*Aiso es suplicatio, que fes Gr. Riquier al rey de
Castela per lo nom dels joglars l'an LXXIIII.*[1]

(Ms. 2701. S. oben S. 63 und 204.)

*Pus dieu m'a dat saber
Et entendemen ver
De trobar sertamens
A dig dels entendens,
En ben lo deg despendre,
Gen donan (donam) ad entendre
Razon ab veritatz:
Car de grans falsetatz
Pot hom far semblar ver.
Mas dieus m'a dat saber,
Que segon mon semblan
Trac lo ver adenan,
Declaran so que dic.
Sabers fa home ric
D'amicx e de poder,
Qu'el sap jent ab dever
Menar adrechamen,
Et a una valen
Serta proprietat
Ab singularitat,*

*Que despenden acreis;
Assatz vertat apreis
Per totz sabers que son.
E car m'a fach' aon
Mos sabers tan onrat,
Que del mielhs del mon grat
N'ai (Naz) e'n soi mentaugutz,
Qu'el noms es entendutz
Luenh de Gr. Riquier,
Perque n'ai alegrier
De mans pros conogutz,
Que no fora saubutz
Sol foras de Narbon[a],
Am ne mai ma person[a]
E soi pus temeros
E'n totz faitz vergonhos,
Perque n'ai mens d'aver;
Mais n'ai per mon saber
Gazanhat d'onramen,
Que per lo rey valen* . . . .

[1] Soll heissen LXXV. — Diess Gedicht hat sich nur in der angegebenen Handschrift vorgefunden [MW. 4, 163 ff.]; ein völlig reiner Text konnte daher nicht aufgestellt werden; dieser lässt sich selbst bei kleineren Gedichten auf dem Grunde einer einzigen Handschrift nicht erreichen. Die folgenden Lieder würden gleichfalls manche bessere Lesart wünschen lassen, besonders gilt diess von den ersten 12 Versen von N. 4; allein gegenwärtig soll nur die Form berücksichtigt werden.

Lobeserhebung des Königs Alfons.

E vuelh n'ab luy parlar,
Pus ne soy aizinatz,
333 Pero car me desplatz
Cant tug li trobador
Non an facha clamor.
E comens supplican,
Humilmen merceyan
Vos rey senher onratz,
Car sofrir m'o denhatz,
Francx reis, nobl' En Amfos
Castelas, cui Leos

Es lauzables e pretz.
Senher, car entendetz
E conoisetz razon,
Vos prec, qu'us sapcha bon
So qu'us vuelh dir, d'entendre,
E, si-s pot, ses repondre
Far, que s'acap per nos.
Senher adreit e bos,
Vos sabetz, que las gens
Vivon divisamens . . . .

Umständliche Auseinandersetzung der verschiedenen Stände und ihrer Abtheilungen, um zu zeigen, dass sie sämmtlich passende Namen führen.

Perqu'ieu ai albirat,
Que fora covinen
De noms entre joglars,
Que non es benestars,
Car entr'els li melhor
Non an de nom onor
Atressi cum de fach,
Qu'ieu ne tenc a maltrag,
334 C'us homs senes saber
Ab sotil captener,
Si de calqu'estrumen
Sab un pauc a prezen,
Se n'ira el tocan
Per carrieiras sercan
E querra (querre) c'om li do;
E autre ses razo
Cantara per las plassas
Vilmen et en gens bassas
Metr'a querre sa ponha
E totas ses vergonha

Privadas et estranhas [1],
Pueys ira-s n'en tavernas
Ab sol qu'en puesc' aver;
E non auzan parer
En neguna cort boa,
Car hom aquels mens soa
Ses autre nom joglars;
Ni sels que trasgitars
Es lor us ses als far;
Ni cels que fan jogar
Cimis ni bavastels;
Ni d'autres, que capdels
Bos non lur es donatz.
Car per homes senatz,
Sertz de calque saber,
Fo trobada per ver
De primier joglaria,
Per metr'els bos en via
D'alegrier e d'onor.
L'estrumen an sabor

---

[1] Hier ist der Reim verletzt; vielleicht ist zu lesen *esternas*.

D'auzir d'aquel que sap
Tocan issir a cap
E donan alegrier.
Perque'l pros de primier
Volgron joglar aver
Et enquar per dever
N'an tug li gran senhor;
Pueis foron trobador,
Per bos faitz recontar
Chantan e per lauzar
Los pros et enardir
En bos faitz: car chauzir
Los sap tal, que no'ls fa,
Ni jes dever non a
Del far, tal los ensenha:
Perqu'ieu, que que n'avenha,
No-m puesc tener del dir.
Aisi a mon albir
Comenset joglaria,
E cadaus vivia
Ab plazer entr'els pros.
Mas er es tal sazos
Et es lonc temps avuda,
C'una gens s'es moguda
Ses sen e ses saber,
De far de dir plazer,
E senes conoisensa,
Que prendo captenensa
De cantar, de trobar
O d'esturmens tocar
O d'als ses tot dever,
Ab que puesca querer
Per enveia dels bos.
E son tantost gilos
Can vezon los (los bos) onrar
Als pros, e ven afar
Mantenen del mal dir,
E no-s degra sofrir

Per ren a mon semblan,
E vey que hom los blan
E'ls tem mai que 'l senatz
E pueis, cant es baisatz
Lo noms de joglaria
D'onor, que no y solia
Caber aquela gens,
Es me greu dels sabens
Trobador, car clamat
Non an el tems passat
So, qu'er m'aven a dir .....
Mas a mi es parvens,
Que vos, senher reys bos,
Es ben tan poderos
De pretz e de poder
De sen e de saber,
Qu'o podretz acabar,
E c'a vos tanh a far
Si tanh a rei que sia:
Car tostemps joglaria
E sabers an trobat
En Castela ab grat
Captenh e noirimen
Do et emendamen
Mais, e cosselh cabal,
Qu'en lunha cort rial
Ni en autra que sia.
E vos huey en est dia,
Senher, o mantenetz:
Perque lauzor n'avetz,
Co us avetz de totz bes,
Cars senhers, pus que us n'es
Per ver [lo] poder datz,
Es tan jent batejatz
Per l'obs grant, que y auria,
Car hom pueis entendria
De cascu so saber
Ab qu'us vengu'a plazer

E us paresca de far:
Qu'er no pot hom triar
Per lo nom ni chauzir
De joglars ses als dir,
Que sabon far, breumen.
Car tug generalmen
Son joglar apelat . . . .
Prec vos propriamens
De sels, que an saber,
De trobar sert e ver,
E fan vers e cansos
E d'autres trobars bos,
Per profeitz e per sens,
E per ensenhamens,
338 Durables per tostemps,
Que no sia[n] essemps
Ab los joglars nommatz.
Datz lur nom per vertatz,
Que us semble de dever:
Car be podetz saber,
Nobles reys castelas,
Que lurs faitz es sertas
Pus que dels autres totz,
Que no val una notz,
Si be us o cociratz;
Lurs faitz ni lur solatz
De cels dels esturmens
Dels contrafazemens
Ni d'autr'es de gran re,
Mas tant cant hom los ve
E'ls au tan solamen.
Mas dels sabens ab sen,
Que fan los bos trobars,
Rete hom lurs cantars
E als de be, que fan;
E val pueis atretan
Per solatz e per sen,
Cossi (co sei) eran prezen

Ab tot que sian mort.
Donc aquilh prenon tort,
Car autre nom non an,
E car cabalmen van
Ab joglars d'onramens
Entre las bonas gens,
Que no-s deuria far.
Car dieus los vol onrar 339
El mon de tal saber,
C'om no'l poiri' aver
Per ren d'omen carnal . . .
Vers es ben, que pus a
En si l'entendemen,
Que pot melhuramen
Hom ensenhan donar;
Mas per ren comensar
Per home no-s poiria.
E si gardetz clersia
De totz autres sabers,
Ad homes n'es poders
Datz, de tot ensenhar,
E'ls vezens comensar
Totz hom, e'ls aprendens
Per los homes sabens
Dels sabens essenhar.
Donc avantatje gran
N'a sabers de trobar,
Perc'om degra onrar
Cels, que l'an fermamen,
Vas que captenemen
Saubran en cortz aver.
Qu'i en vey ab gran saber,
C'an vil captenemen,
Et a n'i, que an sen
Ab petit de saber,
E per bon captener
Son grazit et amat.
Mas silh, c'an acabat

340 Saber e bon captenh
E vivon ses mal genh,
Degra hom pus onrar.
Pero re non vey far,
Ans qui pus es arditz,
De querre pus formitz,
Vieu ara cortz seguen,
C'om non a chauzimen
Sol d'ome vergonhos.
Perqu'ieu vos prec, reys bos,
C'aiso deveziatz,
Si qu'en siatz onratz,
Sabers a son dever,
Car per aquest saber
Deu hom aver honor
Cilh que l'an e maior,
Que mielhs [lo] sap uzar.
Perque vulhatz triar
Al mielhs nom per razo,
Car mant trobador so
De diverses trobars,
A qui non tanh onrars,
Car lur fag no so sert:
Que l'un tenon apert
Lurs sabers en dir mal,
L'autre fan senes al
Coblas, sirventes, dansas,
Ab cui anan (an) honransas
Penre per lur trobar.
E no us devetz pessar
A lunh for, reys onratz,
341 Que-m sia esforsatz
Per lor. De so, c'auzetz,
Solamen entendetz,
Qu'us o dic dels sabens,
On (un) sabers es e sens,
E vers e canzos fan

Ab razo, e riman
Fan bels ensenhamens:
Car d'aquels solamens
Que an saber onrat,
E fan d'acturitat
Lurs trobars fis e bos,
Vos prec, reis autoros,
De so, qu'us ai preguat.
E s'ie us ai enuiat
Car tant o ai tengut,
Ben avez entendut,
Que forsat m'a razos.
Donc perdonatz m'en vos
Est enueg per merce,
E si aiso-s cove
De far a vos e us platz,
Anc no fon tan onratz
Lo meus pars per senhor.
E dieus don vos honor
E vida ab plazer,
E us cresca de poder,
De sen e de bon grat,
E us done voluntat
De so que dig vos ai.
Car si no-s fai, jamai
No cug esser joglars, 342
Tan m'es lo mon amars,
Car i cap aitals gens,
Que lunhs avansamens
Lor es datz a saber,
De trobar sert e ver,
De nom, don ai pezansa
E-n sofri malenansa,
Tal que d'onor m'esquiva;
Donc pessarai, co viva
Estiers en calque guiza.

Declaratio, qu'el senher rey 'N Amfos de Castela fe par la suplicatio, que Gr. Riquier fe per lo nom de joglar l'an M.CC.LXXV.[1]

Sitot s'es grans afans
Als homes malanans
D'autrus afars parlar,
Qui honor ten en car,
Et a sen e saber
Ab esforsat poder,
Deu los sieus enantir,
E-s deu penre albir
Dels autrus per sazos
E mielhs del pus curos.

E qui loc te maior,
Si vol aver honor,
Es ne de mais tengut,
Car non deu esperdut
Estar per grans afars.
E nos, a qui pesars
De motz afars es datz,
Avem voler assatz,
Que al nostre dever
Fassam nostre poder.

La maior razo.

El nom del ver dieu paire
E del fil, que de maire
Verge nasc ses oblit,
E del sant esperit,
Qu'es vers en unitat;
L'an de nativitat
De Crist M. e CC.
L. XX. V. correns
El mes de junh issen,
Per bon entendemen,
Car non forsa razos,
Requist dizem Amfos
Per gracia de dieu
E per lo plazer sieu

Reys regnans de Castela,
E reys, per que-s capdela
Toleta e Leos,
Gallicia e'l bos
Regne de Cibilia,
De Cordoa, de Murcia,
D'Algarbi, de Geian;
Per so, que soplican
Nos mes denan l'autrier
Temens Gr. Riquier
Per lo noms de joglars,
Proan per mot afars
Ben son entendemen
Contra'l defalhimen . . . . .

Erwägung des Gesuchs, dessen Inhalt nochmals vorgebracht wird. Dann über den Namen *joglar*.

E si trobam, que fo
Autra vetz declarat

Segon proprietat
De lati, qui l'enten,

---

[1] [MW. 4, 182 ff.]

Car tug li esturmen
Instrumenta dig so:
E donc, qui'l nom espo
De joglars d'esturmens,
D'aqui es dissendens,
E son istriones;
E son inventores
Dig tug li trobador;
E tug li tumbador,
En las cordas tirans,
O en peiras sautans,
Son joculatores.
D'aquest nom es l'engres
Noms vengutz de joglars
A sels, cui plai anars
Per cortz e per lo mon.
345 Mas aitan ben ne son
L'un con l'autre nomnat,
Et es mal costumat,
Qui la vertat enten.
D'autres noms a prezen
N'i a segon romans,
Qu'els homes paucs e grans
Los sabon dreg nomnar,
Ab tot son dig joglar;
So son tragitador
E contrafazedor
E d'autres atressi.
E car o an aissi
Las gens uzat de dir,
Segon de nostr'[albir]
Er mot greu revocar.
Pero adhordenat
Es pro ben en Espanha,
E no volem que-s franha,
Mas diga-s cum se ditz:
C'assatz es ben partitz
Per cognoms lurs afars.

Hom apela joglars
Totz sels dels esturmens;
Et als contrafazens
Ditz hom remendadors;
E ditz als trobadors
Segriers per totas cortz,
Et homes secx e sortz
Endreg de captenh bo,
Que dizon ses razo
O fan lur vil saber   346
Vilmen ses tot dever
Per vias e per plassas,
E que menon vils rassas
A deshonor viven,
Ditz hom per vilzimen
Cazuros ab vertat.
Aisi es acordat
Per Espanha de dir,
Perque pot hom chauzir
Als noms, que sabon far.
Pero tug son joglar
Apelat en Proensa,
E sembla nos falhensa
Grans de tot lo lenguatje,
Don mais son d'agradatje
Chansos ab bos trobars;
Mot es grans malestars,
Car vils gens de vil vida
Non es del nom partida,
Perc'om apela 'ls bos.
Perque cocelham nos
E dizem per razon,
Que tug sabent o non
Aunit vilmen viven,
Qu'en lunha cort valen
No-s devon prezentar,
Co sels, que fan sautar
Simis o bocx o cas,

O que fan lurs jocx vas,
Si com de bavastels,
347 Ni contrafan aucels,
O tocan esturmens,
O cantan entre gens
Bassas per pauc d'aver,
Que non devon caber
El nom de joglaria;
Ni cels, que de folia
Fan cortz seguen semblan,
Que vergonha non an
De lunha deshonor,
Ni non lur asabor
Lunhs faitz plazens ni bos,
Hom los apel bufos,
Co fa en Lombardia;
E silh, c'ab cortezia
Et ab azaut saber
Se sabon captener
Entre las ricas gens
Per tocar esturmens,
E per novas contar [1],
Autrus vers e cansos,
O per d'autres faitz bos
E plazens per auzir,
Podon ben possezir
Aquel nom de joglar;
Atressi pot nomnar
Qui-s vol, cascus per si;
Mas car es en aisi
348 De dir acostumat,
Sian joglar nomnat
Aquist, car per dever
Devon en cort caber
Et esser benanan,

Car mot gran mestier an
En las cortz aitals jens,
Car motz recreamens
Aportan e plazers,
E sels, on es sabers
De trobar motz e sos,
D'aquels mostra razos
Com los deu hom nomnar:
Car qui sap dansas far
E coblas e baladas
D'azaut maistreiadas,
Albas e sirventes,
Gent e be razos es,
C'om l'apel trobador,
E deu aver honor
Per dreg mais de joglar,
C'us autres se pot far
Joglars ab so saber.
Atressi per dever
Devon aver honor
Per trobar li melhor,
Qui razo vol gardar,
Car qui sap cansos far
E vers d'aucturitat
E novas de bon grat
De bels essenhamens,
Mostran temporalmens   349
O espiritual,
Per c'om pot ben de mal,
Sol se vol, elegir,
Honor deu possezir
El mon: car dieus lai fa,
Si aital captenh a,
Co s'atanh al saber,
Segon lo sieu poder

---

[1] Der folgende Vers, der auf diesen reimen müsste, ist übersehen worden.

Pus[qu'] autre trobador.
Car la via d'onor,
De grat e de dever
Mostra per bel saber,
Gen l'escur declaran,
E faria son dan
Tart, qui tot o crezia.
Donc silh, c'an maistria
Del sobiran trobar,
Sembla saubesson far
Tot cant trobador fan,
E can bon captenh an,
Par, que son acabat
Al fach', a que son dat,
Cant volon cortz seguir;
Donc segon nostr'albir
No i vezem lunh enpag,
Que de nom e de fag
Non lur tanha onors,
E dizem, qu'els melhors,
Que sabon essenhar,
Com se deu capdelar
350 Cortz e faitz cabalos,
En vers et en cansos
Et en autres dictatz,

C'avem de sus nomnatz,
Deu hom per dreg dever
Nomnar e per saber
Don doctor de trobar:
Doctors, car doctrinar
Sabon ben, qu'ils enten,
Los trobadors ab sen
Per aver captenh bo;
Et aisi per razo
Poirian los apelar
Cilh, c'o volran servar,
E crezem, c'o faran
Li cert, que saber an,
Ni lur es d'agradatje,
Al mens per lo lengatje,
Que val mais a trobar.
E tug cilh, que joglar
Eran lai apelat
En generalitat,
Son aizi devezit
Per cognoms e partit.
Et enquar o podem
Per nos, com dig avem,
Autra vetz explicar . . . . .

Wiederhohlung dieser Anordnung. Schluss.

2.

Aimerics de Peguilhan.

(Ms. 7798. 7225.[1] — S. oben S. 76.)

Qui la ve e'n ditz,
Pos dieus tans hi mes
    Bes
En Na Biatritz
Non hi a merces
    Jes:

Quar tan gen noiritz
Sos gais cors cortes
    Es,
Que cera faillitz
Gaug: que non l'agues
    Res;

351

---

[1] [Gr. 10, 45.]

Lo sieus dous esgars
　　Clars,
Corals dels gensors
　　Flors,
Rendri' el parlars
　　Quars
Gaug, tant es dousors,
Pueis l'onratz onrars
　　Pars
Qu'es autz plus c'onors
　　Sors
Platz, e'l coindeiars
　　Dars
No-m val tan d'aillors;
　　Tan diria,
　　Si-n crezia
352 Mon cor de lieis chan-
　　Tan,
　　Qu'enemia
　　M'en ceria
La bela, c'aman
　　Blan,
　　Que ill valria
　　Si-m perdia
Leis, qu'am ses enjan
　　Tan,
　　Qui en penria
　　E m'amia
Destric e'l mieu dan
　　Gran.

Anc de nuilla gen
No fo hom trobatz
　　Natz,
Que tan finamen
Ames desamatz;
　　Fatz

Soi, pos non aten
Joi, ni no-m n'es datz
　　Gratz,
Segon faillimen
Sai que soi senatz.
　　Patz
En volgr'ez acort
　　Fort:
Tan soi consiros
　　Blos
E ses tot deport;   353
　　Tort
N'an gran sas faissos:
Qu'en loc de confort
　　Port
El cor ambedos
　　Sos
Hueils, veus lo conort;
　　Mort
M'aun li bel respos,
　　Que d'amansa
　　Fes semblansa,
Quan son gai cors fi
　　Vi,
　　E ses lansa,
　　Que no-m lansa,
Sos hueils, ni no-m ri,
　　Ni
Vol m'onransa,
Ni m'enansa,
Ans lonha de si
　　Mi;
　　Ses doptansa
　　N'a mermansa
Sos pretz, quar m'auci
　　Cli.

Pos m'a tot conquis;
Qu'en re no-m biais
Vais
354 *Liei, cui soi aclis,*
Ni d'als no m'apais
Mais,
E car sos pretz fis
Es dels plus verais
Rais,
Volgues e sufris,
Qu'ar fora als savais
Fais,
C'ab lo sieu voler
Per
So, que lur pezes,
Des
Me luec e lezer
Ver,
Sol qu'ieu la pregues,
Non volgra aver
Er
D'autra, que-m colgues
De si, ni jazer
Ser-
Tan, ni que-m baizes.

S'ieu amaire
Ses estraire
Li soi, ni leials
Tals,
Non puesc faire
Pauc ni gaire,
Tan li soi ses als
Als(?),
Quar camjaire
Ni trichaire
No ill soi ni venals 355
Fals,
M'es veiaire
Per mon paire,
Que-m n'es plus corals
Mals.

La belaire
De sotz l'aire
Es als bons et als
Mals,
Perqu'es maire
Del maltraire
L'onors e'l captals
Sals.

3.

Guillems de San Desdier.

(Ms. 7225. 2701.[1] — S. S. 78.)

Bel m'es oimais, qu'eu retraia
Ab leugieira razon plana
Tal chanson, que cil entenda
Vas totz, cui [2] *mos cors s'aclina;*
Que la soa desmezura

---

[1] [Gr. 234, 5.]
[2] [am Rande 'cui totz?']

Mi part d'ellei e-m desloigna,
Tant es de merce estraigna,
Que no'l platz, que jois m'en veigna.

Non sai s'ieu muer o viu o veing
O vau, c'a mal seigner estraing
Serv, e no i met neis (neus) terme loing,
Que ja jorn vas mi s'amezur,
Et eu on plus l'estau col clin,
Negun de mos precs non enten,
Anz cre, que m'ausira de pla
Lo bes, c'om d'ellei mi retrai.

Trop si feing vas mi veraia,
Car una promessa vana
No-m dis tal, don ren non prenda';
Non volgra, que fos tan fina,
Coitos fa-m e lonc' endura
Ai per lei, on met ma poigna;
Entro que vas mi sufraigna,
Non er jois, que ja-m reveigna.

Pero per un respieg reveing,
Can pes, que gentils cors s'afraing,
Qu'il quer merce, perqu'ieu i poing
Et aten lo joi, don endur.
Mans jontas li-m ren ab cor fi,
E sapcha ben aitan, si-m pren,
Qu'anc mieller amics ses cor van
Non ac domna, ni plus verai.

Sol aitant de merce n'aia,
Car es de pretz sobeirana,
Qu'il cug, qu'ieu cugiei, mi renda;
E car il non o devina,
Metrai m'en en aventura,
E gart m'en dieus de vergoigna,
Qu'en cor ai, que li-m complaigna,
Can pe'l sieu lige mi teigna.

Dieus voilla, pois aillors non teing,
Ni vas nuill' autra no-m complaing,
Se ill quer merce, que no-m vergoing,
E que tan de joi m'aventur,
C'als enveios, que-s fan devin,
Fassa cuiar, qu'ella mi ren
Lo ric joi valen sobeiran,
Don ren mas lo desir non ai.

Mortz vauc vius, si no-m meillura,
Si c'al lial joi mi joigna;
Que non ai poder romaigna
Ab autra, sitot no-m deigna.

Bertrans, ges per aisso no-m deing
Nuill' autra, c'ab mi dons romaing,
On ric pretz e beutat si joing,
E non es jorns, que no i meillur.

4.

Guiraut de Calanson.

(Ms. 7698.[1] — S. Seite 100.)

Bel semblan   *Vostre clar vis*
M'auran   *E la fresca colors*
Lonjamen   *E'l bel dous ris,*
Donat dan   *Perque m'auci amors,*
Pensan,   *Que paradis*
Que ill turmen   *No volgr'aver meillor,*
M'ausiran   *Sol que m'aizis*
Pensan(?),   *Ab vos sotz cobertor.*
Donx valen   *Ar dic folia,*
Cors prezan   *Quar tan m'enans;*
No man   *Donx, si us plazia*
Tan volven   *Qu'ieu fos amans,*

---

[1] [Gr. 243, 5.]

Complitz auria
Totz mos talans;
Donx dous' amia
No-m sia dans,
S'ieu ai dig outracuidamen
Quar languit
Ai tan malamen,
Perque us crit
Merce humilmen,
Cum petit
De bel chauzimen
Acsetz de mi,
Que pos anc vi
Vostre bel cors dous e plazen,
No m'en parti,
Ans vos servi
359 *De bon coratge leialmen.*
Donx si m'auci
Amors aisi
Per vos, ja no us estara gen:
C'anc non parti,
Ni non gurpi,
De far vostre comandamen.
Servida
E grazida
Us ai totas sazos,
Complida
E chauzida
La genser, c'anc fos.
Ma vida
Es fenida,
Si no-m faitz joios,
Delida,
E perida
E no per razos.
Ans er pecatz,

Si m'aucisetz;
Qu'eu crei blasmatz
N'er vostre pretz,
E donx veiatz,
Com destrenhetz,
Dona, si us platz,
Ni com tenetz
Pres
E conques,
Qu'ieu no'm puesc aillor rendre;
Ges
Grans merces
No vol en vos deisendre; 360
Fes
Mi valgues,
Que per dar ni per vendre
S'es
Mos cors mes
En far et en atendre
Tot so que us plaia,
Ni us er bo,
Sitot m'esglaia
La greus preizo,
Volontatz gaia
M'en somo,
Que que-m n'eschaia
C'a vos me do,
E si-m fauc ieu totz volontos
Ab fin cor gai
Et amoros,
Car trop vueill mai
Morir per vos,
Que de nuill' autra poderos.
Al bon rei castela'N Anfos
Coman mon cors, don', apres vos.

Register.

Abendlied 100.
Accent 264. 268.
acort 101.
Adjectiv 270.
Adverbium 279.
Agnes, heil., Mysterium 211.
Aigar und Maurin 182.
Aimeric von Peguilain 253. 305.
alba 100. 133.
Albigenserkrieg 193.
Alexius, heil., Legende 193.
Alfons II von Aragon 51.
Alfons II von Provence 48.
Alfons IX und X von Castilien 51. 63.
Allitteration 87.
Altdeutsche Liederpoesie 233.
Altfranzösische Liederpoesie 219.
Altitaliänische Liederpoesie 248.
Amandus, heil., Legende 191.
Amanieu des Escas 204.
Amor persönlich gedacht 122.
Amorozzo 253.
Andrieus von Frankreich 188.
Aragon, Könige von, Gönner der Poesie 51.
arlabecca 207.
Arnaut von Carcasses 191.
Arnaut Daniel 60. 103. 185.
Arnaut von Marsan 204.
Arnaut von Marueil 201.
Augustinus, de passione domini 209.
Auslegung dunkler Gedichte 104.
Aussprache 281. 285.
Azzo VI und VII von Este 51.
Ballade, balada 102.
ballata 251.
bals 102.
Barral von Marseille 50.
Beichtbekenntniss 209.
Belehrende Poesie 195.
Bertran Carbonel von Marseille 201.
Bertran von Marseille 193.
Bertran de Paris 199.
Betonung 285.
Blandin de Cornoalha 183.
Boethius 200.
Bonifaz von Montferrat 51.
bordo 71.
Botendienst 132. 235.
Bouffons 68.
breu doble 102.
breus 105.
Busspsalmen 210.
Canson redonda 102.
Canzone 89. 94.
„   gemischte 98.
Canzonette 95.
Carussel, carros 104.
Castel d'amors 207.
Castilien, Könige von, Gönner der Poesie 51.
Cato 113.
Cercamon 99.
chanson 229.
chansoneta 229.
Chirurgie in Versen 199.
clerc 222.
cobla 74.
coblas 96.
comjatz 104.
Comparation 271.
complancha 98.
componiren 34.
computus 199.
comtes 105.
Conjugation 273.
contencios 98.
dansa 102.
Dante 256.
Dante da Majano 103.

Daude von Prades, Ueber die Jagdvögel 198.
„ Cardinaltugenden 206.
Daurel und Beton 182.
Declination 266.
„ synthetische 279.
Descort 100.
Deutsche Liederpoesie 233.
devinalhs 104.
Diätetik in Versen 199.
dicitore 251.
dictar, dictat 34.
Dictiren 34.
Doctoren der Poesie 62. 69.
donaire 105.
dunkle Rede 60.
Ehe 132.
Elision 72.
Enimia, heil., Legende 193.
ensenhamens 105.
entlehnte Verse 81.
Epische Stoffe 39.
Erzählende Poesie 174.
Erzählungen, poetische 38. 41.
escondigz 104.
Eustachius, heil., Mysterium 211.
Evangelium Nicodemi 210.
Fabel 104. 206.
Fabliaux 220.
Fides, heil., Wunderthaten 192.
Fides, heil., von Agen, Legende 191.
Fierabras 181.
Flamenca 183.
Floris und Blancaflor 189.
Folquet von Lunel 204.
Folquet von Marseille 244.
Form der Poesie 70.
Formenverstärkung 270.
Französische Liederpoesie 219.
Frauen, Antheil an der Geselligkeit 42.
Friedrich II, Kaiser 51.
Gallische Sprache 289.
gardacors de nostra dona S. Maria 210.
Garin von Apchier 101.
Garin der Braune 206.
garlambeys 104.
Gattungsnamen der Gedichte 88.
Gaukler 39.
gebrochene Verse 83.

Geige 35.
Geistliche Gedichte 207.
gelehrtes Dichten 61.
Geleit 79.
Geschichte der provenzalischen Sprache 286.
Geselligkeit 41.
Gesellschaften, poetische 21.
Girart von Roussillon 176.
Glaubensbekenntniss 209.
Gleichnisse 113. 141.
Gönner der Poesie 48.
Gral 184.
Gui Folqueys 210.
Guillem Anelier 194.
Guillem de Cerveira 206.
Guillem, Graf von Poitiers 14. 93.
Guillem de San Desdier 307.
Guillem von Tudela 193.
Guiraut von Borneil 93.
Guiraut von Cabreira 198. 309.
Guiraut von Calanson 198.
Guiraut del Olivier von Arles 202.
Guiraut Riquier 17. 63. 204.
Halbcanzone 95.
Hiatus 72.
histriones 67.
Hofdichter 29. s. Troubadour.
Hofhalt der Liebe 191.
Homonyme 275.
Honorat, heil., Legende 192.
Instrumente 35. 36. 67.
inventores 67.
Inversion 279.
Italiänische Liederpoesie 248.
Italiänische Sprache 289.
Izarn 198.
Jacopo von Lentino 254. 255.
Jaufre 177.
jeu parti 229.
jocs d'amor 99.
jocx partitz 98.
joculatores 67.
Jongleur 13. 18. 64. 67. 68. 223.
„ Begriff 25. 26.
„ Kunstbereich 35.
„ Stellung 45.
„ Verachtung 47.
Jungfrauen, die weisen und thörichten 207.
Kenntniss der Alten 111.
Klagelieder 98. 147. 160.
Kreuzlied 157.

Kuhhirtenlied 100.
Kunstschule 18.
Kyot von Provence 184.
Lai 220. 229.
laisse 230.
Lancelot 187.
Lanfranc Cigala 191.
Lautbezeichnung 283.
Legenden 191.
Lehrdichtung 195.
lengua romana 8.
letras 105.
leyczon, la nobla 208.
Liebe, Auffassung derselben 122 ff.
Liebesbriefe 149.
Liebeshändel 131.
Lied 77.
limousinisch 9.
Loblied 160.
Maguelona 184.
Marcabrun 93.
Margareta, heil., Legende 193.
Mariae sieben Freuden u. Schmerzen 210.
Mariae Verlobung, Mysterium 212.
Matfre Ermengaud 195.
Mehrdeutigkeit 280.
Meister, Meistersang 234.
Menestrel 222.
Merlin 183.
mieg sirventes 96. 98.
meia canso 95.
Minnehöfe 24.
Minnelied 119.
Moralische Gedichte 200.
mot 71. 229.
Mysterium von Christi Passion 211.
Mysterium der weisen u. thörichten Jungfrauen 207.
Nachbildung von Strophen 75.
Namen, allegorische 132.
Nat von Mons 203.
Naturbeschreibungen 108.
Navarrischer Krieg 194.
novas, Novelle 105.
novas del heretge 198.
Novelle 175.
Novellen 190.
Ovid 111. 123.
partia 99.
Partikeln 277.

partimens 99.
parture 229.
Passion Christi 209.
pastorele 229.
pastoreta, pastorella 99.
Peire II und III von Aragon 51.
Peire Cardinal 206.
Peire von Corbiac 197.
Peire Guillem 190.
Peire Vidal 190. 244.
Perdigon 252.
Petrarca 256.
Philomena 179.
pistola 106.
planh 98.
Plautus 113.
Polo 253.
Präpositionen 277.
prezicansa 104.
Pronomen 271.
Prosaliteratur 212.
Provence, Benennung 5.
Provence, Grafen von, Gönner der Poesie 48.
Provenzalisch und Französisch gesondert 290.
Provenzalische Poesie, Ursprung 11.
Provenzalische Poesie, Verhältniss zur auswärtigen 213.
Provenzalische Sprache 257 ff.
Provenzalisches Sprachgebiet 3.
Provincia 5.
Puy Sainte Marie, Pui Notre-Dame 22. 23.
Raimon von Avignon 199.
Raimon Berengar III von Provence 48.
Raimon Berengar IV 48.
Raimon von Castelnou 207.
Raimon Feraut 192. 199.
Raimon Vidal 55. 190. 202.
Rambaut von Orange 93.
Räthsel 104.
Refrän 78. 100.
refrim 78.
Reim 81.
  „ schwerer 59.
Reimchroniken 193.
Reimspiele 86.
Religiöses Lied 149.
remendadors 67.
renverdie 230.

retroensa 102.
Richart von Barbezieux 23.
Richard Löwenherz 50.
rimas caras 86.
Rinald 186.
Ritterthum 14.
Robert, Delphin von Auvergne 50.
Roger von Parma 199.
Roman 104. 175. 176.
Roman-Bruchstück 184.
Romanische Sprachen 259.
romans 104.
romans, lengua romana 8.
Romanze 148.
Rondeau 230.
Rouman d'Arle 183.
Rudolf von Neuenburg 244.
Rügelied 161.
Runde 102.
Sagenbeziehungen bei den Troubadours 116.
Salomonis Sprüche 206.
salutz 105.
Sänger, Lohn und Ehre derselben 43.
Schäferlied 99.
Schauspiel, geistliches 211.
Schreibkunst 34.
schwerer Reim 59. 86.
segriers 67.
Seguin und Valensa 189.
Seiltänzer 39.
Sendschreiben 105.
Senequa 204.
serena 100.
Sermon 104.
serventese 251.
serventois 229.
Serveri von Girona 206.
Sextine 103.
Sibyllen Weissagung 211.
Sirventes 97. 150.
„ politisches 155.
„ persönliches 162.
„ moralisches 163.
Sirventes-Canzone 98.
so 77.
son 229.
sonet 77. 229.
Sonett 103.
sonetto 251.

Sordel 206.
Spanische Sprache 289.
Spielleute s. Jongleur.
Stephan, heil., Todtenfeier 207.
Strassburger Eide 290 f.
Strophe 74.
Strophenzahl 77.
Substantiv 266.
Sünders Reue 199.
Tagelied 100. 133. 242.
Tanzlied 102.
Tenzone 24. 42. 98. 164. 287.
Tersin 182.
tornada 79.
torneiamens 99.
torneys 104.
Toulouse, Grafen von, Gönner der Poesie 49.
Tristan 189.
trobar 30.
Troubadour 3. 17. 64. 67. 68.
„ Begriff 25. 27.
„ Kunstbereich 30.
„ Stellung 44.
trouvere 230.
trovatore 251.
Turnierlied 104. 157.
Unterhaltungen, poetische 40.
Ursprünglichkeit der Troubadourspoesie 110.
vaqueyra 100.
Verfall der Poesie 52.
vers 89.
Vers 71.
Versarten 73.
Versprincip 71.
Viole 35.
Virgil 113.
Volkspoesie u. Kunstpoesie 12.
Waldensische Gedichte 208.
Wettkämpfe, poetische 21. 42.
Wilhelm IV von Baux, Graf von Orange 50.
Wilhelm VIII von Montpellier 50.
Wissenschaftliche Gedichte 195.
Wohlklang 281.
Wolfram von Eschenbach 184.
Wortspiele 86.
Zeiträume der Poesie 58.

Druckfehler. S. 100, Z. 3 v. u. lies habens.

www.ingramcontent.com/pod-product-compliance
Lightning Source LLC
Chambersburg PA
CBHW021150230426
43667CB00006B/329